Allgäu

Mit Neuschwanstein, Oberschwaben und Allgäuer Alpen

Doris Wiedemann

Trescher Verlag

1. Auflage 2013

Trescher Verlag
Reinhardtstr. 9
10117 Berlin
www.trescher-verlag.de

ISBN 978-3-89794–217–2

Herausgegeben von Bernd Schwenkros und
Detlev von Oppeln

Reihenentwurf und Gesamtgestaltung:
Bernd Chill
Gestaltung, Satz, Bildbearbeitung: Ulla Nickl
Lektorat: Sabine Fach, Hinnerk Dreppenstedt
Stadtpläne und Karten: Johann Maria Just,
Martin Kapp

Essays

Vorwort

»Ma mueß allat 's Bescht hoffa, 's Schleacht kommt vo sell.« –
»Man muss immer das Beste hoffen, das Schlechte kommt von alleine.«

Kühe und Berge, Käse und Brauchtum – das Allgäu erfüllt zahlreiche Klischees, und hat dazu noch viel mehr zu bieten: Aktion und Erholung. Natur und Kultur. Für Familien und Singles. Für Junge und Junggebliebene.

Berühmt ist das Allgäu für die familienfreundlichen Urlaube auf dem Bauernhof. Wer ohne Kinder Erholung sucht, ist beispielsweise in den zahlreichen Kurorten gut aufgehoben. Neben traditionsreichen Hotels findet man preiswerte Pensionen und Gasthäuser, die oft auch Treffpunkt der Einheimischen und damit eine gute Informationsquelle für echte Geheimtipps sind.

Wandern und Radeln, Klettern und Bergsteigen, Schwimmen und Tauchen, Segeln und Fliegen – das Angebot an Freizeitaktivitäten ist im Allgäu schier unbegrenzt. Und die herzhafte Allgäuer Küche bietet die notwendige Energie für die aktive Erholung. In Stadt und Land findet man zahlreiche Speiselokale, von der einfachen Gaststätte bis zum Sternerestaurant. Und was im Sommer die Biergärten und Almhütten, das sind im Winter die Skibars und Weihnachtsmärkte: besondere Orte zum gemütlichen Beisammensein.

Der Handel mit Salz und Leinwand ließ im Mittelalter reiche Handelsstädte erblühen, beispielsweise Kempten und Kaufbeuren, Memmingen und Mindelheim. Deren Altstadtkerne erzählen ebenso vom Leben in längst vergangenen Zeiten wie das älteste historische Kinderfest in Bayern, das Kaufbeurer Tänzelfest. Daneben gibt es beispielsweise die Wallensteinspiele in Memmingen oder das Frundsbergfest in Mindelheim. Heimatmuseen geben Auskunft über Geschichte und Brauchtum sowie Lebensart und Wirtschaftsweise im Allgäu, etwa das Bauernhausmuseum in Illerbeuern.

Kunstliebhaber haben die Qual der Wahl zwischen zahlreichen Kirchen, Klöstern, Schlössern und Burgen. Das Allgäu ist berühmt für seine barocken Schätze, aber auch Renaissance, Gotik und Rokoko haben die Region geprägt. Bekannte einheimische Meister haben ihre Spuren hinterlassen, beispielsweise der Holzschnitzer Jörg Lederer (ca. 1470–1550) oder die Künstlerfamilien Strigel und Sichelbein, die unter dem Begriff Memminger Schule (15. bis 18. Jahrhundert) zusammengefasst werden.

Interessierte Besucher bekommen in den Gästeämtern zahlreiche Tipps für die Entdeckung der kulturellen Wurzeln des Allgäus. Und sorgfältig ausgebildete Bergführer und Sporttrainer erklären auf Wunsch bewährte Bewegungsabläufe ebenso wie die Techniken neuer Fun-Sportarten.

Dieser Reiseführer versucht das reichhaltige Angebot zu sortieren, er möchte Ratgeber und Begleiter auf der Entdeckungstour durch das Allgäu sein.

Die Kirche St. Coloman in Schwangau bei Füssen

Hinweise zur Benutzung

Der Abschnitt **Das Wichtigste in Kürze** (→ S. 14) hilft bei der Vorbereitung der Reise.

Das Kapitel **Land und Leute** (→ S. 16) informiert über Geographie und Geologie sowie über die Geschichte, das Brauchtum und die Kultur des Allgäus. Auch die vielen Möglichkeiten zur Freizeitgestaltung im Allgäu werden in einem Überblick vorgestellt. Ein kleiner Streifzug durch die Küche der Region beschließt das Kapitel.

Der Reiseteil orientiert sich in seiner Gliederung an den geografischen Gegebenheiten, der üblicherweise vorgenommenen Aufteilung der Region und den klassischen Reiserouten: **Unterallgäu** (→ S. 68), **Ostallgäu** (→ S. 114), **Oberallgäu** (→ S. 188) und **Westallgäu** (→ S. 250). Bei der Beschreibung der einzelnen Landschaften und Orte mit ihren Sehenswürdigkeiten und Freizeitangeboten berücksichtigen wir vor allem touristisch besonders attraktive Wanderwege und Panoramapunkte. Die praktischen Informationen zur Organisation der Reise in einzelnen Orten — etwa die Adressen von Informationsstellen, Unterkunftsmöglichkeiten, Gastronomie und Museen sowie ihre Öffnungszeiten — finden Sie am Ende der jeweiligen Unterkapitel.

Karten helfen bei der Orientierung in den verschiedenen Regionen und allen größeren Orten. Für ausgedehnte Ausflüge empfiehlt es sich jedoch, detailliertere und maßstabsgetreue Wander-, Fahrrad- oder Ausflugskarten zu kaufen oder entsprechendes Material bei den Tourismusämtern zu besorgen. In den jeweiligen Kapiteln gibt es nähere Hinweise dazu.

Die **Reisetipps von A bis Z** (→ S. 294) sowie die **Literatur- und Internet-Hinweise** (→ S. 305) am Ende des Buches geben Hinweise für eine vertiefende Auseinandersetzung und Reisevorbereitung.

Ein typisches Walserhaus

Zeichenlegende

ℹ️ Informationen,
Tourismusämter

🚉 Bahnhöfe und
Bahnverbindungen

🚌 Buslinien

🛏️ Unterkünfte

🏠 Berghütten

⚠️ Camping- und Wohn-
mobilstellplätze

🍴 Restaurants

☕ Cafés

🏛️ Museen

🎵 Konzertsäle,
Theater, Festivals

🎬 Kinos

⛴️ Ausflugsdampfer,
Bootsverleih

🚲 Fahrradverleih

🐎 Kutschfahrten,
Reiten

♨️ Schwimmbäder
und Thermen

🚠 Seilbahnen

🔍 Sportliche Aktivi-
täten aller Art

🛍️ Einkaufsmöglich-
keiten

Entfernungstabellen

	Berlin	Hamburg	Köln	Frankfurt	Dresden	Karlsruhe	Stuttgart	Nürnberg	Augsburg	München
Memmingen	668	739	509	351	541	217	151	244	92	116
Kaufbeuren	669	782	552	395	545	260	194	251	66	90
Kempten	696	767	537	379	569	245	179	271	103	126
Füssen	734	805	575	417	587	283	217	309	108	132
Oberstdorf	738	809	579	422	611	287	221	314	145	168
Lindau	727	798	567	410	600	276	209	302	158	182

Entfernungen innerhalb des Allgäus

	Memmingen	Kaufbeuren	Kempten	Füssen	Oberstdorf	Lindau
Memmingen		52	35	72	77	69
Kaufbeuren	52		38	43	73	116
Kempten	35	38		44	40	61
Füssen	72	43	44		73	99
Oberstdorf	77	73	40	73		76
Lindau	69	116	61	99	76	

Das Wichtigste in Kürze

Informationen vor Reisebeginn

Tourismusverband Allgäu/Bayerisch-Schwaben

Prospektservice Allgäu
Allgäuer Straße 1
87435 Kempten
Tel. (aus Deutschland): 0800/2573678 (kostenfrei)
Tel. (aus dem Ausland): 0049/8323/8025931
www.allgaeu.info
Eine wahre Fundgrube ist das aus einer privaten Initiative entstandene Internetportal **www.dein-allgaeu.de**. Hier bleibt kaum eine Frage unbeantwortet, und die umfangreiche und aktuelle Linksammlung hilft bei jeder nur möglichen Aktivität weiter.

Klima und Reisezeit

Das Westallgäu war laut Meteomedia in den Jahren 2006 und 2007 die sonnigste Region Deutschlands und hatte 2009 immerhin noch die meisten Sonnenstunden im Freistaat Bayern. Gleichzeitig empfiehlt sich die gesamte Region dank ihres umfangreichen Angebots sowohl im Sommer als auch im Winter als Reiseziel. Das Frühjahr lockt mit den grünen Knospen der erwachenden Natur und einer reichen Obstbaumblüte, während der Herbst mit der Farbenpracht der Wälder und wunderbar frischer Luft bezaubert.

Öffentliche Verkehrsmittel

Die Allgäubahn von München nach Lindau wird im Stundentakt befahren. Die Züge fahren zum Teil über Kempten und zum Teil über Memmingen. Dazu kommen weitere Strecken in verschiedenen Teilregionen des Allgäus, etwa Augsburg–Buchloe–Füssen, Immenstadt–Oberstdorf und Kempten–Reutte i. Tirol.

Der Fernverkehr der Bahn bietet die Direktverbindungen München–Lindau–Zürich, Hamburg–Oberstdorf und Magdeburg–Oberstdorf.

Der Regionalverkehr der Busse ist in den verschiedenen Landkreisen unterschiedlich organisiert, ein allgäuweites Konzept gibt es nicht. In vielen Regionen können mit der jeweiligen lokalen Gästekarte die örtlichen Busse kostenlos benutzt werden. Informationen haben die regionalen Touristeninformationen. Das Ostallgäu bietet eine Tageskarte sowie eine spezielle Familientageskarte an.

Preisniveau

Das Allgäu ist eines der beliebtesten Reiseziele in Deutschland. Dennoch bewegt sich das Preisniveau auf einem akzeptablen Niveau, so dass sich die Region als Reiseziel auch für Familien empfiehlt. Zudem bietet sich das Wellnessangebot dank Qualität und Preis als attraktive Alternative zu mondänen Kurorten an. Sieben Übernachtungen in Bad Wörishofen sind beispielsweise bereits ab etwa 200 Euro zu haben. Vier Übernachtungen mit Halbpension, Anwendungen und freiem Eintritt im Thermalbad kosten in Bad Wurzach rund 350 Euro, zwei Übernachtungen mit Halbpension, Anwendungen und freiem Eintritt in der Waldsee-Therme etwa 170 Euro.

Unterkunft

Vom Campingplatz bis zum Luxus-Hotel: Im Allgäu gibt es Unterkünfte aller Kategorien und Preisklassen. Gäste finden Hotels sowie Gasthöfe, Pensionen, Bauernhöfe, Privatunterkünfte und Jugendherbergen. Dazu stehen Campingplätze in landschaftlich attraktiver Umgebung zur Verfügung. Die jeweiligen Tourismusämter sind gern bei der Suche behilflich. Dieser Reiseführer gibt zu jedem größeren Ort und zu jeder Region Vorschläge, die angesichts der Fülle des Angebots jedoch lediglich eine begründete Auswahl darstellen können.

Wichtige Telefonnummern

Internationale Vorwahl Deutschland: 0049.

Internationaler Notruf (funktioniert bei Mobiltelefonen auch ohne SIM-Karte und an öffentlichen Fernsprechern auch ohne Münzeinwurf): 112.

Polizei: 110.

Feuerwehr: 112.

Krankenwagen/Rettungsdienst: 112.

Rettungsdienst: 19222.

Gift-Notruf: 19240.

Bergwacht/Bergrettung: 112.

Auto-Pannenhilfe: 0800/9909909 (kostenlose Notrufnummer des AvD), 0180/2222222 (ADAC; 6 Cent pro Anruf aus dem deutschen Festnetz, max. 42 Cent/Min. aus den deutschen Mobilfunknetzen) oder 222222 (ADAC; ohne Vorwahl aus allen deutschen Mobiltelefon-Netzen).

Sperrung elektronischer Berechtigungen (Kredit-/EC-Karten, Mobiltelefone): 116116.

Anreise

Auto: Kraftfahrer müssen Führerschein und Fahrzeugschein mitführen und als Ausländer oder für Ausflüge nach Österreich und in die Schweiz auch die grüne Versicherungskarte.

Flugzeug: Memmingen ist derzeit innerdeutsch nicht per Flugzeug erreichbar. Es starten und landen in erster Linie Ferienflieger zu innereuropäischen Zielen. Die nächsten internationalen Flughäfen befinden sich in Friedrichshafen, Stuttgart und München.

Bahn: Die Hauptlinien der Bahn sind München–Lindau–Zürich über Memmingen sowie Augsburg–Buchloe–Füssen und Ulm–Memmingen (Übersicht in der hinteren Umschlagklappe).

Die bedeutendsten Sehenswürdigkeiten

Schloss Neuschwanstein (→ S. 158), Schloss Hohenschwangau (→ S. 158), Wieskirche (→ S. 164), Burgruine Hohenfreyberg und Eisenberg (→ S. 173), Kloster Ottobeuren (→ S. 106), Kartäuserkloster Buxheim (→ S. 79), die Altstädte von Memmingen (→ S. 74), Kempten (→ S. 194), Füssen (→ S. 151) und Lindau (→ S. 255), Isny (→ S. 276) und Wangen (→ S. 269), Museumsmeile Kempten (→ S. 199), Archäologischer Park Cambodunum (→ S. 198), Bauernhofmuseum Illerbeuern (→ S. 112) Wangener Museumslandschaft (→ S. 272).

Herausragende Naturschönheiten

Pöllatschlucht bei Schwangau (→ S. 166), Lechfall bei Füssen (→ S. 166), Hindelanger Klettersteig (→ S. 238), Naturpark Nagelfluhkette (→ S. 212), Eistobel bei Riedholz (→ S. 281), Illerdurchbruch (→ S. 201), Scheidegger Wasserfälle (→ S. 267), Breitachklamm bei Oberstdorf (→ S. 243).

Eine Landschaft wie aus dem Bilderbuch

»It gschumpfe isch gnuag globet« — »Nicht geschimpft
ist genug gelobt«, meint der Allgäuer, dem »a gschwollanes
Gschätz« — ein »übertriebenes Gerede« zuwider ist.

Das Allgäu im Überblick

Lage: Das Allgäu gehört zum Freistaat Bayern und in Teilen zu Baden-Württemberg und Österreich. Daher schließen an die Region im Osten der Regierungsbezirk Oberbayern, im Süden die österreichischen Bundesländer Vorarlberg und Tirol, im Südwesten die Schweiz, im Westen Baden-Württemberg und im Norden der nördliche Teil des bayerischen Regierungsbezirkes Bayerisch-Schwaben an.

Religion: Das Allgäu ist katholisch geprägt, auch wenn sich im Jahr 1527 Kaufbeuren und Kempten sowie 1533 Memmingen zur lutherischen Lehre bekannten. Spätestens durch die Zuwanderung zahlreicher Vertriebener nach dem Zweiten Weltkrieg hat die katholische Kirche im Allgäu auch in diesen Städten wieder Fuß gefasst.

Höchste Erhebungen: Der höchste Gipfel der Allgäuer Alpen ist der Große Krottenkopf (2657 m). Er gehört zur Hornbachkette, die nach Tirol hineinragt. Der zweithöchste Berg ist das Hohe Licht (2652 m), ebenfalls im österreichischen Tirol, dann die Hochfrottspitze (2648 m). Die Mädelegabel (2644 m) aus dem zentralen Hauptkamm teilen sich Deutschland und Österreich.Erst die Trettachspitze, mit 2595 Metern elfhöchster Berg des Allgäus, steht komplett auf deutschem Boden.

Größte Seen: Der Große Alpsee bei Immenstadt ist mit 2,4 qkm der größte natürliche See, gefolgt von dem bei Füssen gelegenen Hopfensee mit 1,94 qkm. Daneben gibt es unzählige kleinere Seen und Weiher sowie einige künstlich angelegte Seen wie den durch den bei Roßhaupten aufgestauten Lech gebildeten Forggensee mit 15,2 qkm, südlich von Kempten den Stausee der Rottach mit 3,13 qkm und bei Nesselwang den Grüntensee der aufgestauten Wertach.

Wichtigste Flüsse: Die europäische Wasserscheide durchzieht das Allgäu. Daher fließen im Osten beispielsweise Wertach, Iller und Lech zur Donau und zum Schwarzen Meer, während im Westen die Obere und die Untere Argen in den Bodensee münden und von dort über den Rhein in die Nordsee fließen.

Naturschutzgebiete: In Bayern: Naturschutzgebiet Allgäuer Hochalpen mit weiten Teilen des Hauptkamms und seinen Seitentälern, Naturschutzgebiete Schlappolt, Aggenstein, Eistobel, Hoher Ifen und Rohrachschlucht. In Baden-Württemberg: Naturschutzgebiet Hengelesweiher (südöstlich von Isny) und Landschaftsschutzgebiet Adelegg. In Tirol besteht seit langem das Naturschutzgebiet Vilsalpsee. Neu hinzugekommen ist das Naturschutzgebiet Tiroler Lechtal. In Vorarlberg sind die Pflanzenschutzgebiete Hochifen und Gottesacker-Plateau ausgewiesen, die jedoch nur eine geringe Schutzwirkung haben.

Wirtschaft: Tourismus und Landwirtschaft, Maschinenbau, Elektrotechnik und Nahrungsmittelverarbeitung.

Das Allgäu ist katholisch geprägt

Geographie und Geologie

Das Allgäu, damals noch Albigauge, wird erstmals 817 in einer Urkunde in Sankt Gallen erwähnt. Damals umfasste es lediglich das Gebiet rund um Sonthofen, Oberstaufen und Weiler. Und damit wird auch der Name verständlich, der vermutlich auf das althochdeutsche Wort ›Alb‹ für Berg und das Ortsnamen-Grundwort ›gäu‹ für Gegend zurück geht. Eine bergige Gegend also. Das stimmt auch heute noch, aber das Allgäu umfasst inzwischen einen viel größeren Bereich, der sich im Norden bis in das Alpenvorland erstreckt.

Das Allgäu als Ferienregion hat jedoch keine streng definierte geographische oder politische Begrenzung. Es ist eine Teilregion Oberschwabens im südlichen Teil des bayerischen Regierungsbezirks Schwaben (Bayerisch-Schwaben). Dazu gehören das äußerste südöstliche Baden-Württemberg sowie einige österreichische Grenzgebiete wie das Kleinwalsertal und Jungholz im Tannheimer Tal.

Das südliche Ende des Allgäus ist durch den Hauptkamm der Allgäuer Alpen relativ eindeutig markiert. Im Osten stellt der Flusslauf des Lech eine Grenze dar. Lediglich ganz im Süden dehnt sich das Ostallgäu über den Fluss hinweg in Richtung Ammergauer Alpen aus. Im Norden erklären sich die Orte Mem-

Das Allgäu als Ferienregion

Land und Leute

mingen, Mindelheim, Ottobeuren, Bad Wörishofen und Buchloe selbst als zum
Allgäu zugehörig, obwohl sie streng genommen zu Oberschwaben gehören. Und
der Landkreis Unterallgäu reicht sogar bis Kirchheim/Eppishausen hinauf. Das
Westallgäu gehört im wesentlichen zu Baden-Württemberg. Und zwar jener Teil
des Landkreises Ravensburg, der vor der baden-württembergischen Gebietsreform noch den Landkreis Wangen gebildet hatte. Und nicht zuletzt gehört auch
ein Teil des bayerischen Landkreises Lindau mit dazu.

Damit ist die Zahl der Einwohner, die Größe der Fläche und die Länge der
Grenzen nicht genau definiert. Es gibt auch keine Hauptstadt des Allgäus,
weder Flagge noch Wappen.

Dieser Reiseführer orientiert sich an den Landkreisgrenzen von Unter-, Ost-
und Oberallgäu und schließt im Westen die Stadt Lindau sowie den ehemaligen
Landkreis Wangen im Allgäu mit ein.

Bergformationen und ihre erdgeschichtliche Bildung

Seine landschaftliche Vielfalt mit einer Höhendifferenz von über 2200 Metern
macht das Allgäu so attraktiv: Lindau am Bodensee liegt auf 400 Metern über
dem Meeresspiegel, nur wenige Kilometer entfernt erhebt sich der Hauptkamm
der Allgäuer Alpen auf über 2600 Meter. Daher zieht die Region Wassersportler
ebenso an wie Gebirgstourengeher und Aktivurlauber ebenso wie Touristen, die
vor allem ausspannen und sich erholen wollen.

Die wunderbaren Panoramen, die die Gäste heute so bewundern, sind das
Ergebnis weit zurückliegender erdgeschichtlicher Prozesse. Im Erdaltertum, vor
rund 500 Millionen Jahren, lagerten sich im Urmeer Tethys verschiedene Sedimente ab. Vor etwa 300 Millionen Jahren war die Gegend des Allgäus jedoch
eine karge Wüstenlandschaft. Erst zu Beginn des Erdmittelalters (vor 250 Mil-

Blick vom Unterallgäu auf die Allgäuer Alpen

Land und Leute

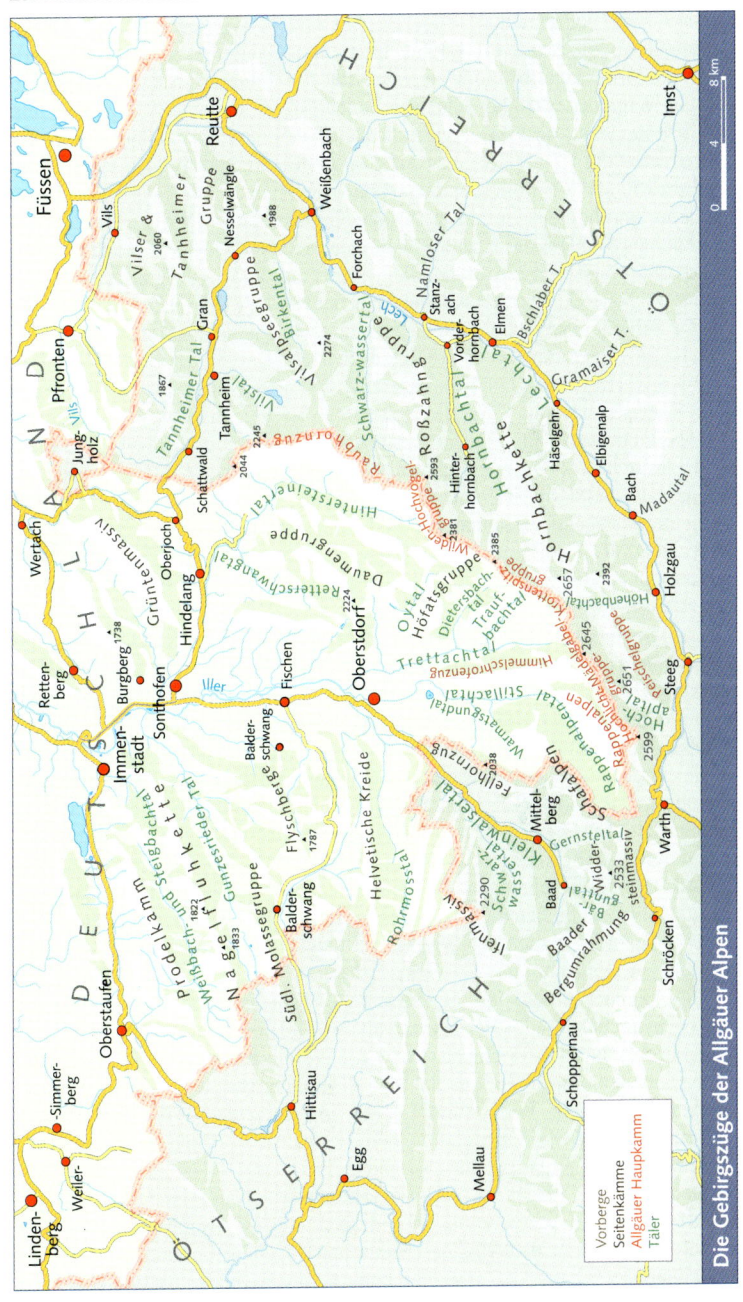

Die Gebirgszüge der Allgäuer Alpen

Vorberge
Seitenkämme
Allgäuer Haupkamm
Täler

lionen Jahren) bedeckte das Urmeer die Region erneut. Wiederum lagerten sich Sedimente ab. Sie wurden zu Kalken, Dolomiten, Sand- und Tongestein und bildeten die Grundlage für die Materialvielfalt der Allgäuer Alpen. Riffbildende Kalkalgen und Korallen beispielsweise entwickelten sich zum Wettersteinkalk, den man heute auf dem Säuling, der Roten Flüh, dem Fernsteinzug, der Köllespitze, dem Gimpel und der Gernspitze in den Tannheimer Bergen sehen kann.

Etwa 150 Millionen Jahre später entstand der Hauptdolomit aus kalkhaltigem Schlamm und kohlensaurem Magnesium. Ihm verdanken wir den Großen und den Kleinen Wilden, die Hornbachkette, den Hochvogel, die Trettach und den Widderstein. Erst einige Millionen Jahre später entstand der Allgäu-Schiefer, das zweite typische Gestein der Allgäuer Hochalpen. Der Kössener Mergel ist die oberste Schicht des Erdmittelalters. Man findet ihn an vielen Stellen im Allgäu, etwa beim Aggenstein und unterhalb des Schochen.

Rund 100 Millionen Jahre vor unserer Zeitrechnung wurde die Nordküste des Tethys-Meeres überflutet und die Helvetische Kreide entstand, die den Hohen Ifen, das Gottesacker-Plateau, den Besler und den Grüntengrat prägen. Zum Ende des Erdmittelalters begannen gewaltige plattentektonische Kräfte das Allgäuer Gebirge aus dem Urmeer Tethys herauszufalten.

Heute prägen die verschiedenen Sedimentgesteine mit der an sie angepassten Vegetation ein variantenreiches Landschaftsbild. Aufgrund dieser Gesteinsvariationen gehört die Flora der Allgäuer Berge zu den vielfältigsten im ganzen Alpenraum.

Das Alpenvorland wurde zu Beginn der Erdneuzeit (vor 70–1 Millionen Jahren) nochmals von einem Meer überflutet. In diesem Zusammenhang entstand die sogenannte Molasse, die das flache Land des Allgäus bedeckt. Auch das Gestein der Immenstädter Nagelfluhkette entstand um diese Zeit durch weitere Ablagerungen. Am Anfang des letzten Drittels der Erdneuzeit wurden die Alpen zum Hochgebirge aufgefaltet und wanderten aufgrund von gewaltigen Erdkräften nach Norden, wo sie sich mit der Immenstädter Nagelfluhkette verbanden. Außerdem bildete sich in dieser Zeit auch die europäische Wasserscheide heraus, die sich quer durch das Allgäu zieht. Sie verläuft von den westlichen Allgäuer Alpen über das Adelegg bei Kempten und dann nördlich des Bodensees weiter in Richtung Westen. Seitdem fließen die Bäche des Allgäus östlich der Wasserscheide nicht mehr in Richtung Süden, zur Rhône und damit ins Mittelmeer, sondern nach Norden, zur Donau hin und weiter ins Schwarze Meer.

Die Allgäuer Alpen sind ein sogenanntes Kettengebirge. Der Hauptkamm zieht sich durch den südöstlichen und östlichen Teil des Allgäu vom Schrofenpass (1688 m) bis zum Oberjoch (1178 m). Von diesem Hauptkamm zweigen zahlreiche Seitenkämme ab. Im westlichen Teil des Gebirges gibt es keinen durchgehenden Hauptkamm. Vom Fellhorn (2038 m) zum Widderstein (2533 m) zieht sich ein vorgelagerter Gebirgskamm, dem sich halbkreisförmig die Umgrenzung des hinteren kleinen Walsertals anschließt.

Der Hohe Ifen (2230 m) und das Gottesackerplateau (Untere Gottesackerwände 1858 m, Obere Gottesackerwände 2033 m) sind zwei Karstplateaus, die den Kettencharakter der Allgäuer Alpen unterbrechen. Im Norden bilden die Flyschberge wie auch die niedrigeren Berge noch weiter nördlich wiederum

Wanderer an der Kanzelwand im Kleinwalsertal

lokale Ketten. Dazwischen erhebt sich die Nagelfluhkette. Sie gilt als die schönste Gebirgskette aus Molassegestein in den gesamten Alpen und der gleichnamige Naturpark zu den 100 schönsten Geotopen in Bayern. Die Tannheimer Berggruppe wiederum besteht in ihrem zentralen Teil aus Wettersteinkalk und hat keinerlei topografischen Zusammenhang mit dem Hauptkamm der Allgäuer Alpen. Ein besonderes Charakteristikum der Allgäuer Alpen sind die Grasberge aus Liasgestein mit ihrem bis zu 70 Grad steilen Flanken; man findet sie beispielsweise am Kreuzeck (2376 m) und am Höfats (2259 m).

Insgesamt sind die Allgäuer Berge relativ arm an Höhlen. Für den Tourismus erschlossen ist einzig die Sturmannshöhle bei Obermaiselstein. Weitere Höhlen, die nicht öffentlich zugänglich sind, befinden sich beispielsweise auf dem Gottesackerplateau. Darunter ist die zweitlängste bekannte Höhle Deutschlands, das Hölloch. Sie weist einen Höhenunterschied von 452 Metern bei einer Gesamtlänge von 10 900 Metern auf.

Die Eiszeit

Im letzten Drittel der Erdneuzeit kühlte sich die Temperatur merklich ab. Das tropische Klima der Urzeit ging für Jahrtausende in die Eiszeit über, die 590 000 bis 10 000 Jahre vor unserer Zeitrechnung auch die Allgäuer Berge mit riesigen Gletschern überzog. Ihre Eiszungen reichten weit in das flache Land hinein. Die Schneegrenze sank auf bis zu 1300 Meter unter den heutigen Stand, und der Frost sprengte die scharfen Zacken, spitzen Grate und steilen Felswände, die heute so charakteristisch für die Alpen sind, in die Berge. Die Gletscher schliffen auf ihrem Weg ins Tal auch die wunderbaren Kare, Hochseen und Hochmoore aus dem Gebirge. Und im Flachland entstanden die schönen Trogtäler mit ihrem U-förmigen Querprofil, beispielsweise das Tal zwischen Immenstadt und Obertaufen, das man auf der B308 durchfährt, mit dem Alpsee als klassischem Gletschersee.

Ein Eistobel

Das Alpenvorland wurde vor allem von der letzten Eiszeit, der Würmeiszeit (120 000–10 000 Jahre v.u.Z.) geprägt. Das heutige Kempten lag in dieser Periode unter einer bis zu 350 Meter dicken Eisschicht, über dem heutigen Oberstdorf türmte sich gar bis zu einer Stärke von 700 Metern gefrorenes Wasser. Das Berg- und Hügelland des Allgäus wurde von Moränenwällen geformt, also von Gestein, das die Gletscher aus dem Gebirge ins Flachland geschoben haben. Dabei handelte es sich um ungeheure Massen: Nach den Eiszeiten war das Allgäuer Gebirge ganze 400 Meter niedriger als zuvor.

Die Moränenhügel des Lechgletschers reichten bis nach Kaufbeuren, der Illergletscher schob sein Geröll bis auf die Linie Legau–Bad Grönenbach–Obergünzburg. Und der Rheingletscher hinterließ seine Spuren bis in die Gegend von Leutkirch. Zwischen den Moränenwällen sind zahlreiche Mulden zurückgeblieben, die heute als Seen und Hochmoore die Landschaft bereichern.

Darüber hinaus findet man immer wieder große Felsen, die von den Gletschern ins Tal geschleift wurden. Dort blieben sie liegen wie beispielsweise der Dengelstein bei Kempten, der später vermutlich zu einem keltischen Kultplatz wurde.

Besonders im Westallgäu haben sich durch Schmelzwasserbäche aus den eiszeitlichen Gletschern zahlreiche Tobel (trichterförmige Täler) gebildet. Im Gegensatz zur Schlucht oder Klamm entstehen Tobel typischerweise in Lockergestein. Daher können die sich gegenüberliegenden Flanken je nach Gesteinshärte unterschiedliche Neigungen haben. Besonders schön ist beispielsweise der Eistobel der Oberen Argen (→ S. 281) im gleichnamigen Naturschutzgebiet im Westallgäu.

Die Deutsche Alpenstraße

Im Jahre 1927 hatte Dr. Knorz aus Prien am Chiemsee die Idee, auf den Spuren König Maximilians II. zu wandeln und die Quertäler der Alpen zwischen Bodensee und Königssee durch eine geschlossene Straße zu verbinden. Damit wollte er sie für den Fremdenverkehr erschließen. Dieser Plan wurde vom Deutschen Touring Club unterstützt, der 1932 eine erste Dokumentation erarbeitete. Für die Nazis wurde die Idee Deutsche Alpenstraße zum Prestigeobjekt. 135 Millionen Reichsmark sollten investiert werden und bis 1939 wurden 257 Kilometer für den Verkehr freigegeben. Der Zweite Weltkrieg beendete jedoch die Bautätigkeit und zerstörte auch bereits fertiggestellte Abschnitte. In den 1960er Jahren wurde das Projekt jedoch wieder aufgegriffen und 1982 der Abschnitt beim Tatzelwurm-Wasserfall östlich von Bayrischzell als vorläufig letzte bauliche Maßnahme fertiggestellt. Die Idee der Touristiker geriet jedoch wieder in Vergessenheit, bis sich 1999 die ARGE Deutsche Alpenstraße gründete. Sie ließ eine Änderung des Routenverlaufs über Bad Tölz durch die Regierung von Oberbayern genehmigen und beschilderte die Strecke in ihrer gesamten Länge von über 450 kurvenreichen Kilometern.

Von Lindau am Bodensee bis nach Berchtesgaden an der österreichischen Grenze windet sich nun also die Straße durch die Allgäuer und Bayerischen Alpen, streift dabei 64 traditionsreiche Kurorte, 25 historische Burgen und Schlösser sowie 21 malerische Bergseen. Natur und Kultur stehen damit ebenso auf dem abwechslungsreichen Programm einer Deutschen Alpenstraßen-Tour wie Sport und Erholung – ob als Selbstfahrer mit Auto, Motorrad oder Fahrrad oder in einer Gruppe Gleichgesinnter im komfortablen Reisebus. Die ARGE bezeichnet die Route auch als ›Autokino der Extraklasse‹.

Durch das Allgäu verläuft die Deutsche Alpenstraße von Lindau aus über Oberstaufen, Immenstadt, Sonthofen, Bad Hindelang, Wertach, Nesselwang, Füssen und Hohenschwangau (Schloss Neuschwanstein).

Weitere Informationen: ARGE Deutsche Alpenstraße, Nördliche Hauptstr. 1-3, 83700 Rottach-Egern, Tel. 08022/927370, Fax 9273750, www.deutsche-alpen strasse.de.

Blick von der Alpenstraße auf das Hohe Schloss in Füssen

Flora

Die Vielfalt des Gesteins, von kargen Dolomitstöcken bis hin zu den sogenannten Grasbergen, bietet einen guten Nährboden für viele verschiedene, zum Teil auch sehr seltene Pflanzen.

Beispiele sind der aus Flysch aufgebaute Nordrand der Alpen, mit dem Fellhorn–Schlappolt-Zug – den Bergen auf dem Weg vom Nebelhorn über das Laufbacher Eck zum Himmelseck – sowie der mächtige Grenzkamm von Rauheck und Kreuzeck samt Fürschießer-Massiv. Sie alle begeistern durch ihre artenreichen Rasen und die Blumenvielfalt. Der Flysch macht beispielsweise auch das Riedberger Horn zu einem der Blumenberge des Allgäus.

Am Nebelhorn weisen die Hinweisschilder eines geologischen Lehr- und Wanderpfades auf die Eigenheiten des Gesteins und seines Bewuchses hin. Am Fellhorn gibt es mehrere Blumenlehrpfade mit Informationstafeln sowie einen gedruckten Blumenführer, den man an der Kasse der Fellhornbahn kaufen kann. Auf dem Fellhornweg informieren sechs verschiedene Stationen über das Leben von Pflanzen und Tieren in den Bergen, vom Steinadler über den Schneehasen und den Alpensalamander bis zum Raufußkautz, dem Birkhuhn und dem Murmeltier. Auf der Wanderung erlebt man die verschiedenen Vegetationszonen vom Gipfel aus über den Grat zu den Alpwiesen und Hochmooren, durch den Bergwald und den Flyschtobel bis zum Alpsee an der Mittelstation der Fellhornbahn.

Im Nagelfluhboden (Molassegestein) südöstlich von Balderschwang steht in 1150 Metern Höhe die älteste Eibe Deutschlands. Ihr Alter wird auf 2000 bis 4000 Jahre geschätzt und man vermutet, dass die männliche Doppel-Eibe eigentlich ein Baum ist, dem lediglich ein Mittelstück fehlt. In ihrer Jugendzeit war die Eibe sicherlich von einem dichten Bergmischwald umgeben. Warum ausgerechnet sie die vermutlich im 16. Jahrhundert um sie herum statt gefundene Rodung überlebt hat, weiß man nicht.

Almwiese im Frühjahr

Intakte Bergwelt im Hintersteiner Tal bei Bad Hindelang

Kalkarme Schichten machen den viertürmigen Höfats, das lang gezogene Horngrad vom Laufbacher Eck zum Salobergipfel sowie den Linkerskopf mit seinen Schieferhalden zu botanischen Kleinodien mit zentralalpinen pflanzlichen Vorboten — zum Beispiel der Gletscher-Hahnenfuß, die Edelraute und der Zarte Enzian. Sie alle sind innerhalb der Bundesrepublik ausschließlich im Allgäu zu finden.

Kommerzialisierung und Vermarktung bedrohen jedoch immer wieder auch geologisch-botanische Kleinode, beispielsweise den ›Gottesacker‹ im Kleinwalsertal. Auf österreichischer Seite bringen Liftanlagen einen vermehrten Zustrom an Wanderern und Skifahrern in das empfindliche Gelände. Auf der anderen Seite liegt es vielerorts an den Besuchern selbst, sich diese Naturparadiese durch rücksichtsvolles Verhalten zu bewahren.

Die Mager- oder Trockenrasen des Ostallgäus wurden durch die intensive Beweidung mit Kühen sowie die maschinelle Nutzung und Aufforstung der Wälder leider weitgehend zerstört. Zum einen wird bei der intensiven Bewirtschaftung für die Viehzucht die Grasnabe zu kurz gehalten. Zum anderen lohnt sich die nichtmaschinelle Bewirtschaftung der Almwiesen nicht mehr, daher verbuschen und verwalden die Talhänge. Die bunten Ackerblumen, etwa Kornrade, Rittersporn und Frauenspegel, sind nur noch selten zu finden.

Das Westallgäu wird von schluchtartigen Waldtälern geprägt, die im alemannischen Sprachraum als Tobel bezeichnet werden. Im Rohrach-, Gerber- und Kesselbachtobel haben zahlreiche Orchideen ein Refugium gefunden. Dort blieben auch stattliche Eibenbestände erhalten.

Moore

Die Feuchtbiotope in der Nähe der Seen des Westallgäus werden zwar durch die stetig zunehmende Freizeitnutzung der Natur bedroht. Generell ist es um den Schutz der Feuchtbiotope und Moore im Allgäu jedoch ganz gut bestellt.

Hohe Niederschläge und Ebenen mit geringem Abfluss bieten Mooren vor allem im nordwestlichen Teil der Allgäuer Alpen eine gute Grundlage. Dass sie im Schatten des Hochgebirges eher im Verborgenen blühen und deshalb weniger touristische Aufmerksamkeit erhalten, ist aus dem Blickwinkel des Naturschutzes ein großer Vorteil.

Das Engenkopfmoor beispielsweise liegt nur fünf Kilometer Luftlinie von Oberstdorf entfernt. Es gilt als eines der wichtigsten Hochlagenmoore des gesamten Alpenraums und ist bei Touristen und Einheimischen nahezu unbekannt. Wer sich nicht auskennt, erkennt die Besonderheiten wie Deckenmoore und Karstüberflutungsmoore auch nicht – für den Schutz der Arten ist diese Landschaft jedoch so wertvoll, dass sie sogar von der Europäischen Union unter dem Projektnamen Natura 2000 als sogenanntes Fauna-Flora-Habitat unter Schutz gestellt wurde.

Auch im Allgäuer Voralpenland haben sich mehrere ansehnliche Moorbereiche erhalten. Sie bieten selten gewordenen und vom Aussterben bedrohten Pflanzenarten ein Zuhause; beispielsweise der Zwergbirke, die sich im Breitenmoos bei Hellengerst erhalten konnte. Das Tourismusamt in Weitnau veranstaltet Führungen durch das Moor (Treffpunkt Alter Bahnhof Hellengerst in der Hochmoorstraße, 87480 Weitnau, Tourismusbüro Weitnau, Hoheneggstraße 25, 87480 Weitnau, Tel. 08375/920241, www.weitnau.de).

Leider fallen auch im Allgäu Feuchtgebiete noch immer den wirtschaftlichen Veränderungen zum Opfer, etwa durch intensive landwirtschaftliche Nutzung oder ihre Trockenlegung zur Baulandgewinnung. Aber es gibt auch Initiativen, um trockengelegte Moore zu renaturieren. Das Seemoos bei Oy-Mittenberg bei-

Blick vom Grünten auf den Alpenkamm

spielsweise soll wieder vernässt werden. Dazu wird das Entwässerungsgraben-system wieder verschlossen und das Land entbuscht. Danach kann sich die Natur selbst regenerieren. Im Allgäu fiele genug Regen, um bereits nach fünf Jahren Fortschritte sichtbar zu machen, prognostizieren Fachleute. Damit können nicht nur gefährdete Arten sondern auch das Klima geschützt werden. Denn in Bayern stammen rund acht Prozent der durch Menschen verursachten Treibhausgasemissionen aus drainierten Mooren. Und pro Hektar Fläche und Jahr können 10 bis 20 Tonnen CO_2 gespart werden.

Fauna

Das Allgäu ist berühmt für seine Kühe. Aber das ist natürlich nicht alles. Auch wenn es wenige endemische, also nur im Allgäu beheimatete Tierarten gibt, finden sich doch viele Arten, die diesen Lebensraum zu schätzen wissen. Zu den gut sichtbaren Säugetieren im flachen Land zählen Rehe, Hasen und Füchse, die einem bei einer Wanderung durch die Felder und Auen jederzeit über den Weg laufen können. Wildschweine zählen zu den neueren Tierrassen, die im Allgäu beheimatet sind. Sie sind vermutlich im Zuge der globalen Erwärmung auf dem Vormarsch aus der Gegend nördlich der Donau in Richtung Süden, wo sie bereits bis zum Kemptener Wald gekommen sind. Selten geworden ist dagegen die Europäische Wildkatze, die inzwischen fast nur noch im Westallgäu gesichtet wird.

Eichhörnchen springen inzwischen auch zwischen den Bäumen in städtischen Parks umher. Und der Biber ist so erfolgreich wieder angesiedelt worden, dass er fast schon zur Plage wird. Für ihn gilt jedoch ebenso wie für Stein-, Baum- und Hausmarder sowie Iltis, Wiesel, Maulwurf und Igel, dass sie dämmerungs- und nachtaktive Tiere sind, die man nur selten zu Gesicht bekommt. Auch die verschiedenen Fledermausarten, Eulen, Uhus und Kauze kann man nur bei einsetzender Dunkelheit beobachten.

Steinböcke sieht man nur in großen Höhen

Mit etwas Glück bekommt man Steinadler zu Gesicht

Das Allgäu ist reich an Flüssen, Seen, Weihern und Tümpeln. Entsprechend wohl fühlen sich auch verschiedenste Wasservögel. Vom königlichen Schwan, dem Lieblingstier König Ludwigs II., bis zum Kormoran, von der Blessente bis zum Haubentaucher. In den Mooren fühlen sich Störche wohl. In Bächen und auf Wiesen sind auch oft Graureiher zu sehen. Ein besonders farbenprächtige Art sind die Eisvögel, die an den Ufern auf Nahrung lauern, die sie dann mit ihrem spitzen Schnabel aufspießen. Neben Tauben, Kuckuck und Wiedehopf sind viele Sing- und Gartenvögel sowie verschiedene Rabenarten im Allgäu zu Hause.

Bären, Luchse, Fischotter und Wölfe sind im Allgäu leider ausgestorben. Nur der sagenhafte Wolperdinger soll überlebt haben. Die eierlegenden Säugetiere sind eine Mischung aus gefiederten, gehörnten, großzahnigen Schnabeltieren mit Fell, die angeblich nur Jungfrauen sehen, wenn sie bei Vollmond mit ihren Kindern spazieren gehen.

Im Bergland erfreuen Murmeltiere und Gämsen die Bergsteiger mit ihrer Anwesenheit. Seltener und schwieriger zu sehen sind Hirsche und Steinböcke, die meist in größeren Höhen zu finden sind. Selten geworden ist das Alpen-Schneehuhn, das oberhalb von 1600 Metern lebt, aber auch das Birk- sowie das Haselhuhn, die in tieferen Lagen leben. Bussarde sind inzwischen wieder häufiger zu beobachten, ebenso wie Sperber, Rotmilane und Wanderfalken. Die Turmfalken haben sich ohnedies der zunehmenden Besiedelung angepasst, indem sie Mauernischen und Heustadel zum Nisten nutzen. Und die Alpen-Dohlen kennen angeblich sogar die Ankunftszeiten der Bergbahnen und wartet dort regelmäßig auf Wanderer, die ihre Brotzeit mit ihnen teilen.

In das Allgäu zurückgekehrt sind die Bartgeier, die als Abfallsammler auf die Beutereste anderer Jäger angewiesen sind. Einer von diesen Räubern ist der berühmte Steinadler, der König der Lüfte. Er hat in einer stabilen Population in den Allgäuer Alpen überlebt. Im Naturschutzpark Allgäuer Hochalpen haben sich mehrere Brutpaare angesiedelt, und der Landesbund für Vogelschutz führt im Hintersteiner Tal bei Bad Hindelang während der Sommermonate regelmäßig Wanderungen zur Beobachtung der Steinadler durch (Anmeldung und Infos unter Tel. 08331/901182 oder in der Gästeinformation Bad Hindelang (→ S. 231) sowie unter www.steinadlerschutz.de). Aber auch für alle anderen Wanderer in diesem Gebiet lohnt sich ein genauer Blick zum Gipfel des Giebel (1949 m), denn der ist ein beliebter Landeplatz der Allgäuer Steinadler. Im Giebelhaus unten im Tal kann man sich über die Tiere im Naturschutzgebiet Allgäuer Hochalpen informieren.

Sowohl in den Tälern als auch auf den Bergen begegnet man immer wieder Blindschleichen, Wald-, Berg-, Moor- und Zauneidechsen sowie Salamandern, Molchen und viele verschiedenen Fröschen und Kröten. In den Flüssen und Seen sieht man beispielsweise bis in 2500 Meter Höhe Forellen und in tieferen Lagen Äschen. Außerdem lebt der vom Aussterben bedrohte Strömer in der Argen bis hinauf zu einer Höhe von 850 Metern und wird dort besonders geschützt. Verschiedenen Nattern sowie die giftige Kreuzotter sind ebenfalls im Allgäu beheimatet. Aber keine Angst, Menschen zählen nicht zu ihren Beutetieren, und wenn man Schlangen in Ruhe lässt und entsprechenden Abstand wahrt, dann greifen sie auch nicht an. In Deutschland ist übrigens seit über 50 Jahren niemand mehr an einem Schlangenbiss gestorben.

Wer gerne Schmetterlinge beobachtet ist vor allem im Oytal und rund um Hinterstein gut aufgehoben. Gleich 119 verschiedene Tagfalterarten sind im Allgäu zu finden. Die hochalpinen Rasen und Hochmoore beherbergen sogar die deutschen Hauptpopulationen verschiedener Falterarten, beispielsweise des Hochalpen-Perlmuttfalter und des Hellen Alpen-Bläulings sowie von Hochmoor-Gelbling und -Bläuling. In über 2000 Metern Höhe kann man ebenfalls noch Schmetterlinge finden, etwa den Alpenweißling und den Eis-Mohrenfalter.

Ein Murmeltier – hier die ausgestopfte Variante

Geschichte

Traditionsbewusstsein und Frömmigkeit verbinden sich bei den Menschen im Allgäu mit einer großen Aufgeschlossenheit für den Fortschritt und einer gesunden Skepsis dem Neuen gegenüber. Ein ausgeprägter Individualismus geht einher mit einem festen, dörflichen Zusammenhalt, herzlichem Humor und bodenständigem Realitätssinn. Hier lebt ein ganz eigener Menschenschlag, der stolz ist auf seine Heimat und seine Traditionen, und der sicherlich auch durch die wechselvolle Geschichte der Region geprägt worden ist.

An Aitrach und Iller sowie in der Gegend von Füssen wurden in Höhenlagen um 1000 Meter sowohl Harpunen- als auch Pfeilspitzen aus der Zeit von 8000 bis 4000 v. Chr. gefunden: Jäger hielten sich also in dieser Zeit in diesen Gegenden auf. Hacken und Pickel aus derselben Zeit, die unter anderem bei Schloss Zeil und Bad Wörishofen gefunden wurden, sind Zeugnisse der ersten Siedlungen von sogenannten Hackbauern. Sie waren vermutlich die ersten Land- und Forstwirte im Allgäu. Das Museum in Memmingen beispielsweise stellt Funde aus dieser Zeit aus.

Illyrer und Kelten

Die Illyrer sind das erste namentlich bekannte Volk, das im heutigen Allgäu lebte. Sie kamen um 1000 v. Chr. aus ihrer damaligen Heimat an Theiß und Unterer Donau in das Allgäu. Sie errichteten durch Wälle und Gräben geschützte Siedlungen, unter anderem dort, wo heute die Orte Wasserburg und Buchau am Federsee liegen. Einer Sage nach haben sie bei Kempten sogar die Stadt Cretica errichtet. Allerdings wurde bisher lediglich ein illyrisches Rasiermesser auf dem Gelände der römischen Stadt Cambodonum bei Kempten gefunden.

Um 800 v. Chr. war den Illyrern im Allgäu bekannt, wie man Eisen aus Erz gewinnt. Das Allgäu war zu dieser Zeit vermutlich nur an seinem nördlichen Rand besiedelt. Im Süden breiteten sich dichte Mischwälder aus, die ausreichend

Im Allgäu wird Tradition gelebt: an Sonn- und Feiertagen sowie am Feierabend

Land und Leute

Der Auerberg hat sich von der Kultstätte zum Wallfahrtsort gewandelt

Brennmaterial lieferten. Die Verhüttung von Eisen wurde zu dieser Zeit im südlichen Mitteleuropa bereits in großen Stil praktiziert. Bis 600 v. Chr. hatte die neue Technologie die Bronzeverarbeitung praktisch komplett verdrängt, Waffen und Arbeitsgeräte wurden fast nur noch aus Eisen gefertigt. Mit dem Ende der Bronzezeit vollzog sich außerdem ein Wandel in der Männermode: die Hemden wurden kürzer, und die Illyrer begannen Hosen zu tragen.

In der jüngeren Eisenzeit begannen die Kelten im Allgäu zu siedeln. Es handelte sich bei ihnen nicht um einen homogenen Stamm, sondern um eine Gruppe von Völkergemeinschaften, die sich zum Ende der Bronzezeit vermutlich aus der Vermischung der Hügelgräbervölker des Westens mit den Angehörigen der Urnenfelder-Kultur aus dem Osten entwickelten. Weiter südlich, in den Alpen, lebten die Räter. Antike Quellen urteilen, die Räter seien heimatlos gewordene Etrusker gewesen, die von den Kelten vertrieben worden waren und in den Bergen verwilderten. In jedem Fall scheinen sie ein diebisches Bergvolk gewesen zu sein, das immer wieder Raubzüge nach Italien unternahm.

Die Kelten waren Ackerbauern und Viehzüchter, aber sie bauten auch Eisenerz ab, verhütteten und verarbeiteten es zu Werkzeug und Schmuck. In gewisser Weise begründeten sie damit die erste Protoindustrie in Mitteleuropa.

Zum Stammesverband der keltischen Vindeliker, die zwischen Inn und Bodensee, Donau und Alpen siedelten, gehörten unter anderem die Brigantier. Sie waren zwischen dem östlichen Bodensee und dem Oberlauf der Iller heimisch. Jenseits der Wasserscheide zwischen Argen und Iller lebten die Estionen. Der griechische Geschichtsschreiber und Geograph Strabon (um 63 v. Chr. – um 23 n. Chr.) benannte Cambodunum, das heutige Kempten, als deren Hauptstadt.

Bis heute sind aus der Keltenzeit stammende, kilometerlange Erdwälle am Auerberg bei Marktoberdorf erhalten. Man nimmt an, dass es sich dabei um die Burg Damasia handelt, die Strabon erwähnte. Er nannte sie die Burg der Licatier. Sie beherbergte vermutlich rund 16 000 Menschen. Außerdem konnten bei feindlichen Übergriffen innerhalb der ausgedehnten Wälle etwa 50 000 Menschen mit ihrem Vieh Schutz suchen. Die Licatier waren jedoch ein Keltenstamm, der am Lech siedelte. Weil dieser rund zehn Kilometer vom Auerberg entfernt verläuft, gibt es unter den Historikern Zweifel, ob die Keltenbefestigung am Auerberg tatsächlich Damasia war. In jedem Fall aber befand sich auf dem Auerberg eine keltische Kultstätte, die auch die Belagerung der Römer überstand. Im Zuge der Christianisierung des Allgäus durch die Franken errichtete man am Auerberg eine Kirche; heute noch wallfahrten Christen zum Auerberg.

Römische Eroberung

Am Auerberg, oberhalb der Keltenschanze, sind auch deutlich sichtbare Reste alter Römerwälle erhalten. Kurz vor der Zeitenwende kamen die römischen Feldherrn Drusus und Tiberius mit ihren Heeren aus dem Süden über die Alpen. Der römische Kaiser Augustus hatte sie beauftragt, das Land der Kelten bis hinauf zur Donau zu erobern und die Nordgrenze des römischen Reiches zu sichern. Tatsächlich wurde das nördliche Voralpenland in nur einem Sommer zur römischen Provinz Rätien (Raetia), ihre Hauptstadt erhielt den Namen des römischen Kaisers Augustus: Augusta Vindelicorum, das heutige Augsburg.

Auf seinem Feldzug marschierte Drusus mit seinen Truppen auf einem alten Handelsweg über die Alpen, der Italien mit dem heutigen Schleswig-Holstein verband. Sein Sohn Claudius baute als römischer Kaiser um das Jahr 46 die Straße weiter aus. Sie ist bis heute als Via Claudia Augusta bekannt. Im Allgäu führte der Weg der römischen Soldaten von Füssen über Sameister bei Roßhaupten, Forsthof bei Lechbruck am See, Voelegg, Grönenbach und Seemühle bis zum Auerberg. Dort trafen die Truppen des Drusus auf die Armee seines Bruders Tiberius. Dieser hatte vom Bodensee kommend das Allgäu erobert. Die entscheidende Schlacht gegen die Kelten fand bei Damasia statt.

Die Römer waren den Kelten in der Waffentechnik und der Kriegskunst weit überlegen, eroberten deren Festung und machten 40 000 Gefangene, die nach Italien deportiert wurden. Für die nächsten 400 Jahre wurde der Großteil des Allgäus zur römischen Provinz. Lediglich auf dem Land konnte sich die keltische Kultur zum Teil bewahren. Der Name des Ortes Durach bei Kempten ist beispielsweise keltischen Ursprungs, ebenso die Flussnamen Iller (schneller Fluss), Argen (Waldbach), Wertach (grüner Fluss) und Mindel (kleiner Fluss).

Nachdem Tiberius im Jahr 14 den römischen Thron bestiegen hatte, wurde auf dem Lindenberg bei Kempten eine römische Stadt aufgebaut, die den Namen Cambodunum erhielt. Der Ort lag am Kreuzungspunkt von immerhin fünf römischen Fernstraßen und gelangte schnell zu wirtschaftlichem Wohlstand. Nachdem die Römer vertrieben waren und die Stadt verfallen war, schützte eine dichte Rasenschicht die Überreste mehrere Jahrhunderte lang. Im Jahr 1951 jedoch beschloss der Kemptener Stadtrat, das Areal mit Wohnblöcken zu überbauen. Lediglich die Grundrisse des Forums, der Basilika und der Thermen blieben von dem Bauprojekt verschont.

Außerhalb der Siedlungen errichteten die Römer Gutshöfe – meist villa rustica genannt –, die von Sklaven bewirtschaftet wurden. Bereits damals züchtete

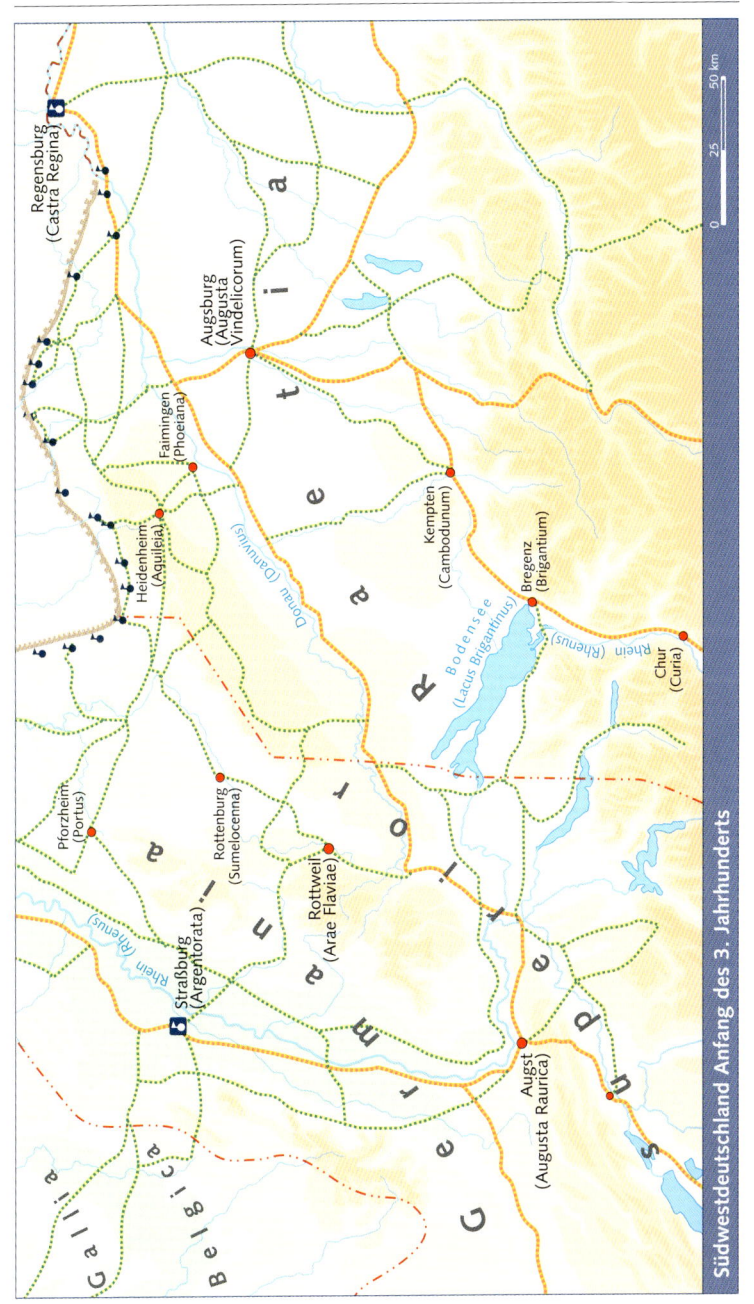

Südwestdeutschland Anfang des 3. Jahrhunderts

Regensburg (Castra Regina)

Augsburg (Augusta Vindelicorum)

Faimingen (Phoebiana)

Heidenheim (Aquileia)

Kempten (Cambodunum)

Bregenz (Brigantium)

Chur (Curia)

Pforzheim (Portus)

Rottenburg (Sumelocenna)

Rottweil (Arae Flaviae)

Straßburg (Argentorata)

Augst (Augusta Raurica)

Donau (Danuvius)

Bodensee (Lacus Brigantinus)

Rhein (Rhenus)

Rhein (Rhenus)

R a e t i a

G a l l i a

B e l g i c a

G e r m a n i a s u p e r i o r

N o r i c u m

0   25   50 km

man vor allem Rinder, aber auch Pferde. Eine römische Kuhglocke aus dem
1. Jahrhundert, die am Nebelhorn auf 1500 Metern Höhe gefunden wurde, deutet
darauf hin, dass auch die Römer ihre Kühe im Sommer auf die Berge getrieben
haben. Diese Tradition übernahmen sie vermutlich von den Kelten, die bereits
zu ihrer Zeit Almwirtschaft betrieben hatten.

Die Zeit der Alemannen

In der Mitte des 2. Jahrhunderts überschritten Alemannen erstmals die Nordgrenze des römischen Reiches. Vermutlich aus Angst vor ihren Überfällen
wurden in der Folgezeit immer wieder Schätze im Boden versteckt; nicht alle
sind von den Besitzern wieder ausgegraben worden. Im Jahr 1888 brachte beispielsweise eine scharrende Kuh bei Wiggensbach rund 500 Denare Bargeld
sowie einige Schmuckstücke ans Tageslicht, die als ›Wiggensbacher Schatz‹ heute im Allgäuer Heimatmuseum in Kempten ausgestellt sind (→ S. 195).

   Auch bei den Alemannen handelte es sich nicht um einen einheitlichen Volks-
stamm, sondern um mehrere germanische Stämme aus dem Gebiet zwischen
der mittleren Elbe und der Oder sowie von den Ufern des Spree. Zu ihnen gehörten beispielsweise die Semnonen und Sueven. Diese Stämme wurden von
den Goten und Slawen aus ihren ursprünglichen Siedlungsgebieten vertrieben
und wanderten nach Süden, um eine neue Heimat zu finden. Die Römer gaben
all diesen Stämmen den Sammelnamen Alemannen, der sich in der Geschichts-
schreibung durchgesetzt hat.

   Im Jahr 233 wurde die Lage in der römischen Provinz Rätien zum ersten Mal
ernst. Die Alemannen zerstörten große Teile des Limes, der römischen Grenze
im Norden, und drangen bis nach Norditalien vor. Zwei Jahre später eroberten
die Römer zwar den größten Teil des Landes wieder zurück, aber bereits im Jahr
250 kämpften sich die Alemannen wiederum bis nach Cambodunum vor. Sie er-

Kempten, das einstige Cambodunum, aus der Luft

reichten den Bodensee und konnten erst an der oberen Donau gestoppt werden. Nur neun Jahre später gelang es ihnen endgültig, die römische Stadt Cambodunum sowie den größten Teil der Provinz Rätien einzunehmen.

Iller und Argen bildeten fortan die Westgrenze des römischen Reiches. Das Gebiet zwischen Oberrhein, Bodensee und Iller sowie der heute deutschsprachige Teil der Schweiz wurden alemannisch; bis heute hört man das an der Sprache der Einheimischen. Erst im Jahr 488 verließen die letzten regulären römischen Truppen das Allgäu, als ihre Garnison von der Kemptener Burghalde abzog. Fortan waren die Alemannen für die Sicherung der nördlichen Grenze des Römischen Reiches verantwortlich. Erhalten geblieben sind neben einigen römischen Ruinen wie der villa rustica bei Füssen und den Überresten von Cambodunum auch Ortsnamen wie Irsee und Pforzen. Kempten wird ebenfalls oft genannt, ist jedoch eigentlich keltischen Ursprungs.

Ostgoten und Franken

Während sich die Alemannen zwischen Lech und Iller niederließen, besiedelten die Bajuwaren von Böhmen her den östlichen Teil der ehemaligen römischen Provinz Rätien. Der ostgotische König Theoderich, der im Jahr 493 das Weströmische Reich nach seinem Sieg über Odoaker übernommen hatte, machte das Allgäu zu einem ostgotischen Protektorat. Er besetzte die römischen Kastelle Cambodunum (Kempten) und Foetibus (Füssen) und zog zwischen den Bajuwaren und Alemannen eine Grenze von der Lechmündung bei Marxheim über den Ammersee bis zur Benediktenwand bei der Jachenau. Die Grenze des Bistums Augsburg folgt bis heute dieser Linie.

Ebenso wie die Kelten ein halbes Jahrtausend zuvor wurden auch die Alemannen von den sie umgebenden Stämmen aufgerieben. Im Norden wurden sie von den Franken unter König Chlodwig bedrängt, und im Süden widerstanden ihnen die Ostgoten und König Theoderich. Im Jahr 536 trat der Ostgotische König Witigis dem Frankenkönig Theudebert das ostgotische Protektorat nördlich der Alpen ab. Das Allgäu wurde fränkisch.

In den folgenden 350 Jahren ließen die Franken den Alemannen ihr Stammesrecht und ihre Stammesherzöge. Aber sie christianisierten die bis dahin heidnischen Alemannen, zum Teil auch mit militärischer Gewalt. Dabei ging es nicht nur um die richtige Einstellung zu Gott, sondern auch darum, die Menschen zu registrieren und von jedem sowohl Steuern als auch den kirchlichen Zehnt zu kassieren.

Die Mönche, die das Allgäu für die Franken christianisierten, kamen aus Irland, Schottland und England. Sie ließen sich zunächst bei Bregenz nieder und zogen dann in Richtung Allgäu weiter. Dort wurden sie jedoch zunächst wieder vertrieben. Gallus, einer der Mönche, gründete deshalb in St. Gallen eine Einsiedelei, aus der später das Kloster St. Gallen hervorging. Im Jahr 817 wurde das Allgäu dann erstmals in einer Urkunde erwähnt, die im Kloster St. Gallen ausgestellt wurde. Das darin als ›Albigowe‹, bergiges Land, bezeichnete Gebiet umfasste damals jedoch lediglich die Gegend rund um Sonthofen, Fischen und Oberstdorf. Die heutigen Städte Kempten und Füssen, die von den Alemannen nach dem Abzug der Römer nicht wieder besiedelt worden und daher in der Folgezeit verfallen waren, gehen auf Missionsstationen der St. Gallener Mönche Theodor und Magnus zurück.

Im 10. Jahrhundert verloren die Franken ihre Vormachtstellung, und die lokalen Herrscher, kirchliche wie weltliche, gewannen an Macht. Im 11. Jahrhundert erhielten Isny, Wangen, Kempten, Leutkirch, Memmingen und Kaufbeuren das Stadtrecht. Allerdings kam es auch immer wieder zu Streitigkeiten unter den aufstrebenden Mächten, die die Bauern mit ihren Abgaben und Diensten finanzieren mussten.

Der Schwäbische Bund

Im Jahr 1488 veranlasste Kaiser Friedrich III. die Gründung des ›Schwäbischen Bundes‹, einer Vereinigung der schwäbischen Reichsstädte und der Schwäbischen Rittergesellschaft vom St.-Georgen-Schild. Damit sollte das Land im Inneren befriedet und nach außen verteidigt werden, vor allem gegen Übergriffe der bayerischen Herzöge. Sämtlichen Reichsstädte des Allgäus sowie die Mehrheit des Allgäuer Adels waren in diesen Bund integriert, außerdem der Graf von Wirtemberg, der Markgraf von Baden und Herzog Sigmund von Tirol, die Erzbischöfe von Mainz und Trier sowie der Herzog von Bayern selbst, gegen den die Aktion eigentlich gerichtet war.

Im selben Jahr ernannte sich der Graf von Sonnenberg zum Gerichtsherr über die an ihn verpfändete Bauernschaft der ›Freien auf der Leutkircher Heide‹.

Gipfelkreuz am Grünten

Diese hatten von Kaiser Friedrich II. das Recht der Reichsunmittelbarkeit erhalten. Das bedeutete, dass sie als Bauerngenossenschaft keine Leibeigenen mehr waren und keiner fremden Gerichtsbarkeit, sondern dem extra für sie geschaffenen Kaiserlichen Landgericht unterstanden. Die Stadt Wangen versuchte als Schirmherrin den reichsfreien Bauern in diesem Konflikt beizustehen, aber der Graf von Sonnenberg stellte mit anderen Allgäuer Adeligen ein Heer von 5000 Mann gegen die Stadt auf. Als sich auch noch der Schwäbische Bund in die Streitigkeiten einmischte, mussten sowohl Wangen als auch die ›Freien auf der Leutkircher Heide‹ das Gericht des Grafen anerkennen.

Drei Jahre später, 1491, erhob der Kemptener Fürstabt Johannes von Riedheim trotz zunehmender allgemeiner Teuerung und daraus entstandener

Land und Leute

Schloss Syrgenstein bei Eglofs

Hungersnot eine neue Steuer von seinen Bauern. Diese taten sich zusammen und sandten eine Bittschrift an den Schwäbischen Bund. Die Streitigkeiten dauerten rund ein Jahr und endeten mit einer militärische Niederlage der Bauern. Dennoch erreichten sie, dass zunächst alles mehr oder weniger beim alten blieb. Bereits 1503 erhoben sich die Bauern jedoch erneut, und der Schwäbische Bund musste für Ruhe sorgen.

Im Spätmittelalter hatten sich im Allgäu neben den ›Freien auf der Leutkircher Heide‹ weitere eigenständige Territorien gebildet, beispielsweise die ›Freien von Eglofs‹ (Westallgäu). Daneben gab es weitere freie Bauern, etwa in Wiggensbach und bei Dietmannsried. Sie besaßen unter anderem die ›Freie Gebürs‹, also das freie Jagdrecht. Allerdings wurden die Rechte der Bauern zum Ende des 15. und Beginn des 16. Jahrhunderts immer weiter beschnitten. So beklagten sich die Bauern bei Kempten im Jahr 1523 darüber, dass in den Jahren zuvor ganze 1200 freie Bauern zu Leibeigenen des Klosters Kempten geworden waren. Landesweit protestierten die Bauern immer stärker gegen die stetig wachsenden Ansprüche des Adels und der Stiftsherren in Bezug auf die zu leistenden Abgaben und Dienste. Aber nicht nur im Allgäu, auch im Schwarzwald, im Breisgau, im Hegau, Suntgau und Elsass empörten sich die Bauern, und der Schwäbische Bund beschloss 1524, den betroffenen Herrschaften beizustehen. Dennoch baten die Kemptener Bauern im Januar 1525 zunächst den Schwäbischen Bund um Beistand gegen den Fürstabt des Kemptener Klosters. Noch im gleichen Monat aber erhob auch der Kemptener Fürstabt Klage beim Schwäbischen Bund, und zwar gegen seine Bauern.

Die Bauernkriege

Zunächst fanden sich Bauern im ganzen Land in regionalen Gruppen zusammen und es gab immer wieder kleinere Übergriffe gegen ihre Herren. Im März schlossen die Bauern aus dem Allgäu dann mit jenen vom Bodensee und vom Baltringer Haufen ein Bündnis, sich gegenseitig zu helfen. Das Heer des Schwäbischen Bundes war zu dieser Zeit mit einem Krieg gegen den Herzog Ulrich von Württemberg beschäftigt. Daher verhandelte man zum Schein mit den Bauern, um Zeit zu gewinnen.

Die aufständischen Bauern waren zumeist keine einfachen Landwirte, sondern vielmehr Angehörige der dörflichen Oberschicht. Dazu gehörten die Großbauern, Dorfhandwerker und Schultheiße, also die Abgaben- und Schuldeneintreiber der Herrschenden. Deren Abgesandte trafen sich am

Gedenktafel am Haus der Kramerzunft in Memmingen

14. März 1525 in Memmingen und entwarfen die sogenannten ›Zwölf Artikel‹. Darin wurden Freiheitsrechte wie die Abschaffung der Leibeigenschaft, die Freigabe von Jagd und Fischfang, die Abschaffung ungerechter Abgaben sowie die freie Wahl des Pfarrers durch seine Gemeinde gefordert. Das Papier wurde dem Bundesrat in Ulm übergeben und als Druckstück in einer Auflage von über 25 000 Stück in ganz Südwestdeutschland verteilt. Auf der Fassade des Memminger Kramerzunfthauses (→ S. 76) am Weinmarkt, wo sich die Bauern trafen, erinnern heute eine Gedenktafel und ein Fassadenbild an die Versammlung.

Nach Verhandlungen vereinbarten die Bauern mit dem Schwäbischen Bund einen Waffenstillstand bis zum 2. April. Die Truppen des Schwäbischen Bundes standen jedoch bereits an der Donau, und als die Bauern dies erfuhren, brachen sie die Vereinbarung und setzten sich damit selbst ins Unrecht. Der sogenannte Bauernkrieg begann. Die Bauern überfielen weltliche und kirchliche Herrschaftssitze, plünderten und brandschatzten. In den folgenden zwei Monaten konnten sich von den Allgäuer Schlössern nur Zeil, Wolfegg, Kemnat, Hohenfreiberg und Rotenfels verteidigen. Außerdem wurden zahlreiche Klöster überfallen und zerstört, darunter auch Ottobeuren und Kempten. Prompt nutzten die Kemptener Bürger die Notlage des Kemptener Fürstabten, der sich in ihre Reichsstadt geflüchtet hatte, und kauften ihm für 30 000 Gulden sämtliche Rechte und Güter ab, die das Kloster Kempten noch in der Stadt gehabt hatte. Damit war die zu diesem Zeitpunkt bereits freie Reichsstadt tatsächlich komplett frei von kirchlicher Herrschaft.

Letztlich aber gewannen die Truppen des Schwäbischen Bundes. Die Bauern wurden zu Reparationszahlungen und -diensten verpflichtet und rund 2000 von ihnen hingerichtet. Insgesamt schätzt man, dass im Jahr des Bauernkrieges etwa 100 000 Bauern ums Leben gekommen sind. Aber die sogenannten ›Zwölf Artikel‹ gelten heute als die erste schriftliche Niederlegung von allgemeinen Menschenrechten in Europa.

In den Jahren 1527 bis 1546 bekannten sich die Bürger der schwäbischen Reichsstädte Augsburg, Memmingen, Kaufbeuren, Kempten, Leutkirch und Isny zur Lehre Luthers. Erst im Jahr 1555 beendete der Religionsfrieden von Augsburg den Streit zwischen den katholischen und evangelischen Kirchenleuten. Fortan konnten die Landesherren ihre und die Glaubenszugehörigkeit ihrer Untertanen frei bestimmen. Andersgläubige Untertanen erhielten das Recht, auszuwandern.

Der Dreißigjährige Krieg

Ungeachtet des Augsburger Religionsfriedens brach 1618 der Dreißigjährige Krieg aus. Bis 1648 versuchten die verschiedenen Parteien religiöse, politische, wirtschaftliche und kulturelle Hegemonialrechte mit Waffengewalt durchzusetzen. Die katholische Liga mit den kaiserlichen Truppen stand der Protestantischen Union gegenüber. Das habsburgische Österreich und Spanien kämpfte gegen Frankreich, die Niederlande, Dänemark und Schweden. In der Goldenen Chronik von Schwangau steht über diese Zeit: ›Die katholischen Soldaten, die protestantischen, die Schweden und die Truppen des eigenen Landes, der Liga und des Kaisers, und die verzweifelten und entmenschten Bauern selber, alles war eine große Räuber-, Mörder- und Mordbrennerbande.‹ Ein anderer Chronist berichtet von Kannibalismus: ›Eltern, die ihre Kinder, Frauen die ihre Männer auffressen ...‹

Erst der Friedenskongress von Münster und Osnabrück der immerhin vier Jahre, von 1641 bis 1648 dauerte, konnte den Dreißigjährigen Krieg beenden.

Erinnerung an den Dreißigjährigen Krieg: Wallensteinfestspiele in Memmingen

Allerdings zogen die letzten Besatzungstruppen erst zwei Jahre später aus dem Allgäu ab. Nach dem Krieg wandelte man im oberen Allgäu große Teile des Ackerlandes in Grünland um. Mangel an Saatgut, Geräten und Arbeitskräften dürfte der Grund dafür gewesen sein.

Bereits im Mittelalter und bis in das 19. Jahrhundert hinein suchte die Pest das Allgäu immer wieder heim. Der Memminger Christoph Schorer veröffentlichte 1666 eines der ersten deutschsprachigen Bücher darüber, was gegen die Pest zu tun sei. Auch auf den Dreißigjährigen Krieg folgten mehrere Pestepidemien. Dennoch begann man die Städte, Kirche, Klöster, Dörfer und Höfe wieder aufzubauen.

1711 begannen beispielsweise die Bauarbeiten an der Klosteranlage Ottobeuren, und 1742 wurden die Prunkräume in der Residenz Kempten vollendet. Es war die Blütezeit des Barock und des Rokoko, die Zeit der Stuckateure, des Prunk und der Pracht. Viele berühmte Baumeister haben ihre Spuren im Allgäu hinterlassen. Dazu gehören zum Beispiel der Architekt Dominikus Zimmermann (1685–1766) und sein Bruder der Stuckateur Johann Baptist Zimmermann (1680–1758), die gemeinsam in der Kartause in Buxheim gewirkt haben. Dort soll Dominikus Zimmermann mit einer kleinen Kapelle auch für die Wieskirche bei Steingaden ›geübt‹ haben. Simpert Kramer (1679–1753) baute Kloster und Kirche in Ottobeuren, Johann Jakob Herkommer (1652–1717) das Kloster Sankt Mang in Füssen.

Die Säkularisation

Dem Prunk der Kirchen und Klöster setzte die Säkularisation ein Ende. Bereits im 18. Jahrhundert gab es in Bayern erste Bestrebungen, die Machtfülle der kirchlichen Institutionen zu beschneiden. Der bayerische Politiker und Staatsreformer, Maximilian von Montgelas (1759–1838), beispielsweise erklärte 1789, dass 56 Prozent aller Höfe in Bayern in kirchlichem Besitz seien und dies den Wirtschaftsverkehr behindere. 1802 begann er mit der Säkularisation, also der Verstaatlichung von kirchlichem Besitz.

Als der französische General, Staatsmann und Kaiser, Napoleon Bonaparte (1769–1821) im Jahr 1801 durch militärische Erfolge die linksrheinischen Gebiete für Frankreich gewann, verabredete man im Frieden von Lunéville gleichzeitig, dass rechtsrheinische, deutsche Fürsten für Gebietsverluste auf der linken Seite des Rheins entschädigt werden sollten, und zwar durch die Säkularisation von kirchlichem Besitz.

Das Fürstentum Bayern kompensierte daraufhin seine linksrheinischen Flächenverluste zu 140 Prozent und erhielt 850 000 neue Untertanen für die verlorenen 600 000. Auch im Allgäu, das inzwischen zu Bayern gehörte, fand das klösterliche Leben ein jähes Ende. Erst nach einem Konkordat (Staatskirchenvertrag) im Jahr 1817 wurden wieder neue Klöster gegründet und alte wiederbelebt. Das Kloster Ottobeuren etwa wurde 1834 als Priorat erneut gegründet, ist jedoch erst seit 1918 wieder eine selbstständige Abtei. Auf der anderen Seite muss der Staat bis heute Abgaben an kirchliche Institutionen entrichten, um die damalige Verstaatlichung des Kirchenbesitzes zu kompensieren.

Barocke Pracht in der Kartause Buxheim

Auf Napoleon geht auch die Trennung des Allgäus in einen bayerischen und einen württembergischen Teil zurück. Nach mehreren Vereinbarungen in den Jahren 1800 bis 1810 teilte man die Besitztümer in zwei territorial zusammenhängende Gebiete auf, deren gemeinsame Grenze bis heute durch das westliche Allgäu verläuft, von Ulm aus westlich an Memmingen vorbei bis zum nordöstlichen Bodenseeufer zwischen Nonnenhorn und Kressbronn.

Das 19. Jahrhundert

Von 1847 bis 1853 erfolgte der Anschluss des Allgäus an das deutsche Eisenbahnnetz. Damit starb der Wirtschaftszweig der Flößerei, die auf dem Lech und der Iller betrieben wurde, weil Züge weniger gefährlich, pünktlicher und billiger waren. In Lechbruck erzählt ein eigenes Flößereimuseum (→ S. 142) von der Arbeit der Flößer.

Das 19. Jahrhundert brachte einen weiteren wirtschaftlichen Wandel: Der Flachsanbau, der dem ›blauen Allgäu‹ seinen Namen gegeben hatte, wurde durch die Milchwirtschaft verdrängt. Das ›grüne Allgäu‹ mit seiner Milchviehwirtschaft entstand. Darüber hinaus entwickelte sich ein weiterer Wirtschaftszweig: Um 1877 kamen die ersten ›Sommerfrischler‹ ins Allgäu, und bereits sechs Wochen nach dem Tode des Schloss Neuschwanstein-Bauherrn, König Ludwig II, im Jahr 1886 wurde das Schloss für Besucher geöffnet.

Außerdem entwickelte sich im Zuge der Industrialisierung der Maschinenbau, dessen mittelständische Betriebe bis heute die Wirtschaft der Region prägen und eine wichtige Rolle als Arbeitgeber spielen.

Das 20. Jahrhundert

In den 1920er und 1930er Jahren eta-
blierte sich der Tourismus als Wirtschaftszweig, Wanderwege wurden angelegt und die Berge durch Seilbahnen
und Übernachtungsmöglichkeiten erschlossen.

1943 errichteten die Nationalsozialisten in einem Ortsteil der Gemeinde
Durach eine Außenstelle des Konzen-
trationslagers in Dachau, das Außenlager Weidach. Zum Ende des Zweiten Weltkrieges besetzten französische
und amerikanische Soldaten das Allgäu und nach dem Krieg vergrößerten
Heimatvertriebene aus Böhmen und
Schlesien die Allgäuer Bevölkerung
um ein Drittel. Der Kaufbeurer Stadt-

Touristen bei einer Kutschfahrt

teil Neugablonz und die dortige Glasschmuckindustrie sind dadurch entstanden.
Ein Museum erzählt die Geschichte der Vertriebenen (→ S. 129).

In den Jahren 1971 bis 1980 fand die letzte große Gebietsreform des Allgäus statt. Die bayerische Regierung wollte Gebietskörperschaften zusam-
menlegen, um größere Verwaltungseinheiten zu schaffen. Im Zuge dessen entstanden die Landkreise Unter-, Ost- und Oberallgäu. Vorher war der Begriff
Allgäu eine reine Landschaftsbezeichnung gewesen.

Gegen die Zusammenlegung erhob sich in einzelnen Gemeinden großer
Wiederstand, und manche Gemein-
den schafften es sogar, auf politischem
Wege diese Zusammenführung wieder aufzuheben. Die Gemeinde Rettenbach am Auerberg beispielsweise
wurde 1978 in die Gemeinde Stötten
am Auerberg eingegliedert. Seit dem
6. Oktober 1993 ist die Gemeinde wieder selbstständig. Allerdings besteht
seit 1994 eine Verwaltungsgemeinschaft mit Stötten. In anderen Orten
hat man sich inzwischen mehr oder
weniger begeistert mit der neuen Aufteilung abgefunden. Immerhin nahm
die Stadt Kempten 2012 das 40. Jubi-
läum zum Anlass, die Gebietsreform
Kempten und Oberallgäu mit einem
Sternmarsch zur Kemptener Kapelle
zu feiern.

*Bis heute ist die Milchviehhaltung ein
wichtiger Wirtschaftszweig*

Geschichte des Allgäus im Überblick

7000 v. Chr.: Archäologische Funden belegen menschliche Aktivitäten im Allgäu zur Bronzezeit, Jungsteinzeit und mittleren Steinzeit.

1200 v. Chr.: Illyrer siedeln im Allgäu.

500 v. Chr.: Die Kelten kommen ins Allgäu.

15 v. Chr.: Drusus und Tiberius, Stiefsöhne des Kaisers Augustus, erobern die Alpen. Die Garnisonsstadt Cambodunum wird gegründet.

256: Alemannen durchbrechen erstmals den römischen Limes.

488: Die Römer ziehen sich gänzlich aus der Region zurück und die Alemannen installieren ihre eigene Verwaltung.

536–911: Die Alemannen stehen unter der Herrschaft der Franken, die das Volk christianisieren.

817: Das Allgäu wird in einer St. Gallener Urkunde erstmals erwähnt, erst als Albigauge, später als Albigoi. Beide Ausdrücke bezogen sich allerdings nur auf ein kleines Gebiet um Sonthofen und Fischen.

1079–1268: Zeit der Staufer, Herzöge von Schwaben. Sie verleihen ihren Besitzungen Isny, Wangen, Kempten, Leutkirch, Memmingen und Kaufbeuren Stadtrechte.

1525: Bauern-Aufstand (hier vom Allgäuer Haufen): oberste Forderung ist die Aufhebung der Leibeigenschaft.

1527–1546: Bürger der schwäbischen Reichsstädte Augsburg, Memmingen, Kempten, Leutkirch und Isny bekennen sich zur Lehre Luthers.

1618–1648: Dreißigjähriger Krieg und Pestepidemien dezimieren die Bevölkerung.

1802–1803: Säkularisation der Klöster.

um 1830: Umstellung von Flachsanbau auf Weidewirtschaft. Das Allgäu wandelt sich vom ›blauen‹ zum ›grünen‹ Allgäu.

1869: Der Deutsche Alpenverein wird in München gegründet und auch im Allgäu (Oberstdorf) werden die ersten Bergführer ausgebildet.

1898: Der erste Dieselmotor der Welt arbeitet in einer Zündholzfabrik in Kempten.

1945–1947: Heimatvertriebene aus Böhmen und Schlesien vergrößern die Bevölkerung des Allgäus um ein Drittel.

1971–1980: Durch eine Gebietsreform entstehen die bayerischen Landkreise, Ober-, Unter- und Ostallgäu. Die baden-württembergischen Gebiete des Allgäus gehören seit 1973 zu den Landkreisen Ravensburg und Bodenseekreis.

Skulptur auf dem Gelände des Römerbades Kohlhunden

ESSAY

Die Oberschwäbische Barockstraße

Nach den Verheerungen des Dreißigjährigen Krieges wurden Kirchen, Klöster und öffentliche Gebäude im Barockstil wieder aufgebaut oder umgestaltet. Diese Zeit brachte auch im Allgäu bedeutende Künstler hervor, die oftmals Maler, Baumeister, Schnitzer und Stukkateure in Personalunion waren, wie Johann Jakob Herkomer (1648–1717) oder Johann Georg Fischer (1673–1747). Aber auch von auswärts kamen bedeutende Baumeister und Künstler ins Allgäu wie zum Beispiel Johann Baptist Zimmermann (1680–1758) und sein jüngerer Bruder Dominikus. Sie alle schufen Bauwerke von Weltrang, die heute das Ziel zahlreicher Touristen aus dem In- und Ausland sind.

Von Ulm nach Isny führt die Oberschwäbische Barockstraße über 500 Kilometer kreuz und quer durch Oberschwaben zu zahlreichen kirchlichen und weltlichen Barockbauten. Dabei gibt es eine Hauptroute sowie eine Süd-, West- und Ost-Route.

Auf der **Ostroute** liegen im Allgäuer Gebiet **Buxheim** mit der Kartause sowie **Memmingen** mit dem Wessobrunner Stuck im Kreuzherrenkloster, **Ottobeuren** mit Benediktinerabtei sowie die Innenstadt von **Leutkirch** mit dem von Johannes Schütz stuckierten Rathaus.

Die **Hauptroute** führt im Allgäu nach **Bad Wurzach**, zum barocken Treppenhaus im Schloss mit dem Götterhimmel-Deckenfresko, nach **Wolfegg** mit der ehemaligen Stiftskirche Sankt Katharina, **Kißlegg** mit der Kirche Sankt Gallus und Ulrich sowie dem Neuen Schloss und nach **Isny** mit seinem Rathaus und der Kapelle Sankt Josef, nach **Argenbühl** zur Dorfkirche Eglofs und zu **Wangens** Rathaus mit der barocken Fassade und dem barocken Treppenhaus sowie zum **Schloss Achberg** mit dem prächtig stuckierten ehemaligen Festsaal des Deutschen Ordens.

Weitere Informationen: www.oberschwaben-tourismus.de/kultur/oberschwaebische-barockstraße.html

Geflügelter Stier in der Kirche von Eglofs an der Oberschwäbischen Barockstraße

Wirtschaft

Im Jahre 1517 schreibt Matthäus Schwarz, der Hauptbuchhalter von Jakob Fugger über die Allgäuer, dass sie so hinterwäldlerisch seien, dass sie nicht wie andere Menschen nach Gulden, Kronen und Dukaten rechneten, sondern nach Tannenzapfen. (nach: Allgäuer Chronik von Alfred Weitnauer)

Wenn man diese Zeilen liest, kommt man zu der Überzeugung, dass die Allgäuer seitdem doch einiges dazu gelernt haben. Immerhin weist der Landkreis Unterallgäu eine der geringsten Arbeitslosenquoten in ganz Deutschland auf. Der ländliche Raum ist auch nahezu flächendeckend mit Breitband-Internet versorgt und verfügt mit dem Allgäu Airport sowie den beiden Autobahnen A7 und A96 über einen sehr guten Verkehrsanschluss. Größter Arbeitgeber ist das verarbeitende Gewerbe mit knapp 15 000 Beschäftigten. Handel sowie Gebietskörperschaften und Sozialversicherungen folgen mit jeweils rund 6000 Mitarbeitern. Daran schließt sich das Baugewerbe mit über 5000 Beschäftigten an.

In den vergangenen Jahrzehnten verstärkte insbesondere der Tourismus seine Bedeutung als Wirtschaftsfaktor. Für das Jahr 2011 lag zwar die Zahl der Gästeübernachtungen unter denen der anderen bayerischen Verbandsgebiete, also München-Oberbayern, Franken und Ostbayern, aber bei der Aufenthaltsdauer der Besucher liegt das Allgäu auf Platz zwei knapp hinter Ostbayern und weit vor Franken und München-Oberbayern.

Daneben findet man vor allem Firmen der Elektrotechnik und der Nahrungsmittel-Verarbeitung. Regionale Spezialhandwerke wie der Lauten- und Geigenbau in Füssen oder das Hutmacherhandwerk in Lindenberg spielen heute eher eine historisch-kulturelle Rolle, während die textilverarbeitende Industrie praktisch vollständig in Billiglohn-Länder abgewandert ist.

Um das Jahr 1960 begann die Technisierung der Landwirtschaft, und die Europäische Gemeinschaft verstärkte ihre agrarpolitischen Aktivitäten. Seit dieser Zeit geht die Tendenz zu immer größeren Bauernhöfen und zu großen monokulturellen Anbauflächen. Die Land- und Forstwirtschaft prägt zwar weiterhin das Erscheinungsbild des Unterallgäus, beschäftigt jedoch nur noch sieben Prozent der Arbeitnehmer. Das produzierende Gewerbe verbucht rund 40 Prozent, die sonstigen Dienstleistungen 30 Prozent und Handel, Verkehr sowie Nachrichtenübermittlung fast 23 Prozent der Beschäftigten (Zahlen des Landratsamtes von 2006). Die Einnahmen aus dem Tourismus machen etwa zehn Prozent der gesamten Bruttowertschöpfung des Unterallgäus aus.

Im Ostallgäu sind ebenfalls rund 50 Prozent der Beschäftigten im produzierenden Gewerbe tätig. Und der im Auftrag der Vereinigung der Bayerischen Wirtschaft erstellte Chancenindex Bayern 2010 weist den Landkreis als besten des Allgäus aus. Innerhalb Bayerns erreicht das Ostallgäu immerhin noch Rang sieben und landet im bundesweiten Vergleich auf Platz 12. Auch das Ostallgäu ist an die A7 und die A96 angebunden und hat den Memminger Flughafen vor der Haustüre. Größter Arbeitgeber ist der Sonderfahrzeughersteller AGCO-Fendt in Marktoberdorf mit rund 2300 Arbeitsplätzen, gefolgt vom Maschinenbauer Deckel Maho in Pfronten mit 1200 Beschäftigten.

Brauchtum und Kultur

»Wo d'Liab na fallt, do bleibt se liaga und wärs auf am Mischthaufa« — *»Wo die Liebe hinfällt, da bleibt sie liegen, auch wenn es auf einem Misthaufen ist.«*

Zahlreiche, vor allem barocke Kirchen kennzeichnen das Landschaftsbild des Allgäus. Der tiefe Glaube an Gott prägt mit seinen vor allem katholischen Festen und Feiertagen, das gesellschaftliche, aber auch das private Leben der Allgäuer. Die Passionsspiele in Waal sowie die zahlreichen Reiterprozessionen, eine der ältesten ist der Heiligblutritt in Weingarten, den es bereits vor 1592 gab, sind keine bloßen Touristenattraktionen. Und die Allgäuer Wallfahrtskirchen werden bis heute rege besucht, etwa Maria Steinbach (→ S. 111), aber auch die Wieskirche (→ S. 164), und das bei weitem nicht nur aufgrund ihrer kunsthistorisch bedeutsamen Ausstattung.

Auf der anderen Seite konnte die Kirche die alten Traditionen der Kelten und Alemannen nicht ganz verschwinden lassen. Fruchtbarkeitsrituale der Kelten haben sich etwa beim Maibaumaufstellen und beim Schmücken des Osterstrauchs erhalten. Das Winteraustreiben findet bis heute nach typisch alemannischer Fastnachttradition statt. Und die Bergfeuer zur Sonnenwende, die heute auch als Demonstrationen zum Schutz der Alpen veranstaltet werden, gehen ebenfalls auf die alten Siedler zurück. Zusätzlich profitieren die Heilkundigen draußen auf dem Land, die nicht Medizin studiert haben, bis heute vom alten Wissen der Menschen, die im Einklang mit der Natur gelebt und auf diese Weise überlebt haben. In den letzten Jahren gewinnen diese Dinge sogar noch an Bedeutung. Und die alten Heilmethoden mit Kräutern erleben eine Renaissance, nachdem die Apparatemedizin sowohl finanziell als auch menschlich an ihre Grenzen kommt.

Kinder in Tracht

Land und Leute

Alphornbläser

Ungeachtet der Fortschritte der modernen Technik vernichten aber auch heute noch von Zeit zu Zeit Unwetter die Ernten der Bauern. Und immer wieder kosten plötzliche Wetterumschwünge in den Bergen ein oder gar mehrere Tier- und Menschenleben. Da wundert es nicht, wenn die Allgäuer das Erntedankfest ebenso ausgelassen feiern wie den berühmten Almabtrieb der Kühe.

Lebendige Bräuche

Traditionen und ihre Geschichte sind nicht nur in den zahlreichen Heimatmuseen zu erleben, etwa im Bergbauernmuseum in Diepolz bei Immenstadt (→ S. 212), sondern auch in Form von gelebtem Brauchtum zu allen Jahreszeiten.

Im Jahr 1985 wurde beispielsweise das **Bärbeletreiben** in Sonthofen im Oberallgäu wiederbelebt, das lange Zeit nur noch in Oberstdorf stattgefunden hatte. Es handelt sich dabei um einen alten Brauch, bei dem Frauen und Mädchen mit Masken aus Naturstoffen wie Moos und Flechten sowie in Fetzengewändern, die zur Weitergabe der Tradition gerne aus dem Kleiderschrank der Großmütter stammen dürfen, am Abend des 4. Dezember durch die Häuser und Höfe des Ortes ziehen. Mit Birkenreisig-Besen oder Weidenruten sowie großen Kuhglocken vertreiben sie die bösen Geister und Dämonen der finsteren Winterzeit. Inzwischen gibt es diesen Brauch auch in Immenstadt und zahlreichen weiteren Allgäuer Gemeinden wieder.

Das männliche Gegenstück zum Bärbeletreiben ist das **Klausentreiben** rund um den 6. Dezember. Dann treiben die jungen Männer in Felle gehüllt und mit Masken und Hörnern geschmückt ihr Unwesen. Auch sie haben Kuhglocken dabei, aber im Gegensatz zu den Bärbele-Frauen wollen sie die bösen Geister auch durch laute Schreie vertreiben. Der Brauch lebt noch in Türkheim, Bad Hindelang und vielen anderen Gemeinden.

Viehscheid in Mittelberg-Oy

Die **Funkenfeuer** am ersten Sonntag der Fastenzeit sind große Feuer, die unter anderem in Memmingerberg, Obergünzburg, Wilpoldsried und Röthenbach veranstaltet werden. Seit dem 19. Jahrhundert wird darauf die Funkenhex als Symbol für den Winter verbrannt. Der Brauch geht aber vermutlich auf die vorchristlichen, römischen Feuer zum damaligen Jahresanfang am 1. März zurück.

Bereits die alten Germanen kannten Baumriten, und im eurasischen und amerikanischen Raum sind Kultpfähle weit verbreitet. Ob sie etwas mit dem **Maibaumaufstellen** unserer Zeit zu tun haben, ist unbekannt. In jedem Fall gilt der Maibaum seit dem 18. Jahrhundert als ein Symbol für bayerische Kultur. Deshalb hat eigentlich jedes Dorf und jede Gemeinde im Allgäu einen Maibaum. Er wird jedoch nicht unbedingt jedes Jahr neu aufgestellt. Ein besonderer Kult ist jedoch das Maibaumstehlen, dabei ›verziehen‹ die Jugendlichen eines Dorfes den vorbereiteten Maibaum eines anderen Ortes. Hat der Baum den Gemeindegrund verlassen, gilt er als gestohlen. Das ist in Bayern normalerweise nicht strafbar. Tatsächlich soll der Baum auch nicht gestohlen werden, sondern lediglich entführt und gegen ein zünftiges Lösegeld in Form von Bier und Brotzeit wieder zurückgegeben werden. Dass es sich dabei um einen freundlichen Schabernack handelt, erkennt man auch daran, dass die Bewacher und die Diebe die Auslöse im Allgemeinen bei einem gemütlichen Beisammensein gemeinsam verzehren.

Der **Viehscheid** ist eine eigene Tradition der Alpenländer. Bevor der erste Schnee fällt, im Allgäu also meist Mitte September, werden die Kühe wieder ins Tal getrieben. Und wenn alle Tiere den Sommer in den Bergen gut überstanden haben, wird die Leitkuh mit einem Blumengesteck geschmückt. Am Scheidplatz, meist dem Dorfplatz, trennt sich der Hirte wieder von der Herde und gibt die einzelnen Kühe an ihre Besitzer im Ort zurück. Dieser Anlass wird in vielen Orten für ein Fest mit Bierzelt und Blasmusik genutzt. Die jeweils aktuellen Termine findet man auf www.viehscheid.com.

Historische Feste

Ein weiterer Höhepunkt des kulturellen Lebens im Allgäu sind die zahlreichen historischen Feste, die sich oft über mehrere Tage hinziehen:

Das über 160 Jahre alte **Frundsbergfest** wird alle drei Jahre (2015, 2018…) in Mindelheim veranstaltet. Zu Ehren des Feldherrn verwandelt sich die Stadt Ende Juni/Anfang Juli in ein Landsknechtlager. Ein großer Umzug, Konzerte, Theateraufführungen und buntes Markttreiben bringen in dieser Zeit Kurzweil in den städtischen Alltag (www.frundsbergfest.de).

Ein Memminger Original ist der **Fischertag**: Ein Böllerschuss lädt Ende Juli über 1000 Freizeitfischer ein, um acht Uhr morgens zum Wettstreit im Stadtbach anzutreten. Bereits 1572 wurde das jährlich stattfindende Fest zum ersten Mal erwähnt und erfreut sich bis heute großer Beliebtheit bei den Einheimischen. Eine halbe Stunde haben die zumeist kostümierten Männer Zeit, um mit dem traditionellen Fischernetz, dem sogenannten ›Bären‹, die größte Forelle zu fangen. Insgesamt werden rund 4000 Fische aus dem Gewässer geholt, damit das Flussbett im Anschluss gereinigt werden kann. Teilnehmen dürfen nur männliche Bürger von Memmingen – aber zusehen darf jeder, und das macht vielleicht sogar noch mehr Spaß.

General Wallenstein (eigentlich Albrecht Wenzel Eusebius von Waldstein, 1583–1634), war im Dreißigjährigen Krieg zweimalig Oberbefehlshaber der kaiserlichen Armee und logierte im Jahr 1630 im Fuggerbau (Schweizerberg 6) in Memmingen. Alle vier Jahre (2016, 2020…) erinnern die **Wallenstein-Festspiele** seit 1980 Ende Juli/Anfang August an dieses Ereignis; mit einem farbenprächtigen Einzug Wallensteins in die Stadt, historischem Lagerleben, spannenden Reiterspielen, mittelalterlichem Markt und einem historischem Freilichttheater auf dem Memminger Marktplatz. Mit rund 4000 Mitwirkenden zählt es zu den größten Historienfestspielen in Europa (www.wallenstein-mm.de).

Maibaum vor der St.-Nikolauskapelle in Gunzesried

Das **Kaufbeurer Tänzelfest** ist das älteste historische Kinderfest in Bayern. Vermutlich hat es sich aus Schul- und Zunftfesten entwickelt. Heute erzählen rund 1600 junge Leute jedes Jahr Ende Juli in zwei festlichen Umzügen die Geschichte der Stadt vom Mittelalter bis in die Mitte des 19. Jahrhunderts. Das Fest beginnt am vorletzten Schulwochenende vor den Sommerferien und dauert ganze zwölf Tage (www.taenzelfest.de).

Der **Wilde Männle Tanz** ist ein früher im gesamten Alpenraum verbreiteter Tanz, der sich nur in Oberstdorf erhalten hat, wo er alle fünf Jahre (2015, 2020…) aufgeführt wird. Angeblich geht er auf einen über 2000 Jahre alten Kult zurück. Dabei sind die Männer in Tannenbart gekleidet, eine Moosflechte aus den Höhenlagen um 1000 bis 1600 Metern. Sie tanzen 17 verschiedene Figuren und wollen damit eine Verbindung zur Natur und ihren Göttern aufnehmen. Allerdings gibt es auch Forscher, die darin höfische Rollenspiele aus der Barockzeit erkennen.

Zur Allgäuer Kultur gehören aber auch **Festivals** wie der Kemptener Jazzfrühling, die Memminger Meile mit urbanen Kulturerlebnissen (Ende Juni/Anfang Juli), das Musikfestival ›vielsaitig‹ in Füssen (Ende August/Anfang September) mit Lauten- und Geigenmusik, die Kaisersaalkonzerte im Kloster St. Mang (Mai bis September) oder der Wangener Blasmusiktag (Anfang Oktober). Informationen zu Konzerten, Theater etc. haben die Tourismusämter.

Sprache

Der Allgäuer Dialekt hat für fremde Ohren durchaus seine Tücken. Und ›fremd‹ ist unter Umständen bereits der Nachbar aus dem nächsten Dorf. Denn die Mundarten weisen zwischen Bodensee und Ammergebirge derartige Unterschiede auf, dass auch innerhalb des Allgäus der eine manchmal den anderen nicht versteht. Da wird es auch für die Gäste manchmal schwierig, dem Gesagten zu folgen. Aber mit Toleranz und Humor lassen sich diese Sprachbarrieren leicht überwinden. So heißt der zweite Tag in der Woche im westlichen Allgäu Ziisdag und östlich der Iller Aftèrmäätag und so weiter. Deutlich hörbar ist auch der Unterschied von Grumbra, Erdepfl und Bodèbiara. Dabei meinen alle drei Begriffe dasselbe, nämlich die Kartoffel.

Eine Erklärung bietet dafür die alte Grenze zwischen den Bistümern von Konstanz und Augsburg. Während sich die Alemannen zwischen Lech und Iller niederlassen, besiedeln die Bajuwaren von Böhmen her kommend den östlichen Teil der ehemaligen römischen Provinz Rätien. Der ostgotische König Theoderich zieht zwischen den beiden Stämmen die Grenze von der Lechmündung über den Ammersee zur Benediktenwand - und die Grenze des Bistums Augsburg folgt dieser Linie bis heute.

Dass das Gebiet zwischen Oberrhein, Bodensee und Iller sowie die deutschsprachige Schweiz im Jahr 259 alemannisch wurden, das hört man bis heute an der Sprache der Einheimischen. Dabei gehören das Westallgäu mit dem Umland von Wangen und Isny sowie das Oberallgäu südlich von Immenstadt zum alemannischen und die übrigen Gebiete des Allgäus zum achwäbischen Mundartgebiet. Man nennt die sprachliche Grenze, die das alemannische Allgäu vom schwäbischen Allgäu trennt, auch die Wiib-Weib-Linie.

Aus Küche und Keller

Die Landschaft prägt die Küche des Allgäus: Milch- und Käseprodukte stehen ganz oben auf der Zutatenliste. Zum Essen wird, nach alter Väter Sitte, Bier getrunken. Und zur Verdauung ein Schnaps, ein Obstler etwa. Das Obst gibt es selbstverständlich auch als Saft, als Marmelade oder Kompott. Dann ist es eine beliebte Beilage zu den gern gegessenen Mehlspeisen, die im Allgäu jedoch beileibe nicht immer süß sind. Ein Beispiel sind die ›G'schupfte Krutnudla — Krautschupfnudeln‹, die vielfach auf Volksmärkten angeboten werden (→ S. 58).

Abgeschmeckt werden die Gerichte gerne mit frischen Kräutern, die auf den Almen und auf den Wiesen im Tal wachsen. Die Kräuter verleihen dabei sowohl den Speisen als auch den Getränken ihr besonderes Aroma, und natürlich ihre Heilkraft. Zahlreiche Kräuterliköre gelten als bewährte Hausmittel gegen allerlei Zipperlein.

»Der Hunger treibts nei« — »Der Hunger nötigt einen zum Essen«, sagt der Allgäuer, wenn es ihm geschmeckt hat. Die Allgäuer Küche ist vielfältig und ideenreich. Sie holt sich viele Anregungen aus der Natur, und wenn Not erfinderisch macht, dann haben die Allgäuer Köchinnen und Köche daraus eine wahre Tugend gemacht. Zum Beispiel mit den sauren Kutteln, der ›Voreasse‹ (→ S. 57).

Milch und Käse

Im Jahre 1517 reiste Kardinal Luigi d'Arragona aus Rom durch das Allgäu. Sein Sekretär Antonio de Beatis notierte in seinem Tagebuch: »Kleine rote Kühe werden in großer Menge gehalten. Die Käse sind nicht besonders gut, vor allem deshalb, weil die Deutschen nur faulen Käse lieben. Auch einen grünen Käse schätzen sie, der künstlich mit Säften von Kräutern hergestellt wird, den aber, obwohl er pikant schmeckt und riecht, ein Italiener nicht essen würde.« (Allgäuer Chronik)

Die Kühe gehören zum Allgäu wie die Berge und die Wiesen. Auf den Alpen und in den Bauernhöfen wurde bereits seit Jahrhunderten ein runder Hartkäse produziert. Das Verfahren variierte jedoch stark und die Qualität der Ergebnisse war sehr unregelmäßig. Dies änderte sich 1821, als Josef Aurel Stadler das Schweizer Verfahren zu Herstellung des Emmentalers in das Allgäu importierte. Zwei Schweizer

Bergkäseherstellung im Hintersteiner Tal

Wandbild in Leutkirch

Senner stellten in Weiler, im Westallgäu, den ersten Allgäuer Emmentaler her. Im Laufe der Zeit entstanden immer mehr Dorfsennereien und die Qualität verbesserte sich kontinuierlich.

Der Allgäuer Bergkäse gilt als der kleine Bruder des Emmentalers. Er wird in kleineren, niedrigeren Laiben mit höchstens 50 Kilogramm Gewicht hergestellt und hat darüber hinaus auch kleinere Löcher als der berühmte Emmentaler. Der Teig ist dunkler und der Geschmack intensiver. Das Verfahren der Herstellung ist ähnlich, aber der Bergkäse wird in der Regel in Höhen zwischen 900 und 1800 Metern hergestellt und oft bis zu einem Jahr lang gelagert. Der Emmentaler dagegen wird im Tal produziert.

Eine besondere Allgäuer Spezialität, die nur noch von wenigen Molkereien hergestellt wird, ist der Weißlacker, ein sehr pikanter, fast scharfer Käse, der wegen seines Geruchs auch ›Stinkerkäse‹ genannt wird. Seinen Namen hat er von der weißlichen Schmierschicht an der Oberfläche. Er gilt als unverzichtbare Zutat zu echten Allgäuer Kässpatzen (→ S. 57).

Zahlreiche Wanderwege führen zu verschiedenen Sennerinnen und Sennern auf die Alpen. Beispielsweise gibt es in den Immenstädter Alpen und rund um Oberstaufen, sowie im Gunzenrieder-, Leckner- und Balderschwanger-Tal und den Tälern von Hindelang und Oberstdorf zahlreiche Wander-Routen und Mountainbike-Touren, die auf der Homepage www.sennalpen.de beschrieben werden.

Hopfen und Malz – Gott erhalt's

Zu einer guten Brotzeit gehört ein gutes Bier. Und so vielfältig wie das Allgäu sind auch seine Biere. Beinahe jeder Ort hat seine eigene Brauerei, seine lokalen Bierspezialitäten. Und sie alle lohnen einen Schluck — oder zwei.

Bekannt über die Grenzen des Ostallgäus hinaus ist beispielsweise die **Aktienbrauerei** mit Sitz in Kaufbeuren. Sie zählt zu den traditionsreichsten Brauereien in Bayern. Das Gründungsjahr der Stammbrauerei ›Zur Güldenen Traube‹ muss weit vor 1618 liegen, denn sie zählte bereits 1799 zu den ältesten Brauereien der Stadt.

Die Nähe von Geist und Geistlichkeit zeigt sich unter anderem in der **Klosterbrauerei Irsee** (→ S. 135), wo Braugasthof, Biergarten und Brauereimuseum einen guten Einblick in die Kunst des Bierbrauens bieten. Daneben gibt es im Kloster eine Kleinkunstbühne, eine Akademie und regelmäßige Konzerte.

Überregional bekannt ist auch das **Memminger Bier** aus dem Unterallgäu, das man auf Wunsch beispielsweise auch im Hamburger Speisekontor Körri serviert bekommt.

In Bad Schussenried stellt die dortige **Erlebnisbrauerei** über 1000 historische Bierkrüge in einem weltweit einmaligen Bierkrug-Museum aus (Di–So 10–17 Uhr, 3,80 Euro p.P., 45 Min. Führung durch das Museum oder die Brauerei für Gruppen ab 15 Personen, Wilhelm-Schussen-Str. 12, 88427 Bad Schussenried).

Im Oberallgäu können die Gäste der **Oberstdorfer Dampfbierbrauerei** dem Braumeister bei der Arbeit über die Schulter blicken: die offene Sudanlage steht mitten im Lokal (→ S. 240).

Geschichte geschrieben hat die **Brauerei Zötler** in Rettenberg bei Sonthofen, die sich seit 1447 in Familienbesitz befindet. Geschäftsführer Herbert Zötler leitet die Geschicke der Brauerei bereits in der 20. Generation (Grüntenstraße 2, 87549 Rettenberg, Tel. 08327/9210, www.zoetler.de).

Auch das **Meckatzer Bier** aus dem Westallgäu zählt zu den beliebten Bieren im Allgäu. Die Familienbrauerei in vierter Generation legt viel Wert auf Heimat und Tradition. Und solche Werte schmecken den Allgäuern, im doppelten Wortsinne.

Eine typische Allgäuer Mahlzeit: Voreasse, Bratkartoffeln und Bier

Schnäpse, Obstler und Liköre

Seit mehr als 100 Jahren wird in der **Enzianbrennerei Mayer** in Bihlerdorf bei Blaichach im Oberallgäu der berühmte Gebirgsenzian gebrannt. Rund 750 Kilogramm Wurzeln des gelben Enzians werden jedes Jahr in der Brennerei zu rund 80 Litern Schnaps verarbeitet.

Mehr zum Thema Schnaps erfährt man in der **Schaubrennerei Zur Höll** der Familie Nägele (Willis 3, 87534 Oberstaufen, Tel./Fax 08386/4001, www.zurhoell. de, Di–Fr 13–18 Uhr und Sa 10–19 Uhr, Schaubrennen: Di, Do, Sa 13–18 Uhr).

Ganz in der Nähe von Oberstaufen findet man auch die höchste Schnapsbrennerei des Allgäus. An einem kleinen Bergsee auf 1300 Metern steht **Michels Kräuter-Alp**. Die Kräuter für die Edelbrände, Liköre, Elixiere und Essenzen werden rund um die Brennerei herum gesammelt (Sa, So, Mo u. Fei 14.30–16.30 Uhr, Tel. 08386/980551, www.kraeuteralp.de).

Obst findet man vor allem im Westallgäu. Die **Schaubrennerei Fink** verarbeitet Obst aus eigenem Anbau oder zumindest aus der Region und bietet neben dem Schaubrennen auch Verkostungen an (nach Absprache sowie von Juni–Okt. Mi 10–16 Uhr und nach telefonischer Anmeldung; Heimen 78, 88145 Opfenbach, Tel. 08385/1226, www.schaubrennerei-fink.de).

Aus Blüten und Beeren, Gebirgskräutern und Zirbenzapfen keltert die **Allgäuer Gebirgskelterei** ganz besondere Weine. Außerdem gibt es Sekt nach dem Champagner-Verfahren sowie Weine aus Honig. Sämtliche Erzeugnisse können nach Absprache bei einer Weinprobe verkostet werden, bei der auch die Herstellung gezeigt sowie eine deftige Allgäuer Brotzeit serviert wird. Und weil die Gastgeber auch Skilehrer und Bergwanderführer sind, kann man ganz nebenbei auch noch viele andere Dinge über das Allgäu erfahren (Grüntenseestr. 12, 87466 Wertach, Tel. 08366/988515, www.allgaeuer-gebirgskelterei.de).

Heil- und Küchenkräuter

Zahlreiche Kräuter auf den Wiesen und Almen dienen nicht nur dem guten Geschmack, sondern auch der Gesundheit. Schafgarbe und Löwenzahn beispielsweise werden oft fälschlich als Unkraut bezeichnet. Volkstümliche Namen wie ›Blutkraut‹ oder ›Wundkraut‹ weisen auf die blutstillende und wundheilende Wirkung der Schafgarbe hin. Und die harntreibende Wirkung des Löwenzahns etwa machte ihn im Volksmund zum ›Seichkraut‹.

Ausgebildete Natur- und Landschaftsführerinnen bieten beispielsweise im Gunzesrieder Tal **Wildkräuter-Sennalpwanderungen** an. Dabei begegnen sich Gäste und Einheimische und erleben gemeinsam die Freude an der Natur und der Landschaft. Außerdem gibt es spezielle Kräuterlandhöfe, -wirte und -hotels. Informationen hat der Allgäuer Kräuterland e.V., Nadenberg 13, 88161 Lindenberg, Tel. 0180 3/572883, www.allgaeuer-kraeuterland.de

Außerdem gibt es im zahlreiche Kräutergärtnereien im Allgäu, die ihre Erzeugnisse verkaufen und oftmals auch Führungen anbieten. Eein Beispiel ist die **Bio-Kräutergärtnerei Artemisia** von Tilman Schlosser in Stiefenhofen (Hopfen 29, 88167 Stiefenhofen, Tel. 08386/960510, www.artemisia.de, Mi–So 12–18 Uhr).

Rezepte

Saure Kutteln (Voreasse)

Zutaten für 4 Personen: 30 g Mehl, 1 EL Schweineschmalz, 10 Wacholderbeeren, 3 Lorbeerblätter, 1 l Fleisch- oder Gemüsebrühe, Rotwein, Essig, Salz, Zucker, 250 g Kutteln (gekocht und geschnitten)

Zubereitung: Mehl im heißen Schweineschmalz unter ständigem Rühren dunkel anbräunen. Mit Wasser oder Fleischbrühe aufgießen, dabei gut rühren, damit sich keine Klumpen bilden. Wacholderbeeren und Lorbeerblätter zugeben und rund 20 Minuten köcheln lassen, danach abpassieren und mit Rotwein, Salz, Essig und Zucker (also süß-sauer) abschmecken. Die weich gekochten, geschnittenen Kutteln darunter geben und das Ganze ca. 10 Minuten ziehen lassen. Dazu schmecken Semmelknödel, Bratkartoffeln oder einfaches Weißbrot.

Allgäuer Kässpatzen

Zutaten für 4 Personen: 400 g Mehl, 4 Eier, 1 TL Salz ,150 g geriebener Allgäuer Emmentaler, Bergkäse und Weißlacker (nach Geschmack gemischt; dabei ist der Weißlacker, ein sehr pikanter Käse, der auch Bierkäse oder Stinkerkäse genannt wird, die Zutat, mit der die Kässpatzen erst zu Allgäuer Kässpatzen werden), 50 g Butterschmalz, 12 EL Wasser, 2 Zwiebeln

Zubereitung: Das Mehl in eine Schüssel sieben, in der Mitte eine Vertiefung eindrücken und mit den Eiern, dem Salz und etwas Wasser von der Mitte aus verrühren. Nach und nach die übrige Flüssigkeit dazugeben und darauf achten, dass keine Klumpen entstehen. Den Teig so lange schlagen, bis er Blasen wirft, dann portionsweise in kochendes Salzwasser streichen. Entweder mit einem Schaber vom Brett oder durch einen sogenannten Spätzlehobel.

Die Spätzle sind gar, wenn sie an der Oberfläche schwimmen. Dann mit einem Schaumlöffel aus dem Kochwasser nehmen und kurz in frisches, warmes Wasser tauchen. Anschließend die Spätzle in einer feuerfesten Form im Ofen warm stellen und dabei jede Schicht mit Käse bestreuen. Mit einer Schicht Käse aufhören und im Ofenrohr überbacken.

Die Zwiebeln in Ringe schneiden, im Butterschmalz goldgelb anbraten und vor dem Servieren über die Kässpatzen verteilen.

Biersuppe

Zutaten für 4 Personen: 1 Zwiebel, 1 l Rinderbrühe, 200 ml dunkles Bier, 150 g alter Bergkäse, Salz, Pfeffer

Zubereitung: Die Zwiebel klein hacken, in Butter goldgelb anschwitzen, mit dem Bier ablöschen, mit der Brühe auffüllen, ca. 50 g von dem Käse fein reiben und langsam in die Suppe einrühren. Köcheln lassen, bis die Zwiebeln ihre Konsistenz verlieren und mit dem Passierstab glattrühren. Mit Salz und Pfeffer abschmecken.

In Suppenschalen geben, mit dem restlichen geriebenen Käse bestreuen und kurz im Ofenrohr überbacken. Vor dem Servieren mit kleingeschnittenem Schnittlauch bestreuen.

Bierbrot

Zutaten: 300g Weizenmehl, 400 g Roggenmehl, 1 p Trockenhefe, 1 TL Zucker, 1 EL Salz, 50 g Sonnenblumenkerne (alternativ Allgäuer Speck oder Zwiebeln), 1/2 l Meckatzer Weiss-Gold (oder ein anderes gutes Bier).

Zubereitung: Alle Zutaten in eine Schüssel geben und gut glattkneten. Mit einem Tuch abdecken, warmstellen und ruhen lassen. Danach nochmals durchkneten und entweder in zwei runde Brote formen oder als Kipf verarbeiten. Nochmals zudecken und ruhen lassen. Anschließend im vorgeheizten Backofen bei 200 °C ca. 50–60 Minuten backen.

Krautschupfnudeln

Zutaten für 4 Personen:
Für den Nudelteig: 500 g Mehl, 2 Eier, Salz, 125 ml Wasser
Für das geröstete Sauerkraut: 1000 g Sauerkraut, Kümmel, 150 g roher Bauchspeck (Wammerl), Salz, 60–80 g Schweine- oder Butterschmalz

Zubereitung: Aus Mehl, Eiern, Wasser und Salz einen Teig bereiten, den man auf einem bemehlten Nudelbrett knetet. Dann die Nudeln mit einem scharfen Messer vom bemehlten Holzbrett aus in kochendes Salzwasser ›schupfen‹, aufkochen und durch ein Sieb abgießen. Anschließend den rohen Bauchspeck in feine Würfel schneiden und mit dem Schmalz anrösten. Das Sauerkraut ausdrücken und unter den Bauchspeck untermischen. Mit Kümmel und Salz würzen und gut anrösten. Anschließend die Nudeln mit Butterschmalz in eine Pfanne geben und gut anrösten. Zuletzt das Sauerkraut untermischen und alles noch einmal mit Kümmel, Salz und Pfeffer abschmecken.

Krautkrapfen

Mit denselben Zutaten wie für die Krautschupfnudeln lässt sich ein weiteres Gericht zubereiten: die Krutkrapfe, also Krautkrapfen.

Nudelteig: Aus Mehl, Eier, Wasser und einer Prise Salz einen Teig bereiten, den man auf einem bemehlten Nudelbrett knetet.

Geröstetes Sauerkraut: Das Sauerkraut (wenn nass) ausdrücken. Den rohen Bauchspeck in feine Würfel schneiden und mit Schweineschmalz anrösten. Das Sauerkraut wird kräftig daruntergemischt, damit der Bauchspeck gleichmäßig verteilt ist. Mit Kümmel und Salz würzen und gut anrösten.

Den Nudelteig halbieren und jede Hälfte sehr dünn zu einem Fladen ausrollen. Das kalte, geröstete Sauerkraut gleichmäßig auf die Fladen verteilen und zu

Guten Appetit!

Wegweiser zu einer Alpsennerei

einem Strudel zusammenrollen. Dann ca. alle 5–6 cm abschneiden. Die Krapfen stehend ins heiße Schweineschmalz in eine Pfanne setzen und bei mittlerer Hitze beidseitig braten. Aus beiden Fladen ergeben sich ca. 20–24 Krapfen.

Funkenküchle
Eine weitere Mehlspeise sind die leckeren Funkenküchle, die es traditionell nur am ersten Sonntag der Fastenzeit gibt, dem Funkensonntag.
Zutaten (ca. 10 Küchle): 1/8 Ltr. Milch, 500 g Mehl, 40 g Hefe, 80 g Zucker, 70 g Butter, 2 Eier, 1 Prise Salz, Zucker oder Zimtzucker zum Bestreuen.
   Zubereitung: Die Hefe mit ein wenig lauwarmer Milch vermengen und eine Weile gehen lassen. Dann in das mit dem Zucker vermischte Mehl geben und den Teig ca. 30 Minuten gehen lassen. Anschließend Butter, Eier und die restliche Milch sowie die Prise Salz dazu geben und alles so lange verkneten, bis der Teig Blasen wirft. Diesen nochmals eine Stunde gehen lassen, bevor man große, ovale Stücke abschneidet, die man auf ein mit Mehl bestreutes Brett legt und dann nochmal eine halbe Stunde gehen lässt. Anschließend zieht man den Teig unter ständigem Drehen von der Mitte her nach außen, so dass sich außen ein gewölbter, dicker Rand bildet. Das runde Innere muss hauchdünn werden. Die Küchle sofort in Fett schwimmend ausbacken und gleich mit Zucker oder Zimtzucker bestreuen.

Tannwipfelhonig
Für etwa 1 l: 1 kg frische junge Triebe von der Tanne oder Fichte mit so viel Wasser auffüllen, dass die Wipfel bedeckt sind und ca. 2 Stunden kochen. Danach die Wipfel herausnehmen und 800 ml Saft mit 1 kg Zucker solange kochen, bis die Flüssigkeit wie Honig vom Löffel rinnt. Schmeckt gut als Brotaufstrich oder anstatt Zucker im Tee.

Aktivitäten im Allgäu

Das Allgäu bietet nicht nur kulturinteressierten Spaziergängern und erholungs-
suchenden Kurgästen vielfältige Möglichkeiten. Die Region ist vor allem auch
ein Paradies für Outdoor-Aktivitäten aller Art und aller Schwierigkeitsgrade.
Hinweise zu ausgewählten Aktivitäten, die besonders für Kinder geeignet sind,
finden sich auf → S. 66.

Wandern

Im Jahr 1649 wurden am 20. September Jakob Geiger zu Maiselstein und Con-
sorten zu drei Gulden Strafe verurteilt, weil sie am Geburtstag ›Unserer Lieben
Frau‹ nicht wie vorgeschrieben in die Kirche, sondern auf eine Bergwanderung
gegangen waren. (nach Allgäuer Chronik)

Das Wandern ist wohl die berühmteste Möglichkeit, im Allgäu aktiv zu werden. Tatsächlich bietet die Region zahlreiche Wege, Pfade, Touren und Steige in
verschiedenen Längen, Höhen und Schwierigkeitsgraden. Außerdem haben viele Ferienorte spezielle Nordic-Walking-Strecken ausgeschildert. Im Buchhandel
findet man vom Wanderführer für Kinder über Touren für Langschläfer bis zum
Klettersteigatlas zahlreiche Informationen. Eine kleine Auswahl davon steht unter Literaturtipps auf → S. 305. Vorschläge für Spaziergänge oder Wanderungen
findet man außerdem bei den Touristenämtern oder im Internet.

Wr nicht gerne allein wandert, kann auf ein breites Angebot an geführten
Touren zurückgreifen, und sogar mit einem Lama auf Tour gehen. In deren Begleitung gehen sogar laufunwillige Kinder gerne mit (→ S. 244).

Die Wanderwege sind gut ausgeschildert

Wanderer, die es nicht in alpine Be-
reiche zieht, finden im **Unterallgäu**
zahlreiche gemütliche Wanderwege.
Viele Gemeinden unterhalten in ihrem
Umkreis ein vielfältiges und gepflegtes
Wegenetz. Zwei Routen des berühmten Jakobswegs (www.oberschwaben-
tourismus.de/jakobswege.html) führen ebenso durch das Unterallgäu wie
der Crescentia-Pilgerweg (→ S. 131).
Der Kneipp-Wanderweg führt von Bad
Wörishofen über Ottobeuren nach Bad
Grönenbach.

Die Region **Ostallgäu** bietet den
Wanderern ein ausgedehntes Wander-
netz durch hügeliges bis hin zu hochalpinem Gelände.

Zahlreiche Wanderungen in allen
Schwierigkeitgraden durch hügeliges bis hin zu hochalpinem Gelände
kann man im **Oberallgäu** und rund um

Kempten unternehmen. Das Angebot reicht auch hier von Wegen rund um die einzelnen Gemeinden bis hin zu alpinen Wanderwegen und Fernwanderwegen (z.B. den Heilbronner Weg, www.dav-heilbronn.de). Die Region südlich von Oberstaufen und Immenstadt bietet mit der Nagelfluhkette ein attraktives Wandergebiet. Oberstdorf und Bad Hindelang sind Ausgangspunkte für Wanderungen und Kletteraktivitäten in den Allgäuer Alpen.

Zum Allgäu gehören auch die österreichischen Enklaven **Jungholz** und **Kleinwalsertal**, die nur von Deutschland aus auf der Straße zu erreichen sind. Beide sind von den Allgäuer Alpen umgeben und bieten zahlreiche alpine Wandermöglichkeiten.

Für Wanderer, die gerne mal abseits der gängigen Routen anspruchsvolle Bergtouren machen möchten gibt es auf www.gipfelsuechtig.de zahlreiche detailliert beschriebene Vorschläge.

Klettern

Eine besondere Herausforderung für Körper, Geist und Koordination sind die **Hochseilgärten**. Im Allgäu hat man außerdem fast überall das Alpenpanorama inklusive. Besonders attraktiv sind der Ostallgäuer Waldseilgarten Höllschlucht (Bürgermeister-Keller-Straße, 87459 Pfronten, Tel. 08363/5634, www.waldseilgarten-hoellschlucht.de), der Kletterwald Bärenfalle (Ratholz 24, 87509 Immenstadt, Tel. 08323/968050, www.kletterwald-baerenfalle.de), der Kletterwald Grüntensee im Oberallgäu (Am Kletterwald 1, 87466 Oy-Mittelberg, Tel. 08361/925256, www.kletterwald-gruentensee.de) sowie der Kletterwald im Tannheimer Tal (Nesselwängle 145, A-6672 Nesselwängle/Tannheimer Tal,

Auf dem Hindelanger Klettersteig

Tel. 08323/968050, www.kletterwald-tannheimertal.de). Im Westallgäu gibt es
außerdem den Hochseilgarten bei der Sportalm Scheidegg (Kurstraße 14, 88175
Scheidegg, Tel. 08381/926420, www.sportalm-scheidegg.de).

Klettergärten für Einsteiger am echten Fels sind beispielsweise die Ziegel-
wiese oder die Schwanseeplatten bei Füssen. Anspruchsvoller sind in Oberstdorf
der Klingenbichel, in Tiefenbach die Sulzburg und in Bad Hindelang die Keller-
wand, die Voglerwand und die Weihar. Für die richtig Starken gibt es dort auch
noch eine Kraftwand, deren Name nicht von ungefähr kommt.

Zum ausprobieren und trainieren oder bei schlechtem Wetter gibt es außerdem zahlreiche **Kletterhallen** im Allgäu, die auch Kurse anbieten, etwa in der
Ottobeurer Sportwelt (Am Galgenberg 4, 87724 Ottobeuren, Tel. 08332/7399,
www.sportwelt-ottobeuren.de), im Sportpark Waltenhofen (Plabennecstraße
30, 87448 Waltenhofen, Tel. 08303/92070, www.sportpark-waltenhofen.de), im
Informpark von Oberstdorf (Karweidach 1, 87561 Oberstdorf, Tel. 08322/7979,
www.inform-oberstdorf.de), in der Sportalm Scheidegg (Kurstraße 14, 88175
Scheidegg i.A., Tel. 08381/926420, www.sportalm-scheidegg.de) sowie der
Kletterhalle Seltmans (Heinrich-Nicolaus-Straße 15, 87480 Weitnau-Seltmans,
Tel. 08375/8219, www.kletterhalle-seltmans.de)

Für absolut schwindelfreie, trittsichere und erfahrene Wanderer mit entsprechender Ausrüstung gibt es im Allgäu zahlreiche **Klettersteige** aller Schwierigkeitsgrade, so zum Beispiel den Mindelheimer Klettersteig (Mittelberg im
Kleinwalsertal), den Hindelanger Klettersteig (Oberstdorf, Nebelhorn), den
Salewa-Klettersteig am Iseler (Oberjoch), den Zweiländer-Sportklettersteig
Kanzelwand (Riezlern, Kleinwalsertal) oder den Erlebnis-Klettersteig Walser-
steig (Riezlern, Kleinwalsertal). Informationen gibt es unter www.klettersteig.
de. An der Tegelbergbahn in Schwangau gibt es einen Lehrklettersteig zum Ausprobieren (→ S. 166).

Auf zwei Rädern

Das gesamte Allgäu ist mit einem weiten Netz von gut ausgeschilderten Fahr-
radwegen durchzogen. Darunter finden sich gute Strecken für Rennradfahrer
und Mountainbiker. Der Großteil der Strecken ist jedoch eher für **Touren- und
Trekkingräder** geeignet, die auch auf unbefestigten Wegen fahren können. Denn
gerade dort ist der Verkehr am geringsten und die Natur am schönsten. Und mit
den neuen Elektro-Fahrrädern kommen auch ungeübte oder gehandikapte Menschen ganz einfach auf die aussichtsreichen Anhöhen hinauf. Im Allgäu stehen
bei über 70 Gastgebern, Gästeämtern und Fahrradverleihen mehr als 350 **E-Bikes**
und rund 100 **Akkuwechselstationen** zur Verfügung (www.movelo.de). Und
wer selbst ganz auf das Treten verzichten möchte, ist bei den Rikschafahrern in
Füssen gut aufgehoben (www.rikschatours.com).

Fahrradfahrer haben die Wahl zwischen mehrtägigen Touren, für die auch
Gepäcktransporte angeboten werden, und kurzen Radlrunden. Beispiele sind der
Bodensee-Königssee-Radweg, der durch das südliche Allgäu führt, die Westallgäuer Käsestraße (→ S. 268), der Kneipp-Radweg im Unterallgäu (→ S. 101),
der Ostallgäuer Emmentaler-Radweg oder die Rad- und Mountainbike-Arena

Radler im Unterallgäu

Allgäu zwischen Kempten und Füssen, mit 580 Tourenkilometern und beinahe 12400 Höhenmetern (www.rad-mtb-arena-allgaeu.de). Downhiller finden an der Hornbahn bei Hindelang Routen mit verschiedenen Schwierigkeitsgraden (www.bikepark-hindelang.de).

Informationen haben die Tourismusämter, meist inklusive Karten und GPS-Tracks. Auch der Buchhandel hält entsprechende Fachliteratur bereit. **Radportale im Internet** sind beispielsweise: www.radportal-unterallgaeu.de, www.radregionallgaeu.de, www.alpsee-gruenten.de/radportal.

Wassersport

Die Eiszeit hat viele Seen und Weiher im Allgäuer Voralpenland hinterlassen. Dazu kommen noch Baggerseen und Stauseen. Die **Badeseen** des Allgäus sind so zahlreich, dass man sie nicht einmal beispielhaft aufzählen kann. Zum Teil sind sie naturbelassen, zum Teil wurden von der Wasserwacht beaufsichtigte Badestrände angelegt. Darüber hinaus gibt es noch zahlreiche **Frei-** und **Hallenbäder** sowie **Spaß-** und **Erlebnisbäder** in Oberstaufen, Sonthofen und Kempten und die großen **Thermen** in Bad Wörishofen, Bad Wurzach, Oberstdorf und Schwangau.

In den vielen Flüssen, Bächen und Seen des Allgäus kann man gut **angeln**. Informationen findet man in der Angelbroschüre des Tourismusverbandes Allgäu/Bayerisch-Schwaben. Wo man die Angelkarten bekommt, steht in den Infoteilen der entsprechenden Orte.

Für Abenteuerlustige bieten zahlreiche Unternehmen **Rafting-** und **Canyoningtouren** an (→ S. 227, 241), und am Inselsee zwischen Immenstadt und Blaichach gibt es zwei Lifte zum **Wasserskifahren** und **Wakeboarden**.

Auch Canyoning zählt zu den Allgäuer Wassersportarten

Zum **Segeln** geeignet sind der Bodensee, der Forggensee und der Große Alpsee, jeweils mit Bootsverleih und Segelschulen. Aber auch der Irsinger See (ein Stausee der Wertach bei Bad Wörishofen) und die Seen um Kempten wie zum Beispiel der Niedersonthofener See und der Rottachspeicher (ein Stausee der Rottach bei Sulzberg/Oy-Mittelberg) bieten sich für verschiedene Wassersportaktivitäten an.

In der Luft

Das etwas andere Flugerlebnis ist der **Bungee-Jump** vom 72 Meter hohen Anlaufturm der Heini-Klopfer-Skiflugschanze in Oberstdorf (Mai–Okt, Sa, So, Fei 10–16 Uhr, Tel. 08321/26218, 85 Euro pro Sprung).

Geeignete Startplätze für **Drachen-** und **Gleitschirmflieger** sind das Nebelhorn bei Oberstorf, der Hochgrat bei Oberstaufen, die Alpspitze bei Nesselwang, der Breitenberg bei Pfronten, der Grünten bei Rettenberg, der Weiherkopf bei Bolsterlang, der Hirschberg, das Imberger Horn und der Iseler bei Hindelang und natürlich der Tegelberg. Es gibt zahlreiche Flugschulen und Anbieter von Tandemflügen.

Außerdem kann man mit einem Ballon über das Allgäu fahren (→ S. 181, 200) und auf den Flugplätzen von Durach (→ S. 198) und Bad Wörishofen (→ S. 103) Rundflüge mieten. Eine Besonderheit ist außerdem das Tannkosh-Fliegertreffen in Tannheim bei Memmingen, eines der größte Privatpiloten-Fly-Inns in ganz Europa. Es findet jedes Jahr am letzten Augustwochenende statt (www.tannkosh.de).

Land und Leute

Wintersport

Bereits 1130 v. Chr. waren im nördlichen Europa Ski und Schlitten in Gebrauch. Es darf allerdings bezweifelt werden, dass sie damals der Erholung dienten. Die heutigen Sportgeräte waren früher vielmehr notwendige Fortbewegungsmittel, um im Winter mobil zu bleiben und Güter transportieren zu können. Mit den großen Hörnerschlitten wurde zum Beispiel im Winter das Heu aus den Bergen ins Tal gefahren. In Pfronten heißen die Großschlitten ›Schalenggen‹ und kommen jedes Jahr am Faschingssamstag beim größten Allgäuer Schlittenrennen wieder zum Einsatz.

Über 150 Jahre internationalen und Fischinger Skisport informiert das Skimuseum im Fischinger Heimathaus (Di, Do 15–17 Uhr, 5 Euro p.P., Hauptstraße 3, 87538 Fischen, Tel. 08326/36460, www.skimuseum-fischen.de). Einige interessante Exponate zum frühen Alpinismus findet man auch im Skimuseum Kleinwalsertal im Walserhaus (Mo–Sa 9–17 Uhr, So, Fei 8–15 Uhr, Eintritt frei, Walserstr. 64, 87568 Hirschegg, Tel. 0043//(0)5517/66536).

Heute gibt es im Allgäu zahlreiche Skigebiete mit Aufstiegshilfen (→ S. 300) sowie reichlich Möglichkeiten für Skitouren und Schneeschuhwanderungen. Darüber hinaus stehen viele Kilometer gespurter Loipen und geräumter Wanderwege zur Verfügung. Und das nicht nur im Tal. Beispielsweise gibt es am Gipfel des Nebelhorns, bei der Station Höfartsblick, einen wunderschönen Panoramaweg sowie mehrere Wanderwege an der Mittelstation der Fellhornbahn.

Eislaufen, Eisstockschießen und Pferdeschlittenfahrten locken im Tal die Besucher des Allgäus hinaus in die Winterlandschaft, wo sich die Natur in der kalten Jahreszeit in einen dicken weißen Mantel hüllt. Informationen dazu haben die einzelnen Tourismusämter.

Schneeschuhwanderung bei Nesselwang

Aktivitäten für Kinder

Das Allgäu ist das Familienreiseziel schlechthin, und überall sind Gemeinden und Gastgeber auf kleine Gäste und deren Bedürfnisse eingestellt. Das reicht von der Infrastruktur bis zu zahlreichen Ermäßigungen in Pensionen und Hotels. In nahezu allen Gemeinden gibt es eine Gästekarte, mit der viele Angebote der Touristikämter kostenlos oder recht preiswert sind.

Im Folgenden sind einige ausgewählte Sehenswürdigkeiten und spektakuläre Aktivitäten, die besonders für Kinder geeignet sind, aufgezählt. Leider gehen manche davon richtig ins Geld, vor allem ein Besuch in den attraktiven Kletterparks schlägt für eine Familie schnell mit 70 Euro oder mehr zu Buche. Dafür sind die unzähligen Themen- und Erlebnispfade kostenlos zu begehen. Einige Aktivitäten, für die kein Eintritt verlangt wird, sind hier ebenfalls aufgeführt.

Unterallgäu

Dorfschulmuseum in Erkheim: Schule anno dazumal (→ S. 80, 86).

Turmuhrenmuseum Mindelheim: imposante Läutwerke und Glocken im Turm der Sylvesterkirche (→ S. 92, 95).

Freilicht-Bauernhofmuseum Illerbeuren: Bauernhäuser und einheimische Nutztiere (→ S. 112, 113).

Spaßbad ›blueFun‹ in der Therme Bad Wörishofen: ein eigenes Bad für Kinder (→ S. 101, 103).

Allgäu Skyline Park: mehr als 50 Attraktionen und Fahrgeschäfte (→ S. 102, 103).

Sport und Kinderpark Minimax Mindelheim: Spiel und Spaß auf 3000 qm (→ S. 93, 95).

Ostallgäu

Modelleisenbahnmuseum Marktoberdorf: für große und kleine Eisenbahnfans, mit Laden (→ S. 141).

Ein besonderer Spaß: Hochseilgärten

Fendt Forum Marktoberdorf: Traktoren und landwirtschaftliche Maschinen (→ S. 139, 141).

Füssen Schifffahrt: Ausflugsschiffe auf dem Forggensee, mit Gästekarte kostenlos (→ S. 155, 158).

Alpinzentrum Tegelbergbahn: mit kleiner Kletterwand zum Ausprobieren, Eintritt frei (→ S. 166, 168).

Alpenbad Pfronten: jede Menge Attraktionen und dazu ein fantastisches Alpenpanorama (→ S. 177).

Themen-Spielplätze Pfronten: elf öffentliche Spielplätze im Stadtgebiet von der Schatzinsel bis zur Zirkuswelt (→ S. 176).

Spielhaus im Feriendorf Reichenbach: Klettern, Tischtennis, Riesenrutsche, Kinderkino, Eintritt frei (→ S. 167).

Walderlebniszentrum Zieglwies: Märchenwelt, Bergwaldpfad, Auwaldpfad mit vielen Mitmachstationen, Eintritt frei (→ S. 177).

Waldseilgarten Höllschlucht Pfronten: Klettern in den Baumwipfeln (→ S. 175).

Kamelfarm Seeg: hier lernt man alles über Kamele, Reitausflüge nach Voranmeldung (→ S. 180, 181).

Colomansfest Schwangau: festliche Reiterprozession, jeweils am 2. Sonntag im Oktober (→ S. 164).

Viehscheid in Pfronten: 2. Fr/Sa im Sept. Mit Festumzug und Markttreiben (→ S. 170).

Oberallgäu

Archäologischer Park Cambodunum: auf den Spuren der alten Römer in Kempten (→ S. 188).

Burgruine Sulzberg: hier wird der Alltag der Burgbewohner lebendig (→ S. 202).

Allgäuer Bergbauernmuseum Immenstadt: kurzweilige Darstellung des Bauernalltags (→ S. 242, 244).

Traktorenmuseum Unterjoch: Deutz, Porsche, Lanz und Co. auf der Traktoralm (→ S. 229, 232).

Alpinmuseum Oytalhaus: kleines Museum mit Natur zum Anfassen, Eintritt frei (→ S. 238, 241).

Kutschenmuseum Hinterstein: hier werden Kutschen nicht nur gezeigt, sondern inszeniert, Eintritt frei (→ S. 229, 232).

Freizeitbad CamboMare Kempten: familienfreundliches Spaßbad (→ S. 200).

Miniwelt Oberstaufen: 300 qm Modelleisenbahnlandschaft (→ S. 200).

Erzgruben Erlebniswelt am Grünten: alles über Geologie und Bergbau in den Allgäuer Alpen (→ S. 223, 227).

Kletterwald Grüntensee: einer der größten im Allgäu, besonders kindergeeignet (→ S. 206).

Alpsee Bergwelt Immenstadt: mit Kletterwald, Sommerrodelbahn, Spielplätzen (→ S. 213, 214).

Familienberg Söllereck: kinderfreundlicher Kletterwald, GeoCaching-Trail, Spielplätze und Sommerrodelbahn (→ S. 241).

Heini-Klopfer-Schanze Oberstdorf: mit dem Aufzug auf die Plattform einer der bedeutendsten Skischanzen der Welt (→ S. 234, 241).

Viehscheid Immenstadt: 3. Sa im Sept. ab 9 Uhr, einer der größten und prächtigsten seiner Art (→ S. 212).

Westallgäu

Museum im Bock, Leutkirch: anschauliches Kunst- und Handwerksmuseum (→ S. 283, 286).

Bauernhaus-Museum Wolfegg: historische Bauernhäuser aus der Region wurden hier versammelt (→ S. 292).

Scheidegger Baumwipfelpfad ›Skywalk Allgäu‹: spazierengehen in luftiger Höhe, aber auf befestigten Wegen (→ S. 267).

Naturerlebnispfad Bleichenweiher, Isny: kinderwagen- und rollstuhlgerecht (→ S. 279).

Heilig-Blut-Fest Bad Wurzach: große Reiterprozession jeweils am 2. Freitag im Juli (→ S. 290).

»Saufe wölle se alle, aber sterbe will koiner.« –
»Trinken wollen sie alle, aber sterben will keiner.«

Sebastian Kneipp

Kirchen, Kuren, Mittelalter

Die Autobahn A96, auf der man von Buchloe über Mindelheim nach Memmingen fahren kann, bildet in etwa die nördliche Grenze des Unterallgäus. Südlich davon haben die Gletscher des Quartärs zwischen Lech und Iller eine Schotterlandschaft geschaffen, die viele Besucher durch ihre weiten Ebenen überrascht: Das Allgäuer Voralpenland ist ein Paradies für Freizeitradler, die auf den zahlreichen ausgeschilderten Radtouren zumeist eher relativ geringe und kurze Anstiege zu bewältigen haben. Das komplette Unterallgäu ist mit **Radwegen** gut erschlossen. Die Tourismusbüros haben eine spezielle Landkarte ›Radfahren im Kneippland Unterallgäu‹ (Maßstab 1:50 000) mit zahlreichen Tourenbeschreibungen herausgegeben. Im Internet gibt es darüber hinaus ein Radportal (www.unterallgaeu.de) mit interaktiver Radkarte für die eigene Tourenplanung. Südlich von Memmingen kreuzen sich Iller und A96 und markieren die Westgrenze des Unterallgäus.

Die Kirche der Kartause Buxheim

Zahlreiche Bäche und Flüsse aus dem Allgäu streben in den Norden der Donau zu und beleben gurgelnd und plätschernd die Landschaft. Fischreiher, Schwäne und Enten sind dort Stammgäste. Auf den Wiesen lassen sich insbesondere zur Dämmerung Rehe, Fuchs und Hase beobachten, und in den Wäldern sind Wildschweine längst keine Seltenheit mehr. Urbane Kleinode sind die mittelalterlichen Städte **Memmingen** und **Mindelheim**. Sakrale Preziose ist das **Kloster Ottobeuren**. Geschichtlich und architektonisch interessant ist auch Deutschlands größte **Kartause in Buxheim**. Dazu kommen zahlreiche kleinere Wallfahrtskirchen, die meist in großzügigem Barock geschmückt sind. **Maria Steinbach** im Illerwinkel etwa war neben Altötting, Ettal, Maria Einsiedeln und der Wieskirche im 17. und 18. Jahrhundert einer der bedeutendsten Wallfahrtsorte im süddeutschen Raum.

Memmingen ist auch eine Station des berühmten Jakobswegs

Karte S. 71 ▲

Insgesamt 46 Kirchen laden zur **Wallfahrt** ein: Natürlich ist allen voran Otto-

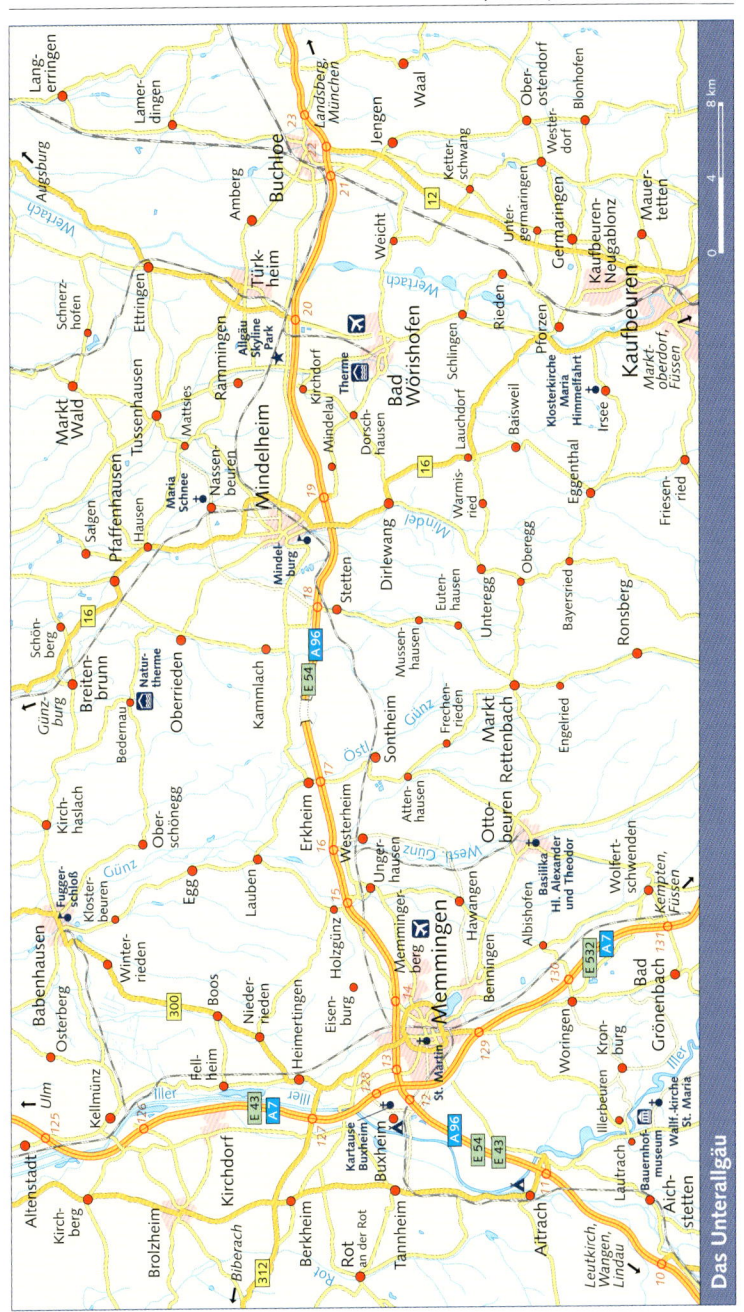

Unterallgäu

Das Unterallgäu

beuren zu erwähnen, aber auch Maria Schnee im Lehenbühl, eine der schönsten Barock -und Rokoko-Kirchen im Allgäu ist eine Besichtigung wert. Oder Maria vom Berge Karmel in Mussenhausen, eine der meistbesuchten Wallfahrten im Bistum. Außerdem führen einige Zweige des berühmten **Jakobsweges** durch das Unterallgäu. Daneben gibt es selbstverständlich zahlreiche weitere Wanderwege. Außerdem veranstalten die Unterällgäuer Gästebegleiter vielfältige Touren zu Kunst, Kultur, Natur, Geschichte und Gegenwart.

Von Bad Wörishofen führt die **Schwäbische Bäderstraße** ins westliche Unterallgäu nach Bad Grönenbach, wo es bereits im 17. Jahrhundert ein Badehaus gab. Pfarrer **Sebastian Kneipp** (1821–1897) hat den Kurort Bad Wörishofen berühmt gemacht, und seine Lehre prägt heute sämtliche Kurorte der Region. Die ehrwürdigen **Kurorte** haben sich längst entstaubt und bieten moderne Wellness sowie vielfältiges Training für die körperliche, geistige und seelische Fitness an. Zum Feiern und Fröhlichsein gibt es viele traditionellen Feste, die in zahlreichen Gemeinden des Unterallgäus stattfinden: In der **Fasnachtzeit** beleben bunte Umzüge Städte und Gemeinden. In Ettringen findet am Rosenmontag sogar ein Nachtumzug statt.

Und am ersten Sonntag nach Aschermittwoch kommen in vielen Orten die Menschen wiederum zusammen, um mit einem **Funkenfeuer** gemeinsam den Winter auszutreiben.

Am 1. Mai wird dann der **Maibaum** aufgestellt, der vorher bewacht wurde, damit einer der Burschenvereine der Nachbarschaft ihn nicht stiehlt. In diesem Fall müsste er nämlich gegen jede Menge Bier und Brotzeit ausgelöst werden.

Die manchenorts stattfindenden **Leonhardiritte** sind ein attraktives, farben-

Sebastian Kneipp, der wohl berühmteste Sohn des Unterallgäus

frohes Spektakel. Und das nicht nur für Pferdenarren, denn der heilige Leonhard ist der Schutzpatron aller landwirtschaftlichen Nutztiere. Die meisten Leonhardiritte finden um den 6. November herum statt. Das Tourismusamt Unterallgäu informiert über die genauen Orte und Zeiten der Feste.

ℹ Unterallgäu

Touristeninformation Kneippland Unterallgäu, Bad Wörishofer Str. 33, 87719 Mindelheim, Tel. 08261/995375, Fax 995333, www.tourismus-unterallgau.de. **Unterallgäuer Gästebegleiter**, Werdensteinerstr. 10, 87758 Kronburg, Tel. 08394/926885, Fax 926887, www.unterallgaeuer-gaestebegleiter.de.

Karte S. 71 ▲

Memmingen

Die Stadt Memmingen gilt als das wirtschaftliche Zentrum des Unterallgäus. Diesen Rang verdankt sie nicht zuletzt ihrer guten Verkehrsanbindung: Die 41 000-Einwohner-Stadt liegt am Kreuzungspunkt der Autobahnen A96 (München–Lindau) und A7 (Flensburg–Füssen). Neben der malerischen mittelalterlichen Altstadt locken in der Umgebung Sehenswürdigkeiten wie die Kartause Buxheim und Schloss Babenhausen.

1803 verlor Memmingen seinen Status als Freie Reichsstadt und war fortan bayerisch.

Heutzutage ist Memmingen Sitz wichtiger mittelständischer Industrieunternehmen, die teilweise zu den Weltmarktführern in ihrem Bereich gehören und mehr als 10 000 Menschen beschäftigen. Seit 2007 ist Memmingen über den Allgäu Airport in Memmingerberg durch regelmäßige Linienflüge mit zahlreichen Städten Europas verbunden.

Stadtgeschichte

Bereits vor rund 2000 Jahren befand sich hier eine Ansiedlung. Sie lag an der Römerstraße, die von Kellmünz nach Kempten führte. Die Stadt geht auf einen römischen Straßenwachturm zurück, auf dessen Ruine im 12. Jahrhundert ein fränkischer Königshof errichtet wurde. Bereits damals gab es auch schon eine Kapelle, die dem heiligen Martin gewidmet war. Die nahegelegene Gemeinde Memmingerberg ist sogar noch älter, sie geht auf eine alemannische Siedlung aus dem 6. Jahrhundert zurück.

Memmingen trat erstmals im Jahr 1128 urkundlich in Erscheinung und war ab 1286 Freie Reichsstadt. Vor allem der Handel mit Salz und Leinwand machte Memmingen im Mittelalter reich. Die Zangmeisterstraße zwischen Westertor und Marktplatz ist die älteste befestigte Straße der Stadt und Teil der ehemaligen Salzstraße.

Die Stadt hatte ihre Blütezeit im 15. Jahrhundert und erlebte einen Niedergang während des Dreißigjährigen Krieges. Aber im 18. Jahrhundert schmückte Matthias Stiller den Saal der ehemaligen Kreuzherrenkirche reichhaltig mit Akanthusrankenstuck, was die Bedeutung der Stadt zur Barockzeit belegt. Im Jahre

Feste und Brauchtum

Dr Fischrdag gaut mit em Mau,
durch alle Generationa,
ond sott ehm je a Feind entschtau,
dau schiaß mer mit Kanona!

Der Fischertag geht mit dem Mond,
durch alle Generationen,
und sollte ihm je ein Feind entstehen,
dann schießen wir mit Kanonen!

Ein Memminger Original ist der **Fischertag**: Ein Böllerschuss lädt Ende Juli über 1000 Freizeitfischer ein, um acht Uhr morgens zum Wettstreit im Stadtbach anzutreten. Bereits 1572 wurde das jährlich stattfindende Fest zum ersten Mal erwähnt und erfreut sich bis heute großer Beliebtheit bei den Einheimischen. Eine halbe Stunde haben die zumeist kostümierten Männer Zeit, um mit dem traditionellen Fischernetz, dem sogenannten ›Bären‹, die größte Forelle zu fangen. Insgesamt werden rund 4000 Fische aus dem Gewässer geholt, um das Flussbett im Anschluss zu reinigen. Teilnehmen dürfen nur männliche Bürger von Memmingen – aber zusehen darf jeder, und das macht vielleicht sogar noch mehr Spaß.

Unterallgäu

General Wallenstein logierte im Jahr 1630, also vier Jahre vor seinem gewaltsamen Tod, im Fuggerbau (Schweizerberg 6) in Memmingen. Alle vier Jahre (2016, 2020, ...) erinnern die **Wallenstein-Spiele** an dieses Ereignis; mit originalgetreuem Lagerleben, Reiterspielen, historischem Freilichttheater und einem farbenprächtigen Einzug Wallensteins in die Stadt.

Dazu kommen zahlreiche weitere regelmäßig stattfindende Veranstaltungen, etwa das Gartenfest **Memmingen blüht** im Mai und das **Stadtfest** im Juni sowie das **Kinderfest** am letzten Donnerstag vor den bayerischen Sommerferien, der **Jahrmarkt** im Oktober und der **Christkindlesmarkt** in der Adventszeit.

Malerisch: die Altstadt von Memmingen

Sehenswürdigkeiten

Die Altstadt gehört zu den besterhaltenen in Süddeutschland. Von den ehemals 37 Toren und Türmen der Stadtbefestigung sind jeweils fünf stehengeblieben. Das im Kern mittelalterliche **Westertor** ist eines der ältesten und wuchtigsten. Erst im Jahr 1660 wurde der Achteckaufsatz mit Zwiebelhaube hinzugefügt. Im Südwesten steht das **Lindauer Tor**, im Süden das **Kemptener Tor** und im

Norden das **Ulmer Tor**. Außerdem sind im Südwesten und Norden jeweils ein Stück der alten Stadtmauer sowie der **Einlass** und fünf Türme erhalten geblieben. Das Zentrum der Altstadt bildet der Marktplatz im Norden, an dem sich auch die Stadtinformation befindet. Umgeben ist der Markt von schönen Bürger- und Zunfthäusern aus Gotik, Renaissance und Barock.

Von der Stadtinformation aus führen zwei **farbig markierte Rundgänge** durch die Altstadt. Ein grün markierter Stadtrundgang zeigt Tore, Türme und Parks der Stadt. Rote Markierungen führen in einem Rundgang durch die Stadt zu geschichtlich oder bauhistorisch interessanten Plätzen. Darüber hinaus bietet die Touristeninformation zahlreiche weitere Stadt- und Themenführungen an.

Das **Rathaus** am Marktplatz bietet einen interessanten Stilmix aus Gotik, Renaissance und Rokoko. Daneben erstreckt sich das nach Rokokoart farbig bemalte **Steuerhaus** mit seinem langen Laubengang. In den edlen Gemäuern residiert heute die Stadtverwaltung. Diese nutzt auch das ehemalige Haus der Gesellschaft zum Goldenen Löwen, den ehe-

Die Wallenstein-Festspiele

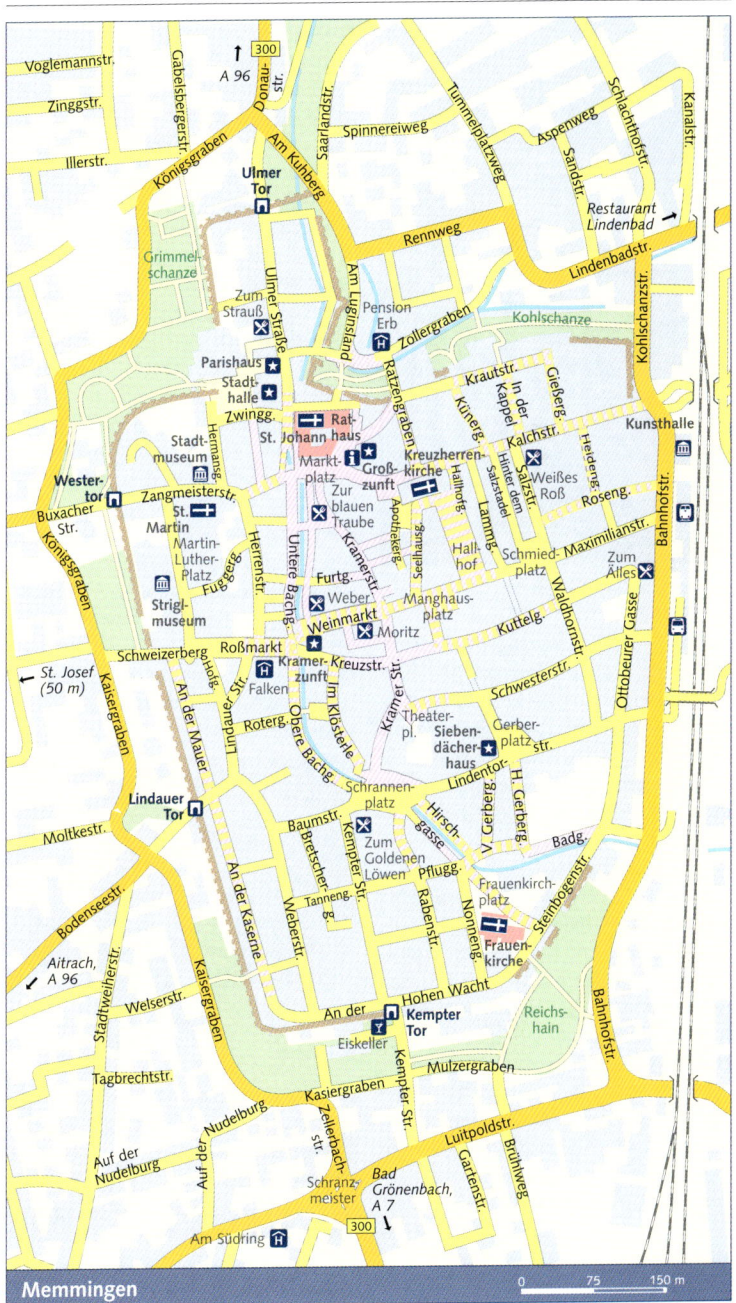

0   75   150 m

Das Memminger Rathaus

maligen Sitz der Memminger Großzunft. Das Patriziat der Stadt wurde bereits in der ersten Memminger Zunftverfassung von 1347 zum Eintritt in eine Großzunft gezwungen. Das zweistöckige, ziegelrote **Haus der Großzunft** auf der Ostseite des Marktplatzes stammt allerdings erst aus den Jahren 1718/19.

Im Jahr 1525 formulierten die Abgeordneten dreier schwäbischer Bauernhaufen im **Kramerzunfthaus** am Weinmarkt die ›Zwölf Artikel‹ und forderten die Aufhebung der Leibeigenschaft (→ S. 38). Die Fassadenmalerei des Hauses, das heute von der Handelskammer genutzt wird, erzählt von der Begebenheit.

Am Gerberplatz befindet sich ein Wahrzeichen der Stadt, das **Siebendächerhaus**. In dessen Speicher hängte man einst die frisch gegerbten Felle zum Trocknen auf. Das Originalgebäude wurde zwar im Zweiten Weltkrieg zerstört, aber bereits in den Jahren 1946/47 wieder aufgebaut.

◄ Karte S. 75

■ Die Memminger Wahrzeichen

Insgesamt gibt es sieben solcher Wahrzeichen. Neben dem Siebendächerhaus ist da zum einen die **Blaue Saul**, eine blaue Ecksäule am Haus ›Zur blauen Saul‹, das am südwestlichen Rand des Marktplatzes steht. Angeblich hat ein betrunkener Ratsherr so lange an ihr gelehnt, dass sich sein Zustand auf die Farbe der Säule übertrug.

Die **Heilige Hildegard** ist ein Bild am Turm der Martinskirche, das Bernhard Strigel (ca. 1460–1528), der Zeitgenosse Albrecht Dürers und Begründer der sogenannten Memminger Schule, gemalt hat. Tatsächlich zeigt es den letzten staufischen König, Konradin von Sizilien. Aber die Memminger verehren in der Gestalt lieber die heilige Hildegard von Bingen (1098–1179).

Der **grüne Teufel** befand sich ebenfalls in der St.-Martins-Kirche, als Fresko an der Stirnwand des Chores. Er wurde im Zweiten Weltkrieg leider mit feuerfester Farbe übertüncht und verschwand daraufhin für immer.

Erinnerung an den Bauernaufstand am Kramerzunfthaus

Auch von der **Wasserkunst** ist nicht viel übrig geblieben. Es handelte sich dabei um ein mittelalterliches Wassersystem, das seinerzeit auf technisch höchstem Niveau stand, von dem aber nur noch eine Wasserfalle erhalten geblieben ist. 2011 wurde eine bewegliche Skulptur im Stadtbach vor der Kramerzunft errichtet: die Neue Wasserkunst.

Der **Basilisk** befand sich einst im Gerberviertel und wurde dort für damals unerklärliche Todesfälle in einem Keller der Vorderen Gerbergasse verantwortlich gemacht. Damit keine weiteren Unglücke passieren, wird die versteinerte Version des Basilisken heute im Memminger Stadtmuseum ausgestellt. Tatsächlich geht man davon aus, dass es sich um einen Schlussstein des Schottenklosters handelt, das auf dem Gelände des Alten Friedhofs stand und im 16. Jahrhundert abgebrochen wurde.

Der **Gaul in der Wiege** wiederum geht auf eine Auferstehung zurück. Es heißt, dass eine scheintote Frau aus ihrem Sarg gestiegen und zu ihrem Mann zurückgekehrt sei. Ihr Mann sagte, er glaube die Geschichte so wenig, wie sein Gaul in der Wiege läge. Als er das Pferd dann tatsächlich in der Wiege fand, nahm er die Frau wieder auf und ließ den Gaul in der Wiege auf seine Hauswand malen. Der Erker eines Hauses in der Kalchstraße zeigt tatsächlich einen Gaul in der Wiege, es gilt allerdings als wahrscheinlich, dass das Bild vor der Sage da war. Eine spezielle **Stadtführung** befasst sich mit diesen etwas ungewöhnlichen Memminger Wahrzeichen (→ S. 84).

Der Turm der Martinskirche

nes römischen Wachturms gefunden, auch von einem sakralen Vorgängerbau aus dem 12. Jahrhundert ist nicht mehr viel erhalten. Stattdessen kann man an dieser Stelle heute das **Turmoktogon** besichtigen, das in den Jahren von 1535 bis 1537 errichtet wurde. Besonders sehenswert ist das **Chorgestühl** aus der berühmten Memminger Schule um Ivo Strigel. Das Schnitzkunstwerk gilt als eines der bedeutendsten in Deutschland. Die Wangenfiguren und Bildnisse über den Portalen stellen Memminger Bürger mit ihrem ganz eigenen Charakter dar. Von Mai bis Oktober kann der Turm der Kirche täglich um 15 Uhr im Rahmen einer Führung bestiegen werden.

■ St. Martin

Die bedeutendste Kirche der Stadt ist die evangelische **Stadtpfarrkirche Sankt Martin** in der Zangmeisterstraße zwischen Westertor und Marktplatz. Unter dem Kirchenbau wurden nur noch Reste ei-

■ Frauenkirche

Am anderen Ende der Altstadt steht die **Frauenkirche**. Sie wurde 1258 erstmals urkundlich erwähnt und ist eines der wichtigsten gotischen Denkmäler Süddeutschlands. Die spätmittelalterlichen

Fresken zeigen in der Laibung des Chorbogens sowohl die klugen wie auch die törichten Jungfrauen, und in einer Nische des Chors ist eine besonders zart dargestellte **Maria in der Mondsichel** zu sehen. Sie ist von musizierenden Engeln umringt. Über den Pfeilern thronen überlebensgroße Apostel. Sehenswert sind auch der Weihnachtszyklus in der nördlichen Vorhalle und in der südlichen Vorhalle der Kreuzigungszyklus.

■ St. Josefs-Kirche

Am Westrand der Altstadt befindet sich **Sankt Josef**, die größte Kirche, die zwischen dem Ersten und Zweiten Weltkrieg in Deutschland errichtet wurde. Ihre beiden sechseckigen Türme prägen das Stadtbild. Die Idee des Grundrisses entspricht einer Wegkirche, die den Wanderer auf Erden vom Westen her kommend zum Altar im Osten geleitet, also dorthin, wo die Sonne sich erhebt und Christus auferstanden ist und von wo er auch nach der Apokalypse wiederkehren wird.

■ Die Kreuzherrenkirche

Die ehemalige Kirche des Klosters zum Heiligen Geist (St. Peter und Paul) wurde Anfang des 18. Jahrhunderts von Matthias Stiller mit überbordendem **Barockstuck** ausgestattet. Nach der Säkularisation nutzte das Hauptzollamt das Gebäude, die Fassade wurde klassizistisch umgestaltet. Heute gehört die ehemalige Kirche der Stadt und wird für Veranstaltungen genutzt. Die Besichtigung ist zweifellos einer der Höhepunkte auf der Oberschwäbischen Barockstraße, die durch Memmingen führt. Auch die Konzerte und Ausstellungen, die hier regelmäßig stattfinden, sind einen Besuch wert. Über das aktuelle Programm informiert die Stadtinformation am Marktplatz.

■ Stadtmuseum

Im **Hermansbau** in der Zangmeisterstraße ist das **Städtische Museum** untergebracht. Dort findet man zahlreiche Informationen über die lange Geschichte der Stadt und ihrer Bürger. Ein besonderes Augenmerk wird unter anderem auf die Memminger Zeit als **Freie Reichsstadt** (1286–1803) gelegt. Außerdem gibt es einen eigenen Ausstellungsbereich zum Thema **Jüdisches Leben in Memmingen** mit dem zeitlichen Fokus auf den Jahren 1862 bis 1942. Einige Jahre später, von 1945 bis 1946, haben etwa 8000 **Sudentendeutsche** in Memmingen eine neue Heimat gefunden. Ihre Geschichte wird ebenfalls im Hermansbau dokumentiert. Das Rokokopalais ist einer der prächtigsten Profanbauten Memmingens mit seinem sehenswerten Innenhof und dem barocken Treppenhaus. Die dreigeschossige Vierflügelanlage ließ Freiherr Benedikt von Hermann 1766 im venezianischen Stil errichten. Damit bildet es auch einen hervorragenden Rahmen für die Galerie des **Memminger Barockmalers Johann Heiss** (1640–1704), der zu den wichtigsten deutschen Malern des ausgehenden 17. Jahrhunderts gehört. Unter anderem werden sein Vier-Jahreszeiten-Zyklus und ›Die vier Elemente‹ ausgestellt.

■ Weitere Sehenswürdigkeiten

Das sogenannte **Antonierhaus** war ein spätmittelalterliches Hospital der Antoniter. Heute befindet sich in dem renovierten Gebäude das **Strigel-Museum**, das über die Künstlerfamilie Strigel informiert. Außerdem erzählt dort das **Antoniter-Museum** über das 300 Jahre lange Wirken des strengen Ordens der Antoniter.

In der Ulmerstraße 9 steht das **Parishaus** mit einer ständigen Ausstellung des Malers **Max Unold** (1885–1964).

Karte S. 75

Café in der Altstadt

Memminger Patriziergeschlechter errichteten ihre Grabmäler auf dem **Alten Friedhof** an der Augsburger Straße im Osten der Stadt. Sie machen den 1930 aufgelassenen Friedhof zu einem lohnenden Ausflugsziel. Und zur rechten Zeit kann man sogar den Klängen der Stadt- und Jugendkapelle lauschen, sie nutzt die ehemalige Leichenhalle als Proberaum. Die **Stadthalle Memmingen**, nordwestlich des Marktplatzes gelegen, ist nicht nur äußerlich ein modernes Kultur- und Kommunikationszentrum. Im Inneren finden Tagungen, Märkte und Messen sowie Konzerte, Theateraufführungen und Ausstellungen statt.

Der Memminger ging zum Studium nach München und war dort bald Mitglied der Schwabinger Schickeria. Nach einer gegenständlichen Phase und einem Ausflug in die Expressionismus wandte er sich der ›Neuen Sachlichkeit‹ zu und zählt in Deutschland zu den Hauptvertretern dieser Stilrichtung. Das fein gegliederte Rokokopalais aus dem Jahr 1736 ist allerdings für sich bereits sehenswert, auch für jene, die an der Malerei nicht interessiert sind. Außer der Unold-Sammlung beherbergt es auch eine ungewöhnliche Kollektion topographischer Malerei, einer Variante der Landschaftsmalerei.
Ein ehemaliges klassizistisches Posthaus aus dem Jahr 1901 beherbergt seit 2005 die **MeWo-Kunsthalle** mit wechselnden Ausstellungen zeitgenössischer Kunst.
Der **Stadtpark Neue Welt** im nördlichen Teil der Stadt ist von der Innenstadt aus zu Fuß zu erreichen. Er befindet sich auf dem Gelände der Landesgartenschau, die im Jahr 2000 in Memmingen stattfand. Die Auenlandschaft der Memminger Ach sowie Klärweiher und Stettenweiher laden dort zu Spaziergängen ein. Leider trübt die vielbefahrene Autobahn manchmal den Genuss.

Kartause Buxheim

›Das Kreuz steht fest während die Welt sich dreht‹, lautet ein Wahlspruch der Kartäuser. Folgerichtig ziehen sich die Mönche vom weltlichen Leben zurück, um in der kontemplativen Einkehr Gott zu finden. Nur der Prior eines Klosters liest Zeitung und informiert seine Mitbrüder über die wichtigsten Neuigkeiten der Welt. Der Orden geht auf den heiligen Bruno aus Köln zurück. Er ging 1084 mit sechs Gefährten nach La Chartreuse, eine einsame Gebirgsgegend bei

Kreuzgang der Kartause Buxheim

Unterallgäu

Grenoble in Frankreich. Das von ihm gegründete Kloster bestimmt bis heute die Lebensweise der Kartäuser auf der ganzen Welt. Einsamkeit, strenges Fasten, ein mitternächtliches Chorgebet und absolutes Schweigen gehören zu den strengen Ordensregeln. Derzeit leben rund 450 Mönche und Nonnen in 24 Häusern weltweit nach den Regeln des heiligen Bruno (www.chartreux.org).

Die Kartäuser aus Christgarten bei Nördlingen übernahmen 1402 ein Stift in Buxheim, wenige Kilometer westlich von Memmingen. Bis zum Jahr 1516 entstanden insgesamt 22 einzelne Zellen für die Mönche, denn großzügige Stiftungen brachten dem Kloster viel Wohlstand. Die Mönche verwandelten Buxheim in die größte Kartause (Kloster des Kartäuserordens) im deutschsprachigen Raum, 1548 wurde sie sogar die einzige direkt dem Kaiser untergebene Kartause im deutschen Kaiserreich.

Wenn auch die einzelnen Mönche nichts besitzen, so erlebte das Kloster von 1680 bis 1740 doch eine wirtschaftliche Blütezeit. Seine Ausstattung legt davon Zeugnis ab: Kirche, Sakristei und Bibliothek wurde von den Brüdern Zimmermann gestaltet. Anfang des 18. Jahrhunderts

barockisierte der Baumeister und Stukkateur Dominikus Zimmermann (1685–1766) mit seinem Sohn Franz die Kreuzgänge. Mit dem älteren Bruder Johann Baptist errichtete Dominikus in den Jahren von 1738 bis 1741 die Sankt-Anna-Kapelle, ein kleines Rokokojuwel.

Aber ein Besuch der Kartause in Buxheim lohnt sich allein wegen des **Chorgestühls**. Das Werk des Tiroler Bildhauers Ignaz Waibl (1661–1733) gehört zu den bedeutendsten Schnitzwerken der Barockzeit. Während der Säkularisation wurde es vom Kloster verkauft und gelangte bis nach England, bevor es im Jahr 1980 wieder an seinen ursprünglichen Platz zurückkehrte. Die fein geschnitzten Gesichter der zahlreichen Figuren bezaubern mit ihrer Aussagekraft und hinterlassen bleibende Eindrücke.

Im Jahr 1975 eröffnete in drei der Zellen das einzige **Kartausenmuseum** Deutschlands. Auf dem Areal des ehemaligen Klosters befindet sich heute zudem ein Gymnasium mit Tagesheim und Internat.

Umgebung von Memmingen

Das **Allgäu-Schwäbische Dorfschulmuseum** steht in Erkheim. Es ist im ehemaligen Schulhaus aus dem 19. Jahrhundert untergebracht und zeigt original erhaltenes Mobiliar und Lehrmittel der ehemaligen ›Zwergschule‹, in der bis zu acht Jahrgänge gleichzeitig unterrichtet wurden. Außerdem besitzt das Museum eine umfangreiche Schulbuchsammlung. Nicht nur für Schlechtwettertage empfiehlt sich die **Indoor-Kartbahn** im Ort. Erkheim liegt zwölf Kilometer westlich von Memmingen direkt an der A96.

In Sontheim befindet sich in der denkmalgeschützten ehemaligen Sägehalle das Kultur- und Veranstaltungszentrum ›Dampfsäg‹. Das älteste Gebäude stammt aus dem Jahr 1891, die Betreiber haben das Gelände in den letzten

Karte S. 71

Chorgestühl in der Kartause Buxheim

Orgel mit Engeln in der Wallfahrtskirche Maria Himmelfahrt in Kirchhaslach

20 Jahren zu einem Anziehungspunkt der Region gemacht. Regelmäßig findet ein Wochenmarkt statt, zudem Kino, Theater und Konzerte.

■ **Babenhausen**

Rund 20 Kilometer nördlich von Memmingen liegt Babenhausen. Der Kaufmann Anton Fugger kaufte im Jahr 1538 die Herrschaft von Babenhausen und baute das **Schloss Babenhausen**, das in der Stauferzeit ursprünglich als Wasserschloss angelegt wurde, zu seinem Sommersitz aus. Die Renaissance-Anlage bestimmt das Bild des ganzen Ortes. Heute befindet sich in einem Teil des Gebäudes das **Fuggermuseum**. Dort wird gezeigt, wie die Augsburger Patrizierfamilie einst die Geschichte in ganz Europa beeinflusste. Der Schlosspark ist öffentlich zugänglich. Die barocke **Pfarrkirche St. Andreas** schließt sich nördlich direkt an das Schloss an und bildet mit ihm eine imposante Fassadenfront nach Westen. Auch der Ort selbst ist mit seinen pittoresken mittelalterlichen Gassen, die von zahlreichen Renaissance- und Barockgebäuden gesäumt werden, einen Spaziergang wert.

Wenige Kilometer westlich von Babenhausen steht die besonders schöne baro-

cke Wallfahrtskirche **Maria Himmelfahrt in Kirchhaslach**. Das Innere der Kirche wirkt trotz seiner reichen Stuckverzierung insgesamt wohltuend schlicht.

Aktivitäten

Der **Iller-Radweg** bildet mit dem **Donauradweg**, dem **Günztalradweg** und dem **Kneipp-Radweg** einen zwei- bis dreitägigen Rundkurs in das nördlich gelegene Mittelschwaben. Kürzer ist in der Verbindung mit dem **Radwanderweg Allgäu** und dem **Allgäuradweg** eine Tour in den Süden, nach Kempten, Insy und Leutkirch.

Neben zahlreichen **Badeseen** im Umland lädt im Sommer auch das beheizte **Freibad** zu Wasservergnügungen ein. Außerdem ist das **Hallenbad** mit Beckenlift für Behinderte ganzjährig geöffnet. Ebenfalls ganzjährig geöffnet ist die Memminger **Eissporthalle**.

Angler vergnügen sich an der Iller und dem Rückhaltebecken Haslach. **Flugzeugbegeisterte** haben die Wahl zwischen den großen Flugzeugen am Allgäu Airport in Memmingerberg und den kleineren Fliegern am Flugplatz Tannheim. In Tannheim findet jeden auch jeden Sommer Europas größtes Fliegertreffen statt, das sogenannte **Tannkosh**.

Die Familie Fugger

Der Weber Hans Fugger zog 1367 aus Graben in der Nähe von Augsburg in die Freie Reichsstadt Augsburg und begründete dort ein schwäbisches Kaufmannsgeschlecht, das Weltgeschichte schrieb. Seine beiden Söhne, Andreas (1394–1457) und Jakob der Ältere (1398–1469), übernahmen das Geschäft des Vaters und bauten es weiter aus. Auf diese beiden gehen die Fuggerlinien ›vom Reh‹ und ›von der Lilie‹ zurück, die nach ihren Wappensymbolen benannt wurden. Während das Geschäft der Fugger vom Reh gegen Ende des 15. Jahrhunderts bankrott ging, leben heute noch zwei Linien ›von der Lilie‹ in der 18. Generation von den Früchten eines Vermögens, dessen Grundstock die ersten vier Generationen legten.

Jakob Fugger der Ältere hatte drei Söhne, die gemeinsam die Augsburger Fuggerei stifteten. Diese wird bis heute von einer Fuggerstiftung geführt und ist die älteste Sozialsiedlung der Welt. Georg Fugger (1453–1506) ist Ahnherr der heute noch bestehenden Fugger-Linien ›von Glött‹ und ›von Babenhausen‹. Berühmter ist jedoch Jakob der Reiche (1459–1525). Er baute die internationalen Beziehungen seiner Firma aus und trug damit entscheidend zu dem enormen Reichtum und der immensen Macht der Familie bei. Seine Ausbildung begann er 14-jährig in Venedig, wo er sich bis 1487 aufhielt. Danach bestimmte er bis zu seinem Tod im Jahr 1525 von Augsburg aus die Geschäftspolitik der Familie.

Grundlage des Vermögens war zunächst der Baumwollhandel mit Italien, den bereits Hans Fugger begründet hatte. Damit wurden die Finanzmittel erwirtschaftet, die in die Bankgeschäfte mit den Habsburgern und der Kurie flossen. Zum Ausgleich für die gewährten Kredite an die weltlichen und kirchlichen Herrscher bekamen die Fugger beispielsweise Schürfrechte in Tirol, Tschechien und der Slowakei sowie ab 1525 das Monopol für Quecksilber in Spanien. Jakob der Reiche finanzierte den Aufstieg Kaiser Maximilians I. (1459–1519) und die Wahl seines Enkels Karl IV. zum letzten römisch-deutschen Kaiser, der durch den Papst gekrönt wurde. Papst Julius II. finanzierte er 1505/06 die Anwerbung der bis heute bestehenden Schweizer Garde des Vatikans.

Die Mitglieder der Fugger von der Lilie stiegen ab 1511 nach und nach in den Adel auf und übernahmen ab Mitte des 16. Jahrhunderts wichtige Ämter in Kirche und Politik. Zur gleichen Zeit gaben sie ihre Handelstätigkeiten auf und investierten stattdessen in Grundbesitz. Anton Fugger (1493–1560) hatte den Rückzug aus dem Handel angeordnet, als er die Geschäfte an seinen Neffen Hans Jakob übergab. Dieser hatte sich jedoch nicht sofort daran gehalten. Wie vom Onkel vorausgesehen, verschlechterte sich die Wirtschaftslage, und Hans Jakob erlitt hohe Verluste, bevor er von seinen Brüdern abgesetzt wurde. Seitdem leben die Nachkommen der beiden Fuggerlinien Babenhausen und von Glatt von den damaligen Investitionen in Grund und Boden. Eine Nachlassregelung gewährt den Geschwistern des Haupterben lediglich eine Apanage auf Lebenszeit, aber kein Erbrecht für die Nachkommen. Damit wird das Familienvermögen zusammengehalten, und die Fugger sind bis heute wichtige Kunstmäzene und Förderer sozialer Einrichtungen in Schwaben.

Porträt des Jakob Fugger von Albrecht Dürer

Memmingen und Umgebung

Stadtinformation, Marktplatz 3, 87700 Memmingen, Tel. 08331/850172, Fax 850178, www.memmingen.de; Mo–Fr 9–17, Sa 9.30–12.30 Uhr. Mobilitätseingeschränkte können einen speziellen Stadtplan erhalten. Außerdem gibt es Themenführungen und eine Führung für Blinde, bei der Miniaturen zahlreicher städtischer Gebäude einen Eindruck vom Stadtbild vermitteln.

Der Bahnhof liegt am östlichen Rand der Altstadt. Hier kreuzen sich die Linien Dortmund–Ulm–Oberstdorf sowie München– und Augsburg–Lindau. Es besteht regionaler Stundentakt in alle Richtungen. Der Bahnhof ist barrierefrei, Um- oder Einsteighilfe kann mit einer Frist von zwei Tagen unter Tel. 01805/512512 angefordert werden.

Allgäu Airport Memmingerberg, Tel. 08331/12150, www.allgaeu-airport.de. Es gibt einen Airport-Express-Bus unter anderem nach von/nach München, Ulm, Kleinwalsertal und Zürich, www.allgaeu-airport-express.de.

Flugplatz Tannheim, Am Egelseer Weg 5, 88459 Tannheim, Tel. 08331/1244, www.flugplatz-tannheim.de.

Hotel Falken Garni, Rossmarkt 3–5, 87700 Memmingen, Tel. 08331/94510, Fax 9451500, www.hotel-falken-memmingen.com; DZ ab 158 €. 4 Sterne, zentrale Lage.

Restaurant, Café und **Hotel Weißes Ross,** Salzstr. 12, 87700 Memmingen, Tel. 08331/9360, Fax 936150, www.hotelweissesross.de; DZ ab 164 €. Ein Gewölbekeller aus dem 15. Jahrhundert bezeugt die lange Geschichte des Hauses, das unter Denkmalschutz steht; gehobene internationale Küche.

Pension Erb, Zollergraben 5, 87700 Memmingen, Tel. 08331/84868, Fax 494859, www.pension-erb.de; DZ ab 90 €. Zentrumsnah, Frühstücksterrasse.

Hotel Am Südring, Pulvermühlstr. 1, 87700 Memmingen, Tel. 08331/944550,

Kuppel der Kartause Buxheim

Karte S. 71, 75

Fax 944533, www.hotel-am-suedring.
de; DZ ab 72 €. Zentral und preiswert,
Teeküche.

Gästehaus Schmid, Unter der Halden 6,
87700 Memmingen/OT Volkratshofen,
Tel. 08331/61151, www.ghs-mm.de;
DZ ab 76 €. Bis zum ersten Stockwerk
rollstuhlgerecht ausgebaut, Gästezimmer
und Ferienwohnungen, Shuttle-Service
zum Flughafen in Memmingerberg (10
€) und in die Stadt Memmingen (5 €).

Ferien- und Kräuterlandhof Spaun, Hals-
lacher Weg 5, 86498 Kettershausen,
Tel. 08282/62975, mobil 0171/1418590,
www.blockhaus-romantik.de; Ferienwohnung ab 60 €. Blockhaus auf dem
Gelände eines bewirtschafteten Bauernhofs mit Tieren, Kräutergarten und Kinderspielplatz; März–Nov.

Bio-Halbpension Kirschenfee, Mühlenweg
1, 87776 Sontheim/OT Attenhausen,
Tel. 08336/8139998; DZ ab 64 €. Geführte MTB- und Motorradtouren, Kräutergarten, Teeküche, Bio–Frühstück, indi-
viduelle Atmosphäre.

Campingplatz Buxheim, Camping am See,
Am Weiherhaus 7, 87740 Buxheim, Tel.
08331/71800, www.camping-buxheim.
de. Etwa vier Kilometer außerhalb der
Stadt am Weiher, Bootsverleih, Freibad,
Gaststätte und Busverbindung in die Innenstadt; Apr.–Okt.

Campingplatz Aitrach, Park Camping
Iller, www.camping-iller.de. Rund 15 Kilometer außerhalb der Stadt an der Iller,
Schwimmbad, behindertengerechte Sanitäranlagen, Gastraum, Einkaufsmöglichkeit; Apr.–15. Okt.

Wohnmobil-Parkplatz, Colmarer Straße,
nördlich des Zentrums am Gelände der
ehemaligen Landesgartenschau, kostenlos.

Zum goldenen Löwen, Schrannenplatz 2,
87700 Memmingen, Tel. 08331/5290.
Weinstube, seit dem 16. Jahrhundert bekannt, Di–So ab 18 Uhr.

Zum Strauß, Ulmer Str. 13, 87700 Memmingen, Tel. 08331/4482. Jugendstil-
kneipe, Mo–So 11–22 Uhr.

Zur blauen Traube, Kramerstr. 8, 87700
Memmingen, Tel. 08331/3326, www.
zur-blauen-traube-mm.com. Gemütliches
Bistro mit Weinstube und Biergarten in
der Fußgängerzone.

Bar-Club-Lounge im historischen **Eiskeller**
beim Kempter Tor unter der Stadtmauer,
Fr/Sa und vor Feiertagen ab 22 Uhr, An
der Hohen Wacht, Tel. 0151/11652113,
www.eiskeller-mm.de

Restaurant-Wirtshaus Klösterle, Im
Klösterle 1, 87700 Memmingen, Tel.
08331/497600, Di–Sa ab 17.30, Sa auch
11.30–14 Uhr, www.kloesterle-memmin
gen.de. Regionale und saisonale Küche.

Moritz, Weinmarkt 6–8, 87700 Memmingen, Tel. 08331/9299224, www.
moritz-memmingen.de. Moderne Küche,
Außenbestuhlung. Mo–Sa ab 9, So ab 10
Uhr, Frühstücksbuffet Mo–Fr bis 10.45
Uhr, Sa/So Frühstück mit Tischservice
bis 14 Uhr, Mittagstisch ab 11.30, warme Küche bis 22 Uhr.

**Weinstube und Restaurant Weber am
Bach**, Untere Bachgasse 2, 87700 Memmingen, Tel. 08331/2414, www.weber
ambach.de. Das Haus wurde 1320 erstmals urkundlich erwähnt und ist seit 1848
Weinstube; Gastraum mit Holztäfelung
und Fresken; gehobene, regionale Küche. Mo ab 18 Uhr, Di–So 11–14 und
ab 18 Uhr.

Wirtshaus zum Älles, Bahnhofstr.
12, 87700 Memmingen, Tel. 08331/
4906620. Bodenständige schwäbische
Hausmannskost in urigem Ambiente, Mo–
Sa ab 10 Uhr, So 10–14 Uhr.

Gasthof und Restaurant zum Lindenbad,
Lindenbadstr. 18, 87700 Memmingen,
Tel. 08331/3278, www.gasthof-linden
bad.de. So ab 14 Uhr sowie Mo geschl.
Überwiegend schwäbische Küche mit zum
Teil biologischen Zutaten aus der Region.

Beim Steirer Bruckwirt, Hauptstr. 9,
87700 Memmingen/OT Ferthofen, Tel.
08331/62567, Fax 963738. Etwas außer-

Unterallgäu

halb, am Iller-Radweg, Biergarten, Spielplatz und steirisch-bayerische Schmankerl;
auch Zimmer ab 25 € p.P.

Café Fahrenschon, Fürst-Fugger-Straße 19,
87727 Babenhausen, Tel. 08333/934815,
www.cafe-fahrenschon.de. Hausgemachte
Kuchen und kleine Gerichte in freundlicher
Kaffeehausatmosphäre; Mi/Do 12–19, Fr
12–23, Sa/So 10–19 Uhr.

**Städtisches Museum im Hermans-
bau**, Zangmeisterstr. 8 (Eingang Her-
mansgasse), 87700 Memmingen, Tel.
08331/850134; Di–Fr u. So 10–12 u.
14–16 Uhr.

**Antoniter- und Strigel-Museum im Anto-
nierhaus**, Martin-Luther-Platz 1, 87700
Memmingen, Tel. 08331/850245; Di–Sa
10–12 u. 14–16, So 10–16 Uhr.

Parishaus, Ulmer Straße 9, Mi 15–17 Uhr,
Sa, So 10–12 Uhr.

MeWo-Kunsthalle, Bahnhofstr. 1, 87700
Memmingen, Tel. 08331/850771; Di–So
11–17 Uhr.

Stadthalle Memmingen, Ulmer Str. 5,
87700 Memmingen, Kartenvorverkauf bei
der Stadtinformation, Tel. 08331/850172

Kartausenmuseum Buxheim, Tel.
08331/61804, Fax 963429, www.kartause-
buxheim.de; Apr.–Okt. tgl. 10–12 u. 14–
17 Uhr, Führungen nach Vereinbarung.

Allgäu-Schwäbisches Dorfschulmuseum,
Oststr. 17, 87746 Erkheim/OT Daxberg,
Tel. 08336/7760; Mai–Okt. So 14–17
Uhr.

Fuggermuseum Schloss Babenhausen,
Tel. 08333/2931; Apr.–Nov. Di–Sa 10–12
u. 14–17 Uhr, So 10–12 u. 13–18 Uhr.

**Kultur und Veranstaltungsstätte Dampf-
säg Sontheim**, Westerheimer Straße 8,
87776 Sontheim, Tel. 08336/226, www.
dampfsaeg.de. Wochenmarkt Do 16–
19.15 Uhr, Programmkino, Konzerte,
Marktveranstaltungen, Feste. Bewirtung
bei Veranstaltungen.

Freibad, Stadtbadallee 1, 87700 Memmingen, Tel. 08331/494029; Juni–Aug.
tgl. 9–20 Uhr.

Hallenbad, Dr.-Berndl-Platz 3, 87700
Memmingen, Tel. 08331/64304; Mo 12–
15, Di/Do 10.30–15.30, 15.30–16.30
Uhr Frauenbaden mit Kindern bis 8 Jahre und 16.30–20.30 Uhr, Mi 6–20.30,
Fr 10.30–20.30, Sa 7–20, So 8–20 Uhr,
an gesetzlichen Feiertagen sowie am Faschingsdienstag, Heiligabend und Silvester ab 12 Uhr geschl.

Fahrradverleih, Rad- und Rollercen-
ter Heiss, Wernher-von-Braun-Str. 18,
Tel. 08331/9255000, www.radheiss.
de, ab 10 €/Tag.

E-Bike-Verleihstation, Radl-Stadl, Unter-
dorfstraße 29-33, 87700 Memmingen-
Dickenreishausen, Tel. 08331/82537,
ab 20 €/Tag.

Eissporthalle, Hühnerbergstr. 19, 87700
Memmingen, Tel. 08331/62430; Mo–Fr
u. So 9.30–11.30 Uhr, Mo–Mi u. Fr–So
14–16 Uhr, Di 11.45–13.30 Uhr Erwach-
senen- und Seniorenlauf, Mo 19.30–
21.30 Abendlauf und 14-tägig Eistanz,
Do 19.30–21.30 Discolauf.

Indoor-Kartbahn, Kiesgrubenweg
30, 87766 Memmingerberg, Tel.
08331/962731, www.kartbahn-mm.de;
Di–Fr 17–1, Sa 14–1, So 14–23 Uhr, Juni–Aug. Sa/So erst ab 17 Uhr.

Angelgeräte Hoyer, Hauptstr. 41, 87740
Buxheim, Tel. 08331/12238; am Wo-
chenende auch: Gasthaus Bruckwirt,
87700 Memmingen/OT Ferthofen, Tel.
08331/62567. Angel-Erlaubnisscheine.

Für **Shoppingrunden** empfiehlt sich in
der Memminger Altstadt unter anderem
die Kramerstraße. Außerdem findet jeden
Dienstag und Samstag ein Wochenmarkt
auf dem Marktplatz statt.

Mindelheim

Auch Mindelheim lockt mit einer schönen Altstadt und zahlreichen Baudenkmälern. Von der mittelalterlichen Stadtbefestigung sind noch die gotischen Türme erhalten und zeigen noch immer die drei Himmelsrichtungen Osten, Norden und Westen an. In der Mitte ragen barocke Kirchtürme auf, und von oben sind die Strukturen der mittelalterlichen Stadt mit heute über 40 000 Einwohnern gut sichtbar.

Stadtgeschichte

Die Geschichte der Stadt begann bereits im 6. und 7. Jahrhundert mit alemannischen Bauern. Im Jahr 1046 wird ein Reichshof in der Gegend erwähnt, und im 12. Jahrhundert entstanden eine Stadt und eine Burg an der Mindel, und zwar dort, wo die Wagen der Salzhändler im Mittelalter den Fluss überquerten, wenn sie das sogenannte ›Weiße Gold‹ von München an den Bodensee transportierten.

Im 14. Jahrhundert fiel die Stadt an Herzog Friedrich von Teck. Diesem folgte 1439 Bero I. von Rechberg als Herr von Mindelheim. Sein Sohn Bero II. verkaufte die Stadt an die Herren von Frundsberg, ein aus Tirol stammendes Rittergeschlecht. Deren berühmtester Sohn war Georg I. (1473–1528), ein herausragender Stratege, der den Kaisern Maximilian I. und Karl V. als oberster Feldhauptmann diente. Er baute die unbeweglichen Reiterregimenter zu schlagkräftigen Einheiten zu Fuß um, was ihm den Beinamen ›Vater der Landsknechte‹ eintrug. Von ihm soll auch der berühmte Ausspruch stammen »Viel Feind, viel Ehr'«. Ihm zu Ehren feiern die Mindelheimer alle drei Jahre das **Frundsbergfest**.

1614 wurde Mindelheim als blühende Stadt an Herzog Maximilian I. von Bayern übergeben. Der Dreißigjährige Krieg (1618 bis 1648) vernichtete jedoch die Pracht und den Reichtum. Allein im Pestjahr 1634 starben von den 2200 Einwohnern der Stadt 1750. Nach einigen weiteren Herrschaftswechseln und Lehnsübertragungen kam Mindelheim zum Ende des 18. Jahrhunderts endgültig zu Bayern und gehört heute zum Regierungsbezirk Schwaben.

Unterallgäu

Blick über Mindelheim

Feste und Brauchtum

Die Mindelheimer lieben den Fasching und verkleiden sogar jedes Jahr das 28 Meter hohe Obere Tor. An der Westseite wird es zum **Durahansel**, einer Harlekinsfigur, und an der Ostseite verwandelt sich das Tor in die **Narramuatr**, die Amme des Faschings. Höhepunkt der Feierlichkeiten ist übrigens der **Gumpige Donnerstag** (der Donnerstag vor Ascher-

mittwoch), an dem die ganze Stadt auf den Beinen ist.

Im April erklingt das **Jazz'isch**. Die überregional bekannten Jazztage locken Fans von Nah und Fern mit nationalen und internationalen Künstlern (www.jazz-isch.de).

Außerdem finden jährlich Frühjahrs-, Herbst- und Kunsthandwerkermärkte statt. In der Adventszeit trifft man sich

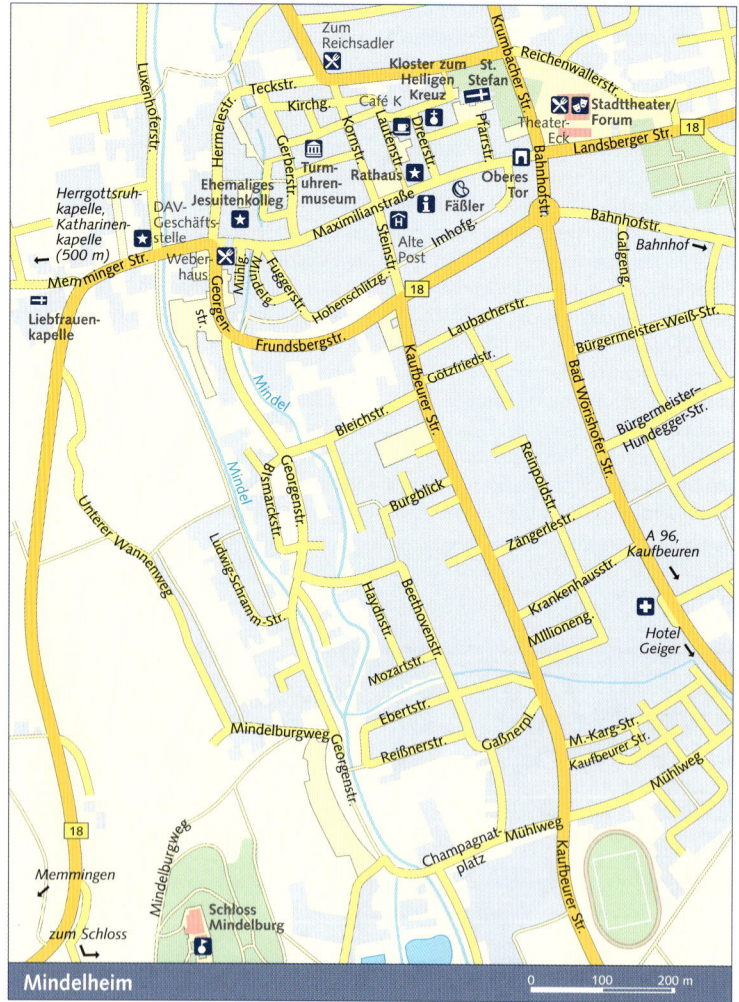

zum Glühweintrinken auf dem Kirchplatz, wo ein besonders stimmungsvoller **Weihnachtsmarkt** aufgebaut ist. Gleichzeitig wird in der Jesuitenkirche eine **Barockkrippe** aus dem 17./18. Jahrhundert gezeigt, deren Figuren rund einen Meter hoch sind. Sie wurden einst von den Jesuiten angeschafft, um den weniger gebildeten Christen, die nicht lesen konnten, die Bibelgeschichte nahe zu bringen.

Höhepunkt aller Festivitäten ist jedoch das **Frundsbergfest**, das nur alle drei Jahre (2015/2018/...) stattfindet. Zu Ehren des Feldherrn Georg I. verwandelt sich die Stadt Ende Juni/Anfang Juli in ein Landsknechtlager. Ein großer Umzug, Konzerte, Theateraufführungen und buntes Markttreiben bringen in dieser Zeit Kurzweil in den städtischen Alltag.

Sehenswürdigkeiten

Wer Mindelheim besucht, beginnt seine Besichtigungstour am besten bereits außerhalb der Stadt: Auf einer Anhöhe im Südwesten steht die Mindelburg. Die Herren der Burg prägten sowohl die Geschichte als auch das Antlitz der Stadt. Und von dort oben hat der Besucher auch einen guten Panoramablick über die Stadt Mindelheim und das Tal der Mindel. Bei gutem Wetter reicht die Sicht sogar über das ganze Allgäu bis zu den Alpen.

■ **Besichtigung der Mindelburg**
Bereits in der zweiten Hälfte des 12. Jahrhundert wurde auf dem Georgenberg südwestlich von Mindelheim eine Burg errichtet, und um 1305 wieder zerstört. Herzog Friedrich von Teck baute den Herrschaftssitz im 14. Jahrhundert wieder auf. Ihr heutiges Gesicht bekam die Mindelburg jedoch im wesentlichen in den Jahren um 1500 von den Herren Frundsberg. Sie waren von 1467 bis 1586

Herren von Mindelheim und brachten der Stadt großen Wohlstand.

Im Torhaus zeigt ein Wandgemälde Georg von Frundsberg bei einem Trinkgelage, umgeben von illustren Gästen, darunter Kaiser Maximilian I., Herzog Francesco Sforza, Karl von Bourbon sowie der Arzt Paracelsus. Der ›Vater der Landsknechte‹, der 1473 in der Mindelburg das Licht der Welt erblickte, war Feldherr für Kaiser Maximilian I. und Karl V. Und als solcher war er auch Gastgeber vieler berühmter Persönlichkeiten seiner Zeit.

Die Burg wird seit 1950 gewerblich genutzt. Daher können die Innenräume nicht besichtigt werden. Ein Ausflug auf den Georgenberg lohnt dennoch. Sehenswert sind die Tore und Gräben sowie die wehrhaften Rundbastionen und der 27 Meter tiefe Brunnen im Hof. Der zum Aussichtsturm umgebaute **Burgfried** kann von Mai bis Oktober erklommen werden.

Die **Schlosskapelle Sankt Georg**, die unter den Frundsbergs ein beliebtes Wallfahrtsziel war, sowie das Wandgemälde in der Trinkstube können nur im Rahmen von Führungen besichtigt werden.

Der Eingang zur Mindelburg

Unterallgäu

Von der Burg zur Altstadt

Auf dem Weg von der Mindelburg hinunter in die Altstadt lohnt ein Abstecher zur frühbarocken **Liebfrauenkapelle**. Sie war Teil eines Leprosenheims, das 1360 erstmals urkundlich erwähnt wurde. Im Inneren besonders sehenswert ist das räumlich wirkende Relief des Mindelheimer Sippenaltars aus der Zeit von 1510–20. Die spätgotische, farbig bemalte Schnitzerei zeigt Jesus und seine Familie und gab dem unbekannten Künstler seinen Namen: Meister der Mindelheimer Sippe.

Weiter im Westen liegen die **Hergottsruhkapelle** und die **Katharinenkapelle**. Beide sind nur im Rahmen von geführten Stadtbesichtigungen zugänglich. Ein Spaziergang dorthin empfiehlt sich aber jederzeit, denn von der achteckigen Katharinenkapelle aus, die auf dem Sattel des gleichnamigen Berges steht, hat man einen der schönsten Blicke auf die Stadt Mindelheim.

Das Obere Tor

Die öffentlichen **Stadtführungen** durch Mindelheim beginnen am Brunnen vor dem Forum am **Theaterplatz**, im Osten der Stadt. Das Forum selbst ist ein umgebauter **Salzstadel**, der das Stadttheater beherbergt. Die roten Gebäudeteile gehören noch zur alten Bausubstanz, alles was weiß oder aus Glas ist, wurde neu dazu gebaut.

Anstelle der Grünfläche vor der Stadtmauer befand sich an der Stelle im Mittelalter ein Graben, der bis zum Jahr 1809 mit Wasser gefüllt war. Die Altstadt betritt man von Osten kommend durch das fünfgeschossige Obere Tor. In der Karnevalszeit verkleiden die Mindelheimer ihr Einlasstor mit einer bunten Maske. In den anderen vier Jahreszeiten weisen die Erkertürmchen auf ein Entstehungsdatum in der Zeit um 1500 hin. Die großen Zeiger auf der Ostseite zeigen die Zeit, und der Klang der ›Arme-Sünder-Glocke‹ verkündete im Mittelalter, dass ein zum Tode Verurteilter durch das Tor zu seiner Hinrichtung gefahren wurde. Ein paar Schritte weiter in Richtung Süden steht der **Gefängnisturm**, in dem mutmaßliche Verbrecher vor dem Gerichtstermin gefangengehalten und dem ›peinlichen Verhör‹ unterzogen wurden. Der zylindrische Bau mit dem Spitzdach stammt aus dem 13. Jahrhundert und wird heute von Turmfalken bewohnt. Die daran anschließende **Fronfeste** wurde 1834 errichtet.

Die bekannteste Einkaufsstraße der Stadt trägt denselbem Namen wie ihr Gegenstück in München. Die Mindelheimer **Maximilianstraße** führt quer durch die Altstadt, vom Oberen bis zum Unteren Tor, vorbei am Marienplatz mit dem Rathaus sowie zahlreichen Cafés und Geschäften in schmucken, farbenfrohen Häusern. Den Spielplan des **Stadttheaters** und des **Kulturrings im Sylvestersaal** hat die Touristeninformation (s.u.).

St. Stephan

Wer die Altstadt durch das Obere Tor betritt und nach rechts abbiegt, gelangt über die Pfarrstraße zur Stadtpfarrkirche Sankt Stephan. Herzog Ulrich von Teck und seine Frau Anna von Polen ließen 1409 eine gotische Basilika zu Ehren des Herrn errichten. 1712 errichtete Baumeister Valerian Brenner nach einem Brand an derselben Stelle in nur einem Jahr einen barocken Neubau. Die neuromanische Ausgestaltung aus dem 19. Jahrhundert wurde im 20. Jahrhundert bereits wieder entfernt. Übrig geblieben ist eine für Katholiken überraschend schlicht eingerichtete, helle Kirche mit einem modernen **Hochaltaraufsatz** von Erwin Holzbaur aus dem Jahr 1965.

Karte S. 88 ▲

Das Obere Tor im Osten der Altstadt

Den Prunk und Reichtum der ehemaligen Barockkirche lässt der **linke Seitenaltar** erahnen, der aus der Augsburger Silberschmiede stammt. In der **Turmkapelle** dahinter steht man auf einem 600 Jahre alten Boden. Dies ist der einzige Teil der Kirche, der von der gotischen Basilika übrig geblieben ist. Das kleine Fenster in Richtung Osten ist eine typische Schießscharte aus dieser Zeit, denn der Kirchturm ist Bestandteil der Stadtmauer, von der hier noch Reste zu sehen sind. In dem kleinen gotischen Raum steht auch das (leere) Grabmal von Herzog Ulrich von Teck und seiner zweiten Frau, Ursula von Baden. Auf dem Weg zurück ins Hauptschiff sieht man links die Sandsteingrabplatte von Anna von Polen aufrecht an der Wand lehnen. Ansonsten ist aus dieser Zeit nur noch das gotische **Taufbecken** erhalten geblieben.

Der heutige Kirchplatz war einst ein Friedhof, dessen **Gruftkapelle** erhalten

geblieben ist. Dabei handelt es sich um eine Doppelanlage, die einst als Friedhofskapelle mit Beinhaus im Untergeschoss genutzt wurde. Das untere Geschoss wurde zur Gnadenkapelle Maria Schnee umgebaut, das obere zur Sankt-Michael-Kapelle barockisiert.

■ **Heilig-Kreuz-Kloster**

Die Stadtpfarrkirche Sankt Stefan ist durch einen Chorgang mit dem **Franziskanerinnenkloster Heilig Kreuz** in der Hauberstraße 2 verbunden. Sechs Mindelheimer Bürgertöchter hatten sich im Jahr 1456 zu einem gemeinsamen Leben nach der dritten Regel des heiligen Franziskus entschlossen, die dies auch Laien erlaubte. Der Name des Klosters ergab sich durch die Schenkung eines Kreuzpartikels im Jahr 1588. Seit 1948 ist im ehemaligen Gästetrakt des Gebäudes das **Heimatmuseum** untergebracht. Allein die barocken Raum- und Gangfolgen sind bereits ein Erlebnis. Durch die zahlreichen Exponate erfährt man viel über die adeligen Herrscher sowie das bürgerliche Leben in der Stadt und die bäuerliche Kultur rund um Mindelheim.

■ **Marienplatz und Rathaus**

Im Zentrum der Altstadt steht das **Rathaus**. Die markante Fassade mit den Formen der Neorenaissance markiert die Ostseite des Marienplatzes. Sie stammt aus dem Jahr 1897 und wurde vom Münchener Architekten Eugen Drollinger gestaltet. Dieser war als Hofbaurat auch am Ausbau von Schloss Neuschwanstein und anderer berühmter Bauten von Ludwig II. beteiligt. Von einem Erker aus grüßt seit 1903 ein von Johann Bradl geschaffenes Standbild Georg I. von Frundsberg die Passanten der Maximilianstraße. Der Kern des Gebäudes stammt aus der Mitte des 17. Jahrhunderts und gehörte einst den Webern der Stadt.

Unterallgäu

Das Rathaus mit der Figur von Georg I.

Im Mittelalter stand ein gotisches Rathaus auf der westlichen Hälfte des Marienplatzes. Das sogenannte Teck'sche Kaufhaus beherbergte in den Laubengängen des Erdgeschosses diverse Handelsräume. In den Obergeschossen befanden sich der Ratssaal und die Amtsräume des Bürgermeisters. 1783 musste es jedoch abgerissen werden, weil es baufällig geworden war.

Der Mindelheimer **Marienbrunnen** auf dem Marienplatz ist in städtischen Dokumenten bereits seit 1654 nachweisbar. Der heutige Brunnen ist jedoch nicht ganz so alt. Er geht auf das Jahr 1763 zurück. Noch neueren Datums ist die kleine Trinkwassersäule im Zentrum der Stadt. Seit 2011 serviert Mindelheim seinen Besuchern auf dem Marienplatz frisches Trinkwasser, das aus einem Brunnen von Christof Mieling sprudelt. Im Sommer ist das ein herrlich erfrischender Service, nicht nur für Fahrradfahrer. Im Jahre 1796 bewahrte die Posthalterin die Stadt Mindelheim vor der Plünderung durch die Franzosen, die die Stadt belagerten. Das historische Gebäude der **Alten Post** direkt gegenüber dem Marienplatz beherbergt noch heute einen Gasthof.

■ **Jesuitenkolleg**

Im ehemaligen **Jesuitenkolleg** im Westen der Altstadt sind drei weitere sehenswerte Museen untergebracht: Das ganze Jahr über weihnachtet es im **Schwäbischen Krippenmuseum** (1. OG). Textile Kunstwerke aus vielen Ländern und verschiedenen Epochen zeigt das **Textilmuseum** (2. OG). Und das **Südschwäbische Archäologiemuseum** (3. OG) ist eine Außenstelle der Münchner Staatssammlung. Sie informiert über die Besiedelung Schwabens von der Eiszeit bis ins Mittelalter. Dazu kommen noch wechselnde Ausstellungen im Erdgeschoss.

Augustinereremiten hatten an dieser Stelle bereits 1264 ein Kloster mit Kirche errichtet. Die Jesuiten gestalteten die Anlage im Rahmen eines Um- und teilweise Neubaus im frühbarocken Stil. Hundert Jahre später passten sie die Inneneinrichtung dem damals zeitgemäßen Spätbarock an. Ein besonderes Schmuckstück ist die **Rokokokapelle Franz-Xaverius**. In der Weihnachtszeit wird seit 1618 die **Jesuitenkrippe** mit ihren rund einen Meter großen Figuren aufgebaut. Bis heute sind etwa 80 Figuren erhalten geblieben. Eine weitere Besonderheit ist die Aufhängung der **Kirchenglocken**, sie befinden sich direkt auf dem Chordach der Kirche, weil das Gotteshaus selbst keinen Turm hat.

■ **Turmuhrenmuseum**

Ein besonderes Schmankerl für Mechanikfans ist das Turmuhrenmuseum in der ehemaligen Sylvesterkirche. Rund 50 Uhren erzählen von der 700-jährigen Geschichte der mechanischen Turm-

Karte S. 88 ▲

uhren. Ein Teil der Ausstellung befindet sich im 48 Meter hohen **Kappelturm**. Beispielsweise ein Uhrwerk der Marktoberdorfer Traktorenfabrik Fendt. Die Besucher müssen immerhin 156 Stufen erklimmen, um ganz oben im Turm auf der Schaukel des Turmuhren-Mechanikers Platz nehmen zu können.

Umgebung von Mindelheim

Das **Fuggerschloss Kirchheim** steht nur 20 Kilometer nördlich von Mindelheim. Hans Fugger ließ das Gebäude in den Jahren 1578 bis 1585 als Sommerschloss für seine Familie errichten. Er ist auch in der aus dem 16. Jahrhundert stammenden Schlosskirche Sankt Peter und Paul beerdigt. Berühmt ist das Schloss für einen der schönsten Renaissancesäle in ganz Europa, den sogenannten **Zedernsaal**.

Etwas abseits der Schwäbischen Bäderstraße liegt die **Naturtherme Bedernau**. Ende der 1990er Jahre hatte man bei Bohrarbeiten das wohltuende Thermalwasser entdeckt und an der Quelle ein naturnahes Erlebnisbad mit überdachtem Thermalbecken, Naturschwimmteich und Dampfsauna errichtet. Damit ist das Bad nicht nur für Osteoporose-, Arthrose-, Gicht- und Rheuma-Kranke attraktiv, sondern auch gut für einen Familienausflug geeignet. Darüber hinaus können Wohnmobilisten auf ausgewiesenen Parkplätzen auch länger bleiben. Bedernau liegt etwa 15 Kilometer nordwestlich von Mindelheim auf halbem Weg nach Babenhausen, wo ebenfalls ein Fuggerschloss den Besuch lohnt (→ S. 81).

Die **Wallfahrtskirche Maria Baumgärtle** wird seit 1871 von den Missionaren vom Kostbaren Blut betreut. Herzogin Mauritia Febronia von Bayern hatte dem Herrn von Bedernau, Christoph Reichsgraf von Muggenthal eine Nachbildung des Altöttinger Gnadenbildes vermacht.

In der Rokokokapelle Franz-Yaverius

Der Reichsgraf ließ im Jahr 1721 für diese Gottesmutter in seinen Baumgärten eine Kapelle errichten. Die heutige Kirche stammt aus dem Jahr 1883. Seit 2006 lädt außerdem ein Kreuzweg im Freien zu Einkehr und Besinnung ein. Man erreicht die etwa 12 Kilometer nordwestlich von Mindelheim gelegene Kirche, an die auch eine Begegnungsstätte angegliedert ist, über Oberrieden und Hohenreuten (www.baumgaertle.de).

Aktivitäten

Für Kinder ist der **Sport und Kinderpark Minimax** ein Erlebnispark der besonderen Klasse. Groß und Klein kann sich dort auf über 3000 Quadratmetern austoben – inklusive speziellem Kleinkinderbereich. Und das alles überdacht, also bestens geeignet für Schlechtwettertage. Der **Kammeltalradweg** führt geradewegs durch die Stadt Mindelheim. In Verbindung mit der **7-Schwaben-Tour**, dem **Mittelschwaben-Radweg** und dem **Kneipp-Radweg** ergibt sich eine abwechs-

Unterallgäu

lungsreiche etwa 100 Kilometer lange Fahrradtour. Im sehenswerten Krumbach kann aber auch auf den **Günztal-Radweg** gewechselt und in umgekehrter Richtung über den **Kneipp-Radweg** zurückgekehrt werden (rund 60 Kilometer).

In der Mindel schwimmen Bach- und Regenbogenforellen. **Fischereischeine** gibt es bei der Touristeninformation.

Pferdefreunde bekommen eine Box für ihr eigenes Ross, aber auch Unterricht,

Ausritte und Geländeritte auf Mietpferden beim **Reit- und Fahrverein** westlich von Mindelheim. Die südlichste Niederlassung der Stadt ist übrigens die **Mindelheimer Hütte**, sie steht bei Oberstdorf auf 2058 Metern Höhe. Die Alpenvereinshütte mit 160 Übernachtungsplätzen ist gleichzeitig das südlichste Gebäude in Deutschland. In der Nähe der Hütte liegt auch einer der beliebtesten Klettersteige der Allgäuer Alpen (→ S. 238, 240).

 Mindelheim und Umgebung

Touristeninformation, Maximilianstr. 27, 87719 Mindelheim, Tel. 08261/991520, Fax 991542, www.mindelheim.de. Mo–Fr 9.30–12.30 und 14–17 Uhr.
Stadtführungen, Mai–Okt. jeden zweiten und letzten Sa im Monat, Treffpunkt 14.30 Uhr am Brunnen auf dem Theaterplatz.

Der Bahnhof liegt südöstlich der Altstadt an der Linie München–Lindau bzw. Augsburg–Lindau. Es besteht regionaler Stundentakt in alle Richtungen.

Hotel-Restaurant Alte Post, Maximilianstr. 39, 87719 Mindelheim, Tel. 08261/760760, Fax 7607676, www.hotel-alte-post.de; p.P. im DZ ab 79 €. Historisches Gebäude im Zentrum direkt am Marienplatz, Restaurant 10–1 Uhr, warme Küche 11.30–14 u. 18–22 Uhr, moderne gutbürgerliche Küche.
Hotel Garni Geiger, Allgäuer Str. 13, 87719 Mindelheim, Tel. 08261/7317080, Fax 731708150, www.hotel-geiger-mindelheim.de; ab 30 € p.P. im DZ. Günstig, 15 Fußminuten von der Altstadt entfernt, ein behindertengerechtes Zimmer, kostenloses Internet, hauseigene Metzgerei mit Schlemmerecke.

Burggaststätte, Sankt Georgenberg, 87719 Mindelheim, Tel. 08261/1473,

Fax 737654. Biergarten, gutbürgerliche Küche, Di und jeden letzten Mi im Monat Ruhetage.
Restaurant-Vinothek Weberhaus, Mühlgasse 1, 87719 Mindelheim, Tel. 08261/737272, Fax 737377. Terrasse auf dem Mindelkanal mit gutem Blick zum Unteren Tor, auf die gegenüber stehende Jesuitenkirche und die Maximilianstraße hinunter, gutbürgerliche Küche; Mo Ruhetag.
Historische Taverne Zum Reichsadler, Westernacher Str. 2, 87719 Mindelheim, Tel. 08261/737533. Beim Nordtor, schönster Biergarten der Stadt, bei schlechtem Wetter kann man im Rittersaal wie vor 300 Jahren speisen, regionale Küche, kein Ruhetag.
Café K … natürlich, Dreerstr. 13, 87719 Mindelheim, Tel. 08261/73853, www.mein-cafe-k.de. Denkmalgeschütztes Haus hinter dem Kloster zum Heiligen Kreuz, tgl. wechselnde Gerichte und hausgemachter Kuchen, Di–Sa 9–18 Uhr.
Theater-Eck, Theaterplatz 1, 87719 Mindelheim, Tel. 08261/739230, www.theater-eck.de. Internationale Küche, preiswerter Mittagstisch; Mo u. Mi–Sa 11–14 u. 17–23.30, So 11–14 Uhr, Terrasse bei schönem Wetter 17–21 Uhr.

Liebfrauenkapelle, Memminger Str. 9; Ostersonntag bis Allerheiligen tgl. 9–17 Uhr.
Heimatmuseum im Franziskanerinnenkloster Heilig Kreuz, Hauberstr. 2, 87719

Karte S. 71, 88

Mindelheim, Tel. 08261/6964; Do und jeden 2. So im Monat 14–17 Uhr.

Jesuitencolleg, Hermelestr. 4, 87719 Mindelheim, Tel. 08261/6964, Di–So 10–12 u. 14–17 Uhr. Im Gebäude: **Schwäbisches Krippenmuseum** (1. OG), **Textilmuseum** (2. OG), **Südschwäbisches Archäologiemuseum** (3. OG), **wechselnde Ausstellungen** (EG).

Turmuhrenmuseum in der ehemaligen Sylvesterkirche, Hungerbachgasse 9, 87719 Mindelheim, Tel. 08261/6964; nur mit Führung Mi und jeden letzten So im Monat 14–17 Uhr.

Zedernsaal im Fuggerschloss Kirchheim, Marktplatz 1, 87757 Kirchheim/Schwaben, Tel. 08266/860020, Fax 1893, tgl. 9–12 und 14–18 Uhr, außer bei Veranstaltungen, www.fugger-zedernsaal.de.

Naturtherme Bedernau, Hohenschlauer Str. 25, 87739 Bedernau, Mai–Okt., Di–Fr 10–21 Uhr, Sa, So, Fei 12–21 Uhr, Aug. Mo 12–21 Uhr, www.naturtherme-bedernau.de; behindertengerechte Anlage mit Wohnmobilstellplatz.

Wohnmobil-Stellplatz Reisemobil & Caravan-Center, Gaishornstr. 8, 87719 Mindelheim, Tel. 08261/9511, Fax 6413. Anmeldung erbeten, Entsorgungsstation und Sanitäranlagen.

Reit- und Fahrverein, Am Bergwald, Memminger Str. 48b, 87719 Mindelheim, Tel. 08267/1682.

Sport und Kinderpark Minimax, Werner-von-Siemensstr. 4, 87719 Mindelheim, Tel. 08261/3081, www.minimax-mindelheim.de; Di–Fr 14–18.30 Uhr, Sa/So 10–18.30 Uhr, in den bayerischen Ferien tgl. 10–18.30 Uhr.

Türkheim

Der Markt Türkheim ist ein relativ kleiner Ort nördlich der A96. Doch die Künstler der Türkheimer Werkstätten, die Schreiner und Bildhauer, waren zu ihrer Zeit (17./18. Jahrhundert) weithin bekannt, und ihre Werke sind im ganzen Allgäu zu finden – nur in Türkheim selbst ist nicht allzu viel übrig geblieben.

Sehenswert ist im Ort dennoch, weil er einen ganz eigenen Charme besitzt. Einst führte die Straße zwischen den römischen Handelszentren Augusta Vindelicorum (Augsburg) und Cambodunum (Kempten) durch das Ortsgebiet. Heute reihen sich entlang der Maximilian-Phillip-Straße Cafés und Geschäfte aneinander. Auf dem Weg durch den Ort von Süd nach Nord liegt das alte **Rathaus** auf der linken Seite.

Am Südende der Straße steht das ehemalige **Herzog-Schloss**. Der Bayernher-zog Maximilian Phillip erlangte 1666 die Herrschaft über Schwabegg. Später zog er mit seiner Frau, der französischen Prinzessin Mauritia Febronia de la tour d'Auvergne in den Hauptort, nach Türkheim. Und die Herzogin baute an das Schloss des Herzogs auf eigene Kosten ein eigenes Schlösschen an, den sogenannten Frauenbau.

Beim Ludwigstor gab es einst einen Verbindungsweg vom Schloss zur **Kirche Mariä Unbefleckte Empfängnis,** der Klosterkirche der Kapuziner. Sie stammt aus dem Ende des 17. Jahrhunderts. In derselben Zeit wurde das Klostergebäude der Kapuziner errichtet. Das Kloster wurde jedoch 1972/73 aufgelöst, in dem Haus befindet sich heute ein Seniorenheim. Das Gebäudeensemble haben der Bayernherzog und seine Frau in Auftrag gegeben, ebenso wie die direkt an die Kirche anschließende Loretokapelle, die

Sieben-Schwaben-Brunnen vor dem Rathaus

als erstes Gebäude des Komplexes bereits 1683 errichtet wurde. Sie ist eine Nachbildung der italienischen Santa Casa zu Loreto, und auf ihrem Altar wurde eine Nachbildung des dortigen Gnadenbildes aufgestellt. Über die jederzeit geöffnete Kapelle gelangt man übrigens auch dann in die Klosterkirche, wenn deren Haupttüre geschlossen ist. Die Altarbilder dort stammen vermutlich aus der im Jahr 1802 abgebrochenen Kapuzinerkirche in München. In der Kirche sind außerdem Sandalen des Seligen Paters Marco d'Aviano (1631–1699) ausgestellt, die dieser nach einem Besuch in Türkheim gelassen hatte.

Im Herzogschloss sind heute das Rathaus mit einer öffentlichen Toilette sowie das **Sieben-Schwaben-Museum** untergebracht. Im Museum wird zum einen die Geschichte der Gemeinde erzählt, zum anderen wird dem Türkheimer Dichter Ludwig Auerbacher gedacht, der ›Die Abenteuer der sieben Schwaben‹ schrieb. Sein Geburtshaus steht noch, und zwar etwas weiter nördlich an der Maximilian-Philipp-Straße.

Einen Besuch lohnt auch das **Dominikanerinnenkloster** in der Wörishofener Straße 3, ein spätklassizistischer Walmdachbau. Das Gebäude war einst eine Villa mit Alpenblick im Besitz des Freiherrn von Gumpendick. Im Jahr 1859 erhielten die Wörishofener Dominikanerinnen das Anwesen und richteten dort eine Mädchenschule ein. Heute befindet sich dort die Grundschule der Gemeinde.

Das **Türkheimer Kino** mit seinen zwei Vorführräumen gehört zum Bad Wörishofener Lichtspielhaus. Das Haus ist mit neuester Technik ausgerüstet und zeigt sowohl aktuelle als auch in regelmäßigen Abständen ›besondere‹ Filme.

Der **7-Schwaben-Tour-Radweg** führt auf 220 Kilometern rund um den Naturpark Westliche Wälder. Einer der gut ausgeschilderten **Jakobus-Pilgerwege** führt ebenfalls durch Türkheim.

In der Nacht durch seine Vielzahl an Positionsleuchten weithin sichtbar ist die nördlich von Türkheim gelegene **Rundfunkstelle Wertachtal**. Von der Landstraße Ettringen-Lamerdingen aus können die Kurzwellensender besichtigt werden, die das Programm der ›Deutschen Welle‹ in 34 Sprachen in die ganze Welt ausstrahlen.

 Türkheim

Türkheim liegt an der Bahnstrecke München–Lindau bzw. Augsburg–Lindau, der Bahnhof bietet keinerlei Infrastruktur.

Gasthof Stern, Hauptstraße 13, 86871 Rammingen, Tel. 08245/3740, www.stern-rammingen.de; Mi–Fr 17–24 Uhr, Sa, So, Fei 10–24 Uhr, durchgehend warme Küche. Barrierefrei, separates Behinderten-WC, gemütlicher Biergarten, preiswerte bürgerliche Küche.

Sieben-Schwaben-Museum, Maximilian-Philipp-Str. 32 (2. Stock), 86842 Türkheim, Tel. 08245/5323, erster So im Monat 14–17 Uhr, Mai–Okt. auch jeden zweiten So im Monat.

Karte S. 71

Bad Wörishofen

Bad Wörishofen ist der östliche Startpunkt der Schwäbischen Bäderstraße (→ S. 104). Das Prädikat ›Bad‹ wurde dem Ort zwar erst im Jahr 1920 verliehen. Pfarrer Sebastian Kneipp (1821–1897) hatte den Kurbetrieb jedoch bereits um 1889 begonnen und den Kurort Bad Wörishofen, der heute 15 000 Einwohner hat, international bekannt gemacht.

Stadtgeschichte

Bad Wörishofen wurde im Jahr 1067 erstmals urkundlich erwähnt. Der Name bedeutet ›beim Hof oder den Höfen der Werin‹. Der Bau des Klosters der Dominikanerinnen in den Jahren 1719 bis 1721 änderte nichts am dörflichen Charakter der Siedlung. Die Gebäude entstanden unter der Anleitung von Dominikus und Johann Baptist Zimmermann. Besonders sehenswert sind die Stuckarbeiten und Fresken des Hauses.

Erst durch Pfarrer Kneipp (→ S. 99) wandelte sich das Dorf in einen Kurort. Zu Beginn hegten viele Einheimische Misstrauen und warfen Kneipp vor, ›Unwesen zu treiben‹. Andererseits entstanden zwischen 1891 und 1896, also noch zu seinen Lebzeiten, bereits über 120 neue Gebäude in Wörishofen, und zwar vor allem Hotels und Pensionen.

Aber Sebastian Kneipp ist nicht der einzige berühmte Sohn der Stadt: Rainer Werner Fassbinder wurde am 31. Mai 1945 hier geboren. Der berühmte Regisseur, Filmproduzent, Schauspieler und Autor gilt als einer der wichtigsten Vertreter des Neuen Deutschen Films. Er starb am 10. Juni 1982 in München, im Alter von nur 37 Jahren.

Im Jahr 1949 wurde Bad Wörishofen zur Stadt erhoben. Allerdings verschonten die Sparmaßnahmen im Gesundheitswesen den Kurort nicht. Die jährlichen

Übernachtungen sanken bis zum Jahr 2003 von über einer Million auf rund 800 000. Inzwischen hat sich die Stadt jedoch wieder erholt, und die im Jahr 2004 eröffnete Therme ist neben den Kneipp-Kuren ein weiterer Anziehungspunkt geworden, auch wenn die Anlage mit ihren Südsee-Anklängen nicht unumstritten war.

Sehenswürdigkeiten

Im Stadtzentrum steht noch Kneipps erstes Kurhaus, das 1890 erbaute **Sebastianeum**. In dem Gebäude kann man heute sein Sprechzimmer besichtigen, und zwar so, wie es zu seiner Zeit war.

Auf der anderen Straßenseite befindet sich das Kurhaus mit der **Touristeninformation** und einer kleinen Grünanlage. An sämtlichen Stationen eines beschilderten historischen Stadtrundganges können mit einer Handy-Durchwahl telefonisch Informationen zu den jeweiligen Plätzen abgerufen werden, die Touristinforma-

Das ehemalige Dominikanerkloster in Bad Wörishofen

Unterallgäu

tion ist Start- und Zielpunkt und verteilt einen entsprechend markierten Stadtplan. Die Hauptstraße hinuntergehend, kommt man zur **Pfarrkirche Sankt Justina** aus dem 16. Jahrhundert. In dieser Kirche war Sebastian Kneipp ab 1881 als Priester tätig. Ein Deckengemälde aus dem Jahr 1936 zeigt Kneipp in seinem Amt als Geistlicher. Im Waschhaus des Pfarr-hofes verabreichte Kneipp seine Wassergüsse, und zwar mit einer Gießkanne.

Auf der anderen Seite der Kirche steht das **Dominikanerinnenkloster**, dessen Beichtvater Kneipp nach 1822 war. Im Klostergebäude wurde ihm ein eigenes **Kneippmuseum** eingerichtet. In der Klosterkirche sind die Stukkaturen und De-ckengemälde der Brüder Zimmermann sehenswert. Außerdem kann das Hotel im Kloster besichtigt werden, auch wenn man selbst dort nicht wohnt.

Im Stadtgarten und beim Kloster stehen **historische Badehäuser**, und im Westen der Altstadt liegen das **Kneippianum** und die **ehemalige Kinderheilstätte**, zwei Kliniken, die heute zum Orden der Barmherzigen Brüder gehören. Auf dem Friedhof südlich des Klosters schließlich steht die **Kneippsche Grabkapelle**, in der der Pfarrer 1897 seine letzte Ruhe gefunden hat.

In der Stadtmitte ist die Kneippstraße die Flaniermeile des Ortes, mit Cafés, Geschäften und einem Denkmal des allgegenwärtigen Pfarrers.

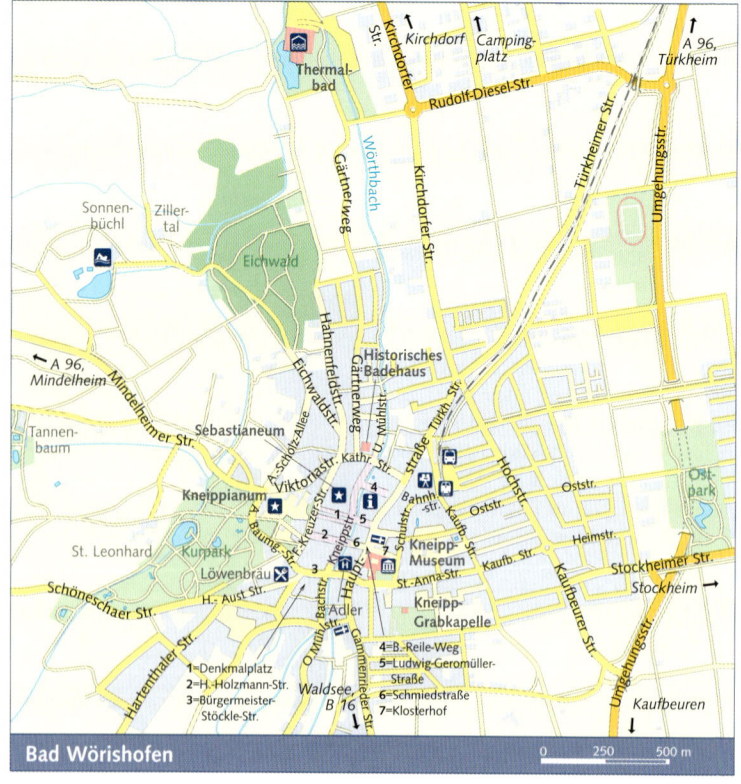

1=Denkmalplatz
2=H.-Holzmann-Str.
3=Bürgermeister-Stöckle-Str.
4=B.-Reile-Weg
5=Ludwig-Geromüller-Straße
6=Schmiedstraße
7=Klosterhof

Bad Wörishofen

Sebastian Kneipp

In dem kleinen Ort Stephansried in der Nähe von Ottobeuren erblickt am 17. Mai 1821 der kleine Sebastian das Licht der Welt. Seine Kindheit als Sohn der Landweberfamilie Kneipp war von bitterer Armut geprägt. Der ›Baschtl‹ arbeitete erst als Hütebub, später als 12-Jähriger im feuchten Keller am elterlichen Webstuhl. Der Knabe sparte hart, weil er unbedingt studieren wollte. Mit 16 Jahren verdingte er sich im Sommer als Knecht. Im Winter aber kam er zurück in die Weberei seiner Eltern. Als er 20 Jahre alt war, starb die Mutter. Und an dem Tag, als er volljährig wurde, brannte sein Elternhaus ab. Alle Ersparnisse der mühevollen Jahre waren verloren.

Enttäuscht ging Sebastian Kneipp nach Grönenbach – und fand dort Unterstützung: Kaplan Merkle gab ihm Unterricht und nahm ihn zwei Jahre später mit nach Augsburg. Im Jahr 1844 trat Kneipp in das Gymnasium von Dillingen ein. Die bekannten finanziellen Schwierigkeiten blieben in all den Jahren bestehen, dazu kamen damals jedoch auch noch gesundheitliche Probleme: Lungenschwindsucht – unheilbar – attestierte der Arzt. In der Münchner Hofbibliothek entdeckte der Student Sebastian Kneipp jedoch das Büchlein ›Unterricht von Kraft und Wirkung des frischen Wassers in die Leiber der Menschen insbesondere der Kranken‹ von Dr. Johann Siegmund Hahn.

Mit harter Disziplin unterwarf sich Kneipp diesen Wasseranwendungen – und wurde gesund. Er studierte in München weiter und wurde 1852 in Augsburg zum Priester geweiht. Am 24. August desselben Jahres feierte er in seiner Heimatgemeinde Ottobeuren Primiz und wirkte fortan als Kaplan, zunächst in Boos, dann in Biberach und zuletzt in Sankt Georg bei Augsburg, bevor man ihn als Beichtvater für das Kloster der Dominikanerinnen nach Wörishofen holte.

Im Jahr 1881 wurde er auch Pfarrer der Gemeinde Wörishofen. Und fünf Jahre später veröffentlichte er sein erstes Buch: ›Meine Wasserkur‹. Denn die Menschen suchten bei dem Geistlichen nicht nur seelischen Beistand, sondern baten ihn in zunehmendem Maße um gesundheitlichen Rat. Folgerichtig erschien 1889 der von ihm verfasste Ratgeber ›So sollt ihr leben‹.

Sebastian Kneipp hat die Wasserkur also nicht erfunden. Denn diese war bereits bei den Griechen und Römern bekannt. Aber der Pfarrer hat die Anwendungen aufeinander abgestimmt und in einen ganzheitlichen Bezug gestellt, der besonders in unserer Zeit wieder zunehmend an Bedeutung gewinnt.

Die fünf Elemente seiner Heilkunde – Wasser, Heilpflanzen, Ernährung, Bewegung und Ausgeglichenheit – verdeutlichen seinen ganzheitlichen Ansatz, der weit über kalte Wassergüsse hinausgeht. Anfeindungen seiner Zeit, Pfarrer Kneipp sei ein Quacksalber, widersprach der Geistliche vor allem mit seiner eigenen Person: dank seiner Anwendungen erfreute sich der bereits in jungen Jahren als unheilbar krank angesehene Mann bis ins hohe Alter einer guten Gesundheit. Er starb am 17. Juni 1897 – mit 76 Jahren.

Sein ganzheitlicher Ansatz zur Heilung ist heute so aktuell wie damals, und Kneipp-Verfahren werden in vielen Ländern praktiziert.

Rosengarten im Kurpark

■ **Der Kurpark**

Im Westen der Stadt befindet sich der **Kurpark**. Eine besondere Attraktion ist dort der 3500 Quadratmeter große **Duft- und Aromagarten** mit rund 250 verschiedenen Pflanzenarten. Gleich nebenan kann man Barfußgehen und frühmorgens Tautreten oder Schneelaufen.

Wer dann noch weitere Gesundheitstipps haben möchte, der kann den **Kräutergarten** besuchen. Dort werden drei Epochen der Pflanzenheilkunde lebendig: Der Walahfrid-Strabo-Garten ist in der Art eines mittelalterlichen Klostergartens angelegt. Er beherbergt die 24 Heilkräuter, die der Abt des Benediktinerklosters auf der Bodenseeinsel Reichenau im frühen 9. Jahrhundert in seinem Lehrgedicht ›Hortulus‹ beschrieb. Der Leonhart-Fuchs-Garten umfasst vier Beete, die in der strengen Symmetrie der Renaissance um einen Brunnen herum angelegt sind. Er ist nach dem Arzt, Botaniker und Professor benannt, der 1543 das ›Neu Kreüterbuch‹ veröffentlicht hat. Der Sebastian-Kneipp-Garten schließlich ist der größte der drei und befasst sich mit all jenen Pflanzen, die in der modernen Pflanzenheilkunde eine Rolle spielen.

Berühmt ist außerdem der **Rosengarten**. Dessen Grundstein war die Rose ›Bad Wörishofen‹ die dort 1972 gepflanzt wurde. Heute wachsen in dem Park rund 6000 Rosenstöcke in 575 verschiedenen Rosensorten.

Neben dem Kurpark entführt die **Gradieranlage** in die fernöstliche Gartenkultur. Verdünnte Natursole fließt dort über Reisigbündel und reichert so die Luft mit Salztröpfchen an: eine Wohltat für die Atemwege und die Sinne.

Im Süden von Bad Wörishofen gehört die Rokoko-Kirche **Sankt Rasso in Untergammenried** zu den Zielen kulturhistorisch Interessierter. Die Kirche aus den Jahren 1746/47 geht auf eine Kapelle aus dem Jahr 1716 zurück und beherbergt als besonderes Kleinod eine Schrankorgel, die um das Jahr 1720 gebaut wurde.

Aktivitäten

In der Innenstadt lädt die **Fußgängerzone** zum Bummeln ein. Darüber hinaus werden geführte Spaziergänge, Wanderungen und Radtouren, Nordic Walking und Terrainkurgänge angeboten und im Winter Loipen gespurt. Detaillierte Informationen hat das Fremdenverkehrsamt.

Wassertreten – ein Bestandteil der Kneippschen Anwendungen

Karte S. 98

Im Allgäu Skyline Park

Der **Kneipp-Wander- und Radweg** (50 km) verbindet den Kurort Bad Wörishofen mit Ottobeuren und Bad Grönenbach.

Westlich von Bad Wörishofen führt der **Kneipp-Waldweg** durch den Wörishofener Forst. Die zehn Kilometer lange Strecke ist ganzjährig geöffnet und bietet Informationen rund um den Wald und die fünf Kneipp-Elemente. Eine Karte mit Beschreibung ist beim Fremdenverkehrsamt erhältlich.

Die **Therme Bad Wörishofen** fordert ihre Besucher auf, das ›Paradies‹ zu entdecken. Und zwar in einer mehr als 2500 Quadratmeter großen, palmengesäumten Südseelandschaft unter einer sich öffnenden Glaskuppel, in einer Saunaoase mit echtem Sandstrand und acht verschiedenen Becken mit Thermalwasser, das den höchsten Mineralgehalt der bayerischen Heilwasser hat. Das alles gibt es allerdings erst ab 16 Jahren. Sportbegeisterte und Kinder finden im ›blue Fun‹ nebenan ein 25-Meter-Schwimmbecken und einen Babypool, eine Speed-Rutsche sowie einen 140 Meter langen Wildwassercanyon. Das gesamte Gelände umfasst immerhin 80 000 Quad-

ratmeter. Das **städtische Freibad** ist bei vielen Einheimischen sehr beliebt, weil es landschaftlich besonders schön am Sonnenbüchl, einem Wäldchen, liegt. Außerdem gibt es in Bad Wörishofen 22 Tennisplätze, ein Hallen-Eisstadion sowie zwei 18-Loch-Golfplätze und zahlreiche weitere öffentliche Sportanlagen.

Werner und Marianne Niklas besitzen eine historische Schlitten- und Kutschensammlung und bieten **Kutschfahrten** sowie **Reitkurse** mit dem eigenen Pferd an. Wer fliegen will, der ist auf dem **Flugplatz Bahle-Schmid** herzlich willkommen. Seit über 40 Jahren landen dort kleine Flugzeuge auf einer gepflegten Graspiste. Fallschirmsprünge und Rundflüge sind auf Anfrage möglich. Und wer lieber festen Boden unter den Füßen behalten möchte, der kann es sich im Aero-Café gemütlich machen, hausgemachten Kuchen essen und mit etwas Glück die gute ›Tante Anna‹ bei Start oder Landung beobachten. Denn in Bad Wörishofen ist auch eine Antonov AN–2 (Baujahr 1958) zuhause. Der berühmte Doppeldecker wurde rund 18 500 mal gebaut und gilt als eines der sichersten Flugzeuge der Welt.

Nur wenige Kilometer von Bad Wörishofen und Mindelheim entfernt liegt der **Allgäu Skyline Park**, direkt an der A96. Mit seinen über 40 Attraktionen und Fahrgeschäften fasziniert der Park sowohl Wagemutige und Spielhungrige als auch Erholungsbedürftige.

■ **Kunst und Kultur**

Seit über 20 Jahren lockt das **Schach-Festival** im März auch internationale Größen nach Bad Wörishofen. Dabei reicht die Altersspanne vom Teenager bis zum rüstigen Senior.

Im Juni finden die Kneipp-Musiktage statt. **Jazz goes Kur** heißt das Motto im September, und im Oktober findet die **Justus–Franz-Musikwoche** statt.

Neben den Kneipp-Kuren hält Essen und Trinken bekanntlich Leib und Seele zusammen. In Bad Wörishofen können sich Besucher jeweils im Mai und September durch die **Kulinarische Meile** vor dem Kurtheater essen und sich auf dem Markt an vielfältigem Kunsthandwerk ›sattsehen‹.

Das **Filmhaus Huber** empfiehlt sich in dreierlei Hinsicht: wegen der abwechslungsreichen Filmauswahl, der nostalgischen Einrichtung und für alle Großgewachsenen aufgrund seiner beinahe einmaligen Beinfreiheit!

Markt Rettenbach

Die Schwäbische Bäderstraße führt von Bad Wörishofen über Dirlewang (eine Station der ›Schwäbischen Eisenbahn‹, die in dem bekannten gleichnamigen Volkslied besungen wird) nach Markt Rettenbach.

Von dort lohnt ein Abstecher zur **Katzbrui-Mühle** (über Lannenberg nach Eutenhausen; 1,5 Kilometer vor dem Ort rechts abbiegen). Die bäuerliche Getreidemühle aus dem 17. Jahrhundert ist ein Ständerbohlenbau mit Holzdach. Die Legschindeln werden mit Steinen beschwert und das Gebäude gilt als einzigartig im bayerischen Alpenvorland. Die Bausubstanz von 1661 wurde kaum verändert, und die Einrichtung der Mühle ist seit der Modernisierung im Jahr 1866 original erhalten geblieben. Das Museum gibt Einblicke in die Lebensverhältnisse des Müllers um die Jahrhundertwende. Außerdem werden in der alten Müllerstube vorzügliche Fischgerichte serviert.

Westlich von Markt Rettenbach liegt die **Wallfahrtskirche Maria Schnee** mit dem frühesten, noch erhaltenen Stuck- und Malkunstwerken des berühmten Baumeisters Johann Baptist Zimmermann – eine kleine Einstimmung auf das nahe Kloster Ottobeuren.

 Bad Wörishofen

Kurverwaltung, Luitpold-Leusser-Platz 2, 86825 Bad Wörishofen, Tel. 08247/993355, Fax 993359, www.bad-woerishofen.de. **Tourismusinformation im Kurhaus**, Hauptstr. 16, April–Okt. Mo–Fr 9–18 Uhr, Sa 9–12.30 Uhr, So u. Fei 9–12.30 Uhr, Nov.–März Mo–Fr 9–17 Uhr, Sa 9–12.30 Uhr.

🚆 Der Bahnhof liegt nördlich des Stadtzentrums. Bad Wörishofen ist über Türkheim halbstündig an das Hauptstreckennetz

Richtung München, Lindau und Augsburg angebunden.

Hotel Adler, Hauptstr. 40, 86825 Bad Wörishofen, Tel. 08247/96360, www.adler-trommer.de. Bereits 1492 erstmals urkundlich erwähnt, Biergarten, Restaurant, Segway-Vermietung. Zimmer 48 € p.P.

Brauereigaststätte-Hotel Bad Wörishofer Löwenbräu, Hermann-Aust-Straße 2, 86825 Bad Wörishofen, Tel. 08247/96840, www.loewenbraeu-bad-woerishofen.de. Schöner Biergarten, traditionelle regionale Küche, eigene Brauerei seit 1905; Mo ab 16 Uhr, Di–So ganztägig, Zimmer ab 39 € p.P., es gibt auch Familienzimmer ab 88 €, 1 Erw. u. 1 Kind ab 62 €.

Kneippkurhotel Kreuzer, Kneippstraße 4 (Anfahrt über Fidel-Kreuzer-Str. 1a), Tel. 08247/3530, Fax 353138, www.hotel kreuzer.de. Erstes und ältestes (1889 eröffnet) Kneippkurhotel im Ort, geführt von der vierten Generation der Familie Kreuzer. Fidel Kreuzer war übrigens ein Mitarbeiter Sebastian Kneipps und der erste Wörishofer Kur-Hotelier. Je nach Saison und Zimmertyp muss man 60–110 € p.P. rechnen.

Katzbruimühle, Museum, Restaurant, Hotel, tgl. ab 11 Uhr, Katzbrui 7, 87742 Köngetried, Tel. 08269/575, Fax 08269 576, www.katzbrui-muehle.de. Zimmer ab 30 € p.P.

Gasthof Rössle, Hauptstr. 14, 86825 Bad Wörishofen, Tel. 08247/5397. Zentral beim Kurhaus gelegen, Biergarten, traditionelle, regionale Küche; Do–Di 10–24 Uhr, warme Küche bis 22 Uhr.

Jagdhof Schlingen, Allgäuer Straße 1, Tel. 08247/4879, www.jagdhof-schlingen.de. Südlich von Bad Wörishofen im Stadtteil Schlingen, guter Kuchen, große Portionen, heimische, saisonale Küche, Jagdmuseum, Kegelbahn; Feb–Dez Mi–Fr 11–18 Uhr, ab 18 Uhr nur mit Reservierung, Sa/So 11–22 Uhr.

Kur-Campingplatz, Walter-Schulz-Str. 4, Tel. 08247/9973735, Fax 9973736, www.kurcamping-bad-woerishofen.de. Einkaufsmöglichkeit, Gaststätte, Imbiss, Wohnwagenvermietung, Kneippsche Anwendungen, Massagen und Wirbelsäulengymnastik, ganzjährig.

Reisemobilparkplatz an der Therme Bad Wörishofen, Thermenallee 1, 86825 Bad Wörishofen, Tel. 08247/399300, Fax 399399, www.therme-badwoerishofen.de. Max.imal 8 Meter Fahrzeuglänge, Standgebühr 9 € inkl. Strom pro Tag.

Kneippmuseum im Dominikanerinnenkloster, Klosterhof 1 (Eingang Schulstraße), Tel. 08247/395613, Fax 395854, www.kneippmuseum.de; 15. Jan bis 15. Nov Di–So 15–18 Uhr.

Schlitten- und Kutschensammlung, Werner und Marianne Niklas, Heimstr. 25, Tel. 4249. Auch **Kutschfahrten** und **Reitkurse. Sankt Rasso in Untergammenried**, den Schlüssel hat Kirchenpfleger Konrad Rauch, Tel. 08247 5559.

Katzbruimühle, s.o.

Filmhaus Huber, Bahnhofstr. 5a, Tel. 332188, www.filmhaus-huber.de.

Therme Bad Wörishofen und **blue Fun**, Thermenallee 1, Tel. 08247/ 399400, www.therme-badwoerishofen. de; Mo–Fr 11–20, Sa/So 9–22 Uhr. Sa von 9–18 Uhr sind auch Kinder unter 16 Jahren in der Therme willkommen, an den anderen Tagen können sie sich im angeschlossenen Spaßbad ›blueFun‹ austoben. Eintritt ab 14 € p.P. (2 Stunden).

Städtisches Freibad am Sonnenbüchl, Mitte Mai bis Ende der bayer. Sommerferien Do–So 8–18 Uhr, Mi 9.30–18 Uhr.

Fahrradverleih, Thomas Osswald, Rosenstraße 1, Tel. 08247/6838, www.th-oss wald.de; zentral gelegen, Tourenräder ab 6 €/Tag, E-Bikes 20 €/Tag.

Skyline Park, Freizeitpark an der A96 (Ausfahrt Bad Wörishofen), Apr–Nov. tgl. ab 9.30 Uhr, www.skylinepark.de. 19 €, Kinder unter 100 cm frei, sonst 16 €, Familienkarte (2 Erwachsene, 2 Kinder) 58 €.

Flugplatz Bahle-Schmid, Unteres Hart 12, 86825 Bad Wörishofen, Tel. 08247/ 5220, Fax 998721, www.flugplatzbadwo erishofen.de; Apr–Okt. Di–So 10–20 Uhr.

Schwäbische Bäderstraße und Schwäbischer Bäderradweg

Wellness hat in Oberschwaben und im Unterallgäu eine lange Tradition, die sich über viele Jahrhunderte hinweg entwickelt hat: Heute sprudeln aus einer Tiefe von bis zu 1800 Metern schwefel- und fluoridhaltiges Thermalwasser in die Becken der Heilbäder und Badelandschaften. Kostbare Mineralstoffe und organische Säuren im Boden der Naturmoore gelten als anerkanntes Therapiemittel gegen rheumatische Erkrankungen, Abnutzungserscheinungen, Wirbelsäulenbeschwerden und Gelenkschmerzen sowie hormonell bedingten Frauenkrankheiten. Dabei fördert das warme Moor die gleichmäßige Durchblutung und erzeugt ein ganzheitliches Wohlbefinden. Darüber hinaus hat Pfarrer Kneipp mit seiner ganzheitlichen Therapie auf der Grundlage von Wasser, Bewegung, Heilpflanzen, ausgewogener Ernährung und bewusster Lebensführung die Heilkunde nachhaltig bereichert.

Die Schwäbische Bäderstraße führt auf 140 Kilometern durch die abwechslungsreiche Landschaft des Voralpenlandes und verbindet auf ihrem Weg neun Heilbäder und Kurorte. Im Unterallgäu führt die Route von Bad Wörishofen nach Bad Grönenbach. Anschließend geht es in Baden-Württemberg weiter: von Bad Wurzach über Bad Waldsee, Aulendorf, Bad Schussenried, Bad Buchau und Bad Saulgau bis nach Überlingen am Bodensee. Auf der Strecke bietet sich für jeden etwas, von der aktiven Erholung bis zum Sich-verwöhnen-lassen.

Daneben gibt es den Schwäbischen Bäderradweg, der abseits der großen Straßen auf 233 Kilometern die Kurorte miteinander verbindet. Die Strecke ist in acht verschiedene Etappen unterteilt, die zwischen 8 und 71 Kilometern lang sind. Allerdings ist sie nicht beschildert. Dafür kann man sich die GPS-Tracks auf der Internetseite herunterladen.

Die Menschen und die Natur rund um die Schwäbische Bäderstraße laden ein, neue Kraft und Lebensfreude zu tanken. Süddeutsche Lebensart und ganzheitliche Naturheilverfahren, Erholung und Fitness, Gesundheit und Genuss – die Schwäbische Bäderstraße verbindet all das ebenso wie die beiden Bundesländer Bayern und Baden-Württemberg.

Weitere Informationen: Schwäbische Bäderstraße, Lindenstraße 7, 88348 Bad Saulgau, Tel. 07581/200911, Fax 200912, www.schwaebische-baederstrasse.de und www.baederradweg.de.

Die Therme in Bad Wörishofen im Winter

Ottobeuren

In Ottobeuren kreuzen sich die Oberschwäbische Barockstraße und die Schwäbische Bäderstraße. Die 8000-Seelen-Gemeinde ist ein anerkannter Kneippkurort. International berühmt wurde Ottobeuren jedoch vor allem wegen seiner Klosteranlage. Sie ist eine der größten und auch schönsten in Deutschland. Das Stift Ottobeuren prägt das Erscheinungsbild des ganzen Ortes. Schon von weitem sieht man die Kirche mit ihren 82 Meter hohen Türmen, die auf einer Anhöhe über dem Marktplatz der Gemeinde steht. Wenn man von Norden her nach Ottobeuren

Unterallgäu

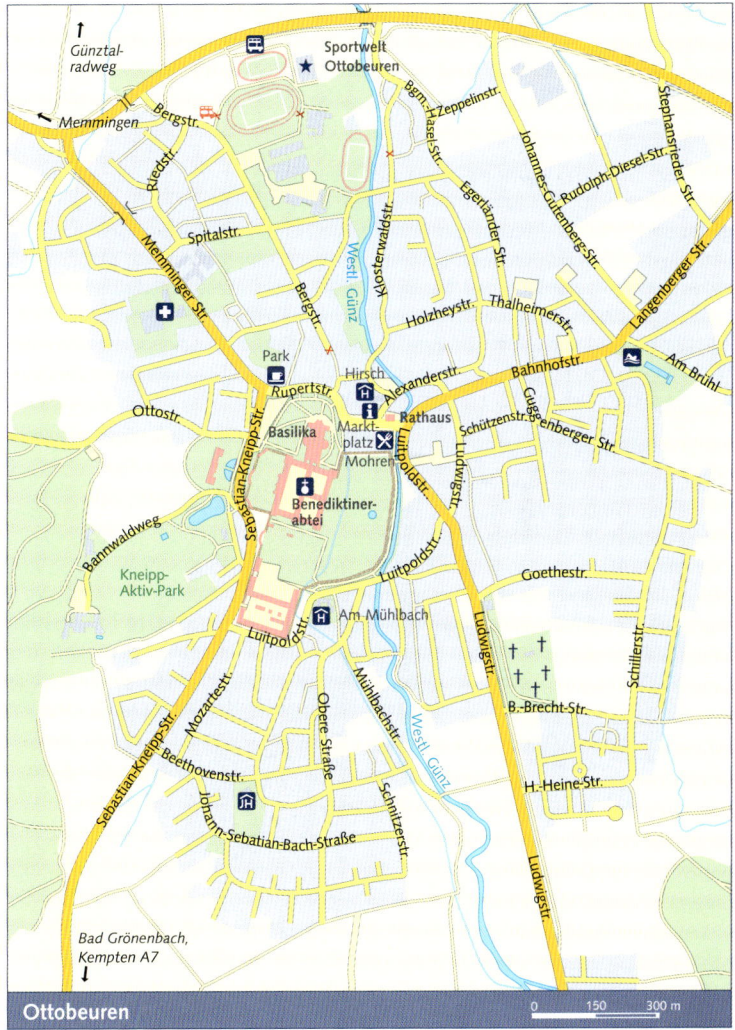

fährt, lohnt ein Abstecher zur Buschelkapelle. Sie steht auf einer Anhöhe über
dem Ort, ist jedoch so eingewachsen,
dass man von dort aus nicht einmal die
Berge sieht. Die Bank am Feldweg zur
Buschelkapelle lädt jedoch zum Verweilen
ein. Und von dort hat man einen guten
Blick auf die Basilika.

Stift Ottobeuren

Der fränkische Gaugraf Silach und seine
Gemahlin Erminswit gründeten der Über-
lieferung nach 764 das Kloster Ottobeuren. Ihr Sohn Toto war der erste
Abt desselben.
Die erste Blütezeit der Mönchsgemein-
schaft begann, als Apt Rupert I. die sogenannte Hirsauer Reform einführte
und das Klosterleben erneuerte. Diese
Reformbewegung des 11. und 12. Jahrhunderts hatte die moralische und wirtschaftliche Erneuerung sowie eine größere Unabhängigkeit der Klöster von den
Bischöfen zum Ziel. Im 13. Jahrhundert
begann sich das Kloster zur Reichsabtei
zu entwickeln. Das heißt, das Kloster
selbst sowie 27 zum Kloster gehörende
Dörfer im Umland waren direkt dem
Kaiser unterstellt. Das änderte sich erst
1802, als Ottobeuren an Bayern fiel.
Im 16. Jahrhundert war das Kloster ein
Zentrum des süddeutschen Humanis-
mus und betrieb bereits damals eine eigene Druckerei. Nach dem Dreißigjährigen Krieg folgte eine dritte Blütezeit
des Klosters unter Rupert II. Neß von
Wangen, der dem Kloster noch vor seinem 18. Geburtstag beitrat und ihm in
den Jahren 1710 bis 1740 als Abt vor-
stand. Die Anlage, so wie sie heute zu
besichtigen ist, geht auf ihn zurück. Das
Ensemble gilt als eines der Hauptwerke
des europäischen Barock.

1802 wurde das Kloster im Zuge der Säkularisation zwar aufgelöst, aber bereits
1835 als Priorat der Augsburger Abtei
Sankt Stephan wieder eingesetzt und
1918 innerhalb der Bayerischen Bene-
diktiner-Kongregation selbständig. Die
Abtei wird bis heute von Benediktiner-
mönchen bewohnt und bewirtschaftet.

■ Die Basilika

Der Grundriss der vom Oberpfälzer Baumeister Johann Michael Fischer (1692–
1766) errichteten Basilika Sankt Alexander und Theodor ist zum Gedenken
an die Erlösung durch Jesus Christus
kreuzförmig, ebenso wie die Innenanla-
ge des ganzen Klosters. Die Arbeiten an
dem heute bestehenden Gebäudekomplex begannen im Jahr 1711. Zuletzt
wurde, nach fast 30-jähriger Bauzeit,
im Jahr 1766 die Basilika fertiggestellt.
Die Dimensionen des Gotteshauses sind
wahrlich atemberaubend. Das gilt sowohl für das äußere Erscheinungsbild
als auch für die inneren Ausmaße und
ihre Ausstattung.
Die Kuppel über der Vierung der Kirche ist 35,6 Meter hoch und hat einen
Durchmesser von 22,6 Metern. Ganze
16 Altäre stehen zum Beten bereit. Kul-
turhistorisches Glanzstück ist jedoch
wohl das holzgeschnitzte **Chorgestühl**
in warmen Braun- und Goldtönen, das
links und rechts im Altarraum aufgestellt
ist. Vier Meister haben zwölf Jahre lang
gearbeitet, um die Chorstühle für insgesamt 26 Patres würdig zu schmücken –
und das ist ihnen wahrhaft gelungen!
Optisch und akustisch interessant sind
die beiden **Orgeln** von Karl Joseph Riepp
(1710–1775). Die Dreifaltigkeitsorgel
hat 47, die Heiliggeistorgel über 27
klingende Register. Die dritte Orgel,

Karte S. 105

▲

In der Basilika des Stiftes Ottobeuren

die Marienorgel aus dem Jahr 1957, stammt von der Firma Steinmeyer und wurde von der bekannten Bonner Orgelbaufirma Klais in den Jahren 2001 und 2002 renoviert. Im Sommer finden jeden Samstag um 16 Uhr Konzerte statt. Es ist ein beeindruckendes Erlebnis, wenn die vollklingenden Töne das riesige Kirchenschiff erfüllen.

■ Kloster-Museum

Lohnenswert ist außerdem der Besuch des **Benediktiner-Museums** mit der Hausgeschichte und der Bibliothek, dem Theater- und Kaisersaal sowie der Kunstsammlung der Abtei. Denn die einheitliche barocke Klosteranlage dokumentiert auf eindrucksvolle Weise die wirtschaftliche und politische Stellung der Mönche sowie deren Bedürfnis nach repräsentativen Räumen. In der kostbar bestückten Bibliothek begegnet uns ein weiteres Mal der berühmte Johann Baptist Zim-

Stift Ottobeuren

mermann (1680–1758) – er hat dort die Stuckdecke gestaltet. Außerdem befindet sich im Kloster die Staatsgalerie Ottobeuren mit Leihgaben der Bayerischen Staatsgemäldesammlung, deren Werke ursprünglich zur Sammlung des Klosters gehörten.

Das ausführliche Programm sowie Informationen über hauseigene Werkstätten und Meditationskurse, das Gästehaus und Kloster auf Zeit gibt es in der Abtei.

■ Aktivitäten in Ottobeuren

Die **Ottobeurer Sportwelt** umfasst 17 000 Quadratmeter Freizeitvergnügen mit 6500 Quadratmetern Trainingsfläche, einer 15 Meter hohen Kletterhalle, Sauna- Fitness- und Seminarräumen. Das **Sportbad** in Ottobeuren hat mehrere Becken, ein Fussball- und ein Beach-Volleyballfeld sowie Kinderspielplatz, Tischtennisplatte und Kiosk. Und **Angler** können ihr Glück im Schachenweiher an Forelle, Hecht, Saibling, Karpfen, Schleie und Zander versuchen. Erlaubnisscheine gibt es bei der Kurverwaltung.

Die **Allgäuer Volkssternwarte** am Konohof liegt ein wenig außerhalb von Ottobeuren, in Richtung Böhen/Wolfertschwenden.

Karte S. 105

▲ *Prachtvolles Chorgestühl*

Ottobeuren

Touristikamt Kur & Kultur, Marktplatz 14, 87724 Ottobeuren, Tel. 08332/921950, Fax 921992, www.ottobeuren.de; Mo–Do 9–12 u.14–17, Fr 9–12 u. 14–16 Uhr, Sa (Mai bis Sept.) 10–12 Uhr.

Hotel Hirsch, Marktplatz 12, 87724 Ottobeuren, Tel. 08332/796770, www. hirsch-ottobeuren.de. Zentral am Marktplatz unterhalb des Klosters, feinbürgerliche Küche, eigene Hausbrauerei; schlichtelegante Zimmer, ab 50 € p.P. im DZ.
Parkhotel Maximilian, Bannwaldweg 11, 87724 Ottobeuren, Tel. 08332/9237-0, Fax 92371111, www.parkhotel-ottobeuren.de; ab 70 € p. P. Komfortables großes 4-Sterne-Kongresshotel, schön im Grünen am westlichen Ortsrand gelegen. Wellnessbereich, Außenpool.
Hotel am Mühlbach Garni, Luitpoldstr. 57, 87724 Ottobeuren, Tel. 08332/92050 www.hotel-am-muehlbach.de. Mit Terrasse und Gartenteich; ab 41 € p.P. im DZ.
Gasthof zum Mohren, Marktplatz 1, 87724 Ottobeuren, Tel. 08332/92130, Fax 921349, www.gasthof-mohren.de. Das Gebäude steht seit 1573 am historischen Marktplatz und ist somit älter als die Basilika, regionale Küche, kinderfreundlich; Mo–So 7–24 Uhr. Die Übernachtung kostet ab 30 € p.P.
Jugendherberge, Kaltenbrunnweg 11, 87724 Ottobeuren, Tel. 08332/368, Fax 7219, www.ottobeuren.jugendherberge. de. Feb–14. Dez.
Ferienhof Orf, Brüchlins 29, Ottobeuren/OT Brüchlins, Tel. 08332/1614, www.ferienhof-orf.de. Auf einer Anhöhe zwei Kilometer westlich von Ottobeuren, kinderfreundlich, Ponys, Fahrradverleih; Ferienwohnung ab 38 € pro Tag.
Park Café, Memminger Str. 2, 87724 Ottobeuren, Tel. 08332/7772. Spezialität des Hauses: 16 verschiedene Windbeutel, Mo Ruhetag.

Wohnmobil-Stellplätze an den Sport- und Freizeitanlagen, zwei Ver- und Entsorgungsstationen, eine Stromversorgungssäule, Strom-Jetons gibt es bei der Sportwelt Ottobeuren.

Benediktinerabtei Ottobeuren, Sebastian-Kneipp-Str. 1, 87724 Ottobeuren, Tel. 08332/7980, www.abtei-ottobeuren.de. Mo–Sa 9–12.30, Mo–So 13.30–17.30 Uhr.
Basilika Sankt Alexander und Theodor des Klosters Ottobeuren, 9 Uhr bis Sonnenuntergang (spätestens 20.30 Uhr).
Benediktiner-Museum im Kloster Ottobeuren, Mo–So 10–12 u. 14–17 Uhr.
Allgäuer Volkssternwarte beim Konohof, www.avso.de/sternwarte. Führungen Fr ab 19.30 Uhr.

Ottobeurer Sportwelt, Am Galgenberg 4, 87724 Ottobeuren, Tel. 08332/7399, www.sportwelt-ottobeuren.de; Mo–So 9–23, Sa 10–23 Uhr.

Sportbad, Markt Rettenbacher Str. 2, 87724 Ottobeuren, Tel. 08332/5352 und 921914; Mai–Sept. nach Witterung tgl. 9–20 Uhr.

Bad Grönenbach

Bei Kaplan Merkle in Bad Grönenbach hat Sebastian Kneipp (1821–1897) Latein gelernt. Dort machte sich der kränkliche junge Mann auch erstmals mit der Heilkraft des Wassers vertraut, denn in Grönenbach existierte bereits im 17. Jahrhundert ein Badehaus. Inzwischen belegt der Ort seine Heilkräfte durch das Prädikat ›Bad‹ im Namen.
Neben den verschiedenen Kuranwendungen, medizinischen Bädern und Be-

Bad Grönenbach

wegungsbädern macht die **Pfarrkirche Sankt Philipp und Jakob** einen Besuch des Ortes lohnenswert. Der gotische Bau aus dem 15. Jahrhundert wurde zwar um 1663 barockisiert, aber im 19. Jahrhundert wiederum modernisiert und ist daher nach den vielen reich geschmückten Kirchen des Umlandes beinahe wohltuend schlicht ausgestattet. Auffallend sind die vielen Grabmäler der verschiedenen Herrschaften von Grönenbach. Der Sitz der Herren von Grönenbach, das ehemalige **Schloss**, steht auf einer Anhöhe etwas außerhalb und kann im Rahmen von Führungen oder bei Veranstaltungen besichtigt werden. Das **Untere Schloss** bleibt den meisten Besuchern jedoch verschlossen, denn es ist in Privatbesitz. Einmal im Jahr findet im Bad Grönenbacher Ortsteil Ittelsburg das **Ittelsburger Schnitthahnenrennen** statt. Das Fest geht auf einen mittelalterlichen Brauch zurück, bei dem der Burgherr zum Hahnentanz einlud, um sich für die Treue und den Fleiß seiner Untertanen zu bedanken. Damals bekamen die beiden besten Tanzpaare je einen Hahn geschenkt. In den Tanzpausen wurden Geschicklichkeits- und Kraftspiele aufgeführt. Vor

rund 40 Jahren (1971) besann man sich auf die damalige Gaudi und veranstaltet seitdem ein Parcours-Rennen, an dem die Junggesellen der Region teilnehmen können. Der Lohn für den Gewinner sind ein Pokal und ein Siegerkranz. Wichtig ist bei dem Spektakel jedoch vor allem der Spaß.

 Bad Grönenbach
Kurverwaltung, Marktplatz 5, 87730 Bad Grönenbach, Tel. 08334/7711, Fax 6133, www.bad-groenenbach.de; Mo-Fr 9–12 und 13–17 Uhr und Mai–Sept. Sa 9–12 Uhr,

Der Bahnhof liegt etwa 3 km östlich des Stadtzentrums an der Strecke Ulm–Kempten–Oberstdorf.

Illerwinkel

Die Schwäbische Bäderstraße führt von Bad Grönenbach weiter nach Legau, Lautrach und Illerbeuren – in den sogenannten Illerwinkel. An der Illerschleife bei Wagsberg wird im Sommer eine Fähre für Wanderer betrieben – aber nur nach Anruf (Tel. 08394/665). Eine **beschilderte Wanderung** (rund 15 km) führt vom Schwäbischen Bauernhofmuseum Illerbeuren (→ S. 112) auf einem Höhenweg an der Iller entlang nach Marie Steinbach. Vor dort aus hinunter zur **Illerfähre** und über Schloss Kronburg (→ S. 112) und/oder den herrlichen Biergarten der dortigen Kleinbrauerei zurück zum Freilichtmuseum.

■ Schloss Lautrach

Aus kunsthistorischer Sicht sehenswert ist das Schloss Lautrach. Insbesondere der barocke Garten südlich des Haupthauses mit seinen humorvollen Sandsteinfiguren bietet Raum für seelische Erbauung. Dazu trägt auch der Springbrunnen am Ende der Grünanlage bei.

Das Gebäude wird heute als Tagungshotel genutzt, der Garten steht jedoch jedem Besucher offen. Und das prächtige Eingangstor im Westen ist wahrhaft einladend. Auf der Weltausstellung in Paris im Jahr 1889 war es als ein herausragendes Beispiel süddeutscher Schmiedekunst ausgestellt worden. Die Lautracher **Pfarrkirche Sankt Peter und Paul** ist ebenfalls barock, abgesehen von ihrem Turm, der aus dem Mittelalter stammt.

■ **Wallfahrtskirche Maria Steinbach**
Von Lautrach empfiehlt sich der kurze Abstecher zur nahe gelegenen Wallfahrtskirche Maria Steinbach. Der Abt von Rot an der Rot schenkte der Kirche einen Kreuzpartikel, woraufhin die Wallfahrt zum Heiligen Kreuz begann. Am Weg durch den Ort liegen verschiedene Stationen, und oben auf dem Hügel steht der ockerfarbene Bau des Gotteshauses. Die romanische Kirche des 12. Jahrhun-

Die Wallfahrtskirche Maria Steinbach

dert wurde um 1510 durch ein spätgotisches Bauwerk ersetzt. Erst im 18. Jahrhundert entstand das heutige, barocke Gotteshaus, das im Inneren prächtig ausgestattet ist. Der Kirche ist ein Museum angeschlossen, in dem Votivtafeln aus allen Epochen der Wallfahrtsgeschichte besichtigt werden können.

■ **Wallfahrtskirche Maria Schnee**
Nur wenige Kilometer entfernt, in **Legau-Lehenbühl** steht eine weitere Wallfahrtskirche: Maria Schnee. Sie ist die älteste Wallfahrt im Fürstbistum Kempten. Die Kapelle eines Pestfriedhofs wurde zur Wallfahrtskirche, als dort im Jahre 1510 ein Gnadenbild aufgestellt worden war. Aufgrund des großen Andrangs musste Anfang des 18. Jahrhundert eine größere Kirche errichtet werden. Nicht täuschen lassen: Das schlichte Äußere verrät nichts von der inneren Pracht. Vor allem der Stuck in Rosa und Weiß ist sehenswert und vermittelt ein harmonisches Raumgefühl. Die zahlreichen Fresken erinnern in ihrer Bildsymbolik an den Sieg des österreichischen Heers über die Türken in der Schlacht von Peterwardein im Jahre 1716.

Sandsteinfigur im Garten von Schloss Lautrach

Unterallgäu

Im Bauernhofmuseum Illerbeuren

◾ Illerbeuren

Illerbeuern ist ein Dorf im Dorf. Denn dort befindet sich seit 1955 das älteste bayerische **Freilichtmuseum**. Einige Häuser des Ortes gehören zum Museum; weitere Massiv- und Fachwerkbauten aus dem 17. bis ins 20. Jahrhundert wurden von Nah und Fern zusammengetragen und fanden in dem Museum eine Bleibe. Der Übergang vom ›realen‹ zum ›musealen‹ Leben ist fließend. Verschiedene Ausstellungen und Handwerksschaubetriebe informieren über das Leben in der ›guten alten Zeit‹.

Darüber hinaus werden auf dem Gelände Zaupelschafe, das vom Aussterben bedrohte Augsburger Huhn, original Allgäuer Braunvieh sowie die als zuverlässig bekannten Arbeitspferde des deutschen und österreichischen Alpenraumes, die Noriker, gehalten. Und im Spaliergarten werden alte Obstsorten angebaut. Über das Jahr verteilt finden außerdem verschiedene Sonderausstellungen und Veranstaltungen statt.

◾ Schloss Kronburg

Ein schönes Kontrastprogramm zum Lebensstandard der ›kleinen Leute‹ in Illerbeuren bietet die Besichtigung des nahe gelegenen Schlosses Kronburg. Es gilt als eines der schönsten Renaissance-Schlösser in ganz Bayern. Die Familie des Freiherrn von Vequel-Westernach führt ihre Gäste persönlich durch die Räume des alten Familienbesitzes und weiß einiges über das Inventar und die Geschichte des Hauses zu erzählen, das sie seit rund 400 Jahren bewohnt. Und in den Sommermonaten werden im Deutschmeistersaal des Schlosses Konzerte durchgeführt.

Karte S. 71

Zu diesem Programm passt auch ein Abstecher in die **Dreifaltigkeitskirche** des Dorfes. Denn der trutzige Renaissancebau gibt sich im Inneren vornehm und elegant in klassizistischem weiß-goldenem Glanz.

 Illerstausee

Der Illerstausee bei Lautrach lädt zu allerlei Wasseraktivitäten ein, Motorboote sind jedoch nicht erlaubt.

Die drei Gemeinden des Illerwinkel, Lautrach, Legau und Kronburg erzeugen schon seit Jahren zweimal so viel Elektrizität wie sie verbrauchen. Auf dem Weg von Lautrach zum Kraftwerkstor des Illerstaudamms informieren Schautafeln über Flora und Fauna am Stausee. Insgesamt drei Mal wird der Fluss im Illerwinkel gestaut, um aus der Wasserkraft Energie zu gewinnen. Darüber hinaus gibt es noch sieben Kleinwasserkraftwerke, etwa die Illermühle bei Illerbeuren-Lautrach und fünf Anlagen an der Lautracher Ach.

Auf der Internetseite der **Regenerativ-Region-Illerwinkel** findet man eine Karte und die Beschreibung einer Wanderung beziehungsweise Radltour zu den Kraftwerken (www.regenerativ-region-illerwinkel.de).

In der Region lassen sich verschiedene Umweltprojekte besichtigen, beispielsweise der Streichelstall am Hof Waizenegger in Legau-Straß, der Energie aus der Sonne, Wind, Holz, Pflanzenöl und Gas aus Gülle produziert und nutzt. Dazu gibt es auf dem Hof Kühe, Schweine und Hühner in Biolandhaltung. Die Besichtigung ist nach telefonischer Anmeldung (Tel. 08330/1416) möglich.

Unterallgäu

 Illerwinkel

Verwaltungsgemeinschaft Illerwinkel, Marktplatz 1, 87764 Legau, Tel. 08330/94010, Fax 754, www.vg-illerwinkel.de.

Gasthof Rössle, Deybachstraße 16, 87763 Lautrach, Tel. 08394/284, www.roessle-lautrach.de; ab 38 € p.P., Mi–Sa ab 17 Uhr, So, Fei 10–14 Uhr und ab 17 Uhr. Terrasse, gutbürgerliche Küche.
Ferienwohnungen im **Gästehaus Kronburg**, Burgstr. 1, 87754 Kornburg, Tel. 08394/271, Fax 1671, www.schloss-kronburg.de; Apartment für 2 Pers. ab 65 €. Mit Schwimmteich im Garten.
Ferienwohnung in der Villa, Hackenbach 6, 87758 Kronburg, Tel. 08394/326; ab 20 € p.P. u. 40 €. Endreinigung. Shuttleservice zum Bahnhof, Balkon, Gartenmitbenutzung.

Brauerei und Gasthof Kronburg, Hauptstraße 21, 87758 Kronburg, Tel. 08394/237, www.brauerei-kronburg.de; Mo, Di Ruhetag. Seit 1576 schriftlicher Beleg einer Gastwirtschaft und Brauerei, seit 1891 Familienbetrieb, Biergarten unter Kastanien, regionale, bürgerliche Küche.

Freilichtmuseum Illerbeuren, Museumstr. 8, 87758 Kronburg-Illerbeuren, Tel. 08394/9260119, Fax 1454, www.bauernhofmuseum.de; März und 16. Okt.–Nov. 10–16 Uhr, Apr–15. Okt. 9–18 Uhr, Dez.–6. Jan nur Sonderausstellungen 13–17 Uhr, Mo außer Fei, Karfreitag, Heiligabend und Silvester geschl.
Auf dem Gelände liegt das **Gasthaus Gromerhof, Dorfschenke**, Museumstr. 4, 8778 Illerbeuren, Tel. 08394/594, Fax 1470, www.gromerhof.de; von außen zugänglich, Mo–So 10–24 Uhr. **Torfschenke** mit Freiluftkegelbahn, am Ende des Museums, Kaffee und Kuchen sind besonders empfehlenswert.
Schloss Kronburg, Burgstr. 1, 87754 Kornburg, Tel. 08394/271, Fax 1671, www.schloss-kronburg.de; Besichtigung nur mit Führungen nach Vereinbarung ab 15 Personen.

»Man soll mir die idyllische Einsamkeit und die romantische Natur, deren malerische Schönheit im Winter noch ungleich größer ist als im Sommer, nicht durch Eisenbahnen und Fabriken stören. Auch für zahllose andere Menschen, als ich einer bin, wird eine Zeit kommen, in der sie sich nach einem Lande sehnen und zu einem Fleck Erde flüchten, wo die moderne Kultur, Technik, Habgier und Hetze noch eine friedliche Stätte weit vom Lärm, Gewühl, Rauch und Staub der Städte übriggelassen hat.«

Ludwig II. (1845–1886), König von Bayern

OSTALLGÄU

Natur und Kultur

Die geografische Vielfalt des Ostallgäus umfasst die Iller-Lech-Schotterplatte, das Iller-Lech-Moränenland, die Allgäuer Alpen sowie das Ammergebirge. Der Lech ist aber lediglich die landschaftliche Grenze im Osten. Der Fluss des Ostallgäus ist die Wertach. Diese ist über weite Strecken auch viel ursprünglicher als Lech und Iller.

Kunst- und Kulturfreunde kommen im Osten des Allgäus voll auf ihre Kosten. Überall im Land stehen barocke Klöster und Kirchen, und im Süden locken die weltberühmten Königsschlösser. Schloss Neuschwanstein ist sicherlich die berühmteste Sehenswürdigkeit. Schloss Hohenschwangau, die Wieskirche sowie eine große Zahl an weiteren Bauwerken brauchen sich jedoch nicht zu verstecken. Manch ein Kleinod hinterlässt bei dem Besucher in seiner Abgeschiedenheit vielleicht einen viel individuelleren Eindruck als die große Pracht des Parade-Schlosses mit seinem Besucher-Rummel.

Aktivitäten

Das östliche Allgäu bietet vielfältige Möglichkeiten für einen sportlichen Urlaub, es gibt zahlreiche Wander- und Radwege in verschiedenen Landschaften und Schwierigkeitsgraden.

■ Wandern

Wandern im Ostallgäu geht nicht nur steil bergauf, sondern findet auch in der Ebene statt, und das auf äußerst reizvolle Weise: Zum Beispiel führt der **Münchner Jakobsweg** von Ost nach West quer durch das Ostallgäu. Auf knapp 90 Kilometern kann man auf den **Spuren der heiligen Crescentia** von Kaufbeuren aus nach Ottobeuren im Unterallgäu pilgern. Und der **König-Ludwig-Weg** verbindet auf 120 Kilometern die letzten Lebensstationen des Monarchen, von Füssen über den Ammersee bis zum Starnberger See.

Wer lieber im Ostallgäu bleibt, kann bei guter Sicht auf der fünf Kilometer langen

Karte S. 117

▲ *Die Bibliothek im Kloster St. Mang in Füssen*

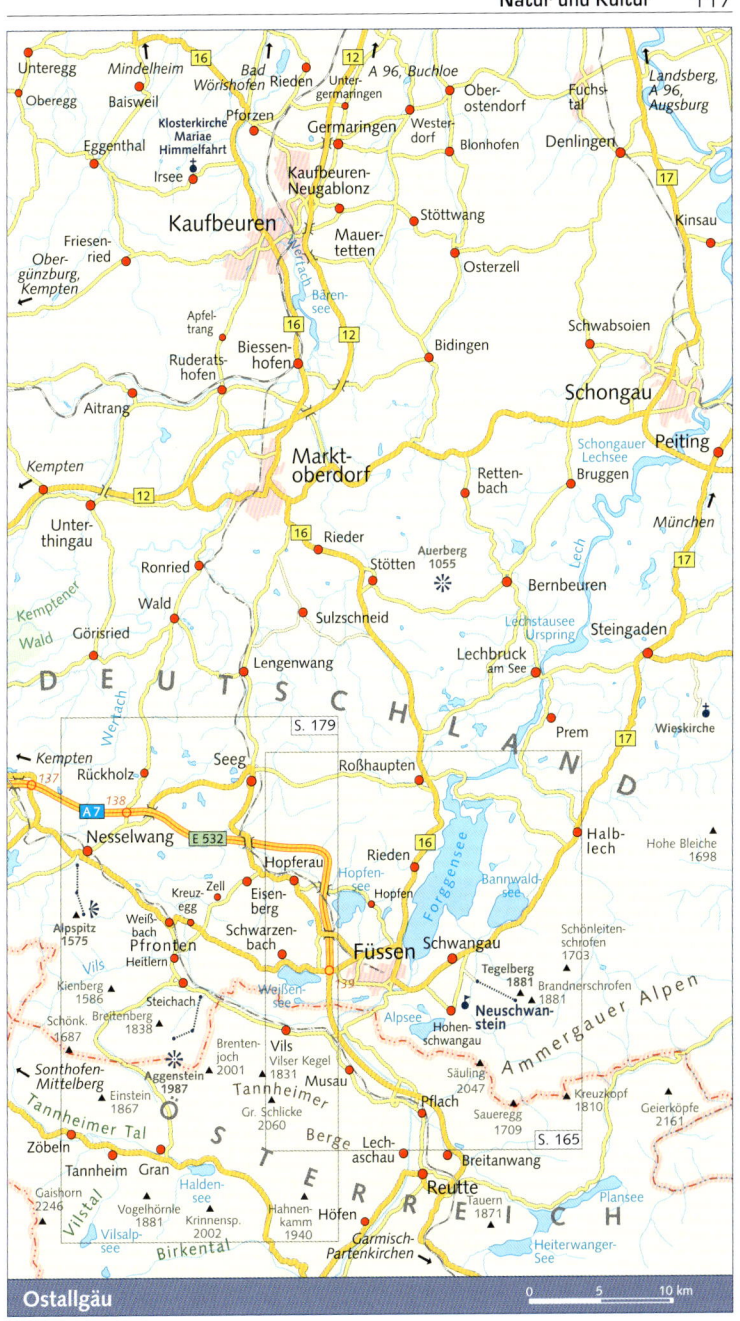

Ostallgäu

Unteregg
Oberegg
Baisweil
Eggenthal
Irsee
Klosterkirche Mariae Himmelfahrt
Mindelheim
Bad Wörishofen
Rieden
Unter-germaringen
A 96, Buchloe
Ober-ostendorf
Fuchs-tal
Landsberg, A 96, Augsburg
Pforzen
Germaringen
Wester-dorf
Blonhofen
Denlingen
Kaufbeuren-Neugablonz
Kaufbeuren
Stöttwang
Kinsau
Friesen-ried
Ober-günzburg, Kempten
Mauer-tetten
Osterzell
Bären-see
Apfel-trang
Biessen-hofen
Ruderats-hofen
Bidingen
Schwabsoien
Schongau
Aitrang
Markt-oberdorf
Retten-bach
Bruggen
Peiting
Kempten
Unter-thingau
Rieder
Auerberg 1055
München
Ronried
Stötten
Bernbeuren
Kemptener Wald
Wald
Görisried
Sulzschneid
Lechstausee Ursprung
Steingaden
Lengenwang
Lechbruck am See
Schongauer Lechsee
Wertach
Lech
DEUTSCHLAND

S. 179

Prem
Wieskirche
Kempten
Rückholz
Seeg
Roßhaupten
A7
E 532
Nesselwang
Hopferau
Rieden
Halb-lech
Hohe Bleiche 1698
Kreuz-egg
Zell
Eisen-berg
Hopfen-see
Hopfen
Foggensee
Bannwald-see
Weiß-bach
Pfronten
Schwarzen-bach
Füssen
Schwangau
Schönleiten-schrofen 1703
Alpspitz 1575
Heitlern
Tegelberg 1881
Brandnerschrofen 1881
Kienberg 1586
Steinbach
Breitenberg 1838
Weißen-see
Alpsee
Neuschwan-stein
Hohen-schwangau
Schönk. 1687
Brenten-joch 2001
Vils
Vilser Kegel 1831
Musau
Säuling 2047
Kreuzkopf 1810
Geierköpfe 2161
Sonthofen-Mittelberg
Aggenstein 1987
Einstein 1867
Tannheimer Berge
Gr. Schlicke 2060
Saueregg 1709
S. 165
Zöbeln
Tannheimer Tal
Tannheim
Gran
Halden-see
Brenten-joch
Pflach
Lech-aschau
Breitanwang
Reutte
Plansee
Gaishorn 2246
Vogelhörnle 1881
Krinnensp. 2002
Hahnen-kamm 1940
Höfen
Tauern 1871
Vilstal
Birkental
Vilsalp-see
Garmisch-Partenkirchen
Heiterwanger-See
ÖSTERREICH

Ammergauer Alpen

Ostallgäu

0 5 10 km

Alpenblickrunde bei Irsee die Gipfel der Allgäuer Alpen, der Tannheimer Berge, des Ammergebirges und des Wettersteingebirges bewundern.

Alatsee, **Alpsee**, **Hopfensee** und **Weißensee** lassen sich auf einfachen Wegen umrunden. Die Flüsse **Lech**, **Wertach** und **Gennach** bieten in ihren Tälern und auf den angrenzenden Höhenzügen Wandermöglichkeiten.

Die höchstgelegenen Burgruine Deutschlands auf 1267 Metern, **Falkenstein**, erreicht man in rund drei Stunden auf einem Wanderweg mit nur 450 Metern Höhendifferenz. In Schwangau führt die **Schwanseerunde** mit Alpenrosenweg rund um den Schwansee und durch einen Teil des ehemaligen Hohenschwangauer Schlossparks, den König Maximilian II. (1811–1864) anlegen ließ. Der Park ist bekannt für seinen Reichtum an geschützten Pflanzenarten.

Das größte zusammenhängende Waldgebiet des Allgäus ist der Kemptener Wald, den sich Ostallgäu und Oberallgäu teilen. Der **Rundweg Kemptener Wald** führt zehn Kilometer weit durch das Ostallgäu.

Wer hoch hinaus will, kann etwa auf dem **Ostallgäuer Höhenweg** in sechs Tagen insgesamt 4800 Meter Höhenunterschied überwinden und von Hindelang bis Halblech wandern. Alpspitze, Aggenstein, Breitenberg, Geiselstein und Hochplatte sind bekannte Felsen am Weg, die allesamt vom Säuling (2047 m), dem ›Wächter des Allgäus‹ überragt werden. Daneben gibt es jedoch noch zahlreiche weitere Gipfel, die es zu erklimmen lohnt. Bergbahnen findet man an der Alpspitz (hier gibt es auch eine Sommerrodelbahn zum Abstieg), am Breitenberg, am Buchenberg und am Tegelberg.

Der **Kulturpfad Schutzengelweg** führt in dreieinhalb Stunden durch die Geschichte der Region um Schwangau bis hinauf zur Bergstation der Tegelbergbahn, mit der man anschließend wieder herunterfahren kann. Oder man schließt den **Ahornreitweg** an, auf dem König Max II. einst zu seinem Jagdrevier am Tegelberg geritten ist.

Von Halblech aus fährt ein Bus zur mitten in den Ammergauer Alpen gelegenen **Kenzenhütte**. Oben ist die **Bergtour Hochplatte–Fensterl** ein landschaftlicher Höhepunkt des Ostallgäus, der allerdings alpine Erfahrung voraussetzt.

Ausführliche Beschreibungen von Wanderungen Nordic-Walking-Strecken gibt es bei den Touristenämtern, in Wanderführern und im Internet unter www. wandern-ostallgaeu.de (mit digitaler Karte zur Vorbereitung und GPS-Tracks zum Herunterladen).

■ **Radfahren**

Über 1500 Kilometer beschilderte Radwege warten im Allgäu darauf, erobert zu werden. Eher gemütlich geht es auf der **Dampflokrunde** 80 Kilometer weit durch das hügelige Voralpenland. Ihren Namen hat sie von zwei ehemaligen Bahntrassen, die von Kaufbeuren nach Osterzell sowie von Marktoberdorf nach Lechbruck verlaufen und zu einer Run-

Ausflugsschiff auf dem Forggensee bei Füssen

Karte S. 117

Am Attlesee bei Nesselwang

Ostallgäu

de verbunden wurden. In Roßhaupten kann man zur **Forggensee-Runde** wechseln. Diese führt in einem 32 Kilometer weiten Bogen um den Stausee und kann mit einer Schifffahrt kurzweilig abgekürzt werden. Auch die Dampflokrunde kann in kleinere Etappen aufgeteilt werden. Die Touristeninformation Marktoberdorf (→ S. 140) hat genauere Informationen. Wer es lieber etwas steiler will, findet im Ostallgäu auch rund 20 ausgearbeitete **Mountainbike-Touren**, und wer gerne flott in die Pedale tritt, dem stehen immerhin 45 **Rennradrouten** zur Auswahl. Um mit dem Rad hoch hinaus zu kommen, findet bei der Alpspitzbahn in Nesselwang, der Breitenbergbahn mit Hochalpbahn in Pfronten, der Buchenberg-Sesselbahn und der Tegelbergbahn in Schwangau Unterstützung.

Vielfältig ist das Angebot für Genussradler. Dazu gehören beispielsweise auch die **Sagenhaften Radwege** von Aitrang, Bidingen, Biessenhofen und Ruderatshofen. Die rund 16 Kilometer langen Familientouren führen zu 16 verschiedenen Plätzen, an denen die dazugehörige Legende dargestellt wird; etwa die vom Drachen vom Aitranger Kräberg, vom Hornach-Männle in Biessenhofen und vom Roten Musketier von Rudartshofen.

Wer im Ostallgäu mit dem Fahrrad unterwegs ist, kann es kostenlos im Bus mitnehmen. Für den Zug gibt es eine Fahrrad-Tageskarte Bayern, mit der zusätzlich beliebig viele Kinder und Enkel unter 15 Jahren ihre Fahrräder mitnehmen dürfen. Auch die beiden Schiffe auf dem Forggensee nehmen Fahrräder mit. Eine besonderer Höhepunkt für Fahrrad-Fans ist die ›Allgäuer Radltour‹, die seit 2006 jedes Jahr im Frühling veranstaltet wird. Informationen dazu und über spezielle Hotels, die GPS-Geräte mit einprogrammierten Fahrradtouren bereitstellen, sowie Fahrrad-Service-Stellen hat die Touristeninformation. Interaktive Radkarten mit Web-Cams und Tourenvorschlägen gibt es im Internet unter www.rad-ostallgaeu.de.

■ Wassersport

Die Region beherbergt mit dem **Forggensee** den größten See des Allgäus. Der Lech-Stausee war aus Umweltschutzgründen anfangs heftig umstritten, inzwischen hat er sich jedoch zum Naturparadies gemausert und wird gerne für alle Arten von Wassersport genutzt. Darüber hinaus fahren dort im Sommer (Juni–Mitte Oktober) auch zwei Fahrgastschiffe, die MS ›Allgäu‹ und die MS ›Füssen‹.

Sie bieten eine große (2 Std.) und eine kleine (1 Std.) Forggenseerundfahrt an. Wer es lieber etwas kleiner möchte, kann an geführten Kanutouren teilnehmen (→ S. 158).

Daneben bieten sich noch der **Obere** und der **Untere Lechsee** sowie mehrere größere Naturseen für Vergnügungen im Wasser an. Etwa der **Bannwaldsee** mit seinem 560 Hektar großen Naturpark, der mit maximal zehn Metern relativ flache und sich daher schnell erwärmende **Hopfensee**, der kalkhaltige **Weißensee** sowie der abseits gelegene, moorige **Schwanensee** und der bis zu 64 Meter tiefe und von Mythen umrankte **Alatsee** bei Schwangau, der als Lieblingssee König Ludwigs gilt. Außerdem laden zahlreiche Weiher zum Baden ein. Dazu kommen viele Freibäder und Hallenbäder, in Buchloe und Pfronten, die Erlebnisbäder in Kaufbeuren, Marktoberdorf und Nesselwang sowie die Kristall-Therme in Schwangau.

Für die Gewässer des Ostallgäus benötigt man Angelscheine, die Bezugsquellen werden in den entsprechenden Ortsbeschreibungen genannt.

■ Wintersport

Iglubauen, Schneeschuhwandern, Langlaufen und Skifahren – der Winter hat seine speziellen Reize, nicht nur für aktive Sportler. Die Altstädte von Kaufbeuren und Füssen bilden eine stimmungsvolle Kulisse für Weihnachtsmärkte, geräumte Wanderwege laden zum Spazierengehen ein, und in Lechbruck, Schwangau und Pfronten werden Pferdekutschfahrten angeboten. Die zahlreichen kleineren Seen verlocken im Winter zum Schlittschuhlaufen und Eisstockschießen. Und ein ganz besonderes Abenteuer ist eine Nacht in einem selbstgebauten Iglu, diese Möglichkeit gibt es sowohl in Nesselwang als auch in Pfronten.

Winterspaß

Aktuelle Schneeberichte der Bergbahnen sowie Informationen zu verschiedenen Wintersportmöglichkeiten gibt es auch im Internet unter www.winter-ostallgaeu.de.

■ Weitere Sportmöglichkeiten

Golfplätze findet man im Ostallgäu in Rieden am Wertachsee, in Pforzen bei Kaufbeuren, am Fuß des Auerberges in Bernbeuren, nördlich von Lechbruck und in Attlesee bei Nesselwang. Spezielle Golfhotels bieten eigene Pauschalen an. Wer gerne einmal das Allgäu aus der Vogelperspektive betrachten möchte, findet am Tegelberg zahlreiche Gleichgesinnte, die sich mit **Drachen** und **Gleichschirmen** in die Lüfte schwingen. Mehrere Flugschulen bieten auch Tandem-Gleitschirmflüge an. Ein besonderes Erlebnis für Höhenfans ist auch eine **Ballonfahrt** über dem Königswinkel mit den malerischen Schlössern vor dem Alpenpanorama.

ℹ️ Ostallgäu

Tourismusverband Ostallgäu, Postfach 1255, 87610 Marktoberdorf, Tel. 08342/911313, Fax 911544, www.ostallgaeu.de.

Für Aktiv-Urlauber: www.wandern-ostallgaeu.de, www.rad-ostallgaeu.de, www.winter-ostallgaeu.de.

Karte S. 117
▲

Kaufbeuren

Politisch gehört die Stadt Kaufbeuren mit ihren rund 42 000 Einwohnern nicht zum Landkreis Ostallgäu, denn sie ist eine kreisfreie Stadt. Aber sie ist komplett vom Landkreis Ostallgäu umgeben und sollte auf einer Reise durch das Allgäu auch nicht ausgelassen werden.

Stadtgeschichte

In der Zeit um 740 stand ein fränkischer Königshof auf dem Gebiet des heutigen Kaufbeuren, am Wertachübergang auf der Straße von Memmingen nach Schongau. Zum Ende des 11. Jahrhunderts regierten die Herren von Beuren über das Gebiet. Rund 100 Jahre später übernahmen die Staufer die Herrschaft, bis die Stadt von 1286 bis 1803 freie Reichsstadt wurde. Anschließend fiel Kaufbeuren an das Land Bayern, war jedoch bis 1935 eine sich selbst verwaltende Stadt und ist seit 1948 wiederum kreisfrei.

Nordöstlich von Kaufbeuren wurde zur Zeit des NS-Regimes eine Munitionsfabrik aufgebaut, in der Zwangsarbeiter aus dem KZ-Außenlager Riederloh in Steinholz bei Mauerstetten arbeiten mussten. Die Stadtverwaltung bietet Führungen durch einige noch erhaltene Bunker an (→ S. 131).

Nach dem Zweiten Weltkrieg wurde auf dem Gelände von rund 18 000 sudetendeutschen Vertriebenen aus Gablonz an der Neiße der Stadtteil Neugablonz aufgebaut, und damit auch die Glasschmuckindustrie, die damals im Isergebirge zu Hause war, in die Region geholt. Inzwischen hat sich Neugablonz auch zu einem Zentrum russischer Spätaussiedler entwickelt. Sie machen rund zwölf Prozent der Gesamtbevölkerung von Kaufbeuren aus. Seit 2008 gehört Kaufbeuren zu den ›Orten der Vielfalt‹, die von der Bundesregierung für ihre besondere Integrationsleistung ausgezeichnet werden. Kaufbeuren hat insgesamt rund 42 000 Einwohner, von denen über 20 Prozent einen Migrationshintergrund haben.

Die **heilige Crescentia** (Maria Crescentia Höss, 1682–1744) ist wohl die berühmteste Tochter der Stadt, und das nicht erst seit ihrer Heiligsprechung Im Jahr 2001. Denn sie war bereits zu Lebzeiten mit über 70 Fürstlichkeiten in brieflichem Kontakt, etwa der bayerischen Kurfürstin Maria Amalie, die sie sogar mehrmals besuchte. Aber auch die österreichische Kaiserin Maria Theresia, Kurfürst Clemens August von Köln oder

Ostallgäu

Blick von der Stadtmauer über Kaufbeuren

König August von Sachsen waren ihre Korrespondenzpartner.

Eine weitere berühmte Kaufbeurerin ist **Sophie von La Roche** (1730–1807), die zu ihrer Zeit bereits Hosen getragen und Pfeife geraucht hat. Die deutsche Literaturgeschichte erinnert sich an ihre ›Geschichte des Fräuleins von Sternheim‹ (1771) – und das nicht nur, weil dies der erste von einer Frau verfasste deutschsprachige Roman ist, sondern auch, weil er literarisch wertvoll ist.

Ein bekannter Schriftsteller, der in Kaufbeuren geboren wurde, ist **Ludwig Ganghofer** (1855–1920). Der als Heimatdichter bekannte Schriftsteller war bereits zu seinen Lebzeiten einer der meistgelesenen deutschen Schriftsteller, seine Haupt-

werke wurden zum Teil sogar mehrfach verfilmt. Ganghofer arbeitete aber auch als Feuilletonredakteur und Dramaturg sowie im Ersten Weltkrieg als Kriegsberichterstatter. Im ›Lebenslauf eines Optimisten‹ beschreibt er seine Kindheit in der Stadt, in der er bis zum vierten Lebensjahr lebte.

Noch ein Sohn der Stadt hat sich mit Schreiben einen Namen gemacht: Der Lyriker und Essayist, Übersetzer und Redakteur **Hans Magnus Enzensberger** kam 1929 in Kaufbeuren auf die Welt.

Feste und Brauchtum

Das **Kaufbeurer Tänzelfest** ist das älteste historische Kinderfest in Bayern. 1567 wurde es erstmals urkundlich er-

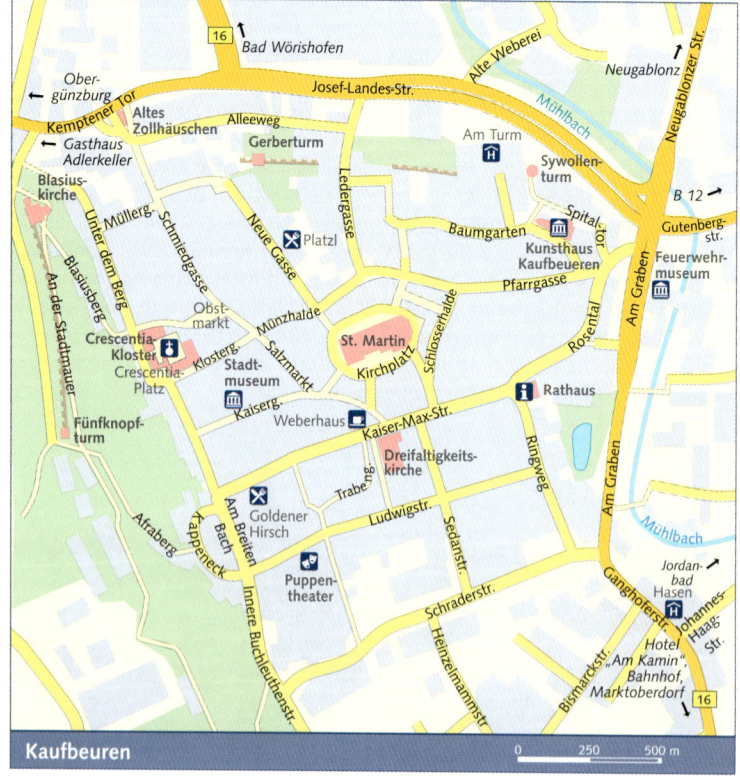

Kaufbeuren

0   250   500 m

wähnt, weil der lateinische Schulmeister den Tänzeltag nicht nur drei, sondern ganze zehn Tage lang gefeiert hatte und dafür vom Rat der Stadt Kaufbeuren hinter Schloss und Riegel gesetzt wurde. Inzwischen wird das Tänzelfest ganz offiziell zwölf Tage lang gefeiert. Urkundlich nicht belegbar sind spätere Hinweise, Kaiser Maximilian I. hätte den Kaufbeurern anno 1497 anlässlich eines Besuches das Tänzelfest spendiert. Als sicher gilt jedoch, dass es damals kein Kinder-, sondern ein Zunftfest war. Ein Urkundeneintrag im Jahr 1658 erwähnt erstmals das Kinderfest. Und so ist es bis heute: Jedes Jahr Ende Juli erzählen rund 1600 Kinder in historischen Kostümen mit verschiedenen Veranstaltungen die Geschichte der Stadt, vom Mittelalter bis in die Mitte des 18. Jahrhunderts. Ein großer Umzug quer durch die Altstadt ist jeweils der Höhepunkt des Programms.

Die Kaiser-Max-Straße

Am **Ostersamstag** wird am Kirchplatz ein großes Nest aufgebaut, in dem Kinder nach Eiern suchen können. Im April findet die **Blue Night** mit Live-Bands in den Kaufbeurer Kneipen statt. Anfang Mai findet ein **Kunsthandwerkermarkt** statt, begleitet von Musik- und Kunstaktionen, und Ende des Monats ist **Marktwochenende** in der Stadt. Die Verbrauchermesse im Juni lockt auch zahlreiche Besucher aus dem Umland in die Stadt, und bei der **Kaiser-Max-Party** beschallen Live-Bands die Kaufbeurer Altstadt. Im September wird der **Stadtlauf** veranstaltet und im Oktober bauen die Marketender ihre Stände am Hafenmarkt zum **Rustikalmarkt** auf. Der **Martinimarkt** im November ist eine weitere Gelegenheit, durch die Altstadt zu bummeln. Und im Advent wird der Neptunbrunnen mit einem großen Adventskranz aus echten Tannenzweigen geschmückt. Die Wachskerzen sind

rund 150 Zentimeter hoch und wiegen etwa 150 Kilogramm. Darüber hinaus wird die Fassade des Rathauses in einen Adventskalender verwandelt und rund um die Sankt-Martins-Kirche findet ein **Weihnachtsmarkt** statt.

Sehenswürdigkeiten

Die Kaiser-Max-Straße und ihre Parallele, die Ludwigstraße, sind Zentrum und Treffpunkt der Stadt, und der Neptunbrunnen vor der Dreifaltigkeitskirche steht immer im Mittelpunkt des Geschehens.

■ Kaiser-Max-Straße

Am östlichen Ende der Kaiser-Max-Straße steht das **Rathaus** von Kaufbeuren. Es wurde 1879 bis 1881 im Stil der Neurenaissance errichtet. Allerdings brannte 1960 der Dachstuhl, und die Löscharbeiten zerstörten die Türmchen und Erker, die das Gebäude bis dahin verziert hatten. Ein Blickfang ist das Gebäude mit seiner kräftig-roten Fassade aber immer noch. Im Rahmen einer Stadtführung (→ S. 131) kann man auch den historischen Sitzungssaal mit der originalen Bemalung und Bestuhlung, der 1887 eingeweiht wurde, besichtigen. Dann kann man auch den kleinen Magistratssaal mit den Swarovski-Kristalllüstern sehen, in dem in Kaufbeuren geheiratet wird. Schräg gegenüber steht das **Hörmannhaus**, in dem Georg Hörmann von und zu Gutenberg von 1491 bis 1552 lebte. Für Jakob Fugger war er Oberverwalter der Bergwerke in Schwarz/Tirol, von Kaiser Karl V. wurde er in den Reichsadelsstand erhoben, und dessen Nachfolger Ferdinand I. berief ihn zu seinem Ratgeber. Das Haus hat immerhin 78 Zimmer und erstreckt sich um einen Innenhof herum bis in die parallel verlaufende Ludwigstraße. Die Einfahrt verziert das einzige Renaissance-Portal in Kaufbeuren sowie das Wappen derer zu Gutenberg. Im hinteren Teil des Hauses, der zur Ludwigstraße hin gebaut ist, wurde Sophie von La Roche geboren.

Zurück auf der Kaiser-Max-Straße kommt man bei Hausnummer 13 zur ältesten Apotheke von Kaufbeuren, der **Stadtapotheke**. Das Herbarium im fünfstöckigen Giebel des Hauses kann man leider nicht besichtigen. Stattdessen lädt die helle, freundliche Fassade der evangelisch-lutherischen **Dreifaltigkeitskirche** zum Verweilen ein. Kaiser Maximilian I. (1459–1519) hatte sich an der Stelle ein Haus gebaut, weil er so gerne in ›seinem‹ Kaufbeuren war. Als die Stadt rund 100 Jahre später protestantisch wurde, haben die Bürger der Gemeinde das ehemalige Kaiserhaus im Jahr 1604 zur Kirche umgebaut. Nur der Keller blieb erhalten. Die Dreifaltigkeitskirche ist eine der wenigen barocken protestantischen Gotteshäuser. Den 44 Meter hohen Turm bekam das Gebäude jedoch erst 1820/21.

Schräg gegenüber steht das ehemalige **Zunfthaus der Weber**. Sie bildeten die größte, gleichzeitig jedoch auch ärmste Zunft der Stadt. Denn das ›große‹ Geld verdienten nicht die Weber, sondern die Händler, die das Tuch verkauften. Im Erdgeschoss serviert dort heute das **Café Weberhaus** Kuchen, von denen die meisten Weber damals nur träumen konnten.

■ Ludwigstraße

Der **Puccinellibrunnen** des gleichnamigen italienischen Bildhauers plätschert einen Block weiter in der Ludwigstraße lustig vor sich hin und weist darauf hin, dass sich linker Hand der **Spielbergerhof**, ein Marionettentheater und Museum, an die Stadtmauer anlehnt. Dort werden Masken und Puppen, Schattenspielfiguren und Marionetten aus Europa und Fernost sowie einige Drehorgeln und Musikapparate ausgestellt.

Am westlichen Ende der Ludwigstraße fallen der schräg aus der Hausecke herausragende Erker sowie der Stufengiebel des **ehemaligen Irseer Hofes** auf. Vor der Säkularisation gehörte das Haus gemeinsam mit vier weiteren Gebäuden dem Benediktiner-Reichsstift Irsee. Die Mönche hatten sich um 1500 das Bürgerrecht gekauft und flohen in Kriegszeiten hinter die schützenden Mauern der Stadt. Das Wohnhaus mit der Schnitzwerkstatt des Bildhauers **Jörg Lederer** (um 1470– um 1550) stand in der Ludwigstraße 51. Eine Gedenktafel erinnert daran, dass er dort mit mehreren Gesellen und nachgeordneten Meistern arbeitete. Mit deren Hilfe hat Lederer zahlreiche Kunstwerke im Allgäu hinterlassen, beispielsweise den Altar in der Blasius-Kirche von Kaufbeuren, die Muttergottes auf der Mond-

Karte S. 122

▲

Der Fünfknopfturm in Kaufbeuren

sichel in der Sankt-Georg-Kirche auf dem Auerberg, verschiedene Schnitzereien im Hohen Schloss in Füssen, den kreuztragenden Christus in der Sankt-Lorenz-Kirche in Kempten, sowie den Altar der Kirche Unserer lieben Frau im Ostrachtal und Sankt Jodokus bei Hindelang – dazu zahlreiche überregionale Kunstwerke vor allem im Tiroler Land.

■ Stadtmauer und Wehrgang

Ein paar Schritte weiter Richtung Westen kann man bereits den im Volksmund als **Hexenturm** bekannten Teil der Stadtmauer sehen, die an dieser Stelle noch erhalten ist. Nach einer Kaufbeurer Sage hatten dort einst die Hexen ihren Versammlungsplatz. Historiker bezeichnen ihn schlicht als Wehrturm und damit Teil der Stadtmauer. Die Stadt wurde um 1200 erstmals befestigt und 1286 wurde Kaufbeuren durch Rudolf I. von Habsburg zur freien Reichsstadt. Der Handel brachte Geld, und man erhöhte um 1420 die Stadtmauer und versah sie mit einem überdachten Wehrgang. Ein Fußweg führt in Richtung Norden einen Hügel hinauf zum **Fünfknopfturm**, dem Wahrzeichen der Stadt. Die großen Nägel auf dem Abzeichen an seiner Front stehen für die Gefallenen der Französischen Kriege und des Ersten Weltkrieges. Die kleinen Nägel wurden 1918 für eine Spende von 50 Pfennig bis zu 5 Mark verkauft, um eine Stiftung für die Witwen und Waisen der Kriegsopfer zu finanzieren. 5387 Nägel wurden damals verkauft, und es kamen rund 10 000 Mark zusammen. Mit den Wappen sind die Nationen dargestellt, die damals zusammen kämpften: oben links die Türkei und rechts Bulgarien, unten links das deutsche und rechts das österreichisch-ungarische Kaiserreich. Der Fünfknopfturm ist der höchste Wachtturm der Stadt und war deshalb immer

besetzt. Heute wird er privat bewohnt und kann daher nicht besichtigt werden. Aber nebenan lädt das gemütliche **Café am Fünfknopfturm** zum Verweilen ein. Weiter geht es entlang der an dieser Stelle sehr gut erhaltenen Stadtmauer mit dem überdachten Wehrgang. Wer sich in der Touristeninformation den Schlüssel holt, kann sogar auf dem Wehrgang entlang laufen. Unterwegs kommt man an einer Holztüre mit vielen Beschlägen vorbei. Sie wurde bei der Restaurierung der Stadtmauer entdeckt, aber niemand weiß, wozu sie diente. Der sogenannte **Schlupf** ist zugemauert. Würde man die Wand durchbrechen, fiele man auf der anderen Seite den Hang hinunter. Die Tür kann also nicht oft benutzt worden sein, was zumindest ihren guten Erhaltungszustand erklärt.

■ St. Blasius-Kirche

Im spätgotischen Bau der Sankt-Blasius-Kirche aus dem 12./13. Jahrhundert steht der bereits erwähnte **Altar von Schnitzmeister Jörg Lederer**. Weitere Be-

Die ›Schlupf‹ in der Stadtmauer

Der Crescentia-Klostergarten

Ostallgäu

sonderheiten sind der Wandteppich aus dem Jahr 1420 sowie die 66 Bildtafeln, die Heilige und ihre Martyrien darstellen. Alle Kunstwerke stammen aus Kaufbeuren, jedoch lässt sich nur Jörg Lederer als Urheber namentlich nachweisen. In der Rückwand des Gotteshauses befinden sich vergitterte Öffnungen, damit auch die Soldaten vom Wehrgang aus an der heiligen Messe teilnehmen konnten. Denn die Stadtmauer schließt direkt an die Kirche an.

Neben dem Gotteshaus erhebt sich der **Blasiusturm**, ein Wehrturm aus dem frühen 15. Jahrhundert. Von seinem Standpunkt aus blickt man auf die ältesten Häuser der Stadt. Gleich das erste war einst das Haus der städtischen Henker. Dieses und die Nachbargebäude waren die einzigen sieben Häuser, die einen Großbrand in der Stadt im Jahr 1325 überstanden. Und bei gutem Wetter erkennt man südöstlich in der Ferne hinter dem Auerberg (1055 m) sogar die Silhouette der Zugspitze (2962 m). Ein Fußweg führt wieder den Hügel hinunter und zurück in die Altstadt.

■ **Crescentia-Kloster**

An der Straße Unter dem Berg reihen sich größtenteils zwei- bis dreigeschossige Giebelhäuser aus dem 15. und 16. Jahrhundert an einander. An ihnen vorbei gelangt man zum **Crescentia-Platz** und damit zum gleichnamigen Kloster. Rechts geht es den Berg hinauf durch den **Klostergarten**, der jedoch nicht mehr von den Nonnen, sondern von Ehrenamtlichen gepflegt wird.

Links geht es zum Obstmarkt mit dem **Tänzelfestbrunnen**, der in der Mitte der tanzenden Kinder eine Figur der Anna vom Hof zeigt. Sie gründete 1150 mit anderen unverheirateten Adeligen eine Frauengemeinschaft christlicher Laien, die sich um Arme und Kranke kümmerten. Nach dem Edikt von Vienne mussten sich die sogenannten Beginen einem kirchlichen Orden anschließen und wurden deshalb 1315 Franziskanerinnen. 1703 wurde Anna Höß (1682–1744) als Novizin aufgenommen, die heute als heilige Crescentia verehrt wird und dem Kloster seinen heutigen Namen gab. Sie lebte insgesamt 41 Jahre in dem Fran-

Im Crescentia-Kloster

ziskanerinnen-Kloster und stand ihm am Ende ihres Lebens drei Jahre lang als Oberin vor. Im Kloster leben und wirken noch Nonnen; wie zu Crescentias Lebzeiten gibt es beispielsweise noch eine Armenspeisung. In der Klosterkirche wird der **Reliquienschrein** der heiligen Crescentia von Kaufbeuren aufbewahrt. Darüber hinaus wurde auch eine Gedenkstätte für die Heilige eingerichtet, die im Rahmen von Führungen besichtigt werden kann. Und im **Klosterladen** werden Andenken verkauft.

Einen kurzen Fußmarsch entfernt, in der Neuen Gasse 13, steht das **Geburtshaus von Anna Höß**, die 2001 als Crescentia heiliggesprochen wurde. Sie war eines von acht Kindern eines Webers. Weil das Haus in Privatbesitz ist, hat die Stadt im Nachbargebäude wieder einen Weberkelle**r** eingerichtet, wie er damals in der ganzen Stadt genutzt wurde. Die Weber arbeiteten im Keller, weil der Flachs in dem feuchten Klima dort unten weich und biegsam war. Der gestampfte Lehmboden wurde jeden Abend nass gemacht, und die Weber litten meist an Gicht, Rheuma und Nierenerkrankungen. Inzwischen wurden die Keller be-

toniert und vielerorts sogar die Fenster zugemauert. Aber an einigen Häusern erkennt man die Webervergangenheit noch an den kleinen Kellerfenstern, die die Arbeiter mit Tageslicht versorgten.

■ Nördliche Altstadt

Am nördlichen Ende der Schmiedegasse befindet sich das alte **Zollhäuschen**, ein malerisches kleines Giebelhaus, in dem im 19. Jahrhundert der Pflasterzolleinnehmer wohnte. Er verlangte von den auswärtigen Durchreisenden eine Gebühr, um das Straßenpflaster in Ordnung zu halten, also eine Art innerstädtische Maut. Ganz in der Nähe ragt der **Gerberturm** in den Himmel auf. An dieser Stelle musste die Gerberzunft die Stadtmauer verteidigen. Am nordöstlichen Rand der Altstadt erhebt sich der runde **Sywollenturm**, ebenfalls ein Wehrturm, der bei der Erweiterung der Stadtbefestigung im Jahr 1420 errichtet wurde.

■ Kirche St. Martin

Im Zentrum der Altstadt überragt die katholische St.-Martins-Kirche alle anderen Gebäude. Sie steht auf den Fundamenten der ehemaligen Burg der Edlen von Beuron. Einst eine romanische Basilika, wurde sie von 1438 bis 1443 im gotischen Stil neu errichtet. Dieser Bau wurde 1545 nach den Vorstellungen des Protestantismus umgestaltet, der zu dieser Zeit der vorherrschende Glaube in Kaufbeuren war. Das Gotteshaus kam erst 1614, nachdem die protestantische Dreifaltigkeitskirche errichtet worden war, wieder vollständig in katholischen Besitz. Um 1700 wurde die Kirche barockisiert und zum Ende des 19. Jahrhunderts der neogotischen Mode angepasst. Das frühere Weberzunfthaus in der Kaiser-Max-Straße (→ S. 124) schmückt ein Säulenfuß der romanischen Ursprungskirche.

Karte S. 122

Der ehemalige **Marienaltar** auf der rechten Seite wurde inzwischen der heiligen Crescentia gewidmet. Daneben sind der **Taufstein** und Teile des **Eingangsportals** aus romanischer Zeit erhalten geblieben. Kunsthistorisch interessant ist selbstverständlich auch der **Altar des Ulmer Schnitzmeisters Michael Erhart** (um 1444/45–nach 1522). Dieser entstammt derselben Ulmer Schule, die wohl auch für Jörg Lederer stilbildend war. Der 68 Meter hohe Turm der Sankt-Martins-Kirche stammt aus dem 15. Jahrhundert, ebenso wie die Teile der Friedhofsmauer, die am Nordrand noch erhalten geblieben sind.

Am Kirchplatz steht auch das **Geburtshaus von Ludwig Ganghofer**. Heute ist ihm dort eine Bistro-Kneipe gewidmet.

■ Stadtmuseum

Für Interessierte empfiehlt sich noch ein Abstecher zum Stadtmuseum im Kaisergäßchen. Auf dem Weg dorthin kommt man über den Salzmarkt, auf dem seit 2008 ein Tastmodell der Altstadt für Blinde und Sehbehinderte steht. Das Museum selbst ist bereits historisch, denn es wurde 1879 gegründet und zählt damit zu den ältesten in Bayerisch-Schwaben. Entsprechend umfangreich ist die Sammlung des Hauses mit Exponaten zur Geschichte der Reichsstadt Kaufbeuren und des alltäglichen Lebens in seiner ländlichen Umgebung. Darunter befindet sich eine Sammlung protestantischer Hinterglasbilder, die vom Reichtum der protestantischen Bürger in der gemischt konfessionellen Reichsstadt zeugen. Zudem gibt es eine umfangreiche Sammlung von Kruzifixen, die zeitlich von der Romantik bis zum Expressionismus reichen. Auch mehrere hundert Objekte aus dem privaten Nachlass von Ludwig Ganghofer und eine Ausstellung zur ersten deutschsprachigen Romanautorin, Sophie von La

Roche, sind zu sehen. Darüber hinaus besitzt das Museum auch noch Skulpturen des berühmten Schnitzers Jörg Lederer und seines Zeitgenossen Hans Kels. Allerdings musste das Haus aus statischen Gründen geschlossen und über zehn Jahre lang renoviert werden. Im Sommer 2013 soll es inklusive Taststationen für Blinde und Kinderpfad mit Mitmachstationen wieder eröffnet werden.

■ Neugablonz

Ein eindrucksvolles Kontrastprogramm zur Kaufbeurer Altstadt, auf die im Zweiten Weltkrieg keine einzige Bombe fiel, bietet ein Rundgang durch den im Nordosten der Stadt gelegenen Stadtteil Neugablonz. Auf den Ruinen einer Munitionsfabrik, die am Ende des Zweiten Weltkrieges von den Amerikanern gesprengt wurde, entstand eine Siedlung für Vertriebene aus dem Sudetenland. Von den einstmals annähernd 200 Gebäuden der Dynamit AG sind nicht viele übrig geblieben. Ein typisches Beispiel für die Architektur der Häuser ist das **Haus der Gablonzer Industrie** in der Neuen Zeile 11. Dort kann man gut die senkrechten Betonsäulen sehen, die das begrünte Flachdach gestützt haben. Die

Das Haus der Gablonzer Industrie

Ostallgäu

Der Rüdigerbrunnen

Zwischenräume wurden mit Ziegeln ausgemauert, die im Falle eines Bombenangriffs nachgeben sollten, während das Gebäude stehen geblieben wäre. Das Gebäude beherbergt heute eine Erlebnisausstellung über die Gablonzer Schmuckindustrie.

Die Vertriebenen haben nicht nur die Schmuckherstellung in Neugablonz wieder aufgenommen, sondern auch einen ganzen Stadtteil errichtet. Bereits 1957 wurde eine neue Kirche gebaut, die alleine schon wegen ihrer Größe beeindruckt. Davor steht der **Rüdigerbrunnen**. Die Figur des Rüdiger von Bechelaren (eine Gestalt aus dem Nibelungenlied) wurde 1904 von Franz Metzner ursprünglich für die Stadt Wien geschaffen, aber aus dem Auftrag wurde dann doch nichts. Zwanzig Jahre danach wurde die Figur vor der Anna-Kirche in Gablonz aufgestellt, und übersiedelte später zur Herz-Jesu-Kirche. Nach dem Zweiten Weltkrieg wurde sie durch ein Kriegerdenkmal ausgetauscht, und 1968 kauften die Neugablonzer den Rüdiger und holten ihn in die neue

Heimat, wo er nun wiederum vor der Herz-Jesu-Kirche steht und darüber sinniert, ob er nun den Hunnen oder den Burgundern die Treue halten soll.

In der Falkenstraße, Ecke Fichtenweg gibt es eine evangelische Kirche und am Fichtenweg entlang an der Ecke Jägerstraße eine altkatholische Kirche. Auf dem Weg dorthin geht man am Friedhof vorbei. Vor dessen Aussegnungshalle wurde ein Vertriebenendenkmal errichtet.

Im Gablonzer Haus informiert das **Isergebirgsmuseum** über die Geschichte des Isergebirges, des Gablonzer Schmucks und das Schicksal der Vertriebenen.

Die Touristeninformation hat weitere Infos zu Stadtteilführungen und Bunker-Führungen durch die noch erhaltenen Reste der Munitionsfabrik.

In der **Bäckerei Posselt** in der Sudetenstraße 112 gibt es noch echte Butterwischel und Kleckselkuchen aus dem Isergebirge. Das **Gasthaus zur Wahrheit** nebenan ist ebenfalls ein Teil der Neugablonzer Geschichte, es war für seine günstigen Gerichte bekannt.

Karte S. 122 ▲

Aktivitäten

Das Kloster und die Stadtinfo haben eine Karte und einen Pilgerpass für den **Crescentia-Pilgerweg**. Damit kann jedermann sich auf die 86 Kilometer lange Wanderung zu den Orten machen, die in Crescentias Leben eine wichtige Rolle gespielt haben: Kaufbeuren, Irsee, Mindelheim und Ottobeuren – alles Klöster, die die Nonne selbst regelmäßig zu Fuß besuchte.

Rund um den südlich der Stadt gelegenen Elbsee führt ein etwa 30 Kilometer langer beschilderter **Radweg** durch ein malerisches Naturschutzgebiet. Und die **Dampflokrunde** ist eine knapp 80 Kilometer lange Radtour, die Kaufbeuren mit Marktoberdorf, Lechbruck und dem Sachsenrieder Forst verbindet. Die Touristeninformation hat eine Radwanderkarte Ostallgäu mit Tourenbeschreibungen. Außerdem kann man sich die jeweiligen GPS-Tracks aus dem Internet herunterladen.

Ein Ausflugsziel ist im Norden die **Burg Kemnat** im gleichnamigen Ortsteil. Im Volksmund ist sie als **Römerturm** bekannt, weil nur noch der Burgfried und die Amtsstube erhalten geblieben sind. Diese stammen aus dem Jahr 1185 und ihre Herren waren zeitweise Vögte des Klosters Irsee (→ S. 135), zu ihrem Besitz gehörten 30 Dörfer im Umland.

 Kaufbeuren

Verkehrsverein Kaufbeuren, Kaiser-Max-Str. 1 (Rathaus), 87600 Kaufbeuren, Tel. 08341/40405, Fax 73962, www.kaufbeuren.de/tourismus; Mo, Di, Do, Fr 9.30–17 Uhr, Mi 9.30–14 Uhr, Mai–Okt. auch Sa von 9.30–12 Uhr.

Stadtführungen Kaufbeuren, Mai–Okt. Mi und Sa 11 Uhr, Start am Rathaus (Kaiser-Max-Straße 1). Im Winter So 14.30, dazu gibt es verschiedene Themenführungen. Informationen beim Verkehrsverein.

Stadtteilführungen Neugablonz: Mai–Okt., 2. Sa im Monat 14 Uhr (2 Std.), Start vor dem Isergebirgsmuseum (→ S. 132).

Bunker-Führungen: Mai–Okt. 1x pro Monat; Führung durch die Bunker der ehemaligen Munitionsfabrik, Termine bei der Touristeninformation.

Der Bahnhof liegt südöstlich der Innenstadt und ist im Halbstundentakt sowohl aus Richtung Augsburg als auch aus München gut zu erreichen. Es bestehen regelmäßige Verbindungen in Richtung Kempten, Oberstdorf, Füssen und Lindau.

Hotel Goldener Hirsch, Kaiser-Max-Str. 36–41, 87600 Kaufbeuren, Tel. 08341/43030, Fax 430375, www.goldener-hirsch-kaufbeuren.de; DZ ab 88 €. Mit Restaurant und eigener Konditorei. Thomas Ganghofer beschreibt in seiner Autobiografie ›Lebenslauf eines Optimisten‹ die heute nach ihm benannte Stube. Die Tradition des Hauses geht bis in das 16. Jahrhundert zurück.

Hotel Garni Am Turm, Josef-Landes-Str. 1, 87600 Kaufbeuren, Tel. 08341/93740, Fax 937460, www.hotel-am-turm.de; DZ ab 78 €. Das Hotel ist direkt an die Stadtmauer gebaut, in einigen Zimmern sieht man noch das historische Mauerwerk. Die Familie Lombardini führt das Haus seit vier Generationen. Das reichhaltige Frühstück können auch Nichthotelgäste genießen (7,90 Euro). Im Sommer E-Bike-Verleih, auch an Nichtgäste.

Flair Hotel Am Kamin, Füssener Str. 62, 87600 Kaufbeuren, Tel. 08341/9350, Fax 935222, www.flairhotel-am-kamin.de; DZ ab 80 €. Tagungshotel mit angenehmen Zimmern, das angegliederte Restaurant ›Almwirtschaft‹ ist etwas für Freunde der Erlebnisgastronomie.

Hotel Hasen, Ganghoferstraße 7, 87600 Kaufbeuren, Tel. 08341/96619-0, www.hotel-hasen.com; DZ ab 68 €. Mit Restaurant.

Ostallgäu

Gasthof Engel, Hauptstraße 10, im Stadtteil Oberbeuren, 87600 Kaufbeuren, Tel. 08341/2124, Fax 8412, www.engel-kaufbeuren.de; DZ mit Etagendusche/WC ab 45 €, mit Du/WC ab 68 €. Traditionsreicher Gasthof mit schlichten, komfortablen Zimmern und guter Allgäuer Küche.

Elbsee Campingplatz, 87648 Aitrang, Tel. 08343/248, Fax 1406,www.elbsee.de; ganzjährig geöffnet. An einem Moorsee in Landschaftsschutzgebiet, vermietet Wohnwagen.

Außer den genannten Gasthöfen und Hotels sind zu empfehlen:
Gasthaus Adlerkeller, Kemnater Straße 2, 87600 Kaufbeuren, Tel. 08341/2441, www.adlerkeller.de, historisches Wirtshaus seit 1540, bayerisch-schwäbische Küche, Biergarten.
Restaurant zur Wahrheit, Sudetenstr. 114, Neugablonz, 87600 Kaufbeuren, Tel. 08341/62649, www.restaurant-zur-wahrheit.de. Regionale Küche, Mittagstisch.
Platzl, Neue Gasse 8, 87600 Kaufbeuren, Tel. 08341/16161 ,www.weinstube-platzl.de. Di–Sa ab 19 Uhr. Urgemütliches, holzvertäfeltes Wein- und Bierlokal im Stadtzentrum mit rustikaler Küche sowie Brotzeiten.
Café Weberhaus, Kaiser-Max-Straße 22, 87600 Kaufbeuren, Tel. 08341/2504, www.confiserie-kraus.de. Direkt am Neptunbrunnen im Zentrum, eigene Torten- und Pralinenherstellung.
Café am Fünfknopfturm, Afraberg 7, 87600 Kaufbeuren, Tel. 08341/9665642, Fax 966644, www.cafe5.de; ab mittags geöffnet, im Winter Mo Ruhetag. Klein, fein und gemütlich mit herrlichem Blick über die Altstadt.
Uncle Satchmo's, Kemnater Straße 2, 87600 Kaufbeuren, Tel. 08341/2441, www.uncle-satchmos.de; Kleinkunstbühne und Bar.

Puppentheater-Museum im Spielberger-haus, Ludwigstr. 41a, 87600 Kaufbeuren, Tel. 08341/14121 www.puppenspiel verein.de; Do–Sa 10–12 und 14.30–17 Uhr, So 10–12 Uhr.
Crescentia-Gedenkstätte, im Crescentia-kloster, Obstmarkt 5, 87600 Kaufbeuren, Tel. 08341/9070, Fax 907102, www.crescentiakloster.de. Führungen Mi und jeden 1. und letzten Sa im Monat um 15 Uhr. Klosterladen: Obstmarkt 3, 87600 Kaufbeuren, Tel. 08341/907184, Mo–Fr 10–17 Uhr, Sa 10–14 Uhr.
Klosterkirche: So–Do 6.30–18 Uhr, Fr 12–18 Uhr, Sa 6.30–17 Uhr. Klostergarten: Mai–Okt. 9–20 Uhr.
Stadtmuseum Kaufbeuren, Kaisergäßchen 12–14, 87600 Kaufbeuren, Tel. 08341/96683911, www.stadtmuseum-kaufbeuren.de; tgl. 10–17 Uhr (ab Juni 2013).
Feuerwehrmuseum, Am Graben 20 (in der ehemaligen Spittelmühle), 87600 Kaufbeuren, Tel. 08341/8727, Fax 995548; Apr.–Dez. Mi 14–16.30 Uhr und jeden 1. Sa im Monat 10–12.30 Uhr. Löschtechniken vom Mittelalter bis in die Neuzeit sowie ein Luftschutzkeller des Zweiten Weltkrieges.
Kunsthaus Kaufbeuren, Spitaltor 2, 87600 Kaufbeuren, Tel. 08341/8644, www.kunsthaus-kaufbeuren.de; Di–So 11–18 Uhr, Do 11–20 Uhr. Wechselnde Ausstellungen mit einem Schwerpunkt auf zeitgenössischer Kunst.
Erlebnisausstellung im Haus der Gablonzer Industrie, Neue Zeile 11, Neugablonz, 87600 Kaufbeuren, Tel. 08341/98903, www.gablonzer-industrie.de; Mo–Fr 9.30–12 Uhr Mo–Do 14–17 Uhr. Einblicke in die verschiedenen Materialien und deren Verarbeitung zu Schmuck und Accessoires.
Isergebirgs-Museum, Marktgasse 8, Neugablonz, 87600 Kaufbeuren, Tel. 08341/965018, www.isergebirgs-museum.de; Di–So 14–17 Uhr. Die sudetendeutschen Vertriebenen erzählen von ihrer Vergangenheit in der alten Heimat,

Karte S. 122

dem Isergebirge, sowie von ihrem Anfang in der neuen Heimat, in Kaufbeuren, am Beispiel der Neugablonzer Glas- und Schmuckindustrie.

Weg des Schmucks, zwischen dem Isergebirgs-Museum und der Erlebnisausstellung der Gablonzer Industrie mit Informationsschildern rund einen Kilometer weit durch das Zentrum von Neugablonz.

Jordan Badepark, Berliner Platz 4, 87600 Kaufbeuren, Tel. 08341/94680, www. baeder.kaufbeuren.de; ab 9 Uhr, Mo (außer in den Ferien) geschl. Zum Badepark gehören Hallenbad und Freibad, Eissporthalle sowie ein Spaßbad im Stadtteil Neugablonz (Gewerbestraße 85, Tel. 98285), das mit Rutsche, Wellenbad und Matschpumpe vor allem Kinder erfreuen dürfte.

Allgäuer Hallenkartbahn, Daniel-Kohler-Straße 2, 87600 Kaufbeuren, Tel. 08341/94959, www.all-kart.de.

Werksbesichtigung (nach Voranmeldung) und -verkauf:

Glasdrücker Gubo u. Sohn, Am Riederloh 7, 87600 Kaufbeuren, Tel. 08341/62158, www.gubonet.de; Mo–Fr 10–12 und 14–17 Uhr.

Schmuckgürtler Ferdinand Mikolasch, Hüttenstraße 24, 87600 Kaufbeuren, Tel. 08341/6329, www.miko-schmuck. de; Mo–Do 8–12 und 13–17 Uhr, Fr 8–12 Uhr.

Estampeur Hillebrand GmbH, Glasschleiferstraße 23–24, 87600 Kaufbeuren, Tel. 08341/9668860, www.metallhill.de; Mo–Do 8–11.30 und 13–16.30 Uhr, Fr 8–11 Uhr.

Perlenschleifer Emil Hübner & Sohn, Sonnenstraße 17, 87600 Kaufbeuren, Tel. 08341/6372, www.emilia-design.de; Mo–Fr 9–12 und 14–16 Uhr.

Umgebung von Kaufbeuren

■ Buchloe

Buchloe ist Verkehrsknotenpunkt und Tor zum Ostallgäu zugleich: Die Eisenbahnlinien aus München, Augsburg, Lindau und Kempten treffen hier aufeinander. Die A96 von München nach Lindau ist über zwei Ausfahrten mit dem Ort verbunden und die B12 führt über Kaufbeuren und Marktoberdorf hinunter nach Füssen. Seit 1280 ist die schon um 800 bezeugte Siedlung Stadt. Im Osten erhebt sich die **Pfarrkirche Mariä Himmelfahrt** aus dem 14./15. Jahrhundert, die um 1730 barockisiert wurde. Etwas unterhalb steht das **ehemalige Amtsgericht**, ein Walmdachbau von 1729. Im Norden von Buchloe beeindruckt in der Ortschaft Lamerdingen die **Pfarrkirche St. Martin** mit Decken und Wandmalereien aus der Zeit um 1370 bis 1380 und reichem Rokokostuck um 1738 sowie einem geschweiften Zeltdach mit

Kugelaufsätzen als Turmabschluss – ein eher ungewöhnliches Bild im sonst so oft zwiebeltürmigen Bayern.

Für eine Brotzeit empfiehlt sich Im Osten von Buchloe der **Holzhausener Brauereigasthof** mit selbst gebrautem Holzhauser Landbier und klassischem Kastanienbiergarten. Wer sich nach alter, bayerischer Tradition für seine Rast im Biergarten selbst etwas zu essen mitbringen möchte, der findet am anderen Ende des Ortes den **Hofladen der Regens-Wagner-Werkstätten** für Behinderte, der frisches Biogemüse der Saison sowie andere Bio-Lebensmittel und Kunstwerke aus eigener Herstellung verkauft.

■ Waal

Die kleine Gemeinde Waal, südlich von Buchloe, ist weit über die Landkreisgrenzen hinweg bekannt für ihre **Passionsspiele**. In einem eigens dafür gebauten Theater mit 600 Sitzplätzen werden sie

Ostallgäu

Kloster Irrsee

von Laienspielern aus dem Ort alle vier bis fünf Jahre aufgeführt. Sie gehen auf ein Gelübde aus der Zeit um 1626 zurück, als die Pest im Allgäu wütete. Seit 1791 wurden in 117 Jahren über 150 Theaterstücke aufgeführt, auch in der Zeit der Aufklärung, als in Bayern ab 1770 sämtliche Passionsspiele verboten wurden, mit Ausnahme von Oberammergau und Waal. Informationen gibt es bei der Passionsspielgemeinschaft Waal (→ S. 135). Kunstliebhaber kommen in Waal aber auch in der Zeit zwischen den Passionsspielen auf ihre Kosten: In der **Pfarrkirche St. Anna** stehen einige Figuren aus spätgotischer Zeit, und das Chorbogenkruzifix wurde um 1525 geschaffen. Das **Schloss** südöstlich der Kirche stammt zwar aus dem Mittelalter, der heutige Bau ist jedoch im wesentlichen ein Werk des mittleren 19. Jahrhunderts. Ein idyllischer Ort ist auch die Quelle der Singold in der Dorfmitte. Dort steht die

St. Nikolauskapelle mit großen Figuren der Pestheiligen Rochus und Sebastian aus der Zeit um 1680.

■ Untergermaringen

Die Gemeinde Untergermaringen im Nordosten von Kaufbeuren war die Heimat des Erzählers und Theologen **Peter Dörfler** (1878–1955). Bekannte Werke sind unter anderem ›Als Mutter noch lebte‹, ›Allgäu-Trilogie‹ und ›Die Wessobrunner‹. An der Stelle seines Geburtshauses steht ein Gedenkstein. Außerdem wurde eine Straße nach ihm benannt.

Auf dem 718 Meter hohen **Georgenberg** steht die Backsteinkirche **St. Georg** mit Wandmalereien aus dem 13. Jahrhundert in der Apsis; die 20-minütige Wanderung von Untergermaringen dorthin lohnt doppelt: wegen der barocken Kreuzwegstationen und darüber hinaus wegen eines tollen Ausblicks auf das Allgäu und bei gutem Wetter die Berge.

Karte S. 117

■ Kloster Irsee

Aus einer Einsiedelei im Eiberger Wald ist fünf Kilometer nördlich von Kaufbeuren das Kloster Irsee entstanden. Der Name Irsee geht auf die Burg Ursin zurück, die den Eremiten von den Herren von Ronsberg überlassen wurde. Die meisten heute dort stehenden Gebäude wurden in den Jahren 1699 bis 1729 errichtet. Neben der prächtig ausgestatteten **Kirche** ist ganz besonders das **Treppenhaus** des ehemaligen Klostergebäudes sehenswert. Es ist in seinen Ausmaßen besonders erstaunlich, weil zu jeder Zeit maximal 20 Patres in Irsee residierten. Doch die Äbte saßen seit 1694 im Reichstag und verwalteten ein beachtliches Herrschaftsgebiet.

Die Säkularisation vertrieb die Mönche allerdings aus dem Kloster, das zunächst als Wohngebäude und später als Nervenheilanstalt genutzt wurde, auch in der NS-Zeit. 2000 Patienten wurden damals deportiert oder in der Klinik umgebracht. Auf dem ehemaligen Anstaltsfriedhof erinnert ein Denkmal an die Euthanasieopfer während des Dritten Reiches. Heute ist in den prachtvoll ausgestatteten Räumen das **Schwäbische Bildungszentrum** untergebracht. Das Gebäude kann nur nach Anmeldung besichtigt werden, aber die Kirche ist täglich von 8 bis 19 Uhr geöffnet. In der **Klosterbrauerei** gibt es ein Museum, die Erzeugnisse der Brauerei können außerdem vor Ort im Brauereigasthof gekostet werden. Die **Kleinkunstbühne Altbau** in Irsee ist die älteste feste Kleinkunstbühne des Allgäus. Seit 1975 finden in Café, Kneipe und Galerie des Altbau regelmäßig Märkte, Ausstellungen, Konzerte, Lesungen und Kabarett statt. Das Programm hat die Touristeninformation in Marktoberdorf (→ S. 140).

Ostallgäu

Marktoberdorf

Im Allgäu siedelten alle Völker der bayerischen Geschichte: zuerst die Kelten, dann die Römer und später die Alemannen. Als die Franken kamen, errichteten sie einen Königshof an der Stelle der heutigen Stadt Marktoberdorf. Der Hof gehörte zur Grafschaft Keltenstein und kam 1299 an das Hochstift Augsburg. Das 14. Jahrhundert wurde durch die Augsburger Fürstbischöfe geprägt, die ihr Jagdrevier dort hatten. Insbesondere Fürstbischof Clemens Wenzeslaus (1739–1812) förderte die Gemeinde. Zu dieser Zeit hieß der Ort noch Oberdorf und erhielt 1453 vom Kaiser das Marktrecht. Im selben Jahr wurde das erste Rathaus im Ort errichtet. Dessen barocker Nachfolgebau aus dem Jahr 1723 war bis 1946 gemeindlicher Verwaltungssitz und schmückt bis heute den Stadtplatz. Mit der Eisenbahn kamen 1876 vermehrt technische Betriebe und Industrie in die bis dahin landwirtschaftlich geprägte Region. Seinen heutigen Namen erhielt der Ort erst 1898, im Jahr 1953 wurde er zur Stadt erhoben. Seit 1978 ist Marktoberdorf Kreisstadt des bei der bayerischen Gebietsreform neu geschaffenen Landkreises Ostallgäu.

Feste und Brauchtum

Marktoberdorf ist jedes Jahr um Pfingsten herum Schauplatz eines Musikfestivals: Der **Internationale Kammerchorwettbewerb** findet in den ungeraden Jahren, das Festival **Musica Sacra International** in geraden Jahren statt (www.modfestivals.org).

Jedes Jahr im Oktober öffnet die **Ostallgäuer Kunstausstellung** im Künstlerhaus ihre Pforten, und das ganze Jahr hindurch unterhalten Konzerte und Theatervorstellungen im städtischen Veranstaltungszentrum **MODEON**.

Marktoberdorf rühmt sich, einen der schönsten **Maibäume** im Allgäu zu besitzen. Jedes Jahr zum 1. Mai wird der Baum aufgerichtet – dazu gibt es ein prächtiges Volksfest mit heimatlicher Musik und traditionellen Tänzen in feierlichen Trachten.

Zu Maria Himmelfahrt am 15. August werden Kräuter gesammelt, zu sogenannten **Kräuter-Boschen** gebunden und in der Kirche geweiht. Sie werden an das Vieh verfüttert, auf die Felder gestreut, und in den Rauhnächen, zwischen Weihnachten und Dreikönigstag, verbrannt. Dabei handelt es sich um eine Mischung aus kirchlicher und keltischer Tradition, die böse Geister vertreiben und gleichzeitig Gottes Segen erbitten soll.

Die Pfarrkirche St. Martin

Im November erinnern die Kinder mit einem **Laternenumzug** an den heiligen Sankt Martin, der seinen Mantel mit einem Bettler teilte und das Wappen der Stadt Marktoberdorf schmückt.

Beim **Klausentreiben** am Abend des 5. Dezember werden nach einem keltischen Brauch die bösen Geister und die Dunkelheit vertrieben. Dafür ziehen die Klausen, verkleidete Männer, mit Kuhglocken und Ruten durch die Straßen, und auch manch Schaulustiger bekommt einen Hieb mit der Rute.

Sehenswürdigkeiten

Von innen kann man das Gebäude des ehemaligen Rathauses nur als Patient besichtigen, denn es beherbergt eine Arztpraxis. Neben dem alten Rathaus steht die **Frauenkapelle** aus dem Jahr 1475. Sie wurde von gläubigen Bürgern für die Alten und Kranken in Marktoberdorf erbaut, um ihnen den Gang zur Kirche zu erleichtern. Sie müssen seitdem für den Besuch der heiligen Messe nicht mehr die steile Anhöhe erklimmen, auf der die Stadtpfarrkirche thront.

Eine Treppe und zwei verschiedene Fußwege, recht uns links davon, führen hinauf zur **Stadtpfarrkirche St. Martin**. Sie ist das überragende Wahrzeichen von Marktoberdorf und geht zurück auf eine Reichshofkirche, die bereits um 750 auf dem Schlossberg stand. Um 1200 wurde die Kirche durch einen romanischen Bau im Rundbogenstil ersetzt, der 1430 dem gotischen Geschmack angepasst wurde. 1730 bis 1734 errichtete Johann Georg

Ostallgäu

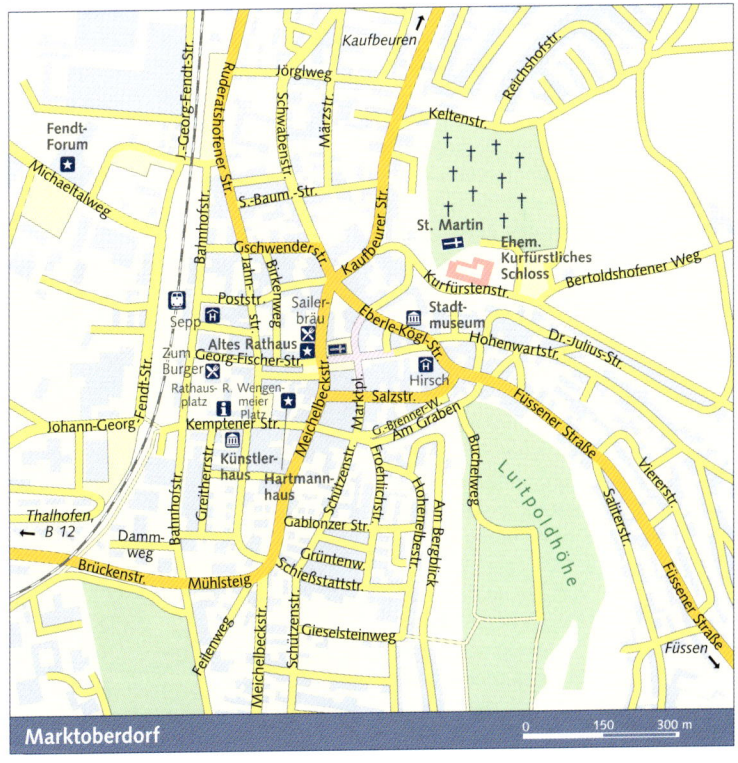

Marktoberdorf

Fischer an derselben Stelle eine Rokoko-Kirche, in der Kurfürst Clemens Wenzeslaus seine letzte Ruhe fand.

Im früheren **kurfürstlichen Schloss**, das neben der Kirche ebenfalls auf der Anhöhe steht, ist seit 1984 die Bayerische Musikakademie untergebracht. Die Räume können also nicht besichtigt werden, aber es finden regelmäßig Konzerte statt. Heute kann man über die Kurfürstenstraße auch mit dem Auto auf den Kirchberg fahren. Die sich anschließende **Kurfürstenallee** ist jedoch für den Kraftfahrzeugverkehr gesperrt. Aus gutem Grund, denn die Kurfürstenallee ist eine 200 Jahre alte, rund zwei Kilometer lange Lindenallee. Sie verbindet das Tal der Wertach mit dem der Geltnach und ist bekannt als eines der schönsten Naturdenkmäler des Allgäus. Dort beginnt auch der **Prälatenweg**, ein Fernwander- oder Radweg, der vom Ostallgäu ostwärts durch den Pfaffenwinkel nach Kochel am See führt. Die am Weg liegenden Klöster Steingaden, Rottenbuch, Polling, Bernried und Benediktbeuern gaben der 140 Kilometer langen Route ihren Namen. Auf der Kurfürstenallee erreichen auch die aus München kommenden **Jakobs-Pilger** Marktoberdorf, von wo aus sie weiter in Richtung Bregenz wandern.

1938/39 errichtete die NSDAP in Marktoberdorf ein Parteihaus. Seit Kriegsende wird das Gebäude **Martinsheim** genannt, nach dem Kirchenpatron der Stadt. In der Folgezeit hat es mehrere verschiedene Ämter beherbergt, und seit 1992 ist dort das **Stadtmuseum** zu Hause. Vom römischen Leben in der Villa Rustika von Kohlhunden (→ S. 141) über ein alemannisches Grab bis zum legendären Traktor Fendt-Dieselross F18 reicht die abwechslungsreiche Palette der Exponate. Nach Vereinbarung gibt es spezielle Kinderführungen. Ebenfalls im Martinsheim haben die nach dem Zweiten Weltkrieg

in Marktoberdorf und Umgebung angesiedelten Heimatvertriebenen aus dem Kreis Hohenelbe mit ihren Erinnerungsstücken das **Riesengebirge-Museum** eingerichtet. Das **Paul-Röder-Museum** zeigt 70 Gemälde und Zeichnungen des impressionistischen Malers (1897–1962), der 1943 mit seiner Familie aus dem zerbombten Essen ins Allgäu kam. Außerdem wird seine persönliche Sammlung von afrikanischen, asiatischen und ozeanischen Kultgegenständen und Waffen ausgestellt.

Das **Hartmannhaus** ist ein altes Bauernhaus mitten in Marktoberdorf. Dort werden das bäuerliche Leben und das Handwerk längst vergangener Zeiten sowie die Anfänge des Wintersports wieder lebendig.

Die **Filmburg**, das Kino in Marktoberdorf, stammt aus dem Jahr 1956 und steht unter Denkmalschutz. Sehenswert sind dort also nicht nur die Filme.

Im Gegensatz dazu ist nicht nur die Architektur des **Künstlerhauses Marktoberdorf** zeitgenössisch modern, sondern auch die wechselnden Ausstellungsthemen.

Die Kurfürstenallee

Karte S. 137

Das Martinsheim beherbergt mehrere Museen

Die traditionsreiche Marktoberdorfer **Traktorenfabrik Fendt** stellt in ihrem Forum am Werksgelände die neuesten Entwicklungen im Bereich landwirtschaftlicher Maschinen vor, anschauliche Modelle erklären die Funktionsweise.

Auf dem Buchel, einer weiteren Anhöhe in Marktoberdorf, die offiziell Luipoldshöhe heißt, steht die kleine **St.-Wendelin-Kapelle**. Sie wurde 1907/08 anstelle einer dort bereits seit dem 18. Jahrhundert stehenden Kapelle errichtet. In der Nähe gibt es einen Kinderspielplatz, der auch den Kleinen eine Kirchenbesuch schmackhaft machen kann. Die Gegend lädt außerdem zu Spaziergängen mit Weitblick über die Stadt und in die Allgäuer Berge ein.

Aktivitäten

Das Touristikbüro (→ S. 140) organisiert allgemeine **Stadtführungen** sowie spezielle Themen- und Kinderführungen. Zwei Pilgerwege führen durch Marktoberdorf: der **Münchner Jakobsweg** (→ S. 60) und der **Prälatenweg**, der über 140 Kilometer bis zum Kochelsee führt.

Er beginnt an der Kirche Sankt Martin beziehungsweise am Schloss, wo man sein Auto abstellen kann. Unterwegs werden die Klöster Steingaden, Rottenbuch, Polling, Bernried und Benediktbeuren besucht. Dazu kommen noch jede Menge Kirchen, weshalb der Volksmund die Strecke auch ›Heiliger Bimbam‹ nennt. Den Pilgerstempel bekommt man im Touristikbüro.

Immerhin elf Kapellen besucht man auf dem 23 Kilometer langen **Kapellenweg** rund um **Lengenwang**. Auf einer verkürzten Runde von acht Kilometern liegen immer noch vier Kapellen auf dem Weg. Einen Kapellenführer mit Wegbeschreibung gibt es im Lengenwanger Rathaus (→ S. 140). In Thalhofen und Görisried gibt es jeweils einen ein Kilometer langen **Naturpfad**, entlang der Wertach sowie durch den Wald. Infos hat das Touristikbüro in Marktoberdorf.

Auf der 34 Kilometer langen **Oberdorfer Radlrunde** erlebt man alle sechs Stadtteile von Marktoberdorf: Die Tour startet im Norden, und das erste Highlight ist die Loretokapelle auf einer Anhöhe. Anschließend geht es über Bertoldshofen,

Gasthof in Marktoberdorf

Ostallgäu

wo die Lindenallee endet, durch das Geltnachtal nach Osterreid und Sulzschneid, den kleinsten und gleichzeitig höchstgelegenen Stadtteil. Die nächsten Stationen sind Balteratsried, Kippachmoos, Ronried, Leuterschach und Engratsried. In Geisenried kreuzt der Münchner Jakobsweg die Runde. Dort lohnt der Blick auf die Fassadenmalerei des Pfarrhofs, der jedoch bei weitem nicht das einzige geschmückte Haus im Dorf ist. Von Hattenhofen geht es bergab nach Thalhofen, wo man ein Herz für Spaziergänger hat: Die Gemeinde hat einen **Wertach-Erlebnispfad** eingerichtet, außerdem gibt

es dort ein **Modell-Eisenbahnmuseum**. Über Weibletshofen und Ennenhofen erreicht man dann auf ebener Strecke wieder den Norden von Marktoberdorf. Darüber hinaus hat der Touristikverein weitere **Radtouren** für Individual-Radler mit 40 bis 90 Kilometern Länge ausgearbeitet. Von Mai bis Oktober werden auf Anfrage kostenlos Radtouren geführt. Die Touristikbüro Markoberdorf hat auch einige Tourenvorschläge für **Motorradfahrer**, vom Kurztrip mit 47 Kilometern rund um den Auerberg bis zum Tagesausflug durch das Ober- und Unterallgäu mit 240 Kilometern Länge.

 Marktoberdorf

Touristikbüro, Richard-Wengenmeier-Platz 1, 87616 Marktoberdorf, Tel. 08342/400845, Fax 400865, www. marktoberdorf.de. Mo–Do 8–13 Uhr, Mo, Do 14–18 Uhr, Fr 7–13 Uhr.
Rathaus Lengenwang, Bahnhofstr. 8, 87663 Lengenwang, Tel. 08364/307, www. lengenwang.de; Mo, Di, Fr 8–12 Uhr, Do 8–12 und 14–18 Uhr.

Der Bahnhof liegt westlich der Innenstadt, es besteht halbstündliche Verbindung nach Füssen sowie Zweistundentakt nach München und Augsburg.

Gasthaus zum Hirsch, Georg-Fischer-Straße 1, 87616 Marktoberdorf, Tel. 08342/2342, Fax 7191, www.hotel-hirsch-mod.de; DZ ab 88 €. Das Gebäude ist das Geburtshaus des Barockbaumeisters Johann Georg Fischer (1673–1747). Er war ein Neffe von Johann Jakob Herkommer und übernahm nach dessen Tod die Firma, in der er bereits seit seiner Ausbildung gearbeitet hatte. Eines seiner Meisterwerke ist die Schlossbergkirche St. Martin, die man vom Hotel aus sehen kann. Darüber hinaus gibt es leckere saisonale Küche, saftige Steaks und phantasievolle

Crossover-Küche sowie gastliche Zimmer und ein Appartment.
Hotel Sepp, Bahnhofstr. 13, 87616 Marktoberdorf, Tel. 08342/7090, www.hotel sepp.com; DZ ab 70 €. Der Familienbetrieb mit 120 Jahre langer Tradition ist mit 100 Betten der größte Übernachtungsbetrieb der Stadt. Der Gast findet dort das Original des Verhaftungsprotokolls von König Ludwig II., dem Erbauer des Schlosses Neuschwanstein. Außerdem gibt es im Hotel eine Kapelle und eine Bibliothek, einen König-Ludwig-Brunnen und einen Gewürzgarten. Wohl auch wegen letzterem wurde die Küche des Hauses für die Erhaltung und Förderung der regionalen Küche und Wirtshaustradition ausgezeichnet.
Naturland Bio-Bauernhof Knestel, Weibletshofen 4, 87616 Marktoberdorf, Tel. 08342/5979, www.bauernhof-knestel. de; 50 € für 2 Pers., jede weitere Person 10 €. Zwei gemütliche Ferienwohnungen für 2–5 Personen, 1 km westlich von Marktoberdorf.

Sailer Bräu, Marktplatz 6, 87616 Marktoberdorf, Tel. 08342/4203200, www. sailerbraeu.com; tgl. ab 10 Uhr. Im Zentrum, neben Kirche und altem Rathaus in einem der ältesten Häuser der Stadt, saisonale, regionale und kreative Küche.

Gasthof zum Burger, Georg-Fischer-Straße 23, 87616 Marktoberdorf, Tel. 08342/2674, www.zum-burger.de; Mo–Sa 9–24 Uhr, So ab 9 Uhr, warme Küche 11.30–14.30 Uhr und 17.30–20.30 Uhr. Bodenständige traditionelle allgäuerische und altbayerische Küche mit regionalen Zutaten; Biergarten und Imbiss mit Straßenverkauf.

momentee, Kemptener Straße 1a; Mo–Sa 9–19 Uhr. Tee, Kaffee und Schokoladenspezialitäten, ruhige Atmosphäre, kleine Gerichte und hausgemachter Kuchen.

Stadtmuseum im **Martinsheim**, Eberle-Kögl-Str. 11, 87616 Marktoberdorf, Tel. 08342/41982; Mi 14–16 Uhr, jeden 2. und 4. So im Monat 11–12 und 14–16 Uhr. Das **Paul-Röder-Museum** im selben Gebäude hat jeden 2. Sonntag im Monat von 14–16 Uhr sowie nach Vereinbarung geöffnet.

Hartmannhaus, Meichelbeckstr. 16, 87616 Marktoberdorf, Tel. 95463, Fax 400865; jeden 2. So im Monat 14–16.30 Uhr.

Künstlerhaus Marktoberdorf, Kemptener Str. 5, Tel. 08342/918337, www.kuenstlerhaus-marktoberdorf.de; Di, Mi, Do, Fr 15–18 Uhr, Sa, So, Fei 14–18 Uhr,

Fendt Forum, Micheletalweg 14, www.fendt.com; Mo–Do 10–16 Uhr, Fr 10–14 Uhr.

Modelleisenbahnmuseum & Laden, Am Hörtnagel 2, 87616 Thalhofen, Tel. 08342/916160, www.eisenbahnmuseum-allgaeu.de; Di–Fr 14.30–18 Uhr, Sa 10–12 und 14.30–17 Uhr.

Bayerische Musikakademie im ehemaligen Kurfürstenschloss, Kurfürstenstr. 19, 87616 Marktoberdorf, Tel. 08342/96180, Fax 961859, www.musikinbayern.de.

Veranstaltungszentrum MODEON, Schwabenstr. 58, 87616 Marktoberdorf, Tel. 08342/40123, Fax 400896, www.modeon.de.

Filmburg, Gschwenderstr. 7, 87616 Marktoberdorf, Tel. 08342/916683, Fax 42668, www.filmburg.de.

Anton-Schmid-Hallen- und Freibad, Bahnhofstraße 42, 87616 Marktoberdorf, Tel. 08342/895870, www.hallenbad-marktoberdorf.de. Modernes, barrierefreies und familienfreundliches Freizeitbad.

Umgebung von Marktoberdorf

■ **Römerbad Kohlhunden**

Beim Bau einer Umgehungsstraße für den Weiler Kohlhunden südlich von Marktoberdorf entdeckte man den Standort eines römischen Gutshofes, einer **Villa Rustica**. Insbesondere im Familienbad rund 40 Meter neben dem Haupthaus kann man sämtliche Funktionsräume und die Heiztechnik noch gut erkennen. Die Fundamentreste sind durch einen Schutzbau aus Glas gesichert und können jederzeit besichtigt werden. Der daneben stehende Turm stammt genauso wenig aus der Römerzeit wie der Holzofen. Aber die ausführliche Beschilderung erklärt die Besonderheiten des römischen Lebens an diesem Ort. Der Parkplatz befindet sich am Kuhstallweiher auf der anderen Seite der Unterführung.

In der Nähe des Römerbades befindet sich in einem Waldstück ein **Pestfriedhof**, der vermutlich bereits 1349 angelegt wurde. Die Umfassungsmauer aus den Pestjahren 1634/35 wurde 1913 wieder aufgebaut. Der Terra-Nostra-Pfad II (→ S. 142) führt dorthin.

Am Parkplatz des Römerbades beim Kuhstallweiher beginnt ein knapp fünf Kilometer langer Rundweg, der für Erwachsene **Terra-Nostra-** und für Kinder **Klobunzeleweg** heißt. Auf der gemeinsamen Strecke können sich Erwachsene über kulturhistorische und geologische

Ostallgäu

Besonderheiten der Gegend informieren, während die Kleinen kindgerechte Informationen erhalten. Der Weg führt unter anderem zur **Kindle-Kapelle.** Diese wird bis heute gerne von Frauen und Müttern besucht, die dort Rat suchen oder für ihre Kinder beten. Die Kapelle wurde erst 1971 errichtet, geht aber auf ein Gebäude aus dem Jahr 1881 zurück. Weiter geht es zum **Ettwieser Weiher**, rund drei Kilometer südlich von Marktoberdorf. Der beliebte Badesee wird im Winter auch gerne zum Schlittschuhlaufen genutzt. Dort gibt es außerdem einen Kiosk, behindertengerechte sanitäre Anlagen und Umkleidekabinen, einen Kinderspielplatz und eine Holzinsel im See. Am Parkplatz des Kuhstallweihers beim Römerbad beginnt auch der **Terra-Nostra-Pfad II**. Der sechs Kilometer lange Weg führt am alten Pestfriedhof vorbei nach Rieder und am Eisweiher wieder zurück zum Kuhstallweiher. 13 Tafeln informieren über die Geschichte des Ortes, von der Römerzeit bis zu den Kriegsgefangenen des Ersten Weltkrieges. An einem Platz kann man sämtliche ›Bäume des Jahres‹ seit 1986 bewundern.

■ Lechbruck

Lechbruck am See blickt auf eine lange Flößertradition zurück. In einem Haus aus dem 17. Jahrhundert wurde deshalb ein **Flößermuseum** eingerichtet. Die Ausstellung widmet sich nicht nur den Flößern, sondern auch dem Leben im Flößerdorf. Außerdem bietet die Touristeninformation von Mitte Juni bis Ende September **Floßfahrten** auf dem inzwischen zu einem See aufgestauten Lech an. Das ist glücklicherweise nicht mehr so gefährlich wie in den alten Zeiten, aber ein besonderes Erlebnis ist es doch.

Ein drei Kilometer langer **Panoramaweg** führt über die Straße ›Brandach‹ aus Lechbruch hinaus, am Golfplatz ›Auf dem Gsteig‹ entlang und durch das Ostermoos wieder zurück. Auf dem Weg hat man einen guten Blick auf den Ort am Oberen Lechsee. Vom selben Ausgangspunkt aus sind es gute acht Kilometer bis zum Auerberg. Und von der Lechbrücke aus sind es nur sechs Kilometer nach Steingaden und knapp elf Kilometer bis zur Wieskirche (→ S. 164). Ebenfalls an der Lechbrücke startet der **Lech-Erlebnisweg** mit mehreren Bewegungs- und Erfahrungsstationen vom dreistufigen Reck bis zur Windrose mit Kilometerangaben.

Von der Lechbrücke aus hat man auch einen guten Blick auf die **Pfarrkirche Mariä Heimsuchung** in Lechbruck. Sie wurde 1790 geweiht, ihre frühklassizistische Ausstattung ist in dieser Gegend eher ungewöhnlich.

Die alte Tradition des **Wendelinsrittes** zur gleichnamigen Kirche an der Straße nach Roßhaupten wurde in den letzten Jahren wiederbelebt. An einem Sonntag um den 20. Oktober ziehen Reiter und Fuhrwerke zum Gotteshaus und bitten dort um Segen. Anschließend trifft man sich in der Reithalle im Gewerbegebiet Weisenmoos zum Essen und Trinken und gemütlichen Beisammensein.

Der Wendelinsritt geht wie der Georgiritt am Auerberg (→ S. 145) auf den Beginn des vorigen Jahrhunderts zurück. Der Legende nach lebte der heilige Wendelin im 6. Jahrhundert, es wird angenommen, dass er der Sohn eines irischen Königs war, der ins Saarland auswanderte. Er gilt als Viehheiliger; aus dem Jahr 1723 ist ein Bittgottesdienst der Viehzüchter in der Wendelinkapelle bekannt.

Karte S. 117

Flößerdenkmal in Lechbruck

Dem Gedächtnis der alten Lechflößer und
ihrer Meister Enzensberger fichtl Heißerer
keller knappich ott Peß Weinmüller Puff

Der Lech, die Lechflößer und der Lechweg

Der Lech entspringt in den Kalkalpen im Arlberggebiet und gibt dem Gebirgszug sogar seinen Namen: Lechquellgebirge. Dort lebt heute aufgrund einer Wiedereinsetzung des Steinwilds im Jahr 1958 mit rund 600 Tieren eine der größten Steinbockpopulationen Europas. Beim Ort Lech in Vorarlberg vereinigen sich die beiden Quellflüsse Formarinbach und Spullerbach zum Lech. Das Lechtal gilt als eine der letzten Wildflusslandschaften in Europa, und die Lechauen sind Heimat für zahlreiche, zum Teil geschützte Orchideenarten und Brutvögel. Auf dem 120 Kilometer langen Lechweg kann man den Fluss als Wanderer von der Quelle beim Formarinsee bis zum Wasserfall bei Füssen begleiten. Die Touristeninformation Füssen (→ S. 156) hält Informationen und Wanderkarten bereit (www.lechweg.com).

Bei Füssen überquert der Fluss die Grenze und zwar jedes Jahr mit rund 2,1 Milliarden Kubikmetern Wasser. In Bayern fließt der Lech durch Schongau, Landsberg und Augsburg, bevor er schließlich bei Marxheim in die Donau mündet. Auf seinem Weg legt er etwa 260 Kilometer und mehr als 2600 Höhenmeter zurück. Im Süden bildet er die östliche Grenze des Allgäus.

Zur Stromgewinnung wird der Fluss in Bayern inzwischen 29 Mal gestaut und fließt eher träge dahin. Einst aber war der Lech ein wilder Fluss, mit zahlreichen Stromschnellen und Klippen. Und es gab immer wieder verheerende Hochwasser. Dennoch wurden Waren, die mit Fuhrwerken von Italien aus über die Berge kamen, in Füssen auf Flöße verladen. Holz und Kalk vom Oberlauf des Lechs wurden auf der Wasserstraße befördert, und sogar Reisende fuhren auf den Flößen mit.

Über die Wasserstraße Lech versorgte sich beispielsweise die Stadt Augsburg mit Holz, das sie als Benn- und Baumaterial brauchte. Auch Kalk, Gips, Sandstein und Marmor wurden von den Flößern in die große Stadt gebracht. Darüber hinaus transportierten die Flöße Lebensmittel wie Eier, Käse und Bier sowie lebendiges Vieh, also Schweine, Kühe, Pferde. Und natürlich die Importgüter aus Italien wie Oliven und Wein, Seide und Silberwaren. Bis zu 36 Zentner wurden auf ein Floß geladen. Die Lechbrucker Flößer fuhren jedoch nicht nur bis Augsburg, sondern auch nach Wien, Budapest und Belgrad. Am Zielort wurde das Handelsgut abgeladen, das Floß zerlegt und als Holz verkauft. Dann machten sich die Flößer auf den Heimweg – zu Fuß, denn eine Kutschfahrt konnten sie sich nicht leisten.

Die Flößer verrichteten eine gefährliche Arbeit, und dementsprechend groß war ihre Verehrung für den heiligen Johann von Nepomuk, den Patron der Schiffer und Flößer. An der Brücke in Lechbruck zeugt ein barockes Standbild von dieser innigen Heiligenanbetung.

Voraussetzungen für das Handwerk der Flößer waren das Holz, die Handelsgüter und der Lech. Die Eisenbahn konnte Waren jedoch schneller, pünktlicher, sicherer und sogar billiger transportieren. Als dann auch noch in vermehrten Maße die Wasserkraft als Energie genutzt wurde und die Wasserkraftwerke den Flößern den Weg versperrten, mussten diese ihren Beruf aufgeben. Im Jahr 1921 fuhren die letzten Flöße den Lech hinunter.

Das Flößermuseum in Lechbruck informiert über die Arbeit und das Leben der Flößer und ihrer Familien (→ S. 149). Im Stauwerk am Forggensee kann man sich über die Stromgewinnung durch Wasserkraft informieren (→ S. 166).

■ **Auerberg**

Auf dem Weg von Marktoberdorf nach Füssen ragt der **Auerberg** 1056 Meter auf. Von dort oben sieht man auf der einen Seite weit in das oberbayerische Land hinein, bei gutem Wetter bis zum Peißenberg und ins Ammergebirge. Auf der anderen Seite breitet sich das Allgäu vor dem Betrachter aus. An den Flanken des Berges findet man Überreste keltischer und römischer Besiedelung. Oben am Gipfel steht die **St.-Georg-Kapelle**, ein gotischer Bau mit romanischem Turm und barocker Ausstattung. Ein besonderes Kleinod in dem Gotteshaus ist die Madonna mit der Mondsichel aus dem Jahr 1520, die von Jörg Lederer geschnitzt wurde.

Alljährlich am Sonntag nach dem Georgstag, dem 23. April, findet der **Georgiritt** auf den Auerberg statt. Die Pferdewallfahrt geht auf eine jahrhundertealte Tradition zurück, wird am Auerberg jedoch erst seit 1925 wieder praktiziert. In einem farbenfrohen Umzug ziehen der heilige Ritter Georg, mehrere römische Soldaten und einige Engel hoch zu Ross auf den Berg hinauf. Begleitet werden sie von zahlreichen berittenen und unberittenen Pferdefreunden und Anbetern des heiligen Georg. Auf dem Gipfel findet ein Gottesdienst statt, und die Pferde werden stellvertretend für alle Haustiere gesegnet. Zum Schluss umrunden die Reiter auf ihren Pferden gemeinsam die Kirche.

Der heilige Georg war zur Zeit des römischen Kaisers Diokletian (284–305) ein Märtyrer in Kappadokien (Zentralanatolien) und zählt zu den 14 Nothelfern. Das heißt, er wird von den Gläubigen als Pestheiliger und zum Schutz der Haustiere angerufen. Zur Zeit der Kreuzzüge im 12. Jahrhundert wurde die Legende des Drachentöters in seinen Lebenslauf integriert. Wobei er die Königstochter nicht rettet, um sie zu freien, sondern um sie und ihr Volk zu taufen. Aufgrund dieser Legende wird der heilige Georg meist mit einer Lanze und einem Drachen sowie als Ritter auf einem Pferd dargestellt. Das Georgskreuz, ein rotes Kreuz auf weißem Grund, ziert unter anderem die Flaggen von England, Georgien und Malta, ist in zahlreichen Wappen enthalten, etwa der Städte Freiburg im Breisgau, Genua und Montreal, sowie der Bistümer Trier und Konstanz und es ist sogar in den Abzeichen der Sportvereine AC Mailand und FC Barcelona zu sehen.

Bernbeuren gehört streng genommen nicht mehr um Ostallgäu, ist aber das östliche Tor zum Auerberg. Im **Auerbergmuseum** wird die Geschichte der Menschen, die rund um den Auerberg wohnten, beschrieben. Zum einen gibt es einige Ausgrabungsfunde von der römischen Besiedelung des Auerbergs zu sehen. Zum anderen wird die Geschichte des Dorfes Bernbeuren beschrieben. Und nicht zuletzt ist das Haus selbst ein Zeugnis der Baugeschichte des Allgäus, weil es ein traditioneller Ständerbohlenbau ist.

Beim Museum startet auch die **Via Damasia**. Sie führt auf einer vier Kilometer langen Wanderung durch die Feuer-

Die St.-Georg-Kapelle auf dem Auerberg

Ostallgäu

Blick vom Auerberg auf die Allgäuer Alpen

steinschlucht und über den Jägersteig auf den Auerberg. Acht Stationen geben beispielsweise Auskunft darüber, warum Wassergeister und Austern auf dem Auerberg zuhause sind. Oben auf dem Berg gibt es einen nördlichen und einen südlichen **Römerrundweg**, die jeweils über die römische Vergangenheit des Auerberges Auskunft geben.

In **Stötten**, am westlichen Fuß des Auerbergs, gibt es einen vier Kilometer langen **Moor-Erlebnis-Pfad** mit 13 Stationen für Erwachsene und Kinder. Start ist am Kirchplatz in Stötten. Außerdem beginnt der **alte Römerweg** in Stötten, der in einer eineinhalbstündigen Wanderung auf den 1055 Meter hohen Auerberg hinauf führt. Oben verspricht nicht nur die Aussichtsplattform auf dem Kirchturm einen schönen Bergblick. Lohnend ist auch der kurze Abstecher zum Buffernandl-Aussichtspunkt. Und natürlich lädt der Panoramagasthof unterhalb der Kirche zu einer Jause ein.

Um den Auerberg herum führt ein 20 Kilometer langer Asphaltweg auf Nebenstraßen. Knappe fünf Kilometer lang ist die **Leisewangerrunde** in Richtung Norden durch das Geltnachtal. Infos darüber und über zahlreiche andere Wander- und Radwege hat das Touristikbüro Marktoberdorf (→ S. 140).

■ Roßhaupten

Südlich vom Auerberg liegt der Forggensee. An dessen Nordseite ist man in Roßhaupten stolz auf die drei Künstler, die das Dorf hervorgebracht hat, und sie werden im **Dorfmuseum** entsprechend gewürdigt. Da ist zum einen der im Weiler Tiefenbruck geborene **Caspar Tiefenbrugger** (1514–1570). Er stammt aus einer Familie von Instrumentenbauern, und es heißt, er habe die erste Geige gebaut. Während das Instrument jedoch einen Siegeszug um die Welt antrat, starb ihr Erbauer in Armut. Tiefenbrugger war über Füssen nach Lyon gezogen. Dort wurde er enteignet, weil auf seinem Grund die Befestigungsanlagen von Lyon gebaut werden sollten. Aufgrund einer Finanzkrise der Stadt bekam er jedoch keine Entschädigungszahlungen. Heute erinnern ein Denkmal vor der Grundschule in Haupten sowie am Brotmarkt in Füssen an den Handwerker.

Der Barockbaumeister, Maler und Architekt **Johann Jacob Herkommer** (1652–1717) hat in der Taferne (Gastwirtschaft) im nahegelegenen Sameister das Licht der Welt erblickt. Unter seiner Leitung wurden das Kloster St. Mang in Füssen und die St.-Lorenz-Kirche in Kempten erbaut. Außerdem war er im Kloster Ottobeuren beratend tätig. Nach einem

Karte S. 117

schaffensreichen Leben fand er auf dem Friedhof von Sameister seine letzte Ruhe. Der Dritte im Bunde ist der Hofbildhauer **Roman Anton Boos** (1733–1810) aus dem Weiler Bischofswang. Er war der führende Bildhauer des Klassizismus in München. Die Fassade der Theatiner Hofkirche und die Kanzel der Frauenkirche in München gehören ebenso zu seinen Arbeiten wie die Reliefs der Klosterkirche in Ettal und Puttenpaare in der Klosterkirche von Benediktbeuren. Außerdem gründete er mit drei Malern eine private Zeichenkunst- und Bildhauerschule, aus der 1770 die vom Kurfürsten genehmigte Akademie der bildenden Künste entstand.

Das Museum erzählt aber auch von der Geschichte des Dorfes und von den Mythen, die sich daraus entwickelt haben. Es berichtet von der Kunstblumenherstellung, die heimatvertriebene Unternehmer aus dem Sudetenland nach Süddeutschland importierten. Und ein Teil der Ausstellung widmet sich der Via Claudia Augusta, die seit über 2000 Jahren die Menschen von der Donauebene bis zur Adria miteinander verbindet.

In der Ulrichskapelle in Fischhaus

Nördlich von Roßhaupten, an der B16 Richtung Marktoberdorf, steht eine ungewöhnliche Kirche, die über eine Brücke mit dem Haus nebenan verbunden ist. Auch der Hausname **Fischhaus** verblüfft inmitten der grünen Wiesen. Tatsächlich wurde das Haus auf einer Insel inmitten eines Fischteichs gebaut und war um 1450 das Wohnhaus des fürstbischöflichen Fischmeisters. In der nebenstehenden **Ulrichskapelle** hielten die Augsburger Bischöfe ihre Andachten, wenn sie zur Sommerfrische nach Fischhaus kamen. Mitte des 18. Jahrhunderts wurde das ursprünglich gotische Gotteshaus barockisiert. Über dem Sakralraum entstanden zwei Räume, die man durch das Kircheninnere betreten kann und über die Brücke, die zum Wohnhaus hin-über führt. Der heilige Ulrich auf dem Altar war einst das Modell für dessen Grabmal im Dom von Augsburg. Im Jahre 1802 wurde das Anwesen säkularisiert, rund 50 Jahre später baute der Besitzer die Fassade im neugotischen Stil um. Die Kirche ist bis heute in Privatbesitz, der Eigentümer im Fischhaus 1 hat den Schlüssel, um das Gotteshaus zu besichtigen.

Das Verkehrsamt **Roßhaupten** hat außerdem sieben Radtouren rund um den Auerberg ausgearbeitet.

■ Görisried

Rund um Görisried gibt es sieben verschiedene **ausgeschilderte Wanderwege**, vom zwölf Kilometer und dreieinhalb Stunden langen Rundweg Wildberg bis zum einen Kilometer kurzen Rundweg um die Mühlhalde. Außerdem laden drei **bewirtschaftete Alpen** zur Einkehr ein: die Alpe Wildberger Hof, die Alpe Beilstein und die Mehlblock Alpe. Die Gemeinde Görisried hat Kartenmaterial für Wanderer, Radfahrer und Wintersportler.

Ostallgäu

■ **Rund um Aitrang**

Zum Ortsteil Aitrang gehört die **Wallfahrtskirche St. Alban** auf einer kleinen Anhöhe südlich der Straße nach Günzach. Der Hochaltar samt Altarraum wurde von Dominikus Zimmermann, dem berühmten Erbauer der Wieskirche, gestaltet. Ein besonderes Erlebnis ist ein Orgelkonzert auf dem Instrument mit 30 Registern. Infos darüber hat die Touristeninformation Ostallgäu (→ S. 120). Zwei Kilometer südlich lädt der **Lange Weiher**, ein Moorsee, zum Wandern und Baden ein.

Zwischen Marktoberdorf und Aitrang liegt der Elbsee in einem malerischen Hochmoor-Biotop. Auf dem sechs Kilometer langen **Elbsee-Rundwanderweg**, der in Aitrang startet, kann man diese außergewöhnliche Natur erleben; die gemütliche Seealpe lädt unterwegs zur Einkehr ein. Achtung: Der Weg durch das Moor kann matschig sein.

Wer gerne selbst eine Brotzeit mitnimmt, und nicht nur dem, sei die **Käserei Stich in Ruderatshofen** empfohlen. Die Familienbetrieb in vierter Generation verarbeitet täglich rund 30 000 Liter Milch. Dort bekommt man nicht nur den Allgäuer Bergkäse, sondern kann sich auch mit Wurst und Konfitüre versorgen. Oder man isst an Ort und Stelle in der gemütlichen Stube. Auf Anfrage gibt es Führungen durch die Käserei.

Kulinarisch interessant ist auch die **Gasthaus-Brauerei im Hotel Hubertus in Apfeltrang**, auf Anfrage kann man die Brauerei besichtigen und sogar selbst Bierbrauen lernen.

ℹ Umgebung Marktoberdorf

Touristeninformation Lechbruck, Flößerstr. 1, 86983 Lechbruck am See, Tel. 08862/987830, Fax 987820, www.lechbruck.de.

Touristeninformation Bernbeuren, Marktplatz 4, 86975 Bernbeuren, Tel. 08860/210, www.bernbeuren.de; Mo–Fr 8–12 Uhr, Do 15–18 Uhr, Sa 9.30–11 Uhr.

Verkehrsamt Roßhaupten, Hauptstr. 10, 87672 Roßhaupten, Tel. 08367/364, Fax 1267, www.rosshaupten.de; Mo–Fr 8.30–12.30 Uhr.

Tourismusamt Stötten am Auerberg, Füssener Straße 11, 87675 Stötten a.A., Tel. 08349/9204, www.stoetten.de.

Gemeinde Görisried, Kirchplatz 8, 87657 Görisried, Tel. 08302/9723, Fax 9724, www.goerisried.de; Mo, Mi, Fr 8–12 Uhr.

🛏 ✕

Landhaus auf der Gsteig, Gsteig 1, 86983 Lechbruck am See, Tel. 08862/98770, www.landhaus-gsteig.de; DZ ab 110 €. Gehobene regionale Küche, Restaurant tgl. 7–24 Uhr, große Karte nur 11.30–14 und 17.30–21 Uhr, kleine Karte auch mit warmen Gerichten.

Panoramagasthof auf dem Auerberg, Auerberg 2, 86975 Bernbeuren, Tel. 08860/8563, www.auerberghotel.de; DZ ab 90 €. Regionale Küche

Landgasthof Sonne, Dorfstraße 7, 87675 Stötten a.A., Tel. 08349/211, www.landgasthofsonne.de; DZ ab 60 €. Traditionelle Küche, Biergarten, tgl. ab 8 Uhr, warme Küche 11.30–13.30 Uhr und 17.30–20.30 Uhr.

Landgasthof Berghof, Nesselwanger Straße 44, 87616 Wald, Tel. 08302/200, www.berghof-babel.de; DZ ab 90 €. Käserei- und Brauerei-Führungen nach Anmeldung, eigene Milchviehhaltung, Streichelzoo, Ponyreiten, Fahrradverleih, Hallenbad. Restaurant tgl. ab 16.30 Uhr.

Landgasthof, Brauerei, Hotel Hubertus, Wenglinger Straße 2, 87674 Apfeltrang, Tel. 08341/81976, www.hubertus-apfeltrang.de; DZ ab 80 €. Kegelbahnen, Freibad, umfangreiches Freizeit und Wellnessangebot, Brauereiführung und Braukurse.

Campingplatz Oberer Lechsee, Via Claudia 6, 86983 Lechbruck am See, Tel. 08862/8426, Fax 7570, www.via-clau

dia-camping.de; ganzjährig. Für Rollstuhlfahrer geeignet, Wohnwagenvermietung, Wohnmobilstellplätze, Einkaufsmöglichkeiten, Internet, Bibliothek, Spieleverleih und Restaurant.

Campingplatz und Restaurant Elbsee, Am Elbsee 3, 87648 Aitrang, Tel. 08343/248, www.elbsee.eu; ganzjährig. 116 Stellplätze, 2 Fewo, barrierefreie Sanitärräume, Sauna, Laden, Café, Restaurant, umfangreiches Freizeit- und Sportangebot, Kräuterlehrpfad und Europäisches Umweltzeichen für Campingplätze.

Café im Blütenreich, Füssener Straße 13, 86975 Bernbeuren, Tel. 08860/9227441; Do, Fr 9–12 und 14–18 Uhr, Sa 10–17 Uhr. Frühstück, hausgebackener Kuchen und Kaffee in Bio-Qualität im historischen Bauernhaus.

Seestüberl Haslacher See, nördlich von Bernbeuren, Tel. 0150/12490560, tgl. nach Witterung ab 10 Uhr.

Alpe Wildberger Hof, Wildberger Hof 1, 87657 Görisried, Tel. 08302/1035, im Süden des Ortsteils Wildberg.

Alpe Beilstein, 87657 Görisried, Tel. 08302/221, zwischen Görisried und Oberghingau, bei gutem Wetter geöffnet, Kutschfahrten nach Vereinbarung.

Mehlblock Alpe, 87657 Görisried, nach dem Ortsende 2,5 Kilometer Richtung Betzigau, dann rechts abbiegen und den Schildern folgen. Im Sommer geöffnet – solange die ›Schumpen‹ (das junge Rindvieh) draußen weiden.

Gasthaus Seealpe, 87648 Aitrang, Tel. 08377/799, ausgeschilderter Wanderweg vom Parkplatz Seealpe-Elbsee oder von Aitrang aus. Mi, Fr–So bis etwa 18 Uhr.

Bergmang Alpe, Bergmangstr. 26, 87674 Hiemenhofen, Tel. 08343/929419; Mo Ruhetag, Getränke, Brotzeit, Kaffee und Kuchen, steiler Wanderweg vom Parkplatz bei Hiemenhofen, flacher Wanderweg vom Parkplatz zwischen Apfeltrang und Wenglingen (jew. ca. 20 Min.).

Villa Rustika, Gelände an der Straße bei Kohlhunden, Zutritt jederzeit, Führungen im Sommer So 10–12 Uhr.

Flößermuseum, Weidach Nr. 8, 86983 Lechbruck, www.floesser-lechbruck.de; Do 17.30–19 Uhr, So 16–18 Uhr sowie nach tel. Vereinbarung mit der Touristeninformation Lechbruck. Der gedruckte Museumsführer ›Auf den Spuren der Lechflößer‹ ist ein informatives Souvenir, er ist auch bei der Touristeninformation erhältlich.

Auerbergmuseum, Mühlenstraße 9, 86975 Bernbeuren, Tel. 08860/638, www.auerbergmuseum.de; Mai–Sept Sa 15–17 Uhr, So, Fei 14–17 Uhr und nach Vereinbarung,

Dorfmuseum, Pfannerhaus, Hauptstr. 1, 87672 Roßhaupten, Tel. 08367/364.

Molkereimuseum, Füssener Straße 24, 86975 Bernbeuren, Tel. 08841/4896149. Geöffnet nach telefonischer Anmeldung.

Fahrradverleih Lechbruck, Richard Fahl, Schongauer Str. 23, 86983, Lechbruck am See, Tell. 8862/774212.

Fahrradverleih Roßhaupten, Stefan's Sport Eck, Hauptstr. 20/22, 87672 Roßhaupten, Tel. 08367/622.

Kutschfahrten mit Franz Hipp nach Vereinbarung, Loxhub 5, 86975 Bernbeuren, Tel. 08860/562.

Käserei Stich, Käs-Laden Mo–Fr 6–18 Uhr, Sa 6–12 Uhr, Käs-Stube Mi-Sa ab 17 Uhr, Hauptstraße 2, 87674 Ruderatshofen, Tel. 08343 92390, www.kaeserei-stich.de, traditioneller Familienbetrieb mit Käseladen und Käsestube, Führungen auf Anfrage

Walder Käskuche, Adresse siehe Landgasthof Bergof, www.walder-kaeskuche.de; Laden Di, Mi 11.30–18 Uhr, Do, Fr 11.30–23 Uhr, Sa 9.30–18 Uhr, So, Fei 9.30–12 u. 14–18 Uhr.

Füssen

Vor allem die nahegelegenen Königsschlösser Neuschwanstein und Hohenschwangau locken Besucher aus Nah und Fern. Bei der Jagd nach touristischen Höhepunkten sollte man jedoch auch etwas Zeit für die Altstadt von Füssen und das Kloster Sankt Mang einplanen. In und um Füssen wird die Natur als Touristenattraktion und Erholungsspenderin mit einer Vielzahl von modernen Wellness-Angeboten unterstützt. Der Stadtteil Bad Faulenbach ist Mineral- und Moorheilbad, Hopfen am See ist Kneipp- und Luftkurort und Weissensee anerkannter Erholungsort. Auch die alten Römer wussten bereits die Kräfte der Natur effizient zu nutzen. Bei Ausgrabungen fand man am Fuße des Tegelberges eine römische Therme mit einem freskengeschmückten Kaltbad und einer Heißwasserbadewanne mit Boiler.

König Ludwig II. stattete sein Lieblingsschloss Neuschwanstein zu Ende des 19. Jahrhundert bereits mit einer Zentralheizung aus, zu Beginn der Industriellen Revolution eine echte Novität.

Stadtgeschichte

An der Stelle, wo der Lech aus den Alpen heraustritt, errichteten die Römer bereits im 3. Jahrhundert ein Militärlager mit dem Namen Foetibus. Daraus entwickelte sich im Laufe der Zeit der heutige Ortsname Füssen. Auf dem Schlossberg wurden Fundamente eines Kastells aus dem 5. Jahrhundert gefunden. Dieses Kastell sicherte die Via Claudia Augusta, also die Römerstraße, die Norditalien mit der römischen Provinz in Süddeutschland verband. Rund 200 Jahre später wurden die Römer jedoch von den Alemannen vertrieben. Die Franken wiederum besiegten und christianisierten die Alemannen, und der Mönch Magnus aus Sankt Gallen ließ sich in der ersten Hälfte des 8. Jahrhunderts in Füssen nieder. Der sogenannte Apostel des Allgäus wird seit dem Jahre 840 als Heiliger verehrt. Weitere Mönche folgten ihm und gründeten im 9. Jahrhundert das Kloster St. Mang. Jenseits des Lechs, von der Schwangauer Straße in der Nähe der Theresienbrücke aus hat man einen besonders schönen Blick auf das barocke Klostergebäude mit der Basilika aus den Jahren 1696 bis 1726.

Rein optisch thront in Füssen das Hohe Schloss als weltliches Zentrum über dem Kloster. Tatsächlich aber waren die Augsburger Fürstbischöfe ab 1313 die Herren der Stadt, bis 1812, also beinahe 500 Jahre. Von 1486 bis 1505 ließen sie das Schloss errichten, das zu ihrer Sommerresidenz wurde. Auch der weltliche Herrscher Kaiser Maximilian II. (1459–1519) war gerne und oft in der Stadt, um in der Umgebung von Füssen auf die Jagd zu gehen; beinahe 40-mal war er Gast im Hohen Schloss.

Füssen wurde im 16. Jahrhundert zum Zentrum des Geigen- und Lautenmacherhandwerks in Deutschland, und berühmte Handwerker wie Karl Tiefenbrugger

In der Staatsgalerie im Hohen Schloss

Hohes Schloss und Kloster St. Mang in Füssen

Ostallgäu

ließen sich dort nieder. Das Geschäft florierte so gut, dass 1562 in Füssen die erste Lautenmacher-Zunft Europas gegründet wurde. Unter den 2000 Einwohnern der Stadt waren 20 Lautenmachermeister.

Die Blütezeit der Stadt lag im 15. und 16. Jahrhundert. Während in anderen Orten das Geld aus dem Wegezoll von den Bürgern in die Wirtschaft investiert wurde und damit die Städte wuchsen, kassierte in Füssen das Kloster die Einnahmen. Aus diesem Grund blieb Füssen trotz wirtschaftlicher Blüte eine kleine, kompakte Stadt, deren Befestigung nur einmal um ein kleines Areal im Südosten erweitert wurde.

Der Dreißigjährige Krieg und die Verlegung der europäischen Handelsstraßen beendeten jedoch die glanzvolle Zeit. Und im Rahmen der bayerischen Säkularisation kam Füssen zu Bayern: im Jahr 1803 zunächst die Stadt, zwei Jahre später das Franziskanerkloster und 1806 auch das Kloster Sankt Mang. Der Zweite Weltkrieg hinterließ zumindest in der Füssener Altstadt keine zerstörerischen Spuren, und so hat sich der kompakte, in sich geschlossene Altstadtkern gut erhalten, auch wenn die Stadtmauer nur noch in Teilen besteht, die längste Passage davon in Richtung Schwangau.

Sehenswürdigkeiten

■ Hohes Schloss

Erster Bauherr des Hohen Schlosses, das auf der Anhöhe über Füssen thront, war Ende des 13. Jahrhunderts Herzog Ludwig der Strenge von Bayern. Um 1500 erweiterte und veränderte Bischof Friedrich II. von Zollern das Gebäude grundlegend, und schuf eine der bedeutendsten spätgotischen Schlossanlagen Deutschlands. Im Innenhof verblüffen zahlreiche **Illusionsmalereien**. Die meisten Erker im Innenhof sind beispielsweise nur eindimensional, während die echte Aussicht von den Türmen herab tatsächlich beeindruckt. Der Wehrgang, der Uhrturm und der Fallturm sind zur Besichtigung freigegeben.

Im Nordflügel der Anlage hat die **Bayerische Staatsgemäldesammlung** eine Galerie eingerichtet, die Einblicke in die Kunst der Spätgotik im Allgäu gewährt. Dazu passt der Rittersaal der Residenz, der in der selben Zeit entstand. Die Holzschnitzereien an der Decke werden dem Allgäuer Jörg Lederer zugeschrieben, der eine Weile Füssener Bürger war, bevor er seine Werkstatt in Kaufbeuren aufbaute.

■ Kloster St. Mang

Der heutige barocke Bau des Klosters St. Mang, am Gaisberg etwas unterhalb des Schlosses, stammt aus dem 18. Jahrhundert. In seinen Räumen befindet sich das **Stadtmuseum**. Das Gebäude selbst erzählt von der beinahe 800 Jahre langen Geschichte des Klosters. Der barocke Repräsentationsraum, der sogenannte Kaisersaal, beispielsweise steht mit seiner Pracht für den Ehrgeiz der Geistlichen, reichsunmittelbar zu werden. Um den Prunk in das richtige Verhältnis zu setzen, sollte man sich vergegenwärtigen, dass der Benediktiner-Konvent im Schnitt lediglich 7 bis 19 Mitglieder hatte.

Technisch interessant ist die Tatsache, dass sämtliche Uhren des Hauses zentral gesteuert wurden, auch diejenige, die man beim Eintritt in den Innenhof durch ein Glasfenster in der Decke des Torbogens sieht. Sie hat nur einen Stundenzeiger, der genügte, damit der Torwächter das sogenannte Stundengebet nicht versäumte. Leider ist die Vorrichtung der zentralen Uhrsteuerung im Laufe der Zeit abgebaut und nicht mehr erneuert worden.

Ein Teil der Ausstellung widmet sich mit viel Multimedia-Informationen dem **Lauten- und Geigenbau** in Füssen. Unter den interessanten Exponaten ist beispielsweise eine Repräsentations-Laute aus Elfenbein, die nicht wegen ihres Klangs, sondern wegen ihrer Exklusivität zum Sammlergegenstand wurde.

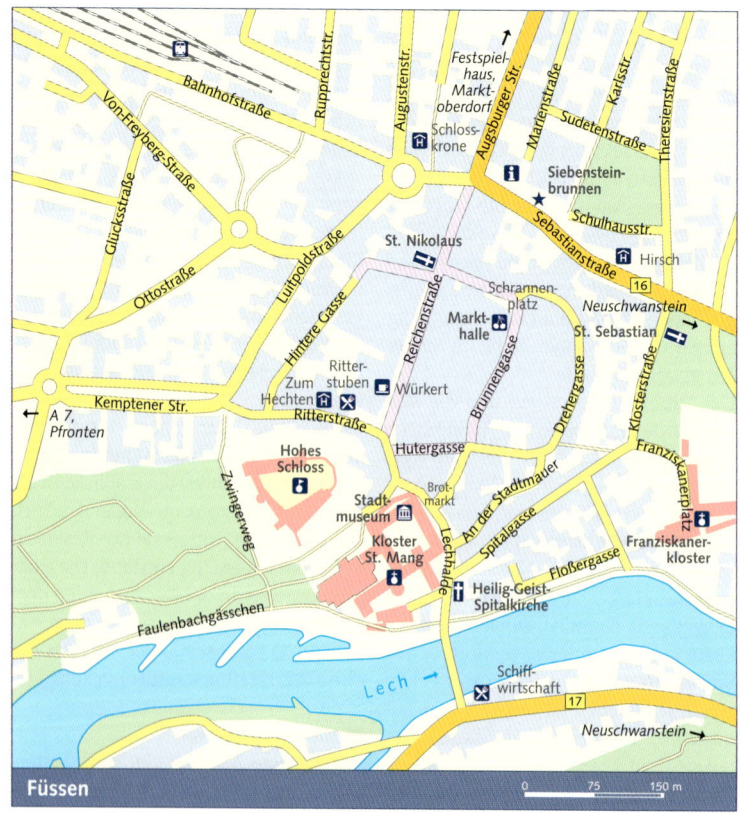

Füssen

Im Erdgeschoss des Museums sind noch ein Fußboden aus dem 12. bis 15. Jahrhundert sowie gotische Wandmalereien erhalten. Man kann also in dem Kloster auch die Baugeschichte des Gebäudes nachvollziehen.

In der über das Museum zugänglichen ehemaligen **Annakapelle** führt der Tod auf 20 Bildtafeln die Menschen zum ›letzten Tanz‹, die Reichen wie die Armen – und zuletzt sogar den Künstler selbst. Jakob Hiebeler hat den Monumental-Totentanz im Jahr 1602 geschaffen, der heute zu den bedeutendsten in ganz Europa zählt. Aus der Reihenfolge der Bilder ergibt sich auch die Rangfolge der Stände einer bürgerlichen Kleinstadt. Denn der Tod holt sie alle, vom höchsten bis zum niedrigsten Stand, vom Papst bis zum Kind. Sogar eine Hexe ist darunter. Allerdings wurde die Annakapelle verkürzt und die Bildertafeln aus diesem Grund umgehängt. In der ursprünglichen Reihenfolge kam nach der ersten die nun dritte Reihe, dann erst die zweite und zuletzt die vierte Reihe. Leider wurden auf den Informationstafeln zum Totentanz die Unterhaltungen zwischen dem Tod und seinen Opfern nicht abgedruckt. Dabei sind in einem Totentanz oft auch eine gewisse Ständekritik und Satire enthalten. Hier zum Beispiel die Unterhaltung zwischen dem Tod und dem Wirt:

Der Tod:
Kunst hast abglernet Chriso fein
Aus Wasser hast du gmacht offt wein.
An einer maß zwey kreutzer gwin,
Ist gar zu vil tantz hehr muest hin.

Der Würdt:
Ich het zwar offt vil seltzam gest,
Jetz kompt der todt und ist der lest
mit dem ich nun abrechnen mueß,
Für zech gibt er mir todten bueß.

Geigenbauer bei der Arbeit

Das älteste Bauwerk des ehemaligen Klosters und der ganzen Stadt ist die **Krypta der Magnuskirche**. Wallfahrer besuchen dort die Reliquien des heiligen Magnus, einen Stab und einen Kelch. Er gilt als Schutzpatron gegen Mäuse, Raupen und Engerlinge, und vor der Erfindung der Insektizide wurde sein Stab oft bis nach Österreich ausgeliehen, um Ungeziefer zu vertreiben. Kunstliebhaber bewundern in der Kirche das **älteste Fresko Bayerns**. Der Rest einer Wandmalerei ist über 1000 Jahre alt und gleichzeitig die älteste Darstellung des heiligen Magnus, der auf dem Bild hinter Sankt Gallus, seinem Lehrmeister, geht. Sie kann jedoch nur im Rahmen einer Kirchenführung besichtigt werden. Über die Lechhalde erreicht man den Lech, an dessen Ufer die **Heilig-Geist-Spitalkirche** steht. Der Ursprungsbau wurde 1733 ein Opfer der Flammen. Die 1749 neu errichtete Kirche schmückt nun ein Rokokofresko, das sowohl den heiligen Christopherus, den Schutzpatron der Flößer, zeigt, als auch den heiligen Florian, der gegen weitere Feuersbrünste helfen soll.

■ Altstadt

In der **Reichenstraße** wandelt man auf den Spuren der römischen Legionäre, denn sie folgt der Trasse der ehemaligen Via Claudia Augusta; gleichzeitig befindet man sich hier im Zentrum der Altstadt. Am oberen Anfang der Straße steht der Stadtbrunnen mit Füssens Patron, dem heiligen Magnus. Auf halber Strecke steht die **Krippkirche Sankt Nikolaus**, die von Johann Jakob Herkommer geplant und von seinem Neffen Johann Georg Fischer vollendet wurde. Im Inneren steht ein Altar von Domnikus Zimmermann. Die Bürgerhäuser am Straßenrand stammen aus dem 15. und 16. Jahrhundert. Und am Ende der Reichenstraße befindet sich schräg gegenüber die Touristeninformation. Der imposante begehbare **SiebenSteinBrunnen** soll sieben Jahrhunderte Stadtgeschichte symbolisieren. Sieben große Säulen wurden aus einem Steinblock gespalten, jede Säule wurde in Kopf und Körper geteilt. Die ›Köpfe‹ der Säulen werden durch den Wasserdruck in Bewegung versetzt. Auf der Sebastianstraße befindet man sich bereits außerhalb des ehemals be-

Idylle am Forggensee

festigten Stadtkerns. Vom Sebastianstor über den Seilerturm bis zum Bleichertörl ist das größte Stück der **Stadtmauer** erhalten geblieben, die um 1500 errichtet wurde.

In der Südost-Ecke der ab 1500 erweiterten, befestigten Altstadt liegt das **Franziskanerkloster**, das Bischof Heinrich von Knöringen 1628 gründete. Das Gebäude, in dem die Mönche heute leben, entstand allerdings erst im 17. und 18. Jahrhundert, und die Klosterkirche Sankt Stephan ist vergleichsweise bescheiden geschmückt, da die Franziskaner traditionell jeglichen Aufwand vermeiden. Die Mönche kümmern sich um die Kur- und Touristen- und Krankenseelsorge und arbeiten in der Pfarreiengemeinschaft von Füssen mit. Bei der Klosterkirche endet die **Romantische Straße**, eine der bekanntesten touristischen Routen in Deutschland, die in Würzburg startet und auf ihrem 413 Kilometer langen Weg zahlreiche historische Städte wie Rothenburg ob der Tauber, Augsburg und Landsberg am Lech sowie Naturlandschaften wie das Taubertal, das Nördlinger Ries oder den Lechrain besucht. Rund um die **Sankt-Sebastian-Kirche** nördlich des Klosters ist der alte Friedhof einen Spaziergang wert. Er steht

▲ *Weihnachtsmarkt in Füssen*

aufgrund der alten Gräber unter Ensembleschutz und nimmt nur noch Füssener Bürger auf, deren Familien dort bereits ein Grab haben.

Über das Pfarrgässle und die Franziskanergasse kommt man zum **Brotmarkt**, wo der Lautenmacherbrunnen an die große Vergangenheit der Füssener Instrumentenbauer erinnert. Am selben Platz befindet sich auch eine der drei Werkstätten, die heute noch in Füssen existieren.

Das Eingangstor des Hauses in der **Brunnengasse Nummer 18** schmückt ein Sandsteinrelief, das der Barockbildhauer Anton Sturm (1690–1757) im Jahr 1724 dort anbrachte. Er hatte das Haus 1721 gekauft, lebte dort mit seiner Familie und hatte dort auch seine Werkstatt eingerichtet. Der virtuose Bildhauer bereicherte sowohl das Kloster Sankt Mang als auch die Benediktinerabtei Ottobeuren, die Reichskartause Buxheim und die Wieskirche mit seinen Werken. An die Brunnengasse schließt der **Schrannenplatz** an, auf dem einst das Korn gehandelt wurde. Im ehmaligen Kornhaus befindet sich heute eine **Markthalle**, die zu einem Imbiss einlädt.

Etwas außerhalb der Stadt, zu Füßen des Kalvarienberges, liegt die **Kirche zu Unserer Lieben Frau am Berg**. Sie gehörte einst zum Füssener Leprosenhaus, das um 1300 erbaut wurde. Sie wurde 1682 neu errichtet und von Johann Schmutzer gestaltet, der auch die Colomankirche bei Schwangau verzierte. Um 1840 legte der damalige Stadtpfarrer einen **Kreuzweg** auf den Kalvarienberg an, der heute zu den schönsten in ganz Deutschland zählt. Wer die 170 Meter zum Gipfel zurücklegt, hat eine herrliche Aussicht auf die Stadt Füssen und die Königsschlösser und kann obendrein bei gutem Wetter noch einen Blick in das österreichische Lechtal werfen.

Aktivitäten

Das Tourismusamt (→ S. 156) bietet auf seiner Homepage einen Audioguide für den Stadtrundgang zum Download an. Die Informationen können auch unterwegs mit dem Handy abgerufen werden. An den jeweiligen Sehenswürdigkeiten sind Informationstafeln angebracht. Stadtrundfahrten mit dem **Füssen Express** werden auf Anfrage behindertenfreundlich durchgeführt. Und **KönigsCard**-Gastgeber überreichen ihren Gästen eine Karte, mit der rund 200 Leistungen gratis sind, beispielsweise Bergbahnen und Lifte, Bäder, Museen und die Schifffahrtslinie auf dem Forggensee. Eine Rundfahrt mit der **Forggenseeschifffahrt** ist sehr zu empfehlen, es gibt kleine (1 Stunde) und große Fahrten (2 Stunden). Bei beiden hat man einen wunderbaren Panoramablick auf die Alpen und die Schlösser Neuschwanstein und Hohenschwangau.

Der **Rad- und Wanderweg** rund um den Forggensee ist 32 Kilometer lang, bis zur Wieskirche und zurück sind es 56 Kilometer. Kürzer ist der Weg ins **Faulbacher Tal** mit etwa zehn Kilometern.

In Bad Faulenbach

Ostallgäu

Der 700 Kilometer lange **Fernradweg Via Claudia Augusta,** der von Donauwörth über Füssen nach Altino in Italien führt, der Radweg der **Romantischen Straße,** auf dem man von Würzburg bis Füssen 420 Kilometer zurücklegt, der ebenso lange **Bodensee-Königssee-Radweg,** der von Lindau bis ins Berchtesgadener Land geht, sowie die **RadRunde Allgäu,** die auf einer 460 Kilometer langen Runde durch das Allgäu führt, sie alle besuchen die Stadt Füssen. Man kann von Füssen aus auch einzelne Abschnitte dieser Fernradwege beradeln.

Die Touristeninformation hat genauere Informationen über Genuss- und E-Rad-, Rennrad- und Mountainbike-Touren sowie Radwanderkarten und bietet im Sommer regelmäßig verschiedene geführte Radtouren an.

Rund 200 Kilometer **Wanderwege** warten im Ortsgebiet Füssen darauf, begangen zu werden. Sie sind mit den im Allgäu üblichen Farben gelb für einfache Talwege, rot für mittelschwere Bergwege und blau für schwere Bergwege gekennzeichnet. Lassen Sie sich bitte nicht verwirren: in Tirol stehen blaue Punkte für einfache Talwege und schwarze Punkte für schwere Bergwege.

Einfache Talwanderungen sind beispielsweise die acht Kilometer lange **Kalvarienberg-Runde,** die bei der Touristeninformation beginnt und an der Frau-am-Berg-Kapelle vorbei dem Kreuzweg auf den Kalvarienberg folgt. Anschließend wird der Schwansee besucht, und der Rückweg verläuft am Walderlebniszentrum vorbei zum Lechwasserfall, bevor es über Bad Faulenbach wieder zurück nach Füssen geht.

Alternativ kann man dem Nordufer des **Schwanensees** folgen und weiter nach **Schwangau** wandern, am Alpsee vorbei zum **Schloss Neuschwanstein,** über das Südufer des Schwansees zum Lechfall und zurück nach Füssen. Damit hat man auf einer Wegstrecke von 15 Kilometern das Hohe Schloss in Füssen, Hohenschwangau und Neuschwanstein besucht.

Ein wunderbarer Spaziergang mit knapp neun Kilometern ist die **Faulenbacher Talrunde** zum **Alatsee.** Sie startet am Morisse-Parkplatz in der Kemptener Straße in Füssen und führt von dort aus über den Oberen Kobelweg und die Alatseestraße zum Alatsee. Von dort aus geht es südlich des Faulenbachs zurück zum Obersee und an dessen Südufer zum Mittersee, wo die Kneippanlage von Bad Faulenbach wohlriechende Kräuter und einen ›Barfußpfad der Sinne‹ anbietet.

Zum **Magnusfest** am 6. September gedenken die Füssener ihrem Stadtpatron, dem heiligen Magnus, der auch als Apostel des Allgäus verehrt wird, mit einer Lichterprozession durch die Altstadt.

Musikliebhaber erfreuen sich von Juni bis August an hochkarätigen Musikveranstaltungen im Rahmen des **Internationalen Orgelsommers,** und von Juni bis September bieten die **Kaisersaalkonzerte** Musikgenuss von Klassik bis Moderne.

 Füssen

Füssen Tourismus, Kaiser-Maximilian-Platz 1, 87629 Füssen, Tel. 08362/93850, www.tourismus-fuessen.de, www.bad faulenbach.info.
Audio-Guide für das Handy: Tel. 08122/ 99995591 plus die Nummer, die an den jeweiligen Sehenswürdigkeiten auf der Infotafel steht.

Der Bahnhof liegt nur wenig nordwestlich der Altstadt. Es besteht stündliche Verbindung in Richtung Kaufbeuren bzw. Buchloe. Richtung Augsburg und München besteht Zwei-Stundentakt. Richtung Kempten besteht eine direkte Verbindung mit dem Bus oder mit der Bahn über Kaufbeuren.

◀ Karte S. 152

Informationen über Strecken und Fahrzeiten in der Region Ostallgäu gibt es bei der **Regionalverkehr Allgäu GmbH**, Betrieb Füssen, Moosangerweg 18, 87629 Füssen, Tel. 08362/9390505, www.rva-bus.de.

Altstadthotel Zum Hechten, Ritterstraße 6, 87629 Füssen, Tel. 08362/91600, www.hotel-hechten.com; DZ ab 94 €. Moderne und komfortable Zimmer mitten in der Altstadt, regionale, gepflegte Küche.
Hotel Hirsch, Kaiser-Maximilian-Platz 7, 87629 Füssen, Tel. 08362/93980, www.hotelfuessen.de; DZ ab 90 €. Jugendstilgebäude am Rand der Altstadt, liebevoll gestaltete Themenzimmer zur Region, ihren Bewohnern und ihrer Geschichte, gute Küche.
Hotel Schlosskrone, Prinzregentenplatz 4, 87629 Füssen, Tel. 08362/930180, www.schlosskrone.de; DZ ab 109 €. Wellnesshotel am Rand der Altstadt, erstes 4-Sterne-Superior Hotel in Füssen.
Ruchti's Hotel und Restaurant, Alatseestraße 38, 87629 Füssen/Bad Faulenbach, Tel. 08362/91010, Fax 7213, www.hotelruchti.de; DZ ab 94 €. Am Waldrand im Moorbad Bad Faulenbach gelegen. Eher schlichte Zimmer. Restaurant mit regionaler Küche.
Hotel Restaurant Alatsee, Am Alatsee 1, 87629 Füssen/Bad Faulenbach, Tel. 08362/6205, www.hotel-alatsee.de; DZ ab 70 €. Nettes Landhotel mit gehobener Gastronomie am Ufer des Alatsees, etwa 6 km westlich von Bad Faulenbach.
Hotel Sommer, Weidachstraße 74, 87629 Füssen, Tel. 08362/91470, www.hotelsommer.de; DZ ab 186 €. 4-Sterne Wellnesshotel mit familiärer Atmosphäre am Ufer des Forggensees in der Nähe des Bootshafens.
Jugendherberge, Mariahilfer Str. 5, 87629 Füssen, Tel. 08362/7754, Fax 2770, www.fuessen.jugendherberge.de. Am westlichen Ortsausgang, rund zehn Minuten Fußweg von Stadtmitte und Bahnhof.

Wohnmobilplatz Füssen, Abt-Hafner-Straße 9, 87629 Füssen, Tel. 08362/940104. **Campingplätze** rund um Füssen → S. 168.

Markthalle Füssen, Schrannengasse 12, ab 7.30 (Bäcker) bis ca. 20 Uhr (Ausschank). Cafés und Stehausschank laden ein, das Treiben auf dem überdachten Wochenmarkt zu beobachten.
Ritterstub'n, Ritterstraße 4, 87629 Füssen, Tel. 08362/7759, www.restaurantritterstuben.de. Fisch, Fleisch, vegetarische und/oder glutenfreie regionale Küche, wechselnde Mittagskarte, im historischen Gewölbe eines der ältesten Häuser der Stadt.
Restaurant-Bar Ambiente, Luitpoldstraße 1, 87629 Füssen, Tel. 08362/925938, www.ambiente-fuessen.de; Di–So 17–24 Uhr, warme Küche bis 23 Uhr.
Schiffwirtschaft, Schwangauer Str. 1, Tel. 08362/39813. An der Lechbrücke mit Schlossblick, Kneipe, Lounge, Restaurant. Innen gemütlich mit Gewölben und Nischen, regelmäßig Musikveranstaltungen. und Partys.
Saloberalm, westlich oberhalb des Alatsees bei Füssen (Bad Faulenbach) auf 1150 m, www.saloberalm.de; tgl. außer Mo bis 18 Uhr. Bewirtschaftete Almhütte mit schöner Terrasse und Blick auf die Berge.
Stadtcafé Würkert, Reichenstraße 5, 87629 Füssen, Tel. 08362/6170, www.stadtcafe-fuessen.de; Mo–Sa 8.30–18 Uhr, So 13–18 Uhr. Traditionelles, gemütliches Kaffeehaus in der Fußgängerzone mit eigener Konditorei sowie Mittagstisch, im Sommer Terrasse zum Draußensitzen.

Staatsgalerie und Städtische Gemäldegalerie im Hohen Schloss, Magnusplatz 10, 87629 Füssen, Tel. 08362/903146; Apr.–Okt. Di–So 11–17 Uhr; Nov.–März Fr–So 13–16 Uhr.
Museum der Stadt Füssen im Kloster Sankt Mang, Lechhalde 3, 87629 Füssen,

Tel. 08362/903146; Apr.–Okt. Di–So 11–17 Uhr; Nov.–März Fr–So 13–16 Uhr. **Klosterkirche Sankt Mang**, tgl. 8.30–18 Uhr (abhängig von Gottesdiensten), die Ostkrypta ist im Anschluss an den Sonntagsgottesdienst und im Rahmen von Führungen geöffnet
Heilig-Geist-Spitalkirche, Ecke Lechhalde/Spitalgasse; tgl. 8.30–18 Uhr (abhängig von Gottesdiensten).
Franziskanerkirche Sankt Stephan, Franziskanerplatz 1; tgl. 8.30–18 Uhr (abhängig von Gottesdiensten).

Forggenseeschifffahrt, Weidachstraße 80, 87629 Füssen, Tel. 0177/7921363, 1. Juni bis 15. Oktober, mehrere Fahrten täglich. Kleine Rundfahrt: ca. 1 Stunde im südlichen Forggenseebereich. Große Rundfahrt: 2 Stunden, Linienverkehr bis zum Staudamm am nördlichen Seeufer. Kostenlos für Inhaber der KönigsCard, sonst 10 € für die große Rundfahrt. Die

Fahrt kann beliebig unterbrochen werden. Behindertengerechte Schiffe, Fahrradmitnahme möglich.
Kanutouren, Kanu Kini, Weidachstr. 71, 87629 Füssen, Tel. 08362/9396969, www.kanu-kini.de. Ab 9 € für Erwachsene für eine 2-stündige Tour.
Bootsverleih Selbach, Weidachstraße 82, am Bootshafen, 87629 Füssen, Tel. 08362/1487.

Fahrradverleih, Radsport Zacherl, Kemptener Str. 26, 87629 Füssen, Tel. 08362/3292, www.radsport-zacherl.de. Tourenräder pro Tag ab 10 €, E-Bikes ab 20 €.

Bei der Touristeninformation und in vielen Sportgeschäften gibt es **Angelscheine** für den Forggensee, den Weissensee, den Faulbacher See, den Lussensee, den Lech und die Brunner Ach.

Neuschwanstein und Hohenschwangau

Die Königsschlösser haben den kleinen Ort Hohenschwangau am idyllischen Alpsee in der ganzen Welt bekannt gemacht. Obwohl Neuschwanstein berühmter und auf den ersten Blick eindrucksvoller ist, lohnt sich dennoch zuerst ein Besuch des Schlosses Hohenschwangau, wo Ludwig II. einen Großteil seiner Jugend verbracht hat, denn der Ort hat den späteren König von Bayern stark geprägt.

■ Hohenschwangau

Die Geschichte des Schlosses Hohenschwangau geht bis in das 11. Jahrhundert zurück. Die Ritter von Schwangau residierten dort und in fünf weiteren Festungen in der Umgebung, bis das Geschlecht ausstarb und die Festungen verfielen. Im 16. Jahrhundert ließ der Augsburger Kaufmann Johann Baumgart-

ner die Burg, die damals noch Schwanstein hieß, mit Wehrmauern, Türmen und Bastionen wieder aufbauen. Danach kam die Burg in den Besitz des bayerischen Herrscherhauses, wurde nach den napoleonischen Kriegen veräußert und 1782 von Kronprinz Maximilian wieder zurückgekauft. Er ließ das Anwesen zum Schloss Hohenschwangau ausbauen und es wurde zur Sommerresidenz der Familie und zur Kinderstube von König Ludwig II. (→ S 162).
Domenico Quaglio, der ehemalige Zeichenlehrer des Prinzen, lieferte die Ideen für den Wiederaufbau der stark beschädigten Veste. Besonders beeindruckend sind daher auch die **Wandmalereien**, deren Themen der spätere König Maximilian II., der Vater von Ludwig, selbst bestimmte: vor allem Sagen des Mittelalters und die Geschichte der Wittelsbacher. Außerdem ist die Inneneinrich-

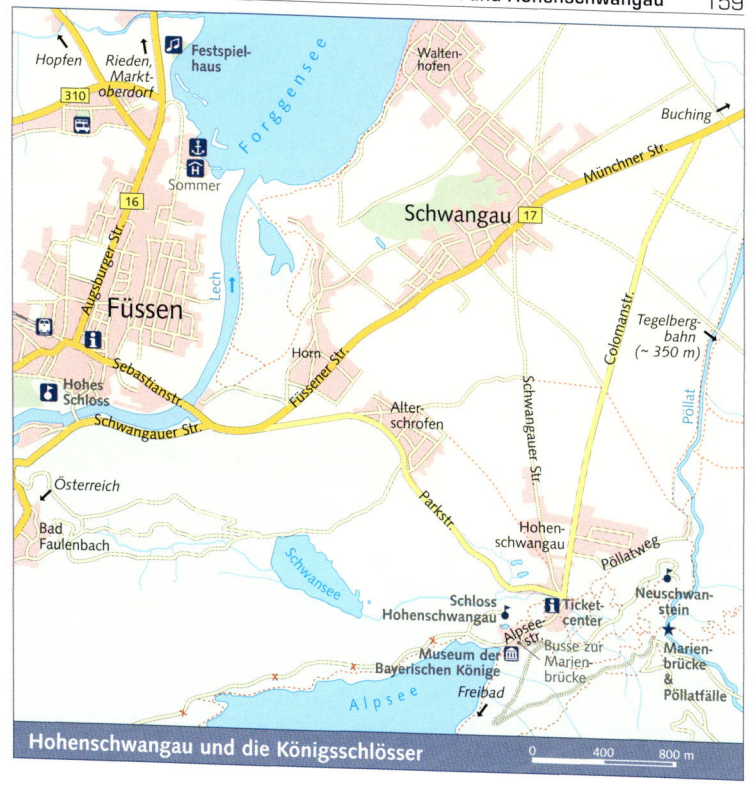

Hohenschwangau und die Königsschlösser

0   400   800 m

Ostallgäu

tung aus dem Biedermeier unverändert erhalten. Daher bekommt man bei einer Führung durch das Schloss einen guten Einblick in die Lebensumstände der königlichen Familie in der damaligen Zeit. Und man erfährt interessante Details über die Wittelsbacher, ihre Verbindung zum Schwan und die Kindheit Ludwigs. Hohenschwangau ist eine heitere, romantische Einstimmung auf das im Inneren eher düstere Schloss Neuschwanstein.

■ Neuschwanstein

Das berühmte Märchenschloss Neuschwanstein grüßt von einem Felsen oberhalb der Pöllatschlucht herab. Während die ehemalige Burg Schwanstein nur umgebaut und in Hohenschwan-

gau umbenannt wurde, ließ König Ludwig II. die Burgruine Hohenschwangau komplett niederreißen und sogar einen Teil des Bergkegels sprengen (1868), um Neuschwanstein zu errichten. Allerdings konnte auf dem Felsgrad keine Kopie der Wartburg errichtet werden, wie es Ludwig II. zu Beginn anstrebte. Hofbaurat Eduard Riedel lieferte daher eigene Vorschläge. Für die Innenausstattung kamen die Anregungen wiederum vom Märchenkönig selbst. Seine Inspiration holte er sich bei den Opern von Richard Wagner und im Lieblingsort seiner Kindheit: dem Schloss Hohenschwangau. Zum Zeitpunkt des Todes des Königs im Jahr 1886 war das Schloss noch nicht fertig, da sich der Bau aufgrund von Finan-

Schloss Hohenschwangau

zierungsschwierigkeiten immer wieder verzögert hatte. König Ludwig II. hatte das Schloss im romantischen Stil alter Ritterburgen errichten lassen, als Rückzugsort für sich selbst. Er dachte niemals daran, dort Hof zu halten oder das Schloss der Öffentlichkeit zugänglich zu machen. Im Gegenteil gab er angeblich sogar die Anweisung, es nach seinem Tod in die Luft zu sprengen. Dennoch wurde das Schloss bereits sieben Wochen nach seiner Beerdigung zur Besichtigung freigegeben. Das Ziel war, damit die leeren Kassen zu füllen. Und so ist es bis heute geblieben: Über eine Million Besucher werden jedes Jahr gezählt.

▲ *Neuschwanstein aus der Luft*

ℹ Hohenschwangau und Königsschlösser

Infozentrum und Ticketcenter, Alpsee-str. 12, 87645 Hohenschwangau, Tel. 08362/930830, www.hohenschwangau.com, www.ticket-center-hohenschwangau.com. Apr.–Sept. tgl. 8–17.30 Uhr, Okt.–März 9–15.30 Uhr. **Eintrittskarten-Verkauf** nur am Tag der Besichtigung, Reservierungen über das Internet oder telefonisch (Gebühr 1,80 €) möglich. Die Eintrittskarten sind tour- und zeitgebunden, man muss pünktlich zu der auf der Karte aufgedruckten Zeit am Eingang des jeweiligen Schlosses sein. Für die Besichtigung der beiden Schlösser und ggf. des Museums sollte man inklusive des Zugangs einen halben Tag einplanen.

Parkplätze im Ort beim Ticketcenter sowie unterhalb des Schlosses Hohenschwangau. Der **Linienbus Nr. 78** fährt etwa halbstündlich die Strecke Füssen–Hohenschwangau–Schwangau–Tegelbergbahn und zurück. Haltestellen in Füssen u.a. am Bahnhof und am Pulverturm, www.rvo-bus.de.

Schloss Hohenschwangau (Führung ca. 35 Minuten), Apr.–Sept. tgl. 8–17 Uhr, Okt.–März tgl. 9–15.30 Uhr, geschl. am 24.12. Eintritt Erw. 12 €, Kinder bis 18 Jahre in Begleitung der Eltern frei. Fußweg vom Ticket-Center bis zum Schloss ca. 20 Minuten, Pferdekutschenfahrt 4 €, Rückfahrt 2 €. Das Schloss ist für Rollstuhlfahrer nicht geeignet.

Schloss Neuschwanstein (Führung ca. 35 Minuten): Apr.–Sept. tgl. 8–17 Uhr, Okt.–März tgl. 9–15 Uhr, geschlossen am 1.1./24. u. 25.12./31.12., Erw. 12 €, Kinder bis 18 Jahre in Begleitung der Eltern frei. Rollstuhlfahrer und Gehwagenbenutzer müssen sich mind. 1 Tag vorher über das Anfrageformular der Homepage oder im Ticket-Center direkt anmelden. Fußweg vom Ticket-Center bis zum Schloss ca. 40 Minuten, Pferdekutschenfahrt vom Hotel Müller aus 6 €, Rückfahrt 3 €, Bus (nicht für Gehbehinderte und nicht bei Eis und Schnee) vom Schlosshotel Lisl aus 1,80 €,

Rückfahrt 1 €, Hin- und Rückfahrt 1,60 €, jeweils ab Haltestelle noch ca. 10 Minuten Gehzeit zum Schloss. Im Schloss sind 300 Stufen zu bewältigen. Gehbehinderte können sich, am besten einen Tag vorher, den Aufzug reservieren, der aber jede Stunde nur einmal fährt.

Kombiticket für die Schlösser Hohenschwangau und Neuschwanstein an einem Tag: Erw. 23 €, Kinder bis 18 Jahre in Begleitung der Eltern frei.

Wittelsbacher Museum der Bayerischen Könige, Alpseestr. 27, 87645 Hohenschwangau, Tel. 08362/9264640, Fax 887201, Eintrittskarten dort oder im Ticket-Center (s.o.). Apr.–Sept. tgl. 8–17.30 Uhr, Okt.–März tgl. 9–15.30 Uhr, geschl. am 24.12. Erw. 8,50 €, Kinder bis 12 Jahre in Begleitung ihrer Eltern frei, Eintrittskarten-Verkauf nur am Tag der Besichtigung, Reservierungen über das Internet möglich, die Tickets für das Museum sind nicht zeitgebunden. Fußweg vom Ticket-Center bis zum Museum ca. 10 Minuten.

Kombiticket für die Schlösser Hohenschwangau und Neuschwanstein und das Museum der bayerischen Könige an einem Tag: Erw. 28,50 €, Kinder bis 5 Jahre frei, 6–17 Jahre in Begleitung der Eltern 7 €.

Hotel Alpenstuben, Alpseestraße 8, 87645 Hohenschwangau, Tel. 08362/98240, www.alpenstuben.de. DZ ab 95 €. Neben dem Ticketcenter, Restaurant mit bayerischer Küche.

Schlosshotel Lisl, Neuschwansteinstraße 1–3, 87645 Hohenschwangau, Tel. 08362/887147, Fax 81107; DZ ab 115 €, Frühstück 12 € p.P. Gehobenes Restaurant, Café-Sonnenterrasse mit Schlossblick.

Schlossbräustüberl, neben dem Hotel Lisl. Großes Selbstbedienungsrestaurant mit Biergarten.

Ostallgäu

ESSAY

König Ludwig II.

König Otto Friedrich Wilhelm Ludwig II. von Bayern wurde am 25. August 1845 auf Schloss Nymphenburg in München geboren. Seine Eltern waren Kronprinzessin Marie Frederike und Kronprinz Maximilian. Drei Jahre nach der Geburt von Ludwig II. dankte sein Großvater, Ludwig I., ab, und Maximilian wurde König. Im Jahr 1864 folgte Ludwig II. seinem Vater auf den bayerischen Thron und war bis zu seinem Tod am 13. Juni 1886 König von Bayern.

Der König war ein Förderer der Kunst und der modernen Wissenschaft. Und er baute drei Schlösser, die Bayern in der Welt berühmt gemacht haben. Allen voran das Schloss Neuschwanstein, von dem manche Amerikaner glauben, der bayerische König habe es von Walt Disney (1901–1966) kopiert.

Am 8. Juni 1886 erklärten mehrere Ärzte König Ludwig II. ohne persönliche Untersuchung als ›seelengestört‹ und ›unheilbar‹. Aufgrund dieser Diagnose wurde er einen Tag später durch die Regierung entmündigt, und sein Onkel Luitpold übernahm als Prinzregent die Regierungsverantwortung. Gründe dafür gab es mehrere: Zum einen hatte sich der König immer mehr zurückgezogen. Er nahm nicht mehr an offiziellen Anlässen teil, war seit drei Jahren nicht mehr in München gewesen und hatte seine Minister nicht mehr persönlich empfangen. Während die Bevölkerung in der Nähe seiner Schlösser hinter ihm stand, entstanden im Rest von Bayern und vor allem in der Residenzstadt wenig schmeichelhafte Gerüchte über seinen ungewöhnlichen Lebenswandel. Darüber hinaus hatte sich der König hoch verschuldet, und die Regierung war nicht bereit, seine aufwendigen Baumaßnahmen zu finanzieren. Nachdem sich Prinz Luitpold von Bayern und der Vorsitzende des Ministerrates, Johann von Lutz, auf eine weitere Zusammenarbeit geeinigt hatten, wurde der Psychiatrieprofessor Bernhard von Gudden beauftragt, ein Gutachten zu erstellen, das es möglich machte, den König abzusetzen. Vier weitere Experten unterschrieben die Diagnose: Paranoia. Der König wurde interniert und nach Schloss Berg gebracht. Am 13. Juni starb Ludwig II. unter ungeklärten Umständen bei Berg im Starnberger See (damals noch Wurmsee).

Über sein Leben und vor allem über den Tod des sogenannten Märchenkönigs gibt es zahlreiche Gerüchte. Die Diskussion darüber lässt oftmals die politische und kulturelle Bedeutung des Monarchen in den Hintergrund treten. Mit der Einrichtung der Richard-Wagner-Festspiele in Bayreuth und seiner allgemeinen Förderung des Komponisten Wagner hatte er beispielsweise bedeutenden Einfluss auf die deutsche Musikszene im späten 19. Jahrhundert. Seine Schlösser Neuschwanstein, Herrenchiemsee und

Legendär und von Mythen umrankt: König Ludwig II.

Das Märchenschloss des Königs im Nebel

Linderhof wurden bereits kurz nach seinem Tod zur Besichtigung freigegeben und sind heute die bedeutendsten touristischen Ziele in Bayern.

In seinen Bauwerken wurde die damals modernste Technik eingesetzt, vom Stahlbau über das elektrische Licht bis hin zum Wasserklosett. Und sogar ein Telefon hatte der menschenscheue Herrscher in Neuschwanstein installieren lassen. Darüber hinaus stellte er Gelder zur Entwicklung der Fliegerei zur Verfügung und gründete 1868 die Polytechnische Schule München, aus der die Technische Universität München hervorging. Außerdem gab es für die Bauarbeiter von Neuschwanstein einen Krankenunterstützungsverein, der mit sechs Wochen Lohnfortzahlung aushalf und bei Arbeitsunfähigkeit oder Tod die Familie unterstütze.

Ludwig II. gilt als Grenzgänger zwischen Wahn und Wirklichkeit, zwischen absolutistischem Monarchismus und moderner Technologie, zwischen Menschenscheu und Volksnähe. Das passt nicht zu dem Vorwurf, Ludwig II. habe sein Volk ausgebeutet. Tatsächlich hat er sämtliche Schlösser aus seiner Privatschatulle bezahlt und war am Ende seines Lebens hoch verschuldet. Der König drohte also in Konkurs zu gehen. Andererseits hinterließ er ein Erbe, das seinen Nachkommen ermöglichte, die Schulden mit den Eintrittsgeldern für die Schlösser bis zum Jahr 1901 zu tilgen, also innerhalb von nur 15 Jahren.

Der Mensch Ludwig II. teilt das Schicksal der österreichischen Kaiserin Sisi, mit deren Schwester, Sophie in Bayern, er kurzzeitig verlobt war. Sie wurden beide verklärt, vermarktet und verkitscht – und der breiten Masse sind sie so wohl auch lieber.

Umgebung von Füssen

■ Schwangau

Der kleine Luftkurort Schwangau liegt etwas nördlich, abseits des Trubels um die berühmten Schlösser. Sehenswert ist hier die kleine barocke **Kirche St. Coloman**. Sie ist aufgrund ihrer Lage auf freiem Feld ein beliebtes Fotomotiv. Der irische Pilger Koloman soll an dieser Stelle auf dem Weg ins Heilige Land am Anfang des 11. Jahrhunderts gerastet haben. Jedes Jahr am 2. Sonntag im Oktober wird das **Colomansfest** gefeiert. An der beliebten und bedeutenden Reiterprozession nehmen rund 200 Reiterinnen und Reiter in Tracht auf prächtig geschmückten Pferden teil.

■ Wieskirche

Ein beliebtes Ziel von zahlreichen Gläubigen und noch mehr Touristen ist die Wallfahrtskirche zum Gegeißelten Heiland auf der Wies bei **Steingaden**. Unter dem Namen Wieskirche ist das Gotteshaus in aller Welt bekannt. Die Kirche wurde 1745 bis 1754 unter der Führung des Baumeisters Dominikus Zimmermann errichtet. Vorangegangen war ein ›Tränenwunder‹: Die Bäuerin Maria Lori hatte in ihrem Herrgottswinkel im Wieshof eine Figur des gegeißelten Heilands, auf der sie am 14. Juni 1738 ein paar Tropfen sah, die sie als Tränen erkannte. Nachdem sich die Nachricht von der Beobachtung schnell in ganz Europa verbreitet hatte, entstand eine Wallfahrt zu dem Bildnis.

Eine zunächst erbaute Kapelle wurde bald zu klein. Also erbauten die Brüder Dominikus und Johann Baptist Zimmermann die Wieskirche. Inmitten grüner Wiesen ruht die Wallfahrtskirche in schlichter äußerer Eleganz. Umso überwältigender ist die innere Pracht der Kirche, die auch als Rokoko-Juwel bezeichnet wird. Zahlreiche Bittschriften der umliegenden Bauern verhinderten nach der Säkularisation 1803 nur knapp den Abriss der als ›ganz unnützes Gebäude‹ geltenden Wieskirche. Seit 1984 gehört sie zu den Weltkulturgütern der UNESCO.

▲ *Barocker Überschwang in der Wieskirche*

Karte S. 165

■ **Die Seen rund um Füssen**

Der **Hopfensee** nördlich von Füssen gilt als einer der wärmsten Seen des Voralpenlandes und bietet entsprechend viele Freizeitmöglichkeiten wie Baden, Ruder- und Tretbootfahren, Segeln, Wind- und Kitesurfen.

Der **Weißensee** westlich von Füssen hat aufgrund von Kalkablagerungen tatsächlich einen weissen Schimmer. Er wird im Sommer als Badesee und im Winter zum Eislaufen benutzt.

Der größte See des Allgäus und der fünftgrößte See in Bayern ist der **Forggensee**.

Er entstand 1954 gegen den Willen zahlreicher Bürger durch die Errichtung eines Staudamms. Die originale Trasse der alten Römerstraße Via Claudia Augusta führt durch das überschwemmte Gebiet und ist nur noch bei niedrigem Wasserstand zu sehen. Inzwischen wird der See für Freizeitaktivitäten aller Art genutzt, vom Schwimmen über das Surfen bis zum Segeln. Und am Ufer des Sees laden drei Campingplätze zum Bleiben ein. Auf der 32 Kilometer langen Forggenseerunde kann man den See mit dem Fahrrad von jeder Seite aus betrachten.

Ostallgäu

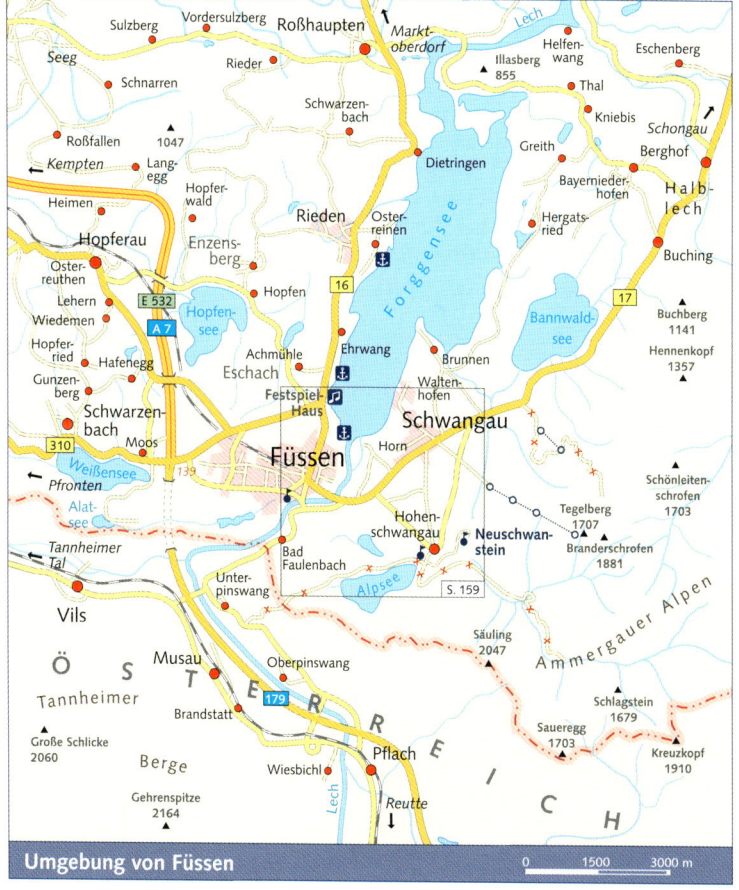

Umgebung von Füssen

0   1500   3000 m

Und wer abkürzen will, nimmt einfach sein Fahrrad mit auf einem Schiff über den Forggensee (→ S. 158). Am Staudamm des Sees wird weiterhin Strom produziert. Ein **Informationszentrum** in Roßhaupten beschreibt die Geschichte und Technik des Bauwerks.

Auf der Ostseite des Forggensees liegt der **Bannwaldsee** in einem 560 Hektar großen Naturschutzpark. Neben Sumpfwiesen und Schilfgürteln gibt es dort auch Liegewiesen und einen Campingplatz.

Der etwas abseits gelegene **Schwansee** ist ein Moorsee und eher flach, daher wird er schnell warm. Der **Alpsee** hingegen ist bis zu 62 Meter tief und erreicht daher eigentlich nie Badewannentemperatur. Dennoch rühmt er sich, König Ludwigs liebster Badesee gewesen zu sein Alle Seen können per Rad oder zu Fuß umrundet werden. Und die Touristeninformation Füssen (→ S. 156) hat zahlreiche weitere Radtour- und Wandervorschläge, im Tal und auf dem Berg.

Die Tegelbergbahn

■ Tegelberg

In luftige Höhen hinauf geht beispielsweise die Tegelberg-Runde, die beim Auf- oder Abstieg mit der Tegelbergbahn abgekürzt werden kann. Start ist

Freizeitparadies Hopfensee

die Talstation der Bergbahn, wo sich auch eine Sommerrodelbahn befindet. Über den **Kulturpfad Schutzengelweg** erreicht man die Bergstation, wo sich bei entsprechender Witterung gerne Gleitschirm- und Drachenflieger in die Luft erheben. Wer selbst König der Lüfte werden will, kann hier Drachenfliegen lernen oder aber zu einem Tandemflug mit dem Gleitschirm starten.

Das Tegelberghaus bei der Bergstation der Tegelbergbahn war ursprünglich ein königliches Jagdhaus, das Maximilian II. 1835 errichten ließ. Auch der **Naturpfad Ahornreitweg** geht auf ihn zurück – ein beliebter Wanderweg, der durch die Pöllatschlucht zurück nach Hohenschwangau führt. Von der Marienbrücke aus hat man einen besonders schönen Blick auf Neuschwanstein. Alternativ kann man auch vorher schon von der Berggaststätte Bleckenau aus mit dem Bus zurück fahren.

Wer es gerne etwas steiler möchte, findet am Tegelberg auch einen **Klettersteig-Lehrpfad** sowie den Tegelberg-Klettersteig und den Fingersteig. An der Talstation der Tegelbergbahn gibt es das **Mountain-Lodge-Bergsportzentrum** mit Infomaterial, Beratung und Kletterfelsen zum Ausprobieren. Das Bergsportzentrum bietet auch geführte Klettersteigtouren an. Am Straußenberg und am Franziskaner (Spitzigschröfle) sowie beispielsweise an Geiselstein, Kenzenkopf, Krähe und Säuling gibt es **Sportkletterrouten**. Für ungeübte oder unerfahrene Berggeher vermittelt die Touristeninformation Schwangau Bergführer.

Kulturinteressierte finden bei der Talstation der Tegelbergbahn die Ruine einer **Villa Rustika**, also eines römischen Gutshofes aus der Mitte des 2. Jahrhunderts. Besonders eindrucksvoll ist das Bad mit Boden- und Wandheizung sowie farbigem Wandverputz, der erstaunlich gut erhalten geblieben ist.

■ Walderlebniszentrum Ziegelwies

Hier kann man den Wald mit allen Sinnen kennenlernen. Der 1,5 Kilometer lange **Auwaldpfad** wartet mit mehreren Erlebnisstationen wie einer Hängebrücke

und einem Floss, und ab 2013 soll es auch einen Baumkronenweg geben. Auf dem 1,7 Kilometer langen **Bergwaldpfad** kann man beispielsweise Xylophon spielen, in einer Rindenhütte rasten und auf einen Jägerhochstand klettern. Und auf dem **Märchenpfadrundweg** lernt man Waldmärchen aus aller Welt kennen. Der **Barfuß- und Balancierpfad** könnte sich als Herausforderung für Eltern und Kinder herausstellen, die gemeinsam Neues entdecken wollen. Keine Angst: neben der Matschstrecke gibt es auch ein Wassertretbecken. Außerdem gibt es im Walderlebniszentrum fünf **GeoCaches**, deren Koordinaten man sich über das Internet herunter laden kann. Begrüßt werden die Besucher des Zentrums mit ein paar Ausstellungsräumen, in denen unter anderem über Ameisen und Waldbienen informiert wird. Dort beginnen auch alle Waldwege. Das Waldzentrum liegt zwischen B17 und dem Lech direkt an der Grenze zu Österreich.

ⓘ Umgebung Füssen

Touristeninformation Schwangau, Münchner Straße 2, 87645 Schwangau, Tel. 08362/81980, www.schwangau.de.
Touristeninformation Hopfen am See, Uferstr. 21, 87629 Füssen-Hopfen am See, Tel. 08362/7458, Fax 39978, www.fuessen-hopfen.de.
Touristeninformation Weißensee, Seeweg 4, 87629 Füssen-Weißensee, Tel. 08362/6500, Fax 39265, www.fuessen-weissensee.de.
Staudamm Forggensee Informationszentrum, Forggenseestr. 100, 87672 Roßhaupten, Tel. 08191/328101, Mai–Sept.. 8–20 Uhr, Okt.–Apr. 9–16 Uhr, Führung nach Vereinbarung.
Wieskirche, Touristeninformation, Krankenhausstr. 1, 86989 Steingaden, Tel. 08862/200, Fax 6470, www.steingaden.de. Informationen gibt es auch im Pfarrbüro Wieskirche, Wies 12, 86989 Steingaden, Tel. 08862/932930, www.wieskirche.de;

Öffnungszeiten der Kirche: Sommer tgl. 8–19, Winter tgl. 8–17 Uhr.
Römervilla am Tegelberg: Talstation Tegelbergbahn; Dez.–Okt 9–17 Uhr. Eintritt frei, Führungen organisiert die Touristeninformation Schwangau.

🛏 ✗

Hotel Weinbauer, Füssener Straße 3, 87645 Schwangau, Tel. 08362/9860, Fax 986113; www.hotel-weinbauer.de; DZ ab 84 €. Traditioneller Gasthof mit guter Küche, Wellnessbereich.
Seehotel Hartung, Uferstraße 31, 87629 Hopfen am See , Tel. 08362/91545, www.seehotel-hartung.de; DZ ab 88 €. Kutschfahrten mit Kaltblutpferden.
Hotel und Restaurant Hanselewirt, Mitteldorf 13, 87645 Schwangau, Tel. 08362/8237, www.hanselewirt.de; DZ ab 78 €. Schöner alter Gasthof mit guter Allgäuer Küche.

Gasthof am See, Forggenseestraße 81, 87645 Schwangau-Waltenhofen, Tel. 08362/93030, www.hotelgasthofamsee.de; DZ ab 66 €. Direkt am Forggensee Restaurant, Bootsverleih.

Gästehaus Kieser, Ziegelwiesstraße 15, 87629 Füssen/OT Ziegelwies, Tel. 08362/1690, www.gaestehaus-kieser.de; DZ ab 80 €. Beim Lechfall und Walderlebniszentrum, 15 Min. Fußweg in die Füssener Altstadt, knapp vier Kilometer lange Wanderung zu den Königsschlössern, mit Gästeküche, Fahrradgarage und Trockenraum.

Fischerhütte, Uferstraße 16, 87629 Hopfen am See, Tel. 08362/91970, www.fischerhuette-hopfen.de. Frische, bayerische und internationale Küche, direkt am Ufer des Hopfensees, Biergarten mit Selbstbedienung.

Campingplatz Brunnen, Seestr. 81, 87645 Schwangau/Brunnen, Tel. 08362/8273, Fax 8630, www.camping-brunnen.de; Mitte Dez.–Okt., Mini-Markt, Restaurant und Internet.

Campingplatz Magdalena & Sonnenhof, 87669 Rieden am Forggensee, Tel. 08362/4931, Fax 94133, www.sonnenhof-am-forggensee.de; ganzjährig geöffnet, Kiosk und Restaurant.

Campingplatz Warsitzka, Tiefental 1, 87669 Rieden-Roßhaupten am Forggensee, Tel. 08367/406, Fax 49410, www.camping-forggensee.de; ganzjährig geöffnet, Hafenliegeplätze.

Campingplatz Bannwaldsee, Münchener Str. 151, 87645 Schwangau, Tel. 08362/93000, Fax 930020, www.camping-bannwaldsee.de; ganzjährig geöffnet, Einkaufsmöglichkeit, Imbiss und Fahrradverleih.

Campingplatz Hopfensee, Eduard Mayr, 87629 Füssen im Königswinkel, Tel. 08362/917710, Fax 917720, www.camping-hopfensee.com; Mitte Dez.–Okt.,

rund 3 km außerhalb von Füssen, Einkaufsmöglichkeit, Hundedusche, Wintergarten, 1000 Quadratmeter Spielhaus; für Rollstuhlfahrer geeignet.

Bootsverleih Selbach, 87629 Hopfen am See, Tel. 08364/1487. Boote kann man auch am Gasthof am See in Waltenhofen sowie am Campingplatz Bannwaldsee ausleihen.

Königliche Kristall-Therme Schwangau, Am Ehberg 16, 87645 Schwangau, Tel. 08362/819630, www.kristalltherme-schwangau.de. Verschiedene Thermal- und Solebecken, Außenbecken, Sauna, Massagen etc. Erw. ab 9,90 €, Kinder unter 6 Jahren 2 €.

Fahrradverleih Todos, Füssener Str. 13, 87645 Schwangau, Tel. 08362/9251970, www.fahrradverleih-todos.de. Ab 8 € pro Tag. Tourentipps, An- und Verkauf von Gebrauchträdern. Outdoorladen.

Tegelbergbahn Schwangau, 87645 Schwangau, Tel. 08362/98360, www.tegelbergbahn.de; tgl. 9–17 Uhr. Beratung im Bergsportzentrum Mi u. Sa 9–10 Uhr.

Privatbergführer Thomas Hafenmair, Am Kurpark 9, 87672 Rosshaupten, Tel. 08367/913676, www.privatbergfuehrer.de. Die Familie vermietet auch eine schöne Ferienwohnung im Holzhaus.

Walderlebniszentrum Ziegelwies, Tiroler Straße 10, 87629 Füssen, Tel. 08362/9387550, www.wez-ziegelwies.de; Mai–Sept. tgl. 10–17 Uhr, Okt.–Apr. Di–Do 10–16 Uhr, Fr 10–14 Uhr, Eintritt frei.

Karte S. 165

Pfronten

Die Gemeinde mit ihren knapp 8000 Einwohnern besteht aus 13 ineinander übergehenden Dörfern und ist ein wichtiges Kur- und Wintersportzentrum im Ostallgäu. Im Sommer locken Wellnessangebote sowie unzählige Wander- und Radwege, im Winter sorgen 22 Kilometer Abfahrtspisten in drei Skigebieten sowie 65 Kilometer Langlaufloipen für Spaß im Schnee.

Geschichte

Das sieben Kilometer lange Tal der Vils wurde von den Römern erschlossen, als sie noch vor unserer Zeitrechnung die Straße von Kempten (Cambodunum) zur Via Claudia bei Reutte bauten. Bereits um das Jahr 800 wurde in dem Tal jedoch nicht mehr Latein, sondern Deutsch gesprochen. Das Gebiet war fränkisch-karolingisch geworden und die Menschen zum christlichen Glauben übergetreten.

Im 13. Jahrhundert übernahmen die Fürstbischöfe von Augsburg die Herrschaft über das Tal. Im Mittelalter entstanden neben der Gemeinde um die heutige Pfarrkirche Sankt Nikolaus herum noch zwölf weitere Ortsteile, die zwar eigene Dorfnamen hatten, jedoch als Gesamtheit unter dem Namen Pfronten (mittelhochdeutsch: Phruende – Rodung) bekannt waren. 1803 wurde die Gemeinde Bayern zugesprochen.

Die Pfrontner blieben immer freie Bauern, obwohl die Landwirtschaft nie mehr als ein Nebenerwerb war. Tatsächlich blühten Handwerk, Gewerbe und Fuhrwesen an der wichtigen Handelsstraße. Zahlreiche ›Bauern‹ lebten in Pfronten recht einträglich als Fuhrunternehmer mit jeweils rund 30 bis 40 Pferden, bis die Bahnlinie Kempten–Pfronten–Reutte in Betrieb genommen wurde.

Die Zunftfreiheit auf dem Land ermöglichte jedem Einzelnen eine freie Berufswahl. Das führte dazu, dass das Tal zahlreiche begabte Meister in Kunst und Handwerk hervorbrachte. Aus den Hufschmieden für die Saumrösser entwickelte sich eine feinmechanische Industrie, die bis heute eine wirtschaftliche Stütze der Region ist. Das Vilstal erstreckt sich heute mit 6238 Hektar auf bayerischem Gebiet und mit 1434 Hektar nach Tirol hinein.

Ostallgäu

Pfronten im Frühling

Feste und Brauchtum

Am Faschingssamstag findet das größte Allgäuer **Hörnerschlittenrennen** im Pfrontener Ortsteil Kappel statt. Mit den im Pfrontener Dialekt als ›Schalenggen‹ bezeichneten Großschlitten fuhr man früher Heu und Holz vom Berg ins Tal. Heute liefern sich wagemutige Rodler spektakuläre Rennen, bei denen mancher Teilnehmer sein Gefährt am Ende selbst durchs Ziel tragen muss.

Am Faschingssonntag findet an den Sonnenliften in Pfronten-Röfleuten ein **Gaudirennen** statt, bei dem furchtlose Spaßvögel in selbstgebauten Gefährten auf der Piste zu Tal fahren oder es zumindest versuchen.

Ernsthafte Wettkämpfe finden beim **German Skicross** im Februar statt, wo die Großen der deutschen Skicross-Szene auf einem speziell präparierten Kurs in Parallelrennen gegeneinander antreten. Damit ist viel Spannung und Aktion garantiert.

Der **Maibaum** wird in Pfronten nur alle drei Jahre neu aufgestellt (2015, 2018 ...), dafür wird nicht nur um den Baum getanzt, sondern auch auf den Baum geklettert. Beim sogenannten ›Maibaumherpfa‹ erklimmen die Sportler den geschälten Baum mit reiner Muskelkraft ganz ohne Hilfsmittel, nur mit einer Seilsicherung.

Am zweiten Juliwochenden treffen sich Oldtimer und Freunde zur **Gamsbartrallye** in Pfronten, und im August findet ein **Trachtenmarkt** statt,

Der **Pfrontener Viehscheid** am zweiten Samstag im September ist seit einigen

Beim Viehscheid

Jahren auf die zwei Wochen dauernden **Viehscheid-Däg** ausgedehnt worden. In diesen Tagen werden verschiedene Aktionen angeboten wie das Binden einer Kranzrindkrone, das Schmieden der Kuhschellen sowie Wanderungen, bei denen man dem Jungvieh entgegengeht. Am Ende findet der kleine Viehscheid in Pfronten-Röfleuten statt.

Am 3. Adventssonntag trifft man sich in Pfronten am **Weihnachtsmarkt** mit Krippenspiel und lebendiger Krippe. Von Kempten kommt ein besonders geschmückter Weihnachtsmärchenzug nach Pfronten gefahren.

Zum Jahresausklang veranstalten die Skilehrer am 31. Dezember noch einen **Feuerzauber auf der Piste** am Familienlift, wo sie mit Fackeln ins Tal fahren und über ein Feuer springen.

Sehenswürdigkeiten

Weithin sichtbar ist die **Pfarrkirche Sankt Nikolaus** auf ihrer Anhöhe in Pfronten-Berg. Der Kirchturm (1746–49) trägt eine Haube mit der Form einer umgedrehten Enzianblüte. Der Friedhof hat einen **Kreuzweg**, der 1880 auf Initiative von Pfarrer Anton Stach entstand. Im Rahmen einer Erweiterung legte er einen Weg quer über den Friedhof, von West nach Ost, mit 14 Kreuzwegstationen und sieben Betstationen.

Sämtliche Kirchen des Pfrontener Tals sind von einheimischen Künstlern ausgestattet worden, beispielsweise auch die **Kirche Sankt Martin** in Pfronten-Kappel. Sie geht auf ein Gotteshaus aus dem 8. Jahrhundert zurück. Die Umfassungsmauern sind gotisch, die Familien Hitzelberger und Stapf haben die plastische Ausstattung im Inneren gestaltet. Im Jahr 1657 wurde die Westempore errichtet und das Kirchenschiff umgebaut. Und im 18. Jahrhundert legte Joseph Anton Geisenhof (1737–1797) bei der Erweiterung Hand an die Kirche. Damit haben sich drei bekannte Pfrontener Künstlerfamilien in diesem Gotteshaus verewigt.

Die **Familie Stapf** hat in drei Generationen fünf Maler und drei Bildhauer hervorgebracht: die Malerbrüder Bonaventura (1665–1747) und Johann Georg (1652–1731) Stapf, deren Schwester Ursula wurde die Stammesmutter der Bildhauerfamilie Hitzelberger und Schwester Christina die der Familie Geisenhof. Die Cousins Mang Anton und Joseph Stapf wurden Bildhauer, und der Sohn von Bonaventura Stapf, Bartolomäus (1704–1766), sowie dessen Sohn, Franz Sales (1743–1810), waren Maler.

Die **Familie Hitzelberger** brachte die beiden Bildhauer Maximilian (1704–1784) und dessen Sohn Johann Sigmund (1745–1829) sowie den Stukkateur und Baumeister Johann Georg (1714–1792) hervor. Und Joseph Anton **Geisenhof** stammt aus einer Künstlerdynastie, die über mehrere Generationen immer wieder Maler und Baumeister hervorgebracht hat.

Ostallgäu

■ **Burgruine Falkenstein**

Die höchstgelegene Burgruine Bayerns steht westlich von Pfronten-Steinach an der B 310 auf 1268 Metern Höhe: Graf Meinhard II. von Tirol errichtete um 1270 die Burg Falkenstein als Drohgebärde in Richtung Bayern und Augsburg Sie war jedoch im Unterhalt teuer und aufgrund der extremen Höhe eher unpraktisch. 1290 ging die Burg als Lehen an den Augsburger Bischof. Trotz diverser Sanierungen war sie jedoch bereits 1595 baufällig und wurde 1646 von den Tirolern gemeinsam mit den Burgen Eisenberg und Hohenfreyberg in Brand gesteckt, um sie im Dreißigjährigen Krieg weder den Schweden noch den Franzosen zu überlassen.

In Vollmondnächsten soll die Ruine einst sogar von einem König besucht worden sein. Ludwig II. pflegte angeblich im Licht des Mondes ganz unstandesgemäß zu Fuß dort hinauf zu gehen. Fest steht, das König Ludwig plante, an Stelle der Ruine eine märchenhafte ›Raubritterburg‹ zu errichten. Er konnte dieses Vorhaben jedoch vor seinem Tod nicht mehr in die Tat umsetzen. Im **Falkensteinmuseum** werden seine Pläne immerhin in einer Computeranimation umgesetzt.

Die Ruine ist nach einem rund 45-minütigen Fußweg vom Parkplatz Pfronten-Übermailingen aus jederzeit zu besichtigen. Daüber hinaus gibt es eine Mautstraße zum Burghotel mit dem kleinen Falkensteinmuseum, das nur wenige Gehminuten von der Ruine entfernt ist.

Aktivitäten

»Ab ins Heu!«, verschreiben die Pfrontener Kurverantwortlichen ihren Gästen. Sie haben den altbewährten **Heuwickel** modernisiert und verbessert. Bis zu sie-ben Dutzend verschiedene Heilkräuter wachsen auf einem Quadratmeter in 900 bis 1000 Meter über dem Meeresspiegel, ohne chemische Düngung selbstverständlich. Und technische Hilfmittel sind beim Mähen verpönt – der Bauer als Kurmittelhersteller benutzt im Morgengrauen die Sense. Anschließend wird zunächst das Heu in Naturleintücher und dann der Gast in eben diese gewickelt. Atemwegsbeschwerden, aber auch traurige Gemüter werden mit diesen Wärmepackungen behandelt.

Bei Direktvermarktern in Pfronten kann man vom Heu-Käse über den Heu-Schnaps bis zum Heu-Kissen verschiedene Produkte der Alpenkräuter kaufen. Der einen Kilometer lange **Bergwiesenpfad** startet am Einfängeweg zwischen Pfronten-Röfleuten und Pfronten-Kappel. Auf dem Weg kann man sich im **Heumuseum** im Wiesheustadel über die Arbeit der Bergbauern informieren. Und hinter dem Haus des Gastes steht sogar eine **mobile Bergwiese**. Sie wird auf einem Anhänger angepflanzt und kommt bei verschiedenen Veranstaltungen zum Einsatz, um auch im Tal die Blütenpracht einer Almwiese demonstrieren zu können. Die Bläsis-Mühle besteht bereits seit dem 16. Jahrhundert. Im **Mühlenmuseum** kann man die beinahe vollständig erhaltene Mühlentechnik besichtigen und lernt die fünf altdeutschen Steinmahlgänge kennen.

Im Luftkurort Pfronten gibt es selbstverständlich auch einen **Kurpark** mit Wasserspielen und einer Kneippanlage sowie einer alten Hammerschmiede aus dem Jahr 1928 und einem Musikpavillion, in dem von Mai bis Oktober jeden Sonntag um 11 Uhr **Standkonzerte** stattfinden.

Ostallgäu

Die Pfarrkirche St. Nikolaus in Pfronten

Landschaft bei Pfronten

■ **Wandern**

Sportlich orientierten Urlaubern bieten die Thannheimer Berge zahlreiche Wanderziele. Ambitionierte Bergsteiger können beispielsweise mit dem Bus oder Auto zur ehemaligen Grenzstation im Achtal fahren und von dort auf den 1683 Meter hohen Gipfel des **Schönkahler** steigen und über die im Sommer bewirtschaftete Bärenmoosalpe wieder absteigen. Auf der über 13 Kilometer langen Strecke wird ein Höhenunterschied von knapp 900 Metern zurückgelegt. Die **Bärenmoosalpe** lässt sich aber auch auf einer einfacheren Wanderung von Pfronten-Ried aus erreichen, auf einer 15 Kilometer langen Route über nur 500 Höhenmeter.

Wer es eher gemütlich angehen lassen will, findet im Tal zahlreiche ausgeschilderte Wege, etwa von Pfronten-Ried aus knapp vier Kilometer entlang der Vils nach Pfronten-Steinach zur Breitenbergbahn.

Auf dem **Breitenberg** warten drei Hütten auf Wanderer, Mountainbiker und Übernachtungsgäste, das **Berghaus Allgäu**, die **Hochalphütte** und das **Berggasthaus Ostlerhütte**. Informationen über die Entstehung des Gebirges liefert der **GeoPfad Pfronten Vils**, der zunächst über neun Stationen von der Bergstation Breitenbergbahn zur **Kissinger Hütte** führt. Dann geht es an acht Stationen vorbei bis zur **Vilser Alm** und schließlich an weiteren sieben Stationen entlang bis zur Hammerschmiede in der Gemeinde Vils. Der sogenannte Pflanzenweg führt von dort zurück zur Talstation der Breitenbergbahn, oder man nimmt den Bus. In der Talstation der Breitenbergbahn gibt es einen Inforaum zum GeoPfad Pfronten Vils. Alternativ kann man von der Kissinger Hütte aus den **Panoramaweg Breitenberg-Füssener Jöchle** zur Bergstation Füssner Jöchle Grän in Tirol gehen, dort mit der Bahn ins Tal fahren und den Bus zurück nach Pfronten nehmen.

Das Projekt **Horizonte erweitern** verbindet Natur- und Kulturlandschaft: Acht verschiedene Themenwege setzen sich mit der sakralen Prägung des Vilstals auseinander. Marterl, Bildstücke, Wegkreuze und Kapellen zeugen vom Glauben der Menschen im Alltag und laden gleichzeitig dazu ein, selbst inne zu halten. Die Halbtagestour führt von Pfronten-Röfleuten nach Berg und aufs Hörnle. Die Touristeninformation hat ein Büchlein mit den Wegbeschreibungen und Kar-

Karte S. 170

ten sowie dazu passenden Gedanken der ortsansässigen Pfarrer.

Wer nicht so hoch hinaus will, findet in Pfronten-Steinach einen **Alpengarten** mit über 450 Pflanzenarten des Alpenraums, die zum Teil sogar neben der lateinischen und der deutschen Bezeichnung auf echt Pfronterisch beschriftet sind.

Der höchste Aussichtsberg rund um Pfronten ist der **Aggenstein**. Der Auf- oder Abstieg kann mit der Breitenbergbahn verkürzt werden, ist jedoch dennoch steil und erfordert sowohl Trittsicherheit als auch entsprechende Ausrüstung.

Wer gerne noch höher hinaus will, kann vom Breitenberg aus auch zu einem **Tandem-Gleitschirmflug** starten. Der Berg ist neben dem Tegelberg (→ S. 166, 168) ein beliebter Startplatz für die Könige der Lüfte. Aber ohne die notwendigen Genehmigungen zum Fliegen geht nichts. Genauere Infos dazu hat die Breitenbergbahn.

Der Planetenspielplatz

Ostallgäu

■ Radfahren

Nach Anmeldung nimmt die Breitenbergbahn auch Mountainbikes mit nach oben. Wer gerne selbst bergauf fährt, findet zwei verschiedene Auffahrten,

Die Seilbahn auf den Breitenberg

den **Hochalp-Forstweg** von der Talstation aus oder den **Ostler-Forstweg** von der Enge aus. Und wer sich gerne mit anderen misst, findet beim **Mountainbike-Marathon Pfronten** die Gelegenheit zum Wettbewerb mit anderen und sich selbst. Die 53 Kilometer lange Route ist den ganzen Sommer über markiert. Ein besonderer Spaß, auch für Zuschauer, ist die **Klapprad-Weltmeisterschaft**, die gleichzeitig ausgetragen wird.

Die Gästeinformation (→ S. 176) hat neun **Radwandertouren** mit 18 bis 80 Kilometern Länge sowie sieben **Mountainbike-Strecken** mit 18 bis 50 Kilometern auf einer Karte vereinigt. Die Linienbusse der Region transportieren Fahrräder kostenlos.

■ Spiel und Spaß

Viele Möglichkeiten für Abenteuer und sportliche Betätigung bietet der **Waldseilgarten Höllschlucht**. Auf acht verschiedenen Routen kann man durch die Baumwipfel klettern. Die Betreiber sind stolz, dass sie für den Abenteuerspielplatz in luftiger Höhe keinen einzigen Baum angebohrt haben. Darüber hinaus kann man rund um den Waldseilgarten auf Plattformen zwischen den Bäumen oder in Portaledges an dicken Zweigen hängend übernachten; auch ein echtes Biwak an einer steilen Felswand ist möglich.

Wer lieber etwas Bodenständigeres macht, holt sich sein persönliches Abenteuer auf dem **3D-Bogenparcour**. Einen guten Kompromiss zwischen den beiden Extremen bieten die verschiedenen **Slacklines im Waldseilgarten.**

Im Gemeindegebiet gibt es insgesamt sechs **Themen-Spielplätze**, von der wasserreichen Schatzinsel in Pfronten-Heitlern bis zum Planeten-Computerspielplatz, vom Märchenspielplatz in Pfronten-Weißbach bis zum Ritterspielplatz in Pfronten-Ried, und vom farbenreichen Regenbogenspielplatz in Pfronten-Röfleuten bis zum Zirkusspielplatz mit wilden (Holz-)Tieren in Pfronten-Ried. Die Gästeinformation hat ein Infoblatt darüber.

Auch für Rollstuhlfahrer geeignet ist das **Alpenbad**, ein Hallen- und Freibad auf 25 000 Quadratmetern, mit 73 Meter langer Großwasserrutsche, Kinderzone, Saunalandschaft und Fitnessstudio.

ℹ Pfronten

Haus des Gastes Pfronten, Vilstallstr. 2, 87454 Pfronten, Tel. 08363/69888, Fax 69866, www.pfronten.de; Mo–Fr 8.30–18 Uhr, Sa 9–14 Uhr.

Pfarrkirche Sankt Nikolaus, Am Hörnle 5, 87459 Pfronten-Berg, Tel. 08363/288 (Führungen), www.stnikolaus-pfronten.de.

Filialkirche Sankt Martin, Kappeler Straße, 87459 Pfronten-Kappel.

🛏 🍴

Berghotel Schlossanger Alp, Am Schlossanger 1, 87459 Pfronten-Meilingen, Tel. 08363/914550, Fax 91455555, www.schlossanger.de; ab 110 € p.P. Die Zimmerpreise lassen es nicht vermuten, aber das Haus auf 1130 Metern war einmal eine Alp und besticht mit einer gehobenen regionalen Küche, besonderes Schmankerl ist eine Übernachtung im Baumhaus.

Burghotel Auf dem Falkenstein, Auf dem Falkenstein 1, 87459 Pfronten-Meilingen, Tel. 08363/914540, Fax 9145444, www.burghotel-falkenstein.de; ab 90 € p.P. Das Haus ist bereits über 100 Jahre alt, wurde aber zwischenzeitlich modernisiert. Zur hinreißenden Aussicht sind verschiedene Themenzimmer hinzu gekommen.

Alpenhotel Krone, Tiroler Straße 29, 87459 Pfronten-Heitlern, Tel. 08363/69050, www.alpenhotelkrone.de; DZ ab 170 €. Denkmalgeschütztes Designhotel mit traditioneller Fassade und modernem Interieur, inklusive Weinkeller und Wellnessbereich.

Gasthof Oberer Wirt, Mo Ruhetag, Kirchsteige 10, 87459 Pfronten-Berg, Tel. 08363/451, www.obererwirt.de; ab 40 € p.P. Seit dem 16. Jahrhundert in Familienbesitz, gutbürgerliche Küche und familiäre Atmosphäre, Sonnenterasse und Biergarten.

Beim Hummelbaur, Fam. Trenkle, Obweg 44, 87459 Pfronten, Tel. 08363/8594, www.beimhummelbaur.de; 35 €–68 €. Gemütliche Ferienwohnungen und ein Ferienhäuschen auf einem ehemaligen Bauernhof mit Schmiede. Im Frühjahr und im Herbst Schmiedekurse.

Braugasthof Falkenstein, Allgäuerstr. 28, 87459 Pfronten-Ried, Tel. 08363/960658, www.braugasthof-falkenstein.de; tgl. 9.30–1 Uhr, warme Küche 11–23 Uhr. Eigene Brauerei und heimische Küche mit regionalen Zutaten, regelmäßig Stubnmusi.

🏠

Bärenmoosalpe, Brotzeitbewirtung von Juni–Sept., Mo Ruhetag. Aufstieg vom Achtal über Gasthaus Fallmühle oder vom Wanderparkplatz kurz vor der österreichischen Grenze, keine Übernachtung.

Berghaus Allgäu, Bergstation Breitenbergbahn, Tel. 08363/486, www.berghaus-allgaeu.de; ganzjährig geöffnet. Wanderzeit von Pfronten-Steinach ca. 2 Stunden. 60 Betten in verschiedenen Zimmern.

Hochalphütte, bei der Bergstation Breitenbergbahn, Tel. 08363/1654, Wanderzeit von Pfronten-Steinach ca. 2 Stunden; ganzjährig Mo–So 10–22 Uhr, ca. Anf. Nov.–Mi. Dez. geschlossen, 20 Betten.

Berggasthaus Ostlerhütte, auf dem Breitenberg, Tel. 08363/424, www.ostlerhuette.de; ganzjährig. Wanderzeit von Pfronten-Steinach ca. 3 Std., von der Bergstation ca. 30 Minuten. Matratzenlager für 50 Personen, einige Mehrbettzimmer.

Bad Kissinger Hütte, Tel. 0676/3731166, www.dav-kg.de; Mai–Okt. Alpenvereinshütte am Aggenstein in luftiger 1782 Metern Höhe. Von der Bergstation Breitenbergbahn Aufstieg über den Aggenstein in 2,5 Stunden. Zimmer und Matratzenlager für ca. 80 Personen, Winterraum mit 10 Plätzen.

Vilser Alm, Vilser Alpe 68, Fallweg, 6682 Vils, Tirol/Österreich, Tel. +43/676/5111263, www.vilseralm.at; Dez.–Okt., Di Ruhetag. Vom Parkplatz am Südende von Vils Aufstieg in ca. 60 Min. Zimmer und Matratzenlager.

Campingplatz der Familie Schneider: Mitte Mai bis Sept., Tiroler Str. 109, 87459 Pfronten, Tel. 08363/8353, Einkaufsmöglichkeiten und Imbiss

Alpengarten, Krokusweg, 87459 Pfronten-Steinach; Apr.–Okt. Di 15–18 Uhr. Interessierte können unter Anleitung mitgarteln.

Heimathaus Pfronten, Kirchsteige 1, 87459 Pfronten-Berg, Tel. 08363/7104; Mo 14–17 Uhr, im Sommer Do 16–18 Uhr, neben der Bücherei sind dort einige Werkzeuge aus dem Alltag ausgestellt

Mühlenmuseum, Bläsesweg 2, 87459 Pfronten-Heitlern, Tel. 078363/5177, www.blaesismuehle.de; Besichtigung nach Anmeldung. Alte Mühlentechnik aus dem 16. Jahrhundert sowie Ferienwohnungen (ab 58 €) mit Tennisplatz, Hallenbad, Sauna und Kegelbahn.

Burgruine Falkenstein: Auf dem Falkenstein 1, 87459 Pfronten-Meilingen, Mautgebühr für PKW 3 €. Auffahrt zum Parkplatz unter dem Burghotel (s.o.) von ›Viertel nach‹ bis zur vollen Stunde, Abfahrt von der vollen Stunde bis ›Viertel nach‹.

Burgmuseum Falkenstein, unterhalb des Burghotels, Auf dem Falkenstein 1, 87459 Pfronten-Meilingen, Tel. 08363/914540; Sa, So, Fei 13–16 Uhr.

Alpenbad, Falkensteinweg 14, 87459 Pfronten-Meilingen, Tel. 08363/8585, www.pfronten.de/alpenbad/; Erw. 5,50 €, Kinder 3,50 €, mit KönigsCard kostenlos; tgl. 9.30–20.30 Uhr. Hallen- und Freibad mit Wasserrutsche, Wildwasserkanal, Sauna- und Wellnesseinrichtungen und nicht zuletzt einer großartigen Aussicht auf die Berge.

Mountainbike-Marathon Pfronten, www.mtb-marathon-pfronten.de.

Fahrradverleih, David Unhoch, Scheiberweg 4, 87459 Pfronten-Steinach, Tel. 0172/6340822, www.needful-bikes.com.

Breitenbergbahn, Tirolerstr. 176, 87459 Pfronten-Steinach, Tel. 08363/8611, www.breitenbergbahn.de; 9–17 Uhr. Informationen über das **Skigebiet Pfrontener Hochalpe** am Breitenberg gibt es auch beim Skizentrum Pfronten, www.skizentrum-pfronten.de.

Gleitschirmpassagierflug, Oliver R. Donald Guenay, Bitzweg 3, 87459 Pfronten-Berg, Tel. 08363/94443, www.gleitschirmpassagierflug.de; ab 120 €.

Waldseilgarten Höllschlucht, Bürgermeister–Franz-Keller-Straße, 87459 Pfronten-Kappel, Parkplatz am nördlichen Ortsausgang, Tel. 08363/9259896, www.waldseilgarten-hoellschlucht.de; Erw. ab 16

Jahre 22 €, Jugendliche und Kinder 12,50 bzw. 15,50 €. Osterferien u. Sept.–Okt. 10–17 Uhr, Juni–Aug 10–18 Uhr.

PFAD-Bauernladen, Allgäuer Straße 31, 87459 Pfronten-Ried, Tel. 08363/928564; Fr 9–17 Uhr, Sa 9–12 Uhr. Regionale Produkte von Pfrontener Landwirten.

BTW Pfrontener Kurmittelgesellschaft, Verkauf im Hotel Bergpanorama, Röfleuterweg 14, 87459 Pfronten-Weißbach, Tel. 08363/911910, www.bergpanorama.de und www.heuprodukte.de; 8–18 Uhr. Heuprodukte zur äußerlichen und innerlichen Anwendung, Vertrieb auch über das Internet.

Seeg

Zwölf Kilometer nördlich von Pfronten erreicht man die Gemeinde Seeg. Sie ist seit 1987 Luftkurort. Das merkt man auch am Dorfanger, wo Kneippbecken die Gesundheit fördern sollen.

Kunstliebhaber begeistern sich in Seeg im Allgäu für die **Pfarrkirche St. Ulrich**, die aus der Zeit um 1700 stammt. Sie wird wegen ihrer Rokoko-Pracht nicht zu Unrecht auch die ›kleine Wieskirche‹ genannt. Als Erbauer gilt Johann Jakob Herkommer aus Roßhaupten. Er war unter anderem der Lehrer von Dominikus Zimmermann, dem Erbauer der Wieskirche (→ S. 164). Besonders erwähnenswert sind das Deckenfresko von Johannn Baptist Enderle und das Chorfresko von Balthasar Riepp.

Das überaus sehenswerte **Heimatmuseum** im ehemaligen Schulgebäude südlich der Kirche zeigt liebevoll restaurierte historische Alltagsgegenstände aus der Region, unter anderem eine Feuerspritze, einen Leichenwagen und eine komplett eingerichtete alte Bauernküche.

Sieben Kilometer südlich von der Hauptgemeinde Seeg, auf der anderen Seite der A7, befindet sich im **Ortsteil Eisenberg** die größte Burgruine Bayerns. Die **Burg Hohenfreyberg** wurde 1418 bis 1432 errichtet und ist damit auch eine der letzten Burgen mit mittelalterlicher Prägung, die in Bayern gebaut wurden. Ihr Bauherr, Friedrich von Freyberg zu Hohenfreyberg war der älteste Sohn des Besitzers der **Burg Eisenberg**. Diese befindet sich ganz in der Nähe und stammt aus dem 12. Jahrhundert. Peter von Hohenegg hatte vor 1315 seine Burg Loch bei Reutte in Tirol an den Tiroler Landesfürsten verloren und baute deshalb in Sichtweite der Tiroler Burg Falkenstein bei Pfronten die große Mantelmauerburg Eisenberg. Ironischerweise kam sie 1382 durch Verkauf an den österreichischen Herzog Leopold III. Im Jahr 1525 besetzten aufständige Bauern die Burg und beschädigten sie schwer. Mit dem Geld, das die Bauern nach der Niederschlagung ihres Aufstandes als Entschädigung bezahlen mussten, wurde die Burg prächtiger als zuvor wieder aufgebaut. Zum Ende des Dreißigjährigen Krieges zogen sich

Hohenfreyberg ist die größte Burgruine Bayerns

Karte S. 179

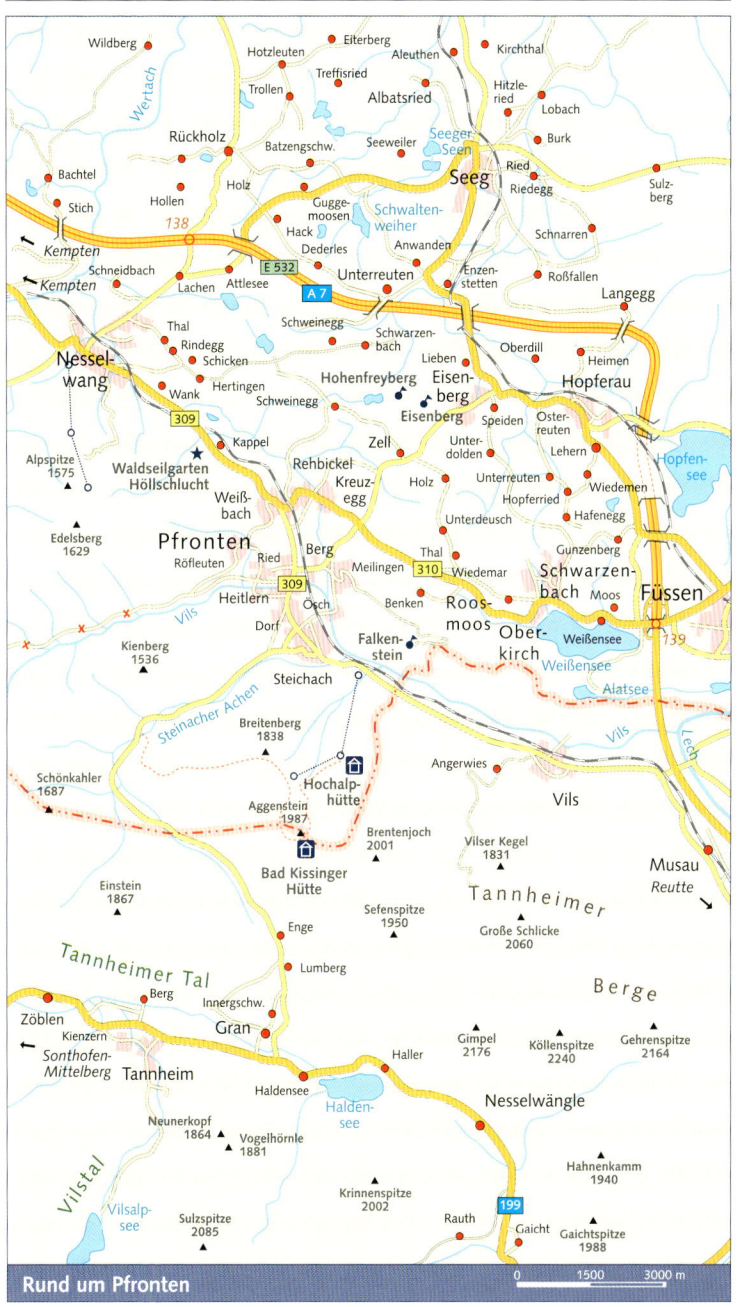

Ostallgäu

Rund um Pfronten

0   1500   3000 m

die Tiroler aus ihrer bayerischen Enklave zurück. Vorher setzen sie jedoch die Burg in Brand, um sie den Feinden nicht überlassen zu müssen, daher ist nur noch die Ruine erhalten. Diese ist frei zugänglich, das Touristikbüro Eisenberg hält Informationen über Führungen im Sommer bereit.

1485 wurde auch die Burg Hohenfreyberg an die Österreicher verkauft und in den folgenden Jahren zu einer moderneren Wohn- und Wehrburg ausgebaut. Die Maßnahmen lohnten sich, denn die Burg überstand die Bauernkriege schadlos und wurde Anfang des 17. Jahrhunderts mit neuen Wehrgängen und Schießscharten ausgerüstet um moderne Artilleriewaffen nutzen zu können. Aber nur wenige Jahre später wurde die Burg wie auch Eisenberg und Falkenstein von den sich aus Bayern zurückziehenden Tirolern in Brand gesteckt.

Von Zell aus geht ein Fahrweg zur **Schlossbergalm**, und von dort sind es zu Fuß noch zehn Minuten bis zur Ruine. Alternativ gibt es mehrere Wanderwege von Eisenberg und Zell aus zu der bewirtschafteten Alm, die zu einer zünftigen Brotzeit einlädt. Die beiden Burgen sind mit einem Wanderweg verbunden, so dass man von der Schlossbergalm aus eine Rundwanderung zu den beiden Burgen machen kann.

In Eisenberg-Zell gibt es zudem ein kleines **Burgenmuseum**, das Fundstücke aus der Ruine ausstellt. Dabei wird man zu einen durch die verschiedenen Bauepochen der Burgen geführt. Zum anderen werden Alltagsgegenstände aus einzelnen Bereichen des Lebens wie Verteidigung, Küche und Kultur vorgestellt.

Im nahegelegenen **Speiden** gibt es eine wegen ihrer schönen Ausstattung sehenswerte **Maria-Hilf-Wallfahrtskirche** mit Gnadenkapelle. Außerdem lädt dort die Brauerei Kössel zu Selbstgebrautem und deftigem Essen in ihre urige Gaststube. Brauereiführungen sowie ein ausgeschilderter Bier-und-Käse-Wanderweg zur Sennerei Lehern (→ S. 181) sind ebenfalls im Angebot.

Reizvoll für Tierfreunde ist die **Kamelfarm** im Ortsteil Hack. Ausritte und geführte Farmbesichtigungen finden nach Terminabsprache statt, Gruppen können Tagestouren buchen, Einzelinteressierten wird eine Auswahl an Terminen angeboten (→ S. 181). Neben Kamelen leben auf der Farm auch Affen, Kängurus, Lama, Yaks, Schafe, Ziegen, Esel, Pferde, Hunde, Katzen, Schlangen, Echsen und Spinnen. Und wer gerne in die Luft geht, kann dies mit einer **Ballonfahrt** tun, etwa bei einer Panoramafahrt über den Königswinkel bei Füssen oder gar einer Alpenüberquerung von Nord nach Süd.

ℹ Seeg, Eisenberg

Touristeninformation Seeg, Hauptstr. 33, 87637 Seeg, Tel. 08364/983033, Fax 987316, www.seeg.de; Mo–Fr 8.30–12 Uhr, Mo, Di, Do 15–16.30 Uhr, Sa 10–12 Uhr.

Touristikbüro Eisenberg, Pröbstener Str. 9, 87637 Eisenberg, Tel. 08364/1237, Fax 987154, www.eisenberg-allgaeu.de; Mo, Di, Mi u. Fr 8–1200 Uhr, Do 15–18 Uhr.

🛏 ✕

Burghotel Bären, Dorfstraße 4, 87637 Eisenberg/Zell, Tel. 08363/5011, burghotelbaeren.de; ab 43 € p.P. Gemütliche, rustikale Zimmer. In mehreren Restaurants gibt es u.a. Ritteressen und Gruseldinner.

Landhaus Wagner, Dorfstraße 27, 87637 Eisenberg/Zell, Tel. 08363/91300, www.landhauswagner.de; DZ ab 23 € p.P. Appartments ab 28 € p.P. Sehr gemütliches Gästehaus, Sauna, keine Haustiere erlaubt.

Schlossbergalm, Burgweg 50, 87637 Eisenberg, Tel. 08363/1748, www.schlossbergalm.de; tgl. ab 10 Uhr, Okt.–Juni Mo Ruhetag. Die Alpe ist von Eisenberg in 30

Karte S. 179

Min. zu Fuß zu erreichen, man kann auch direkt mit dem Auto hinfahren.

Gasthaus-Brauerei Kössel, Maria Hilfer Sudhaus, Maria-Hilfer-Straße 17, 87637 Eisenberg/Speiden, Tel. 08364/8556, www.koessel-braeu.de; Di–Fr 15.30 Uhr–24 Uhr, Sa 11–24 Uhr, So 11–20 Uhr.

Burgmuseum Eisenberg, Dorfstraße 12, 87637 Eisenberg/Zell, Tel. 08363/92040, www.burgenmuseum-eisenberg.de; Sa, So, Fei 14–17 Uhr.

Heimatmuseum Seeg, Hauptstraße/Ecke Nesselwanger Straße, 87637 Seeg; April–Okt. Do u. So 14–17 Uhr. Sonderführungen für Gruppen sind nach Absprache mit der Touristeninformation möglich.

Kamelfarm Allgäu/Rent A Camel, Hack 11, 87637 Seeg, Tel. 08369/910640, mobil 0172/7042589, www.kamelfarm-allgaeu.de; Eintritt 5/3 €; 1-stündige Ausritte: Erw. 55 €, Kinder 35 €.

Bavaria Ballonfahrten GmbH, Hitzlerieder Straße 15, 87637 Seeg, Tel. 08364/986068, www.bavaria-ballon.de; ab 190 € p.P.

Käsereigenossenschaft Weizern eG, Weizern 3, 87637 Eisenberg, Tel. 08364/280, www.kaeserei-weizern.de; tgl. 8–19 Uhr. Genossenschaft seit 1896, Verkauf im Laden und Versand.

Sennereigenossenschaft Lehern eG, 87659 Hopferau, Tel. 08362/7512, www.sennerei-lehern.de; Mo–Sa 8–18 Uhr, So, Fei 9.30–18 Uhr, Sennereibesichtigung Mai–Okt. Mo, Mi, Fr, Sa 11 Uhr, Nov.–Apr Di, Do 13.30 Uhr (mind. Teiln. 6 Erw.). Bewirtung in der Käse-Alp Mi–Mo 11–23 Uhr.

Hofkäserei Lipp, Stelle 1, 87494 Rückholz, Tel. 08369/361, www.hofkaeserei-lipp.de; Käseverkauf Mo, Di, Do, Fr 9–12 und 17–19 Uhr, Sa, So, Fei 9–12 Uhr. Käsereiführung und Raclettabende nach Vereinbarung. Ferienwohnungen ab 29 € p.P.

Nesselwang

Die römische Verbindungsstraße von der Via Claudia nach Kempten führte auch durch das heutige Siedlungsgebiet von Nesselwang. Im 8. Jahrhundert stand ein ostfränkischer Königshof in dem Ort. Um seinen Italienzug von 1310 zu finanzieren, verpfändete König Heinrich VII. Nesselwang an den Bischof von Augsburg, und es blieb bis zur Säkularisation in Kirchenbesitz. 1429 erhielt der Ort das Marktrecht. Heute liegt Nesselwang an der Eisenbahnstrecke ›Außerfernbahn‹ von Kempten nach Reutte und Garmisch-Partenkirchen. Der kleine Luftkurort sieben Kilometer nordwestlich von Pfronten bietet Aktivurlaubern die Allgäuer Laufarena, den Nordic-Walking-Park, das Trendsportzentrum, vier Badeseen im nahen Umkreis, das Alpspitz-Bade-Center und die 1575 Meter hohe Alpspitze.

■ **Sehenswürdigkeiten**

Ein altes Fachwerkhaus aus dem Jahr 1807 dient als **Heimathaus** und ist noch weitgehend original als Glaserwerkstatt mit Wohnbereich möbliert. Auf dem Dachboden werden Schreiner- und Schusterhandwerk vorgestellt, im Stall und auf der Tenne wird über die regionale Land-, Alp- und Forstwirtschaft informiert.

Im **Skimuseum** setzt Nesselwang seine Skisportler ins rechte Licht. Rund ein Dutzend seiner Bürger haben bisher an Weltmeisterschaften und Olympischen Spielen teilgenommen. Bekannt ist auch die Sportreporter-Legende Bruno Moravetz, dessen wohl berühmteste Reportage vor allem aus dem Satz »Wo ist Behle?« bestand: Bei den Olympischen Spielen 1980 in Lake Placid wartete er beim 15-Kilometer-Skilanglauf auf ein Bild des Deutschen Jochen Behle, der

Ostallgäu

nach der ersten Zwischenzeit führte, aber nicht gezeigt wurde. Behle beendete das Rennen schließlich mit einem damals achtbaren zwölften Platz. Moravetz wurde 1972 Nesselwanger Bürger und hatte auch die Idee für das Skimuseum, in dem Trophäen, historische Sportgeräte und zahlreiche Fotos aus den Anfangszeiten des Brettelsports ausgestellt sind. Berühmtester Sohn der Stadt ist derzeit der mehrfache Biathlon-Olympiasieger und Weltmeister Michael Greis, der natürlich entsprechend gewürdigt wird.

Das **Ostereier-Museum** im Hotel Post zeigt über 2000 **Ostereier** aus aller Welt. Und dazu viele weitere Exponate zum Thema Ostern, wie Palmbuschen und Weihetücher.

Die Post-Brauerei ist die letze der ehemals fünf Bierbrauereien in Nesselwang. Sie existiert bereits seit 1650 und ist seit 1883 in Besitz der Familie Meyer. Eine gute Grundlage, um im Gewölbekeller ein **Brauereimuseum** einzurichten. Darüber hinaus werden Bierseminare und Brauereiführungen angeboten.

Den Maibaum zieren die Zeichen der Handwerker im Ort, auch das der Brauer. Und in der **Andreas-Kirche** mitten im Dorf kann man Zunftzeichen der alten Handwerkerinnungen aus dem 18. und 19. Jahrhundert sehen. Die Kirche selbst wurde 1904 im Neubarock erbaut und dann im Geschmack des Neurokoko eingerichtet. Lediglich der Kirchturm ist rund 150 Jahre älter als die Kirche. Und die älteste seiner fünf Glocken wurde sogar bereits im Jahr 1672 gegossen. Im Sommer organisiert die Touristeninformation Führungen im Gotteshaus.

Von der Talstation der Alpspitzbahn aus erreicht man über einen Kreuzweg die **Wallfahrtskirche Maria Trost**. Sie geht auf ein Muttergottesbildnis zurück, das unversehrt aus der Asche eines abgebrannten Bäckermeisterhauses in Regen in Niederbayern geborgen wurde. 1658 stellte Rudolph von Grimming den Bildstock am Wanker Berg auf, und es entwickelte sich eine Wallfahrt, die noch heute besteht. Die erste Steinkirche wurde bereits 1659 gebaut, sie bildet heute den Chor. Im 18. Jahrhundert wurde das Langhaus errichtet und der Innenraum geschmückt. Seit dieser Zeit wurde die Kirche nur noch renoviert, aber nicht mehr umgebaut. Das Originalbild der Muttergottes musste allerdings schon bald aus politischen Gründen auf Geheiß des Bischofs in Ausgburg an Salzburg abgegeben werden und ist heute in der Kirche Mariaplain bei Salzburg zuhause. In Maria Trost befindet sich nur noch eine Kopie des Bildes, das jedoch ebenso verehrt wird und offensichtlich ebenso wirksam ist. Das zeigen die zahlreichen Votivtafeln, die zum Dank für geleistete Hilfe in die Wallfahrtskirche gebracht worden sind. Um die Originale zu schützen, sind auch von ihnen in der Kirche nur noch Fotoreproduktionen zu sehen, die aber nicht minder ausdrucksvoll sind. In einem Anbau befindet sich ein Jugendhaus der Diözese Augsburg. Die Linde vor der Kirche ist übrigens so alt wie die Wallfahrt selbst, also über 350 Jahre. Über die Alpenstraße in Nesselwang erreicht man eine Mautstraße, die fast bis hinauf zur Wallfahrtskirche führt.

■ Aktivitäten

Im Brauereidorf Nesselwang waren einst fünf Brauereien zu Hause. Sie stellen sich und ihr Handwerk auf einem **Brauerei-Wanderweg** mit 20 Stationen vor. Dabei

Karte S. 179

▲

Der Wasserfall am Maria-Trost-Weg

Der idyllische Ort Nesselwang

geht es vom klaren Gebirgswasser über die Mühlen am Bach bis zum Kohlebergwerk für die Befeuerung der Sudpfanne und schließlich zum ehemaligen Eisgerüst, an dem im Winter Eiszapfen gezüchtet wurden, um das gelagerte Bier im Sommer zu kühlen. Start ist an der ehemaligen Bärenbrauerei in der Hauptstraße. Die Touristeninformation hat eine Info-Broschüre darüber, die auch im Gasthof Post erhältlich ist.

Von der Wallfahrtskirche Maria Trost kommt man über den **Wasserfall-Steig** an an der Ruine der **Nesselburg** vorbei. Sie wurde 1302 das erste Mal urkundlich erwähnt, wird aber bereits seit 1595 nicht mehr bewohnt und ist inzwischen entsprechend verfallen. An einigen Wasserfällen vorbei geht es auf einem hölzernen Weg zur Krone des großen **Wasserfalls**, über die hinweg man beeindruckende 50 Meter in die Tiefe blicken kann. Über zahlreiche Treppen-

stufen gelangt man neben dem Wasser hinunter ins Tal und erreicht dort nach einer kurzen Wanderung durch den Wald wieder den Parkplatz der Alpspitzbahn. Nach der Wanderung lädt der Gasthof Sonnenbichl zur Rast ein. Der Wirt kocht auch für das ›Gondeling‹, bei dem man in der Gondel der Alpspitzbahn bei Sonnenuntergang ein 4-Gänge-Menü genießen kann. Informationen und Buchung ist bei der Touristeninformation möglich.

Ein besinnlicher Weg, der zur Ruhe und innerer Einkehr einlädt, ist der **Ge(h) zeitenweg**. Im Osten des Nesselwanger Ortsteils Rindegg gibt es einen Parkplatz, der Weg beginnt etwas weiter nördlich, und es lohnt sich, die sechs Stationen in der richtigen Reihenfolge zu besuchen. An Station 1 lädt eine Sanduhr dazu ein, erst einmal zur Ruhe zu kommen, bevor man sich auf den Weg macht. Und am Ende des Weges kann man selbst ein Rad der Zeit wieder in Bewegung setzen. Die Touristeninformation hat ein Textbuch zum Weg.

Etwas flotter voran geht es mit der **Nesselwanger Lauf-Arena**. Fitnessorientierte können in Kursen, Workshops und Coachingstunden mit qualifizierten Trainern ihren Stil verbessern, neue Trainingsmöglichkeiten kennenlernen und sich die Motivation zum Weitermachen holen. Für Zuhause wird eine weitere Online-Betreuung angeboten.

Im Gemeindegebiet sind außerdem fünf verschiedene **Routen für Nordic-Walker** ausgeschildert, und in der Touristeninformation können regelmäßig angebotene Nordic-Walking-Kurse gebucht werden. Im Sommer wird außerdem jeden Monat ein kostenloses Vollmond-Nordic-Walking angeboten.

Die **Alpspitze** ist der Nesselwanger Hausberg, der mit zwei Gondelbahnen und einem Sessellift erschlossen ist. Im Sommer kann man dort Wandern und Radfahren und im Winter Ski- und Snowboardfahren. Und das ganze Jahr bieten sich gemütliche Hütten zur Einkehr an, drei davon laden auch zum Übernachten ein.

Die **Mountaibike-Arena Allgäu** umfasst 18 Tourenvorschläge mit Längen zwischen 10 und 80 Kilometern und bis zu 3000 Höhenmetern. Acht Touren beginnen direkt in Nesselwang am Bikepoint beim Parkplatz der Alpspitzhalle. Die GPS-Daten der Touren können aus dem Internet heruntergeladen werden und die Touristeninformation hat eine Übersichtskarte. Dazu können GPS-Geräte, E-Bikes und Fahrräder in Nesselwang ausgeliehen werden. Die Sieben-Seen-Runde führt 23 Kilometer weit durch das Alpenvorland und überwindet 210 Höhenmeter. Mit 27 Kilometern nicht viel länger, aber technisch anspruchsvoll und mit 1100 Höhenmetern auch konditionell anstrengend ist die Alphüttenrunde, bei der man fünf Hütten ansteuert.

Beim **Trendsportzentrum** gibt es neben einem 3D-Bogenparcour auch die Trainingsstrecke von Biathlon-Olympiasieger Michael Greis. Jeden Donnerstag gibt es einen Schnupperkurs von 16 bis 18 Uhr. Die Laufausrüstung (im Sommer für Jogging, Nordic-Walking oder Inlinern, im Winter für den Langlauf) muss selbst mitgebracht werden. Die 25 Schuss Munition für das Gewehr sind in der Gebühr enthalten. Anmeldung über die Touristeninformation.

Auch in Nesselwang dauern die Veranstaltungen rund um den **Viehscheid** im September bereits mehrere Tage.

Mehrere Hotels, Pensionen und Vermieter widmen sich ganz besonders den **Motorradfahrern** und halten Tourenvorschläge, Trockenräume und Garagen für sie bereit. Die Touristeninformation hat die Adressen.

Einen alten Traktor selbst zu steuern ist ebenfalls ein besonderes Erlebnis. Die **Oldtimer-Traktor-Vermietung Strobel** macht es möglich. Dort kann man selbst am Steuer eines Eicher, Fendt, Porsche oder Warchalowski sitzen, sowie, wer es lieber etwas kleiner hat, einem TukTuk Ape Calessino.

Bogenschießen im Trendsportzentrum

Ostallgäu

Nesselwang

Touristeninformation Nesselwang, Hauptstraße 20, 87484 Nesselwang, Tel. 08361/923040, www.nesselwang.de.

Hotel Nesselwanger Hof, Sudetenweg 2, 87484 Nesselwang, Tel. 08361/9251330, www.nesselwangerhof.de; ab 65 € p.P. Am Hang gelegenes 4-Sterne-Hotel mit schöner Aussicht, guter bürgerlicher Küche, Hallenbad und Wellnessbereich mit Sauna.

Hotel Post, Hauptstraße 25, 87484 Nesselwang, Tel. 08361/30910, Fax 30973,www.hotel-post-nesselwang.de; ab 47 € p.P. Familienbesitz seit 1883, hauseigene Brauerei, Allgäuer Küche, Biergarten mit Allgäuer Live-Musik (Mi u. Fr).

Alpengasthof Sonnenbichl, Maria-Trost-Allee 41, 87484 Nesselwang, Tel. 3163, www.alpengasthof-sonnenbichl.de, in sichtweite der Alpspitzbahn Talstation. Wirt Daniel Huber kocht auch das Essen für das ›Gondeling‹, die Küche ist bodenständig geprägt, und man trifft dort auch Einheimische beim Feierabendbier. Gondeling ab 90 € p.P. für das 4-Gänge-menue, ab 24,90 € p.P. für das Weißwurstfrühstück, ab 44,90 € p.P. für die Bayerische Brotzeit.

Gasthof Hasen, Von-Lingg-Straße 7, 87484 Nesselwang, Tel. 08361/9225650. Vom ehemaligen Brauerei-Gasthof ist nur noch der Gasthof übrig. Gutbürgerliche Küche mit Allgäuer Spezialitäten, Biergarten.

Gasthof Hirsch, Haupstraße 22, 87484 Nesselwang, Tel. 08361/9257096. Im ältesten Gasthaus Nesselwangs gibt es gute regionale Küche in der gemütlichen schlichten Gaststube.

Gasthof Bären, Hauptstraße 3, 87484 Nesselwang, Tel. 08361/3255, www.baeren-nesselwang-allgaeu.de. Auch dies war einmal eine Brauerei. Regionale und internationale Küche, spezielle Mittags- und Tageskarte sowie Grill im Biergarten.

Hoigarte, Poststr. 2, 87484 Nesselwang, Tel. 08361/627. Gemütlich-elegante Bar und Bistro mit kleinen Speisen wie den typisch allgäuerischen Seelen, Biergarten.

Sportheim Böck, Alpspitzweg 50, 87484 Nesselwang, Tel. 08361/3111, www.sportheimboeck.de; vier edle Lodges ab 175 € p.P. Tgl. 10–16.30 Uhr, im Winter Mi Stammtisch bis 22 Uhr. Die Fahrstraße zur Wallfahrtkirche führt weiter zur Hütte, allerdings nur als Wanderweg, gehobene, regionale Küche.

Kronenhütte, Alpspitzweg 25, 87484 Nesselwang, Tel. 08361/3170, www.kronenhuette.de; 1 DZ und 4 Mehrbettzimmer. Mi–So ab 11 Uhr; im Skigebiet des Kronenliftes, 30 Minuten zu Fuß von Nesselwang herauf (ab 17 Uhr geräumter Winterwanderweg), oder 10 Minuten von der Mittelstation der Alpspitzbahn bergab, Samstag Hüttenabend mit Musik, gepflegte regionale Küche. Bergab kann man die 1000 Meter lange Sommerrodelbahn benutzen.

Kappeler Alp, Tel. 08361/3253, www.kappeler-alp.de; 15. Dez.–Okt. Fr–Mi: Auf dem Plateau des Edelsberges, von der Berstation der Alpspitzbahn rund zehn Minuten bergab oder von Nesselwang aus in etwa 90 Minuten bergauf, Wirt Karl macht mit den Gästen gerne selbst Musik und Hüttengaudi.

Enzianstüble, an der Mittelstation der Alpspitzbahn, Tel. 08361/922990.

Liftstüble, an der Talstation der Alpspitzbahn, Tel. 08361/1599.

Wohnmobil-Stellplatz, An der Riese, Kiesplatz am Fuß der Alpspitze für rund 60 Fahrzeuge, mit Strom- und WLAN-Anschluss, 8 € pro Fahrzeug und Tag, Info und Gebührenentrichtung bei der Touristeninformation.

Heimathaus Beim Glaser, Füssner Str. 13; Mi 16–18 Uhr, Apr.–Okt 1. So im Monat 14–17 Uhr, Eintritt frei.

Karte S. 179

Skimuseum, Hauptstr. 1a; So, Mi 16–18 Uhr, Eintritt frei.

Brauerei-Museum im Hotel Post, Hauptstraße 25, 87484 Nesselwang, Tel. 08361/30910, Fax 30973, www.hotel-post-nesselwang.de; Führung Fr 17 Uhr, 5 €, inklusive ein Getränk.

Ostereier-Museum im Hotel Post, Hauptstraße 25, 87484 Nesselwang, Tel. 08361/30977, www.monica-meyer-nusser.de; tgl. 10–20 Uhr.

Alpspitz-Bade-Center, Badeseeweg 11, www.abc-nesselwang.de; Erw. ab 7,50 €, Kinder ab 3 €; Mo–Fr 10–22 Uhr, Sa, So, Fei 9–22 Uhr.

Mountaibike-Arena Allgäu, www.mtb-arena-allgaeu.de, Fahrradportal mit Tourenvorschlägen und Verleih-, Verkauf- und Reparatur- sowie Übernachtungs-Adressen. **Fahrradverleih**, Jons Adventures Nesselwang, Maria-Rainer-Straße 4, 87484 Nesselwang, Tel. 08361/9225965, www.jons-adventures.com; Apr–Okt Mo-Sa 9–12.30 Uhr, Mo, Di, Do, Fr 14–18 Uhr. Verleih von GPS-Geräten, Fahrrädern, E-Bikes, Kurse und geführte Touren.

Bergsport Martin, An der Riese 28, 87484 Nesselwang, Tel. 08361/1473, www.bergsport-martin.de. Verleih von Fahrrädern, Berg-, Wander- und Nordic-Walking-Stöcken, Baby-Trage-Kraxen im Sommer sowie Ski, Board, Fun-Geräte, Rodel und Schneeschuhen im Winter.

Trendsportzentrum: Trendsportweg 1, www.trendsportzentrum-allgaeu.de; u.a. Langlauf und Bogenschießen. Anmeldung und weitere Info auch bei der Touristeninformation.

Laufarena Allgäu, Informationen über Laufurlaub und Lauftraining unter www.laufarena.de oder bei der Touristeninformation.

Spielehaus im Feriendorf Reichenbach, Bürgermeister-Martin-Straße 8, 87484 Nesselwang-Reichenbach, Tel. 08361/616, www.feriendorf-allgaeu.de; Eintritt frei! Mo, Mi-Sa 9–21 Uhr, Di 9–17 Uhr, So 11–21 Uhr. Indoor-Angebot auf 300 Quadratmetern für Kinder von 6–16 Jahren, mit Boulderraum, Rutschen, Billard etc.

Oldtimer-Traktor-Vermietung Strobel, Rindegger Weg 4, 87484 Nesselwang, Tel. 08361/1324 (9–12 u.13–18 Uhr, nur allgemeine Auskunft, keine Buchung), www.traktorausflug.de (mit Buchungsmöglichkeit); ab 55 € (2 Std.).

Ostallgäu

Langlaufspaß bei Nesselwang

»Alle guten Dinge haben etwas Lässiges
und liegen wie Kühe auf der Wiese.«

Friedrich Nietzsche

OBERALLGÄU

Der südlichste Landkreis Deutschlands

Das Oberallgäu breitet sich vom Alpenvorland bis in die Allgäuer Alpen hinein aus. Die Hochfrottspitze ist mit 2649 Metern der höchste Berg dieser Region. Aber auch die Gipfel der Höfats, des Fellhorns, des Nebelhorns und des Großen Daumens recken sich über 2000 Meter in die Höhe. Und der 2599 Meter hohe Biberkopf ist zudem der südlichste Berg in ganz Deutschland.

Die Breitachklamm am Eingang des Kleinwalsertals ist neben der Höllentalklamm im Zugspitzmassiv die tiefste Klamm der bayerischen Alpen. Am Illerursprung bei Oberstdorf vereinigt sich die Breitach mit der Stillach und der Trettach zur Iller, die durch das Ober- und Unterallgäu bis nach Memmingen fließt, wo sie die nordwestliche Grenze des Allgäus markiert. Die Menschen des Allgäus kennen gute und schlechte Zeiten. Das Wetter hat schon manch einem einen Strich durch die Rechnung gemacht: dem Wanderer auf dem Weg zum Gipfel, dem Sennen bei der Suche nach verstiegenen Tieren oder den Bauern bei der Ernte. Aus den Gefahren durch die Natur, die bei den Einheimischen stets im Hinterkopf vorhanden sind, haben sich zahlreiche Bräuche und Traditionen entwickelt, mit oft heidnischem Ursprung. Allen gemeinsam ist, dass sie mit Inbrunst und großer Lebensfreude verbunden sind. Damit geben die Feiertage den Allgäuern Kraft für den Alltag. Und diese Quelle können auch Besucher nutzen, wenn sie mitmachen bei den zahlreichen Wald-, Berg- und Seefesten, dem Winteraustreiben, der Kirchweih und den Viehscheiden.

Wirtschaftlich lebt das Oberallgäu vor allem von der Milchwirtschaft, dem Tourismus, dem Maschinenbau und der Verpackungsmittelindustrie.

Die Sport- und Freizeitmöglichkeiten der Region sind zahllos. Insbesondere Bergsportler finden hier eine große Vielfalt an Touren aller Schwierigkeitsklassen. Aber auch für Familien wird viel geboten, vor allem die österreichische Enklave Kleinwalsertal ist für ihre Kinderfreundlichkeit bekannt.

ℹ️ Oberallgäu

Tourismus Oberallgäu, Tel. 08323/ 9949150, Fax 9949112, www.oberall gaeu.de.

Kempten

Die kreisfreie Stadt Kempten ist die größte Stadt im Allgäu und gilt als älteste urkundlich erwähnte Stadt Deutschlands. Sie liegt im Norden des Landkreises Oberallgäu und hat heute rund 62 000 Einwohner. Die mehr als 4000 Studenten der örtlichen Fachhochschule sorgen für ein lebendiges und buntes Flair in der Stadt.

Kempten liegt an der Ostroute der Oberschwäbischen Barockstraße (→ S. 46), die von Ulm bis an den Bodensee führt. Außerdem berühren der Allgäu-Radweg (Weitnau–Schongau) und der Iller-Radweg (Oberstdorf–Ulm) die Stadt. Und der Radwanderweg Allgäu (Kempten–Weinau–Isny–Leutkirch) beginnt in der Allgäumetropole.

Stadtgeschichte

Der griechische Geschichtsschreiber und Geograph Strabon erwähnt 18 nach Christus bereits eine keltische Siedlung mit dem Namen ›Kambodunum‹ (lat. Cambodunum). Vermutlich meinte er damit eine von den römischen Macht-

Karte S. 192

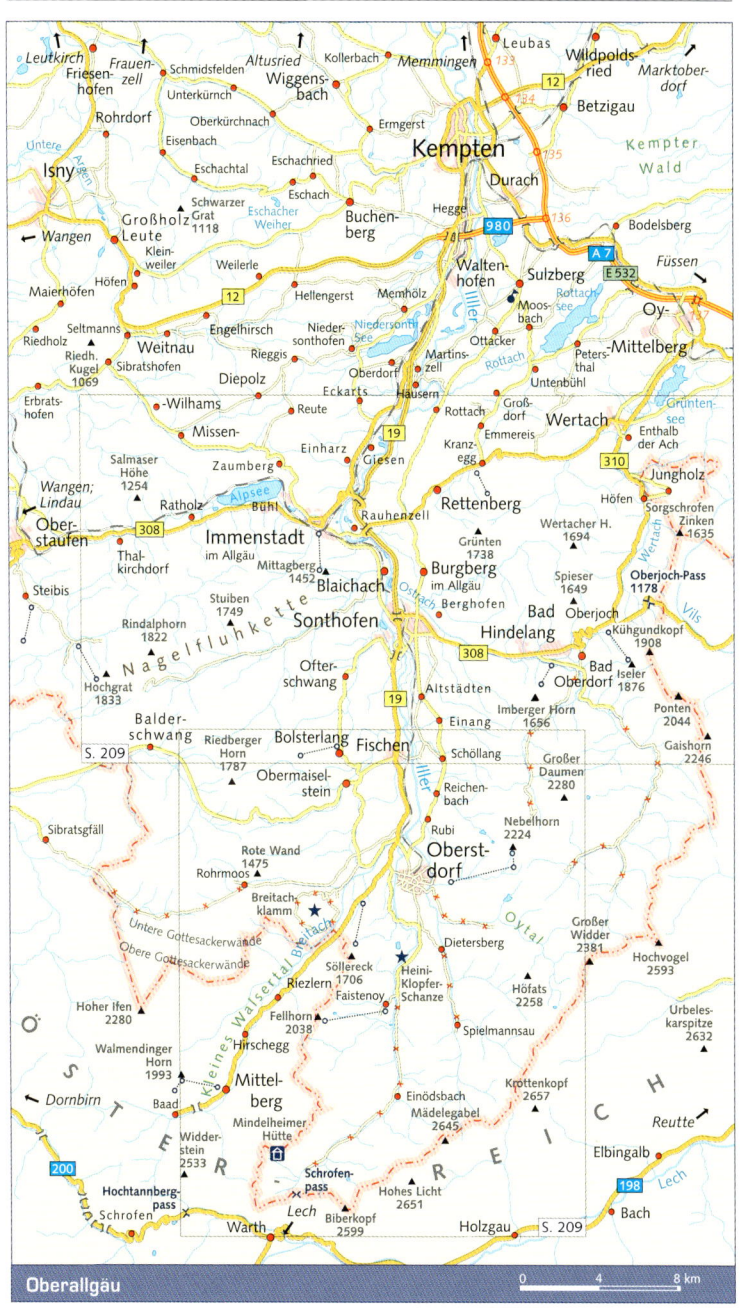

Oberallgäu

habern im 1. Jahrhundert nach Christus gegründete Siedlung auf der Hochfläche des Lindenberger Ösch rechts der Iller. Das Forum und die Basilika sowie die Thermen, Werkstätten und Läden des Ortes wurden immer wieder von den Alemannen zerstört und von den Römern wieder aufgebaut. Letztlich verlegten sie die Siedlung jedoch im 3. Jahrhundert auf die Burghalde am linken Ufer der Iller, in der Hoffnung, sie dort besser vor den Angreifern schützen zu können. Nach der Vertreibung der Römer kamen im 8. Jahrhundert aus dem Kloster St. Gallen die Mönche Theodor und Magnus nach Cambodunum und ließen sich dort nieder. Ihre Missionarszelle lag vermutlich im Bereich der heutigen Stadtpfarr-

kirche St. Mang. Bereits 20 Jahre später wurde das erste Kloster gegründet, das Karl der Große im Jahr 774 als eigenständige Abtei bestätigte. Die Ungarn zwangen die Mönche im 10. Jahrhundert jedoch zum Umzug auf das Hochfeld, vermutlich an den Ort, wo heute die Residenz steht. In seiner Blütezeit war das Kloster die bedeutendste Fürstabtei unter den reichsunmittelbaren Abteien im Allgäu. Bis heute bilden die Stiftskirche St. Lorenz und die Residenz das Zentrum der sogenannten ›Stiftsstadt‹, während das weltliche Kempten, die sogenannte ›Bürgerstadt‹, sich rund um den Marktplatz befindet.

Ab dem 14. Jahrhundert durfte sich Kempten Freie Reichsstadt nennen. Die

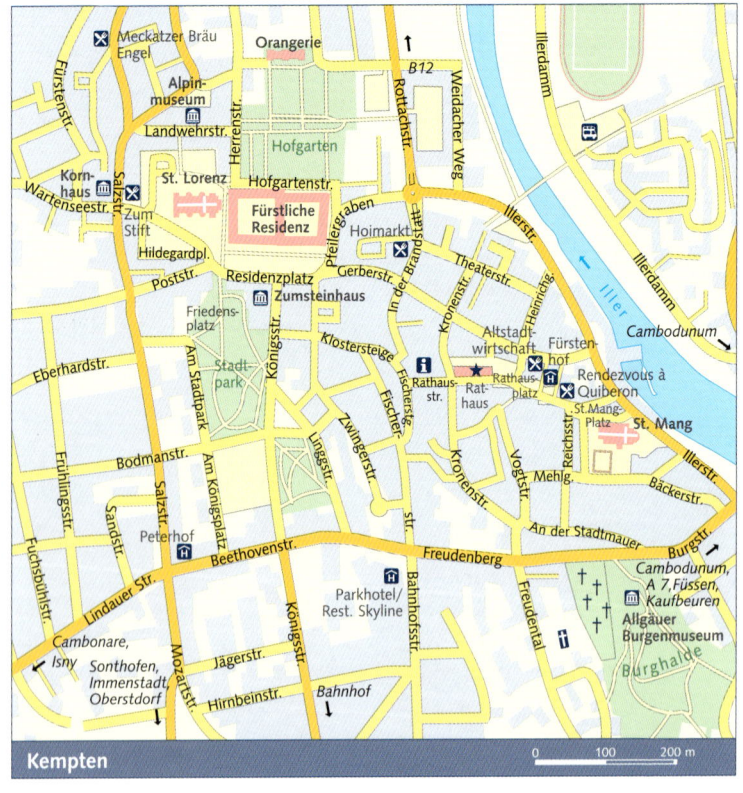

Kempten

Die Kirche St. Mang in der Bürgerstadt

städtische Autonomie war jedoch durch einige Rechte des Stifts begrenzt. Erst im 16. Jahrhundert konnten sich die Bürger von den letzten Rechten der Äbte freikaufen. Sie schlossen sich der Reformation an und wurden protestantisch, während die Stiftssiedlung katholisch blieb. Im Dreißigjährigen Krieg zerstörten sich die beiden Stadthälften dann gegenseitig, und zwar jeweils mit Hilfe der kaiserlichen beziehungsweise der schwedischen Truppen.

Die protestantischen Bürger halfen beispielsweise den Schweden im Jahr 1632, das Kloster und die Kirche zu zerstören. Im Gegenzug drängten die Äbte die kaiserlichen Truppen, die Stadt zu belagern. Im Zuge dieser Maßnahme wurde rund ein Drittel der Bevölkerung erschlagen. Anschließend befreiten die Schweden die Stadt zwar wieder, doch mit ihnen kamen auch eine große Hungersnot und die Pest. Die Bevölkerung der Stadt verringerte sich allein im Jahr 1653 von vordem rund 6000 auf nur noch 900 Menschen.

Dennoch begann nach dem Krieg der Wiederaufbau. Unter anderem wurden die fürstliche Residenz und die Stiftskirche St. Lorenz errichtet. In ihrer Nähe siedelten sich die Katholiken an, und im Jahr 1712 erhielt die sogenannte Stiftsstadt ihr eigenes Stadtrecht. Beide Städte fielen zu Beginn des 19. Jahrhunderts gemeinsam an Bayern und wurden vereinigt. In den Köpfen der Bürger war die Trennung der beiden Städte jedoch nicht so einfach beizulegen. Daher wurden die Türme und Tore sowie der größte Teil der Stadtmauer abgerissen, um die räumliche Trennung aufzuheben. Und schließlich sollte 1903 die Freitreppe in der Fußgängerzone die beiden Städte symbolisch verbinden.

Bereits im 15. Jahrhundert entstanden zwei Papiermühlen an der Iller. Im 19. Jahrhundert eröffneten Widmann und Telorac eine siebenstöckige mechanische Baumwollspinnerei und Weberei. Und gegen Ende desselben Jahrhunderts nahm in einer Kemptener Zündholzfabrik der erste Dieselmotor in der Industrie seinen Betrieb auf. Der Wechsel vom Flachsanbau zur Grünlandwirtschaft setzte die industrielle Käseproduktion in Gang, und die zunehmend automati-

Oberallgäu

Tastmodell der Kemptener Innenstadt

Die Residenz und die Türme von St. Lorenz

mermusik-Konzerte im Fürstensaal der **Residenz** statt. Daran schließt sich im Oktober der einwöchige **Tanzherbst** an. Im August stellt die **Allgäuer Festwoche** die ganze Stadt auf den Kopf. Ihre Mischung aus Wirschaftsausstellung, Kulturfestival, Sportveranstaltung und Volksfest lockt Besucher aus Nah und Fern und wird von den Einheimischen sogar die ›fünfte Jahreszeit‹ genannt. Und im Dezember findet auf dem Rathausplatz der größte **Weihnachtsmarkt** des Allgäus statt.

Stiftsstadt

Kunsthistorischer Höhepunkt Kemptens sind die Stiftskirche **St. Lorenz** und die **Residenz**. Beide stammen aus dem 17. Jahrhundert und wurden von dem Vorarlberger Baumeister Michael Beer geplant. Warum Beer der damals wichtigste Architekturauftrag in Süddeutschland übertragen wurde, ist unklar. Auf alle Fälle starb er zwei Jahren nach Baubeginn, und der Schweizer Baumeister Johann Serro übernahm seine Aufgabe. Er erhöhte das Langhaus der Kirche um 170 Zentimeter und veränderte die Form der Emporen. Insgesamt werden ihm aber eher kosmetische Änderungen zugeschrieben.

Beinahe hundert Jahre vergingen zwischen der Grundsteinlegung und der Weihe der Kirche, die 1960 von Papst Paul VI. zur Basilica minor ernannt wurde. Die beiden Glockentürme wurden sogar erst um 1900 komplettiert. Das war also erst, nachdem das Kloster im Jahr 1803 säkularisiert und die Basilika zur Pfarrkirche der **Pfarrei St. Lorenz** geworden war.

Das Kemptener Klostergebäude war die erste große deutsche Klosteranlage des Barock. Alte Ansichten zeigen den Gebäudekomplex noch unverbaut in seiner ganzen Pracht und Herrlichkeit. Diese

sierte Produktion ließ gleichzeitig eine hochqualifizierte Maschinenbauindustrie entstehen. Während der NS-Zeit wurden Häftlinge aus dem Konzentrationslager Dachau im Außenlager Kottern-Weidach eingesperrt und mussten in den Firmen Messerschmid und Sachse arbeiten.

Seit 1978 ist Kempten Hochschulstadt. Die Stadt ist außerdem ein wirtschaftliches Zentrum des Allgäus mit zahlreichen Betrieben aus den Bereichen Maschinenbau, Elektrotechnik, Chemie und Verpackungstechnik.

Veranstaltungen

Im März laufen die Teilnehmer des **Kempten Halbmarathon** dreimal durch die Stadt. Zum Jahreswechsel gibt es den zehn Kilometer langen **Sylvesterlauf** entlang der Iller.

Der Kemtener **Jazz–Frühling** (April, Mai) bringt international bekannte Musiker und regionale Stars auf die Bühnen der Stadt. Während des Sommers beleben vielfältige Kunst und Kultur-Veranstaltungen den **Archäologischen Park Cambodunum**. Auf der **Freilichtbühne Burghalde** gibt es Open-Air-Konzerte sowie Freilichtkino-Aufführungen. Und im Herbst finden eine Woche lang **Kam-**

Karte S. 192

lässt sich heute leider nur noch aus der Hofgartenperspektive erahnen. Vorbilder waren die rechteckigen Anlagen der schwäbischen Schlossbauten im 17. Jahrhundert, also beispielsweise das Schloss Wolfegg (→ S. 291).

Der Vergleich mit den Schlössern passte durchaus, denn die Mönche waren allesamt adelig und das Kloster bereits 1062 reichsunmittelbar, also direkt dem Kaiser unterstellt. Kaiser Karl IV. verlieh dem Kemptener Abt die staatliche Souveränität eines Landesfürsten. Der Ostflügel der Residenz diente als Konvent und Klosterbau. Im Westflügel repräsentierte der Fürstabt im herrschaftlich ausgestatteten Festsaal sowie im Vor- und Audienzraum und Tag- und Schlafzimmer. Die

Prunkraum der Kemptener Residenz

Prunkräume sind im späten Régencestil (eine Form des französischen Rokoko) ausgestattet und können im Rahmen von Führungen besichtigt werden. Die übrigen Räume werden inzwischen von der Staatsanwaltschaft, dem Amts- sowie dem Landgericht genutzt.

Im Norden der Residenz schließt der **Hofgarten** an. An dessen Ende befindet sich die **Orangerie** aus dem Jahr 1780, in der die Stadtbibliothek ihr Zuhause gefunden hat.

Westlich des Hofgartens steht das ehemalige **Marstallgebäude**. Dort zeigt das **Alpinmuseum** seine Ausstellung über die Entstehung der Alpen und ihre Besiedelung durch den Menschen sowie die Geschichte des Alpinismus, vom englischen Bergsteiger Edward Whymper (1840–1911) und dem Südtiroler Extrembergsteiger Reinhold Messner bis zu den Kletterbrüdern Alexander und Thomas Huber, den ›Huberbuam‹.

Im gleichen Gebäude befindet sich die **Alpenländische Galerie** mit Kunst aus dem späten Mittelalter. Vor allem Tafelbilder und Flügelaltäre, also sakrale Kunst aus dem Alpenraum, werden dort gezeigt.

Sie dokumentieren die tiefe Gläubigkeit der Bergbewohner, ihre Verbundenheit mit der Natur und ihre Bodenständigkeit. Über die Salzstraße kommt man im Westen der St. Lorenzkirche zum **Kornhaus,** das um 1700 errichtet wurde. In dem imposanten Barockbau kann man sich auf eine Zeitreise durch das Allgäu begeben. Auf 2000 Quadratmetern sind im **Allgäu-Museum** Kunst, Kultur und Geschichte der Stadt und des ganzen Allgäus dargestellt.

Im Süden der Stiftskirche steht das **Zumsteinhaus** (1802) mit seiner klassizistischen Fassadengliederung. Im Dreiecksgiebel sieht man das Wappen der Erbauer: Die savoyische Familie de la Pierre, also: ›von dem Stein‹. Daher auch der Name Zumsteinhaus. Im Inneren zeigt das **Naturkundemuseum** Mineralien und Gesteine aus den Allgäuer Alpen. Im selben Haus befindet sich im Erdgeschoss das **Römische Museum** mit Karten, Plänen und Modellen des antiken römischen Kempten. Dazu werden Schmuck und Keramik, Werkzeug-, Gebrauchs- und Kultgegenstände der Römer sowie Zeugnisse ihrer damals bereits weltweiten Handelsbeziehungen gezeigt. Außerdem sind Münzen

Oberallgäu

und Schmuck aus dem **Wiggensbacher Schatz** zu sehen. Er wurde vermutlich kurz vor dem Alemanneneinfall im Jahr 233 nach Christus im Gemeindegebiet von Wiggensbach vergraben und im Jahr 1888 wiedergefunden.

Eine genauere Betrachtung wert ist das schmiedeeiserne Tor neben dem Zumsteinhaus. Die prächtige Gartentür stammt aus dem Jahr 1830 und ist aufgrund ihrer perspektivischen Scheinarchitektur von beiden Seiten aus sehenswert. Durch das Tor hindurch gelangt man zum Stadtpark.

Auf dem Residenzplatz findet jeden Samstag ein Markt statt. Die ganze Woche über zeigt ein **Stadtrelief** Kempten im Jahr 1823. Weil viele wichtige Gebäude bis heute erhalten sind, kann man sich dort einen guten Überblick Verschaffen. Auch Sehbehinderte können sich dort einen räumlichen Eindruck von der Stadt verschaffen, für sie sind einige wesentliche Gebäude in Brailleschrift näher beschrieben. Und im linken Flügel der Lorenzkirche gibt es ein Tastmodell der Stiftskirche.

Bürgerstadt

Quer durch die Fußgängerzone und die Freitreppe beim **Schlössle**, einem Patrizierhaus von 1600, hinunter, erreicht man die Bürgerstadt. In deren Mittelpunkt steht das **Rathaus** aus dem Jahr 1474, ein schmaler, eleganter Bau mit Treppengiebel und Zwiebelhaube. Der Rathausbrunnen stammt aus den Jahren um 1600, und der römische Feldherr auf seiner Säule erinnert an die Italiener als Gründer der Stadt.

Um den Rathausplatz sind mehrere sehenswerte Patrizierhäuser gruppiert. Hervorzuheben ist das **Ponikhaus** (Nr. 10/12). Bürgermeister Jenisch residierte dort und hat um 1740 einen Festsaal darin errichten lassen, der dem Thronsaal der Residenz in nichts nachstehen sollte. Im 19. Jahrhundert wechselten jedoch einige Male die Besitzer, und schließlich ließ ein Bäckermeister im Jahr 1864 eine Zwischendecke einziehen: Unten wurde gewohnt, oben die Wäsche aufgehängt. Bis nach dem Zweiten Weltkrieg dienten also die Beine der Stuckputten dazu, die Wäscheleinen festzuhalten. Inzwischen ist der Saal zwar restauriert, aber nur im Rahmen von besonderen Veranstaltungen oder Führungen zugänglich.

Wenige Schritte entfernt liegt der **St.-Mang-Platz**. Dort trifft man die Familie Jenisch wieder, und zwar im Haus Nr. 1, dem **Jenisch-Haus**. Auch das Rote Haus (Nr. 3/5) ist mit der Familie verbunden. Die beiden Brüder Johann Jacob und Wolfgang Jacob waren dessen Bewohner. Der dritte Bruder, Wolfgang, wohnte im Ponikhaus am Rathausplatz. Die Häuser 8, 10 und 12 bilden mit dem Haus Mühlberg Nr. 1 ein sehenswertes gotisches Bauensemble aus dem 15. Jahrhundert. Die gotische **Kirche St. Mang** gab dem Platz seinen Namen. Sie steht dort, wo sich angeblich im 8. Jahrhundert die Zelle der St. Gallener Mönche befand. Das Gotteshaus wurde 1426 über einem

Das Kemptener Rathaus

Karte S. 192
▲

Moderner Altar in der St.-Mang-Kirche

romanischen Vorgängerbau errichtet. Ihr Inneres ist im Vergleich zur barocken Lorenzkirche von wohltuender Schlichtheit. Für eine evangelische Kirche ist sie jedoch verhältnismäßig reich geschmückt. Besonders sehenswert sind der geschnitzte Altar aus dem 19. Jahrhundert und sein zeitgenössisches Pendant im Vordergrund. Das moderne Ensemble aus Kreuz ohne Querbalken, Altar im Stil eines schwedischen Möbelhauses und Taufstein aus Holz war innerhalb der Kirchengemeinde stark umstritten und polarisiert auch heute noch, je nach Geschmack des Betrachters.

In der Südhalle der Kirche befindet sich eine Ausstellung über die Ausgrabung der Erasmuskapelle. Diese war einst eine katholische Friedhofskapelle, die neben der im 16. Jahrhundert evangelisch gewordenen Kirche St. Mang stand. Heute liegt das Untergeschoss der **Doppelkapelle für St. Michael und St. Erasmus** unterhalb des St.-Mang-Platzes. Bei Ausgrabungen fand man um das Gebäude herum rund 500 Skelette, die ältesten stammen aus dem 7. Jahrhundert. Innerhalb der Grundmauern der ehemaligen Kapelle wird in einer multimedialen Show die Geschichte der Kapelle präsentiert.

Der **Jugendstil-Brunnen** vor der seitlichen Kirchentür bildet einen markanten architektonischen Gegensatz zur Kirche, er stellt den heiligen Markus von Füssen dar. Auf der anderen Seite des Gebäudes steht das **älteste Steinhaus der Stadt** aus dem Jahr 1289. Die Balken des Dachstuhls konnten auf das Jahr 1395 datiert werden. Die Räume werden heute vom Diakonischen Werk genutzt.

Am Ende des Ankergässschens steht einer der wenigen Reste der alten Stadtbefestigung. Durch das sogenannte **Lochtörle**, eigentlich Ankertörlein, gelangt man zum Ufer der Iller. Folgt man der Illerstraße Richtung Süden bis zur St.-Mang-Brücke und geht dann links die Burgstrasse hinauf, kommt man zur **Burghalde**. Ein gotischer Turm markiert den Standort des ehemaligen römischen Kastells. Dem Besucher stellt sich von dort oben die Allgäumetropole Kempten vor, sie liegt ihm praktisch zu Füßen. Starker Baumbewuchs behindert jedoch den Blick. Im Sommer bildet das Gelände eine romantische Kulisse für eine Freilichtbühne, ein Duft- und Heilpflanzen-Garten lädt zum Schnuppern ein, und ein kleines Museum informiert über die Geschichte der Allgäuer Burgen.

Oberallgäu

Das älteste Steinhaus der Stadt

■ Cambodunum

Zurück zur Iller und über die St. Mang Brücke gelangt man zum **Archäologischen Park Cambodunum**. Im Gallorömischen Tempelbezirk beteten vor 2000 Jahren die Einwohner zu den Göttern ihrer Zeit. Originalmauern und erkennbare Rekonstruktionen zeigen Tempelbauten und Altäre im ersten Abschnitt des Parks. Dazu kommt eine Ausstellung mit vielen Schautafeln und archäologischen Fundstücken in der rekonstruierten inneren Doppelhalle.

Überreste der kleinen Thermen stehen ebenfalls unter dem Schutz einer Halle. Und ein großes Gesamtmodell veranschaulicht das Aussehen der Badeanstalt zur damaligen Zeit, ihre technischen Einrichtungen sowie die Nutzung des Gebäudes. Der dritte Teil der Anlage ist frei zugänglich. Dort kann man noch die Grundmauern des größten Versammlungsraumes der damaligen Stadt besichtigen. Im Sommer finden auf dem Gelände zahlreiche Kulturveranstaltungen statt.

ℹ Kempten

Touristeninformation Kempten, Rathausplatz 24, 87435 Kempten, Tel. 0831/2525237, Fax 2525427, www.kempten.de; Mai–Okt. Mo–Fr 9–17 Uhr, Sa 10–13 Uhr, Nov.–Apr. Mo–Fr 9–17 Uhr. Mobilitätseingeschränkte bekommen einen speziellen Stadtplan. Außerdem werden Stadtführungen für sehbehinderte, gehbehinderte und hörbehinderte Menschen angeboten (nur für Gruppen, 62 €, Tel. 0831/2525522).

Stadtführungen: Sa 11 Uhr, Mo 14 Uhr, 5,50 € p.P., Kinder bis 15 Jahre frei, Treffpunkt Touristeninformation, Tel. 0831/2525522.

Verschiedene **Themenführungen**, beispielsweise die Krimiführung auf den Spuren von Kommissar Kluftinger: Mai–Okt. jeden 1. Fr im Monat, 16 Uhr, Treffpunkt vor dem Eingang zum Fürstensaal, auf der Westseite der Residenz, 5,50 € p.P., Tel. 0831/2525522.

Kinder können allein oder mit ihren Eltern auf Entdeckungsreise durch die Stadt gehen, Mai–Okt. jeden 2. Sa im Monat 11 Uhr, kostenlos, Treffpunkt Touristeninformation, Tel. 0831/2525522.

Stadtführungen mit dem Segway, Apr.–Okt. Di 11 Uhr, ca. 2,5 Std, 59 €, Buchung unter Tel. 0831/95502.

Bei der Touristeninformation gibt es außerdem eine **Wanderkarte** und eine **Radfahrerkarte** mit mehreren Tourenvorschlägen.

🚆

Kempten ist Bestandteil des ›Intergralen Allgäu-Schwaben-Takt-Fahrplans‹ und damit von den Bahnhöfen Ulm, Augsburg, München, Garmisch-Partenkirchen, Aulendorf und Lindau mit InterCity und Regionalbahnen sehr gut zu erreichen.

Die sogenannte **Illertalbahn** verläuft entlang der Iller von Neu-Ulm bis Kempten. Die 85 Kilometer lange Strecke entstand Anfang der 1860er Jahre.

Die **Außerfernbahn** fährt von Kempten über Pfronten, Reutte und Ehrwald nach Garmisch-Partenkirchen. Die Strecke ist landschaftlich sehr reizvoll, so dass sich nicht nur die Fahrt, sondern auch das Aussteigen lohnt. Aus diesem Grund hat die Touristeninformation auch eine spezielle **Wanderkarte** mit über 40 Routen, die man über die 13 Allgäuer Bahnhöfe erreichen kann. Dazu gehört ein **Taschenfahrplan** für alle, die lieber bei der Brotzeit sitzen bleiben, anstatt am Bahnsteig auf den nächsten Zug zu warten.

###

Mit Motorflugzeugen (max. 5,7 t) kann man auf dem **Duracher Flughafen** sechs Kilometer südlich von Kempten landen.

###

Hotel Bayerischer Hof, Füssener Straße 96, 87435 Kempten, Tel. 0831/57180, www.bayerischerhof-kempten.de; 54 € p.P. Seit vier Generationen in Familienbesitz, historisches Haus mit Wurzeln im 15. Jahrhundert, gehobene Küche, Wellnessbereich an der Illerbrücke zur Altstadt.

Hotel Fürstenhof, Rathausplatz 8, 87435 Kempten, Tel. 0831/25360, www.fuerstenhof-kempten.de; ab 37 € p.P., 3–6 Bettzimmer ab 25 € p.P.

Parkhotel Kempten, Bahnhofstraße 1, 87435 Kempten, Tel. 0831/25275, www.parkhotelkempten.de; ab 52,50 € p.P. Am Rand der Altstadt gelegenes modernes Haus.

Hotel Peterhof, Salzstraße 1, 87435 Kempten, Tel. 0831/52440, www.hotelpeterhof.de; ab 36 € p.P. Wasserkocher für Kaffee und Tee am Zimmer, neu renoviert, im Zentrum am Rand der Altstadt.

Smart Motel, Edisonstraße 4, 87435 Kempten, Tel. 0831/200600, www.smartmotel.de; ab 35 € p.P. Am Stadtrand gelegen, 24-Stunden-Check-In.

Landgasthof Hirsch, Lenzfrieder Straße 55, 87435 Kempten, Tel. 0831/574000, www.hirsch-kempten.de; ab 40 € p.P., 3–6 Bettzimmer ab 23 € p.P. Etwas außerhalb im Ortsteil Lenzfried gelegene ehemalige ländliche Gastwirtschaft, die nach Umbau und Renovierung moderne Ansprüche erfüllt, die italienische Küche erinnert an die Stadtgründer aus Rom.

 Brauereigaststätte Zum Stift, Stiftsplatz 1, 87439 Kempten, Tel. 0831/22388, Fax 5121554, www.zum-stift.de; tgl. 10–24 Uhr. Kirche und Küche gehen in Bayern Hand in Hand: vor dem Portal der St.-Lorenz-Basilika serviert die Gaststätte eigenes Bier und deftiges Essen

Altstadtwirtschaft, Rathausplatz 8, 87435 Kempten, Tel. 0831/5658156, www.altstadtwirtschaft.de; Mo–Sa ab 18 Uhr. Deutsch-österreichische Küche aus regionalen Zutaten, kleine, täglich wechselnde Speisekarte.

Rendez-vous à Quiberon, Rathausplatz 2, 87435 Kempten, Tel. 0831/5208116; Mo–Sa außer Fei 11.30–21.30 Uhr. Wer

genug Allgäuer Kässpatzen gegessen hat, kann hier Gerichte aus Quiberon probieren, der französischen Partnerstadt von Kempten, die Wirtin Annaïck Reihs kommt von dort.

Meckatzer Bräu Engel, Prälat-Grötz-Straße 17, 87435 Kempten, Tel. 0831/5656489, www.meckatzer-braeu-engel.de; Di–Sa 11–1 Uhr, So 10–24 Uhr. Gutbürgerlich.

Alte Bleiche, Albert-Einstein-Straße 2, 87435 Kempten, Tel. 0831/5800198, www.parkhotelkempten.de; Mai–Sept. ab 11 Uhr, Okt–April Mi–Fr 11.30–14 Uhr und ab 17.30 Uhr, Sa u. Sa ab 11 Uhr. Große Terrasse an der Iller, gutbürgerliche deutsche und italienische Küche.

Restaurant Skyline, Bahnhofstr. 1, 87435 Kempten, Tel. 0831/2527999, Fax 2527777, www.parkhotelkempten.de. Mo–Sa 7–24 Uhr, So, Fei 8–24 Uhr. Das Hotelrestaurant im 13. Stock ist nichts für Abergläubische, aber es garniert seine regionale und internationale Küche mit einer wunderbaren Aussicht, bei schönem Wetter sogar weit über Kempten hinaus.

Allgäuer Hoimarkt, In der Brandstatt 10, 87435 Kempten, Tel. 0831/57057977, www.hoimarkt.de; Mo–Fr 10–18 Uhr, Sa 9.30–18 Uhr. Kaffee und Kuchen, Do: Kässpatzen, Sa: Kässuppe, große Auswahl an Mitbringseln aus dem Allgäu.

Wohnmobilstellplatz am Illerstadion, Ecke Illerdamm/Jahnweg, maximale Standzeit: drei Tage.

Campingplätze → S. 204, 205.

Residenz, Residenzplatz 4, 87435 Kempten, Tel. 0831/256251. Zutritt nur im Rahmen von Führungen alle 45 Min., Apr.–Sept. Di–So 9–15.45 Uhr, Okt. Di–So 10–16 Uhr, Nov.–März Sa 10–16 Uhr.

Alpinmuseum, Landwehrstr. 4, 87435 Kempten, Tel. 0831/2525740, www.museen-kempten.de. März–Okt. Di–So 10–16 Uhr, Führungen nach Vereinbarung, Tel. 2525369.

Alpenländische Galerie, Landwehrstr. 4, 87435 Kempten, Tel. 0831/2525740, www.museen-kempten.de. März–Mitte Nov. Di–So 10–16 Uhr, Führungen nach Vereinbarung.

Allgäu-Museum, Großer Kornhausplatz 1, 87435 Kempten, Tel. 0831/5402120, www.allgaeu-museum.de. Di–So 10–16 Uhr, Führung So 14 Uhr und nach Vereinbarung (Tel. 0831/2525369).

Naturkundemuseum, Residenzplatz 31, 87435 Kempten, Tel. 0831/12367, www.museen-kempten.de. Apr.–Okt. Do, So 10–12 und 14–16 Uhr, Führung nach Vereinbarung, Tel. 2525369.

Römisches Museum, Residenzplatz 31, 87435 Kempten, Tel. 0831/12367, www.museen-kempten.de. Apr.–Okt. Do, So 10–12 und 14–16 Uhr, Führung nach Vereinbarung (Tel. 0831/2525369).

Doppelkapelle für St. Michael und St. Erasmus, März–Dez. Do–Di, Jan.–März Sa, So, 11–16.15 Uhr, 24. Dez.–7. Jan geschl. Die Kapelle kann von maximal 30 Personen im Rahmen einer 45-minütigen multimedialen Führung besichtigt werden, Reservierung bei der Touristeninformation, im Schauraum selbst, im Café Arte im Allgäu-Museum oder im Internet: www.kempten.de.

Archäologischer Park Cambodunum, Mai–Okt Di–So 10–17 Uhr, Nov.–Apr. Di–So 10–16 Uhr, Cambodunumweg 3, 87435 Kempten, Tel. 0831/779731, www.apc-kempten.de. Führung nach Vereinbarung (Tel. 0831/2525369).

Allgäuer Burgenmuseum, Burghalde 1, 87435 Kempten, www.allgaeuer-burgenmuseum.de, Sa, So, Fei 10–16 Uhr.

Informationen zu den **Kunst und Kultur**-Veranstaltungen im Archäologischen Park sowie zum **Jazz-Festival** hat der Kemptener Kleinkunst-Verein, Vogtstr. 8, 87435 Kempten, Tel. 0831/29276, Fax 25930, www.klecks.de.

Kammermusik-Konzerte im Fürstensaal der Residenz, Informationen beim Freundeskreis Fürstensaal Konzerte, Poststr. 7–9, 87435 Kempten, Tel. 0831/29095, Fax 23651, www.fuerstensaal-classix.de.

Tanzherbst, Informationen beim Allgäuer Regionalverband für zeitgenössischen Tanz, Salzstr. 29, 87435 Kempten, Tel. 0831/23582, www.tanzherbst-kempten.de.

Big Box Allgäu, Konzert- und Veranstaltungshalle, Kotterner Str. 64, 87435 Kempten, Tel. 0831/570550, www.bigboxallgaeu.de.

Allgäuer Festwoche, Info unter Tel. 0831/2525432, www.festwoche.com.

Freizeitbad CamboMare, Aybühlweg 58, Tel. 0831/581210, www.cambomare.de; Mo–Fr 10–22 Uhr, Sa, So, Fei 9–21 Uhr, Freibad Juni–Aug. 8–20.30 Uhr.

Fahrrad und E-Bikeverleih, Zweirad Süssner, Memminger Straße 46, 87435 Kempten, Tel. 0831/27264, www.zweirad-suessner.de. Hol- und Bringservice innerhalb Kemptens.

E-Bikeverleih, Fahrrad Center Kempten, Immenstädter Straße 62, 87435 Kempten, Tel. 0831/201212, www.fahrradcenter.net.

Segway-Verleih, CCK Caterham Cars Kempten, Gewerbestraße 7, 87435 Kempten, Tel. 0831/95502, www.segagent-kempten-allgaeu.de; ab 19,80 € je Std. Vermietung und geführte Segway-Touren in Kempten, auf den Mariaberg, an der Iller in Oberstdorf und Fischen sowie zu eigenen Zielen.

Ballonsport Martin, Krottenkopfstraße 2, 87435 Kempten, Tel. 0831/13453, mobil 0171/3128426, www.ballonsport-martin.de; ab 195 € p.P.

Alpenrundflüge, Flugschule Michael Bergmann, Flugplatz Durach, Tel. 0831/5700414, www.lu-bergmann.de. Auch Charter und Ausbildung.

Die Umgebung von Kempten

Einen grandiosen Blick über die Stadt Kempten hinaus in die Allgäuer Alpen hinein bietet der 915 Meter hohe **Maria-berg**. Der Hausberg der Kemptener steht im Westen der Stadt auf dem Weg nach Emengerst und überragt diese um rund 300 Meter. Zahlreiche Wege führen auf den Gipfel, davon zwei vom Bad Cam-pomare aus. Dieser Rundweg dauert etwa drei Stunden, die mögliche Pause im Landgasthof Mariaberg nicht mit ein-gerechnet. Besonders Hungrige können aber auch auf einer asphaltierten Straße hinauffahren.

■ **Altusried**

Auf der **Allgäuer Freilichtbühne** in Altus-ried finden jeden Sommer Theater- und Konzertaufführungen statt. Die Freilicht-bühne hat eine über 125 Jahre alte Tra-dition. Bis zu 800 Einheimische wirken bei den Aufführungen vor und hinter der Bühne mit. Und die Freiheit ist der rote Faden, der sich seit Jahrzehnten durch das Programm zieht. Aber auch zahlrei-che Gastspiele beleben das Programm. Im Winter ziehen die Spielleute in das **Allgäuer Theaterkästle** um, das seit 25 Jahren von verschiedenen Vereinen des Ortes bespielt wird, etwa dem Reit-verein, der Chorgemeinschaft oder dem Schützenverein.

Altusried ist außerdem die Heimat von Kommissar Kluftinger aus den Allgäu-Kri-mis von Kober und Klüpfel. Die Gästein-formation hat einen Rundgang auf den Spuren von Kluftinger ausgearbeitet, bie-tet Führungen an und hat eine Infobro-schüre darüber. Die Gegend empfiehlt sich darüber hinaus für Wanderungen in der romantischen Landschaft des **Iller-durchbruchs**. Wanderkarten hat ebenfalls die Touristeninformation im Rathaus.

Die Geschichte von **Frauenzell**, 12 Kilo-meter westlich von Altusried, ist mit der Legende vom ›Wandernden Gnadenbild‹ verbunden, die 1850 erstmals aufge-zeichnet wurde. Demnach hat ein Stier das Bild gefunden. Mehrere Versuche, das Marienbild an einem anderen Ort aufzubewahren, scheiterten. Daher wur-de an dem Fundplatz eine Kapelle er-richtet, um die herum der Ort Frauen-zell entstand.

Auch die **Wallfahrtskirche Gschnaidt**, vier Kilometer östlich von Frauenzell, wird von Sagen umrankt. Ein Eremit leb-te dort, und die Pferde, die den Sargwa-gen zogen, drehten vor Frauenzell immer wieder um und kehrten nach Gschnaidt zurück. Schließlich wurde der Eremit dort begraben und über seinem Grab eine Kapelle errichtet. Auch in **Kimrats-hofen** wurde die Kirche der Sage nach auf einer Anhöhe errichtet, weil bei ih-rem Bau über Nacht das am Tag Geleis-tete auf wundersame Weise von selbst auf den Hügel hinauf wanderte.

Oberallgäu

Herbst an der Iller

◼ Wiggensbach

Der Ort Wiggensbach liegt etwa zehn Kilometer westlich von Kempten und erlangte Berühmtheit, als 1888 im dazu gehörenden Weiler Waldegg der **Wiggensbacher Schatz** ausgegraben wurde. Die Armreifen, Schnallen und Münzen liegen allerdings inzwischen sicher verwahrt im Römischen Museum in Kempten. Mehr zu sehen gibt es in der Pfarrkirche **St. Pankratz**. Sie stammt aus dem Jahr 1771, und für die Fresken zeichnete der Maler Franz Joseph Hermann (1738–1806) verantwortlich, der auch an der Residenz in Kempten mitgewirkt hat. Die Kanzel ziert ein Relief mit einer Darstellung des Religionsstreits zwischen Luther und Petrus Canisius.

Rundflug übers Allgäu

◼ Buchenberg

Auf dem Buchenberg sind bereits die Römer gefahren. Und in der Klamm sieht man in Richtung Isny immer noch Karrenspuren aus dieser Zeit in der Pflasterung. Auf dem zwei Kilometer langen **Wasserschmeckerweg** können Wünschelruten getestet und selbst Wasseradern und Erdverwerfungen aufgespürt werden. Der Weg startet am kleinen Parkplatz an der Eschacher Straße; Karte und Wünschelrouten hat die Touristinformation. Im Winter werden am Buchenberg Schlittenhunderennen und der Voralpen-Ski-Marathon veranstaltet.

Der **Eschacher Weiher** im Buchenberger Wald wurde im 17. Jahrhundert vom Kemptener Fürstabt angelegt. Er diente als Mühl- und Löschwasser- sowie als Fischteich und liegt auf einer Wasserscheide. Das heißt, sein Wasser fließt sowohl über Iller und Donau in das Schwarze Meer als auch über Argen, Bodensee und Rhein zur Nordsee. Seit 1982 steht er unter Naturschutz, ist aber in einigen Bereichen zum Baden freigegeben, an einem Ort auch speziell zur Freikörperkultur.

◼ Burgruine Sulzberg

Die größte Ruinenanlage des Oberallgäus ist die Burgruine Sulzberg, rund zehn Kilometer südlich von Kempten. Die Burg stammt aus dem 13. Jahrhundert, die Gebäude sind bereits seit dem 17. Jahr-

Die Wallfahrtskirche Gnschaidt

hundert dem Verfall preisgegeben. Der 24 Meter hohe Bergfried der Hauptburg ist dennoch erstaunlich gut erhalten geblieben. Im Burgfried gibt es ein **Museum**, in dem archäologische Funde aus mehreren Jahrhunderten Burggeschichte ausgestellt werden, darunter auch zahlreiche Gegenstände aus dem Alltagsleben der Burgbewohner. An einigen Tagen werden spezielle Ritterabenteuer für die ganze Familie veranstaltet, Infos und Anmeldung bei der Touristeninformation. Das ganze Jahr über kann die ganze Familie auf zwei jeweils elf Kilometer langen Rundwanderwegen mit Ritter Heinrich die Gegend zwischen Sulzberg und Rottachsee erwandern. Start ist jeweils am Rathaus in Sulzberg; die Gästeinformation hat eine Broschüre über die Wanderungen.

■ Kemptener Wald

Der Kemptener Wald ist mit 52 Quadratkilometern eines der größten zusammenhängenden Waldgebiete im Alpenraum. Er dehnt sich bis in das Ostallgäu aus und beherbergt zahlreiche Findlinge. Der größte von ihnen ist der **Dengelstein**, östlich von Betzenried. Er ist über acht Meter hoch, hat ein Volumen von 400 bis 500 Kubikmetern und wiegt rund 1250 Tonnen. Der Illergletscher hat ihn während der letzten Eiszeit von der Nagelfluhkette mitgenommen und im Kemptener Wald abgelegt. Man vermutet, dass er für die Kelten eine Kult- und Gerichtsstätte war. Sein Name kommt der Sage nach davon, dass der Teufel seine Sense an ihm ›dengelt‹ (schärft), wenn schlimme Ereignisse bevorstehen.

ℹ Umgebung Kempten

Verkehrsamt Altusried, Hauptstr. 18, 87452 Altusried, Tel. 08373/7051, Fax 7054, www.altusried.de. Mo-Mi, Fr 9-12 Uhr, Do 15-18 Uhr.
Verkehrsamt Wiggensbach, Kemptener Str. 3, 87487 Wiggensbach, Tel. 08370/8435, Fax 379, www.markt-wiggensbach.de. Mo-Fr 9-12 Uhr.
Touristeninformation Buchenberg, im Rathaus, Rathausstiege 2, 87474 Markt Buchenberg, Tel. 08378/920222, Fax 920223, www.buchenberg.de. Mo-Fr 8-12 Uhr, Mo, Di, Do 13-17 Uhr, Mi 13-16.30 Uhr, Juni-Aug. Sa 10-12 Uhr.
Gästeinformation Sulzberg, Rathausplatz 4, 87477 Sulzberg, Tel. 08376/920119, Fax 920140, www.sulzberg.de. Juni-Aug. Mo-Do 8-12 Uhr, Mo, Di 14-17 Uhr, Mi 14-16 Uhr, Do 14-18 Uhr, Fr 8-13 Uhr, Sept.-Mai Mo-Fr 8-12 Uhr, Di 14-17 Uhr, Do 14-18 Uhr.

🛏

Landgasthaus Alte Post, Am Kirchberg 2, 87452 Altusried/OT Kimratshofen, Tel. 08373/8111, www.landgasthaus-

alte-post.de; ab 32 € p.P. Mo, Di, Fr, Sa 11-23 Uhr, Sa 10-22.30 Uhr. Behindertengerechte Gaststube, historisches Gebäude aus dem 18. Jahrhundert, regionale Küche.
Gasthaus Sonne, Kirchstraße 7, 87452 Altusried, Tel. 08373/587, www.sonne-altusried.de; ab 40 € p.P. Fr-Di 10-24 Uhr. Gutbürgerliche Küche.
Zum Bären, Hauptstraße 20, 87452 Altusried, Tel. 08373/333, www.zumbaeren-altusried.de; ab 35 € p.P., Mi-Sa 10-1 Uhr. Regionale Küche.

✖

Landgasthof Mariaberg, Mariaberger Str. 218, 87439 Kempten, Tel. 0831/68752744. Mi-Mo 10-22 Uhr.
Gasthaus Zum Waldhäusle, Helen 95 1/2, 87448 Waltenhofen-Memhölz, Tel. 08303/256, www.waldhaeusle.de, eigene Metzgerei, großer Biergarten, Kinderspielplatz.

⛺

Wohnmobilstellplatz Altusried, Im Tal, 87452 Altusried, beim Freibad; 5 Euro p.N.

Oberallgäu

Campingplatz Öschlesee, Moos 1, 87477 Sulzberg/Oberallgäu, Tel. 08376/93040, Fax 93041, www.oeschlesee.de; ganzjährig. Kiosk, ca. 250 Meter Fußweg zum Badeplatz Öschlesee.

Burgmuseum Burgruine Sulzberg, Mai–Nov. So, Fei 13.30–16.30 Uhr, einen Parkplatz gibt es an der Martinszeller Straße in Sulzberg.

Allgäuer Freilichtbühne, Im Tal 17, 87452 Altusried, südlich des Hauptortes, Karten gibt es im Ticketbüro Altusried, Hauptstr. 18, Tel. 01805/592200, www.freilicht buehne-altusried.de.

Die Kemptener Seen

Der **Niedersonthofner See** mit seinen drei Trabanten Oberer, Mittlerer und Unterer Inselsee entstand aus einem Zweig des Illergletschers. Dort kann man Schwimmen, Rudern, Segeln und Surfen – und das tagelang, weil es am Ufer auch einen Campingplatz gibt. Wer ein bisschen höher hinaus will, wandert auf den 1063 Meter hohen **Stoffelsberg**. Von dessen Gipfel aus hat man einen schönen Blick auf den See, den über 1000 Meter hohen Brackenberg und den 1738 Meter hohen Grünten.

Ein 43 Meter hoher und 190 Meter langer Staudamm hat aus dem Wasser der Iller zwischen Mossbach (Markt Sulzberg) und Petersthal (Oy-Mittelberg) den **Rottachsee** entstehen lassen. Er ist fünf Kilometer lang und 900 Meter breit und damit das größte Gewässer des Oberallgäus. Seine Maximaltiefe beträgt nur etwa 30 Meter, aber sein Wasserspiegel liegt auf etwa 850 Metern. Damit ist er ein echter Bergsee, der zum Schwimmen, Segeln und Surfen sowie in einer genau definierten Zone zum Tauchen einlädt. Der Weg um den See herum ist etwa 15 Kilometer lang. **Mittelberg-Oy** ist eine Flächen-Gemeinde mit acht Gemeindeteilen und vielen Pendlern. Wem bei einer Wanderung die Luft oder die Lust ausgeht, kann das ›Nimm-mich-mit-Tuch‹ schwenken. Damit wird der wenig ausgebaute öffentliche Nahverkehr ersetzt und die Umwelt wird durch weniger Autofahrer entlastet. Auf diese Weise hat sich auch schon manche neue Bekanntschaft zwischen Einheimischen und Gästen ergeben. Auch für den Erwerb von Mitbringseln aus dem Allgäu interessant ist der Firmensitz des Naturkosmetikherstellers Primavera, der einen Werksverkauf hat (→ S. 206).

In Mittelberg-Oy

Karte S. 191

Am nahegelegen **Grüntensee** gibt es einen Campingplatz und einen familienfreundlichen **Kletterwald** (→ S. 206).

■ **Wertach**

Wertach ist die Heimat des **Weißlacker,** einer ganz besonders ›duften‹ Allgäuer Spezialität. Der kräftige Geschmack des Schnittkäses wird durch seinen durchdringenden, unverwechselbaren Duft unterstrichen. Der einzige Produzent sitzt derzeit in Sonthofen. Die eigentliche Heimat des Käses ist jedoch die Kramersche Käserei hinter dem Rathaus in Wertach. Die Brüder Anton und Josef Kramer wollten anno 1874 Käse durch höheren Fettgehalt und mehr Salz haltbarer machen. Dies gelang nur insofern, als dass sechs Monate lang niemand den Käse haben wollte. Dann aber nahm ihn ein Großhändler mit – und machte ihn zum Verkaufsschlager.

1876 wurde der Weißlacker für 15 Jahre mit dem königlichen Patent ausgestattet und ist damit der erste patentierte Käse überhaupt.

Sehenswert ist am östlichen Ortseingang von Wertach die **Pestkapelle Sankt Sebastian** aus dem Jahr 1512. Der Jungholzer Bernhard Metz hat dort 1763 den Chor der Wieskirche in kleinerem Maßstab nachgebaut.

Ein besonderes Erlebnis ist eine Vorführung in der **Hammerschmiede** in Wertach. Sie befindet sich seit vier Generationen in Familienhand der Hubers. Errichtet wurde sie vermutlich bereits Anfang des 17. Jahrhunderts.

Interessant ist auch ein Besuch des **Heimatmuseums**, das bereits seit 1931 existiert. Man spürt die liebevolle Sammelleidenschaft derjenigen, die zum Bestand des Museums über die Jahre hinweg beigetragen haben.

Oberallgäu

ℹ Kemptener Seen und Wertach

Touristinformation Oy-Mittelberg, Wertacher Straße 11, Im Kurhaus Oy, 87466 Oy-Mittelberg, Tel. 08366/207, www.oy-mittelberg.de. Mo–Fr 8.30–12 Uhr und 13.30–17 Uhr, Juni–Sept. Sa 8.30–12 Uhr.

Touristinformation Wertach, Rathausstr. 3, 87497 Wertach, Tel. 08365/702199, Fax 702199, www.wertach.de. Im Sommer Do 20 Uhr Musikabende.

🛏 ✕

Pension Seebad, See 4, 87477 Sulzberg, Tel. 08376/493, www.pension-seebad.de; ab 32 € p.P. Mit eigenem Badestrand.

Landgasthof Pfeiffermühle, Pfeiffermühle 3, 87497 Wertach, Tel. 08365/7990, www.pfeiffermühle.de; ab 21,50 € p.P., Apartment ab 48 €, Ferienwohnungen ab 52 €. Fastenwanderungen, naturkundliche Exkursionen für Erwachsene und Kinder, Geocaching-Touren, verschiedene Massagen. Gutbürgerliche Küche von 11–20 Uhr.

Hotel Restaurant Jörg, Marktstraße 36, 87497 Wertach, Tel. 08365/1404, www.hotel-joerg.de; ab 35 € p.P. Pilsbar im Haus, Motorrad-Routentips vom Oldtimer liebenden Chef.

Pension Posthansl, Alois-Wagner-Str. 22, 87466 Oy-Mittelberg, Tel. 08366/988011, www.posthansl.de; ab 37 € p.P. Familiär und gemütlich. Gaststätte Mi–Mo 12–14 Uhr und 18–21 Uhr.

Vitalhotel Mittelburg, Mittelburgweg 1–3, 87466 Oy-Mittelberg, Tel. 08366/1835, www.hotel-mittelburg-allgaeu.de; ab 77 € p.P. Wellnesshotel mit 4 Sternen.

Gasthof Engel, Marktstraße 7, 87497 Wertach, Tel. 08365/705662; Mi–Mo 11–21 Uhr. Traditionelle Dorfgaststätte, serviert das Wertacher Marktbier.

⛺

Güntensee-Campingplatz, Grüntenseestr. 41, 87497 Wertach, Tel. 08365/375, Fax 1221, www.gruentensee.de; ganzjährig. Tretboot-Verleih, eigene Trinkwasserquelle, Skistadel, Trockenraum, Restaurant.

Camping Zeh am Niedersonthofner See, Burgstr. 27, 87448 Waltenhofen OT Niedersonthofen, Tel. 08379/7077, Fax 728381, www.camping-zeh-am-see.de; ganzjährig. Angelkarten-Verkauf und Fischerbootverleih, Gaststätte, W-LAN.

Campingplatz Waldesruh, Bahnhofstr. 19, 87497 Wertach, Tel. 08365/1004, Fax 706369, www.camping-oberallgaeu.de; ganzjährig. Trockenraum, Abstellraum für Ski und Fahrräder, Kiosk, Aufenthaltsraum, Kochgelegenheit und Kühlschrank.

Konditorei Café Gebath, Hauptstraße 13-87466 Oy-Mittelberg, Tel. 08366/206, www.cafe-gebath-oy.de; Di–Sa 9–18.30 Uhr, So 8–18.30 Uhr, Eiscafé Mi–So 14–21 Uhr. Traditionell gut, auch im Umland beliebt, kleine Mittagskarte.

Bäckerei und Marktcafé Knoll, Marktstraße 28, 87497 Wertach, Tel. 08365/261, www.knoll-beck.de; Di–Fr 6–17 Uhr, Sa 6–12 Uhr, So 7–10 Uhr. Familienbetrieb, Backwaren aus natürlichen Rohstoffen ohne industrielle Vormischungen.

Café Bistro Dorfgespräch, Marktstraße 15, 87497 Wertach, Tel. 08365/703911, www.dorfgespraech-wertach.de; tgl. 14–22 Uhr, im Sommer auch ab 11 Uhr. Kleine Snacks, Geschenkartikel und natürlich Kaffee.

Knoll's Bauernhof-Café, Marktstraße 10, 87497 Wertach, Tel. 08365/1333, www.baurestube.de; Mi–So 14–18 Uhr. Uriges Café am Bauernhof, für Gruppen auch Führungen durch die Sennerei.

Pestkapelle Sankt Sebastian, Grüntenseestr. 90, 87497 Wertach, Führungen auf Anfrage, Tel. 08365/361 (frühzeitig anrufen).

Hammerschmiede, Grüntenseestr. 35, 87497 Wertach, Tel. 08365/457, Besichtigung im Anschluss an die Führung durch die Pestkapelle möglich.

Heimatmuseum, Mi 15–17 Uhr, Grüntenseestr. 27, 87497 Wertach, Tel. 08365/702199.

Alpe Schnitzlertal, Tel. 0175/9877414; Mai–Sept. Auf halber Strecke zum Wertacher Hörnle, Fußweg ca. 1,5 Std, asphaltierte Mautstraße, auch für Kinderwagen geeignet, ca. 2,5 Std.

Alpe Sorg 1, Tel. 08365/368; Juni–Okt. ›Zentral‹ gelegen: vom Parkplatz an der B310 in 10 Min., von Jungholz in 20 Min. und von Unterjoch in 30 Min. erreichbar.

Fahrradverleih, Ski Stadl, Marktstrasse 9, 87497 Wertach, Tel. 08365/1235, www.ski-stadl.de; Mo, Di, Do Fr 8.30–13 Uhr und 15–18 Uhr, Mi, Sa 8.30–13 Uhr. Mountain-, Trekking- und Kinderräder, Kinderanhänger und E-Bikes mit Helm.

Kletterwald Grüntensee, Am Kletterwald 1, 87466 Oy-Mittelberg/OT Haslach, Tel. (Büro) 08323/968050, www.kletterwald-gruentensee.de; bis 14 Jahre 16 €, ab 15 Jahre 21 €; Sommer tgl. 9–19 Uhr, Frühjahr u. Herbst Sa, So u. Fei (nur bei gutem Wetter). Große Anlage, die auch den besonderen Sicherheitsbedürfnissen von Kindern Rechnung trägt. Für Bergfexe gibt es auch herausfordernde Parcours.

Tauchen im Rottachsee, Infos beim Unterwassersportclub Kempten, Tel. 0831/9603696, www.usck.de, und beim Tauchsportclub Kempten, www.tsc-kempten.de.

Naturkosmetik, Primavera Life, Naturparadies 1, 87466 Oy-Mittelberg, Tel. 08366/988880, www.primaveralife.com. Werkverkauf im neuen Fabrikgebäude, das nach ökologischen Kriterien errichtet wurde, Mo–Fr 9–18 Uhr, Sa 10–18 Uhr.

Die Iller

»Iller, Lech, Isar, Inn fließen rechts zur Donau hin. Altmühl, Naab und Regen kommen ihr von links entgegen.« – Dieser Merkspruch war bereits für Generationen bayerischer Schüler eine Eselsbrücke, um gute Noten in Heimat- und Sachkunde zu erlangen.

Die Iller entsteht nördlich von Oberstdorf durch den Zusammenfluss von Trettach, Stillach und Breitach. Sie ist der Hauptfluss im Allgäu und fließt anschließend weiter durch Mittelschwaben nach Ulm, wo sie in die Donau mündet. Der Fluss entspringt in 783 Metern Höhe und mündet rund 300 Meter tiefer in die Donau. Der Name leitet sich vom keltischen ›Ilara‹ ab. Dahinter steckt angeblich eine prähistorische Göttin – oder einfach die Wortwurzel von ›fließen‹. Im 8. Jahrhundert wird die Iller erstmals urkundlich erwähnt, und zwar mit dem Namen ›Hilaria‹, das lateinische Wort für ›fröhlich, heiter‹. ›Hilaria‹ heißt jedoch auch eine regionale Märtyrerin, und zwar die königliche Mutter der heiligen Afra. Sie starb 304 in Augsburg den Flammentod. Über die Jahrhunderte wechselte der Namen des Flusses einige Male, aber seit 1413 fließt nun die Iller durch das Allgäu.

Allerdings schwankt ihr Pegelstand stark. Von zehn Kubikmetern pro Sekunde im Winter bis über 900 Kubikmeter pro Sekunde während der Schneeschmelze wurden in Wiblingen, also kurz vor der Mündung, bereits gemessen. Zum Vergleich: Die Donau führt bei Ulm gute 53 Kubikmeter Wasser pro Sekunde. Auf ihrem 147 Kilometer langen Weg dient die Iller insgesamt 14 Mal zur Energiegewinnung.

Vermutlich haben die Römer bereits im 3. Jahrhundert die Iller als Wasserstraße genutzt. Nachgewiesen ist die Flößerei auf der Iller von 1397 bis 1918. Vor allem Holz, aber auch Nahrungsmittel wie Käse und Salz, Wein und Brände sowie Leinwände und Steine brachten die Flößer nach Ulm. Sogar lebendes Vieh wurde transportiert. Die Fahrzeit betrug zwischen drei und sechs Stunden, und die Arbeit war hart und gefährlich. Immer wieder kam es zu tödlichen Unfällen. Daher kam die Flößerei auf der Iller mit dem Ausbau der Eisenbahn um 1900 langsam zum Erliegen.

Bei Altusried, nördlich von Kempten, beginnt der Illerdurchbruch durch Alt- und Jungmoränen. Die wildromantische Szenerie erstreckt sich bis Lautrach. Von der Burgruine Kalden (an der Straße von Krugzell nach Altusried) aus hat man einen besonders reizvollen Blick auf den Illerdurchbruch. Sehenswert ist auch die Hängebrücke bei Fischers. Und an der Illerschleife bei Wagsberg verkehrt noch eine Fähre für Wanderer.

Wanderung am Illerdurchbruch

Immenstadt und Umgebung

Im Süden des Großen Alpsees erheben sich von Ost nach West der Stuiben (1749 m), der Steineberg (1660 m) und der Mittagberg (1451 m). Im Südwesten steht das Immenstädter Horn (1490 m) und im Westen das Gschwender Horn (1450 m). Am Ostufer des Sees liegt Immenstadt, die älteste Stadt im Landkreis Oberallgäu. Die Innenstadt schmückt sich mit zahlreichen Skulpturen, etwa dem Biertrinker am Bräuhausplatz oder den Reigen tanzenden Mädchen auf dem Sankt-Nikolaus-Platz. Dazu kommen mehrere Brunnen, darunter die moderne Anlage vor dem Marstall, der Geißenbrunnen am Klosterplatz oder der Brunnen vor dem Heimatmuseum. Außerdem laden die Fußgängerzone zum Bummeln sowie der Klostergarten und der ehemalige gräfliche Lustgarten zum Verweilen ein.

Stadtgeschichte

Bereits 1360 erhielt das damalige ›Ymendorff‹ das Stadtrecht, damals lebten gerade einmal rund 135 Menschen in dem Ort. Die günstige Lage an der Salzstraße machte Immenstadt zum Zoll-, Stapel- und Umschlagplatz des ›weißen Goldes‹. Dazu kam der Leinwandhandel im blauen Allgäu, der zum wirtschaftlichen Wohlstand von Immenstadt beitrug. Zum Ende des 16. Jahrhunderts war die Bevölkerung auf rund 700 angewachsen. Im 17. Jahrhundert verlor die Stadt jedoch beinahe 70 Prozent ihrer Bewohner durch den Dreißigjährigen Krieg (1618–1648) und die Pest. 1638 zählte Immenstadt nur noch 254 Einwohner. Die Industrialisierung zum Ende des 19. Jahrhunderts gab dem Bevölkerungswachstum jedoch wieder einen kräftigen Schub. Aus dem Flachsanbau entstand 1855 die Mechanische Bindfadenfabrik. Die Ansiedlung von Vertriebenen nach dem Zweiten Weltkrieg ließ die Einwohnerzahl erneut sprunghaft ansteigen. Die gleichzeitige Ansiedlung der Kunertwerke brachte auch einen wirtschaftlichen Aufschwung. Noch einmal erhöhte sich die Einwohnerzahl schlagartig, als Akams, Bühl, Diepolz, Eckarts, Rauhenzell und Stein 1972 eingemeindet wurden, zusammen mit den zu ihnen gehörenden Weilern und Einöden. Heute leben rund 15 000 Menschen in Immenstadt. Maschinen- und Anlagenbau sowie der Dienstleistungssektor sind die größten Arbeitgeber der Stadt.

Beim Pfingsthochwasser 1999 führte die Iller ein sogenanntes 300-jähriges Hochwasser, das zahlreiche Gebäude, die Infrastruktur und die Landwirtschaft schwer beschädigte. Im Raum Immenstadt belief sich der Schaden auf rund 15 Millionen Euro. Seit 2000 werden Hochwasserschutzmaßnahmen durchgeführt.

Sehenswürdigkeiten

Die Stadt musste nach mehreren Großbränden immer wieder aufgebaut werden. Einige interessante Gebäude haben sich dennoch über die Jahrhunderte erhalten. Am Marienplatz 12 steht zum einen das ehemalige **Stadtschloss**, dessen Ursprünge aus dem Jahr 1550 stammen. Über die Jahrhunderte wurde es beständig ausgebaut, bis es eine Vierflügelanlage mit Innenhof war. 1973 wurde allerdings der Westflügel niedergerissen. Heute residieren im Schloss das Vermessungsamt und die Gästeinformation.

Die **Mariensäule** auf dem Platz wurde 1773 aus Dankbarkeit über das Ende der Pestepidemie (1628–1635 aufgestellt. Die Errichtung des Brunnenbeckens dauerte dann nochmals gute 200 Jahre. Die Stiftung des Grafen Hugo zu Königsegg-

Oberallgäu

Rund um Immenstadt und Sonthofen

Tannheimer Tal

Vilstal

Vilsalpsee

Reutte

Zöbeln

Schönkahler 1687

Unter-gschwend

Vils kapl. Halde

Alpspitze 1575

Edelsberg 1629

Sorgschrofen Zinken 1635

Rehbach

Schatten-wald

Ponten 2044

Gaishorn 2246

Hinterreute

Vorder-reute

Gießen-schwend

Jungholz

Langen-schwend

Oberjoch-Pass 1178

Kühgundkopf 1908

Einterstein

Enthalb der Ach

Höfen

Unter-gschwend

Unter-joch

Krummen-bach

310

Oberjoch

Iseler 1876

Mittelberg

A 7 310

Wertach

Wertach

Starzlachberg 1583

Bad Oberdorf

Bruck

Broiselegg

Buchenberg

Wertacher H. 1694

Spieser 1649

Bad Hindelang

Breitenberg 1893

Rotspitz 2033

Vorderburg Acker

Emmereis

Engelpolz

Reichen

Grünten-lifte

Gigglstein 1496

Tiefenb. Eck 1525

Tiefen-bach

Reckenberg

Vorder-hindelang

Imberger Horn 1656

Sonnenkopf 1713

Rottach

Hinterbg.

Sterklis

Kranzegg

Grünten 1738

308

Imberg

Humbach Kalchenb.

Bichel

Altach

Agathazell

Winkel

Burgberg im Allgäu

Berghofen

Walten

Bins-wangen

Margarethen

Beilenberg

Hochweiler

Hinang

Schöllang

Freidorf

Untermaisel-stein

Greggen-Hm.

Häuser

Ort-wang

Ostach

Altstädten

Oberthalhofen

Au

Burgegg

Giessen

Seifen

Bellen

Rauhenzell

Sonthofen

Hüttenbg.

Westerhfn.

Sigishfn.

Tiefenberg

Dietrichs

Untermühlegg

Berg

Fischen

Oberstd.

Iller

19

Eckarts

Kempten

Iller

19

Ettensbg.

Seifriedsbg.

Betten-ried

Bihlerdf.

Sigiswang

Riedle

Kierwang

Freibrechts

Gnadenberg

Bräunings

Schwandern

Halden

Schweinebg.

Ofter-schwang

Rangisw. Horn 1615

Sigisw. Horn 1527

Hörnen-bahn

Sonderdf.

Akams

Lutharz

Einharz

Hub

Mittag-bahn

Mittagbergbahn 1452

Ofterschwanger-bergbahn

Weiherkopf 1665

Bolsterlang

Diepolz

Zaumberg

Bühl

Immenstd. Horn 1490

Gunzesried

Missen-

Berg

Trieblings

Alpsee

Immenstadt

Gschwend

Stuiben 1749

Bleichehorn 1669

Wäldle

Au

-Wilhams

Thaler Höhe 1165

Wiederhofen

Ratholz

308

Himmeleck 1487

Buralpkopf 1772

Balder-schwang

Salmaser H. 1254

Wiedemanns-dorf

Oster-dorf

Nagelfluhkette

Meßbach

Rindalphorn 1822

Gschwend

Lappach

Aigis

Geratsried

Salmas

Ober-Thal-kirchdorf

staufen

Denneberg 1427

Hochgrat 1833

Schlipf-halden

Auf dem Immenstädter Marktplatz

Rothenfels wurde also erst 1988 vollendet. Sie gab dem Platz 1948 seinen Namen. Vorher wurde er entsprechend seiner ursprünglichen Nutzung Marktplatz genannt.

Auf den Grafen Hugo geht auch das **Amtshaus** an der Ostseite des Marienplatzes zurück. Es wurde allerdings tatsächlich zu dessen Lebzeiten 1646-48 errichtet und war früher über einen Gang im ersten Stock mit der Stadtpfarrkirche verbunden. Wo einst der Oberamtsmann der Grafschaft Rothenfels residierte, arbeiten heute der Bürgermeister und die Verwaltung.

Das barocke Türmchen mit Zwiebelhaube des **Rathaus** am Marienplatz 16 musste nach einem Brand im Jahr 1912 wieder hergestellt werden. Das Gebäude stammt aus dem 17. Jahrhundert und wird seit 1753 als Rathaus genutzt. Früher war darüber hinaus im Erdgeschoss die Schrannenhalle untergebracht, und bis 1820 wurden im ersten Stock die Leinwandschauen durchgeführt, um eine gleichbleibende Immenstädter Qualität zu sichern. Seit 1995 befindet sich im zweiten Stock ein moderner Sitzungssaal, in dem der Stadtrat tagt.

Eines der ältesten Gebäude der Stadt steht am Marienplatz 13 und wurde bereits 1360 in einem Gütertauschvertrag erwähnt. Es war lange Zeit das einzige Wohngebäude aus Stein, und die herrschaftliche Familie lebte dort, bevor das Stadtschloss errichtet wurde. Daher auch der Name **Alter Hof**.

Das ehemalige gräfliche **Brauhaus** steht in der Bräuhausstraße 1. Es wurde nach einem Brand im Jahr 1766 errichtet und 1908 zur ›Villa Kaiser‹ ausgebaut. Seit einigen Jahren wird es als Wohn- und Geschäftshaus genutzt. Ein paar Schritte weiter, in der Bräuhausstraße 6, befindet sich der ehemalige gräfliche **Marstall**. Das Wappen an der Südseite gehört den Königseggern, die im Jahr 1567 in den Besitz der Stadt kamen. Das Gebäude wurde später als Stall und Lagerraum einer Brauerei genutzt. Heute sind auch dort Wohn- und Geschäftsräume eingezogen.

Das eigentliche Brauhaus stand in der Bräuhausstraße 10. Im Jahr 1774 war eine Reitschule über den Bierkellern errichtet worden, nachdem ein Brand das Gebäude zerstört hatte. Seit 1990 gehört es der Stadt, die dort das **Allgäuer Literaturhaus** mit Stadtbücherei und Lesesaal eingerichtet hat. Autoren aus der Region stellen dort regelmäßig ihre Werke vor, und es finden literaturbezogene Ausstellungen statt. Die Gästeinformation kennt die Termine.

Die **Stadtpfarrkirche Sankt Nikolaus** hat vermutlich eine wechselvolle Geschichte mit mehreren Bränden hinter sich, zumindest sind aus den Anfangsjahren keine verlässlichen Quellen mehr erhalten. Aber man vermutet, dass bereits in der romanischen Zeit ein Gotteshaus am Kirchplatz stand, also zu Beginn des 1. Jahrtausends. Das heutige Gebäude stammt in seinem Grundriss aus dem frühen 18. Jahrhundert, und der letz-

Karte S. 209 ▲

te Umbau fand in den Jahren 1907 bis 1908 statt. Er bescherte der Kirche eine Innenausstattung im Stil des Neubarock. Der Altar und Kanzel sind jedoch noch aus dem Jahr 1707, also ›echtes‹ Barock. Die Muttergottesstatue ist sogar noch älter: Sie wurde im 15. Jahrhundert in Memmingen, in der Werkstatt von Ivo Strigel, geschaffen.

An der Nordseite der Nikolauskirche befindet sich der Klostergarten, der das Gotteshaus von der Sankt Josef geweihten ehemaligen **Klosterkirche der Kapuziner** trennt. Das Gebäude stammt aus dem 17. Jahrhundert. Graf Hugo hatte die Kapuziner 1650 nach Immenstadt geholt; im Inneren der Kirche erinnern noch Denkmäler an ihn und seinen Sohn Graf Leopold Wilhem zu Königsegg-Rothenfels. Die Kirche erhielt von 1861 bis 1862 eine neue Inneneinrichtung und wurde 1903 erweitert und umgebaut, um sie dem damals geltenden Geschmack anzupassen. Daher präsentiert sie sich heute im Stil des Neubarock mit einem eindrucksvollen Mauervorsatz auf der Giebelseite. Das Klostergebäude wurde bei einem Bombenangriff 1945 schwer beschädigt, und nachdem die Kapuziner 1980 ausgezogen waren, 1984

Der Alpsee im Winter

abgebrochen. Die bronzenen Mönche am Kapuzinerplatz erinnern an die beim Orden übliche wöchentliche Verteilung des Klosterbrotes.

Am Klosterplatz steht auch das **Hörmannhaus** aus dem Jahr 1757. Die ehemalige Bäckerei ist inzwischen eine Töpferei. Weiter nördlich ist das **Heimatmuseum** im Gebäude der alten **Hofmühle** untergebracht. In der anderen Richtung, südlich des Klosterplatzes, steht die **Villa Edelweiß** in der Adolph-Probst-Straße 6. Die Gründerzeitvilla aus den Jahren 1882 bis 1884 gehörte einst dem Miteigentümer der Mechanischen Bindfadenfabrik Immenstadt und beherbergt heute die Städtische Musikschule. Von der Altstadt aus führen Treppen hinauf zum **Kalvarienberg**, dessen Tradition bis in das 18. Jahrhundert zurückgeht. Der Aufstieg lohnt nicht nur wegen der 14 Bildstöcke am Wegesrand und der Kalvarienkapelle, sondern auch wegen des schönen Blicks über die Altstadt zum Mittagberg.

Dass die Stadt ihrem Umland bis heute verbunden geblieben ist, sieht man im Zentrum der Stadt an den Bronzefiguren des Brunnens bei der Mariensäule. Sie stammen aus dem Jahr 1988 und stel-

Auf dem Alpsee

Oberallgäu

len die traditionellen Berufe der Immenstädter dar. Da sind die Weberin und der Zimmermann sowie die Industriearbeiterin, aber eben auch der Hütebub. Und der Alpzug am Landwehrplatz erinnert an den **Viehscheid**. Am dritten Samstag im September werden die Kühe von der Alp getrieben. Der Viehscheid ist nicht nur gelebte Tradition, sondern gehört bis heute zum Alltag der Bergbauern.

Im Ortsteil Diepolz, am Hang des 1200 Meter hohen Hauchenbergs, stellt das **Allgäuer Bergbauernmuseum** den Alltag der Landwirte in den Bergen dar. Gezeigt wird das bäuerliche Leben im ›Blauen Allgäu‹, als noch Flachs angebaut wurde. Aber auch der Wechsel zum ›Grünen Allgäu‹ durch die Entstehung der Milchwirtschaft wird gezeigt und schließlich die moderne Landwirtschaft, wie sie heute betrieben wird. Das alles ist ein kurzweiliges, spannendes Erlebnis für Kinder. Gleichzeitig legen die Betreiber Wert darauf, dass das Museum auch kritische Töne findet, ohne dabei den Humor außen vor zu lassen. Kleingruppen bis zehn Personen können sogar eine Nacht in der Vergangenheit verbringen. Als Gäste im Matratzenlager können sie den Alltag einer Bergbauernfamilie 24 Stunden lang erleben (nur nach Voranmeldung, Tel. 08320/709670).

■ **Bühl**

Der Immenstädter Ortsteil **Bühl** liegt am Südostufer des Großen Alpsees und ist ein kleiner blühender Luftkurort. Sehenswert ist das Kirchenensemble, das dort zu finden ist. Zum einen die **Pfarrkirche Sankt-Stephan**, deren Reiz eigentlich die Unterkirche ist. Die **Heilig-Grab-Kapelle** ist ähnlich wie St. Anna in Augsburg mit einer Nachbildung des Heiligen Grabes ausgestattet. Etwas weiter nördlich ist wiederum ein doppeltes Gotteshaus zu besichtigen: die **Wallfahrtskapelle Ma-**

ria **Loreto** aus dem Jahr 1666 und die Kapelle Sankt Anna, die 1716 angefügt wurde. Graf Hugo von Königsegg und sein Sohn Leopold ließen nach einer Loreto-Wallfahrt die Kapelle errichten. Die Besonderheit von Brühl ist, dass die Fresken, die in der Originalkapelle in Ancona fast alle zerstört sind, hier weitgehend erhalten geblieben sind. An der Westwand der **Annakapelle** hängen außerdem noch Votivbilder aus dem 17. bis 19. Jahrhundert.

Im Ortsteil **Rauhenzell** befindet sich ein weiteres kirchliches Kleinod: die **Pfarrkirche Sankt Ottmar**. Die Mauern von Turm und Kirchenschiff stammen noch aus dem 13. Jahrhundert. Der Chor wurde vermutlich im 15. Jahrhundert angebaut. Von 1693 bis 1694 wurde die Kirche komplett umgestaltet und 1906 die Sakristei und das Oratorium sowie 1975 der halbrunde Vorbau an der Kirchentür neu gebaut. Die schwarzen Barockaltäre machen das Gotteshaus zu einer der schönsten Dorfkirchen im Allgäu. Die Figuren stammen noch aus der Zeit vor 1690, als das Innere der Kirche einem ganz anderen Geschmack, nämlich dem der Spätgotik, entsprach.

Aktivitäten rund um Immenstadt

Der 1450 Meter hohe **Mittagberg** heißt so, weil von Immenstadt aus gesehen zum Mittag die Sonne über seinem Gipfel steht. Der Berg ist das östliche Tor zum Naturpark Nagelfluhkette, ein beliebter Startplatz für Drachen und Gleitschirmflieger und Ausgangspunkt für Grat- und Höhenwanderungen in den Nagelfluhbergen. Bereits 1949 schwebten die ersten Touristen mit einem durchgehenden Lift bis hinauf zum Gipfel des Mittag. Heute bringen zwei Doppelsesselbahnen ›Fernseh‹-Begeisterte ganzjährig bis zum Gipfel hinauf.

Karte S. 209

Den 1475 Meter hohen **Eckhalde** hat die ›Alpsee Bergwelt‹ mit einer Doppelsesselbahn, zwei Schleppliften, dem **Kletterwald Bärenfalle** und der knapp drei Kilometer langen **ganzjährig geöffneten Rodelbahn** erschlossen. Dazu gibt es an der Talstation den **Rodelwirt**, an der Bergstation die **Bärenfalle-Hütte** und etwas weiter in Richtung Gipfel die **Obere Kalle** zum Einkehren und sogar zum Übernachten.(→ S. 214).

Wanderungen von Immenstadt oder Bühl aus auf das **Immenstädter Horn** (1489 m) oder von Thalkirchdorf aus auf die **Salmaser Höhe** (1254) werden mit einem Blick auf die Stadt, den Alpsee und weit in das Konstanzer Tal hinein belohnt. Im Nordosten ist Kempten zu erkennen, vom Osten grüßt der Grünten herüber.

Auf verschiedenen Wanderwegen kommt man zu den sechs **Burgruinen** rund um Immenstadt: Laubenbergerstein, Rothenfels, Hugofels, Rauhlaubenberg, Werdenstein und Burgstall Alt-Wörthenstein. Außerdem gibt es zahlreiche weitere **Wanderwege** sowie Loipen und Winterwanderwege. Informationen darüber hat die Gästeinformation.

Der **Große Alpsee** steht für Wassersportarten aller Art zur Verfügung: Segeln, Surfen, Kiten, Rudern und Schwimmen. Angelscheine gibt es in der Gästeinformation. Und im Winter verzaubert Väterchen Frost den Großen Alpsee in die größte **Natureisfläche** im Oberallgäu – und bietet entsprechende Sport- und Unterhaltungsmöglichkeiten.

Der **Kleine Alpsee** zwischen Bühl und Immenstadt hat eine Liegewiese mit Sprungturm und Spielplätzen sowie ein beheiztes Freibad, das bei entsprechender Witterung von Mai bis September geöffnet ist. Das Hallenbad in Immenstadt ist bei schlechtem Wetter im Sommer sowie im Winter geöffnet.

 Immenstadt und Umgebung

Gästeinformation im Schloss, Marienplatz 12, 87509 Immenstadt, Tel. 08323/998877, Fax 9988599, www.immenstadt.de; Mo–Fr 9–17 Uhr, in der Saison Sa 10–12.30 Uhr.

Gästeinformation im AlpSeeHaus, Bühl am Alpsee, Seestraße 10, 87509 Immenstadt, Tel. 08323/9988717, Fax 9988799; Mo–Fr 9–17 Uhr, in der Saison Sa, So 10–14 Uhr.

Immenstadt ist seit 1853 über die Bahnlinie Kempten–Lindau gut an das Netz der Deutschen Bahn angebunden. Die verschiedenen Ortsteile werden Mo–Fr und Sa vormittag mit dem Immenstädter Stadtbus angefahren. Im Sommer fährt der Bus nach Oberstaufen auch an So u. Fei.

Hotel Lamm, Kirchplatz 2, 87509 Immenstadt, Tel. 08323/6192, www.hotel-lamm-immenstadt.de; ab 35 € p.P. Zentral im Stadtzentrum, Zimmer in drei verschiedenen Kategorien.

Gasthaus Drei König, Marienplatz 11, 87509 Immenstadt, Tel. 08323/8628, www.drei-koenig.de; ab 38 € p.P. Traditionshaus im Zentrum der Stadt, gutbürgerliche Küche. Warme Küche 11.30–14 Uhr und 17.30–21 Uhr.

Panoramahotel Rothenfels, Missener Straße 60, 87509 Immenstadt/OT Bühl, Tel. 08323/9190, www.hotel-rothenfels.de; ab 55 € p.P. Blick auf den Großen Alpsee, gutbürgerliche Küche.

Bergpension Christine, Rieder 6, 87509 Immenstadt/OT Rieder, Tel. 08325/760, www.bergpension.de; ab 26 € p.P. Am Alpsee-Rundwanderweg.

Hotel Bergstätter Hof, Knottenried 17, 87509 Immenstadt/OT Knottenried, Tel. 08320/9230, www.bergstaetter-hof.de; ab 40 € p.P. Schöne Aussicht von der Dachterrasse, ruhig am Feldrand gelegen.

Oberallgäu

Obere Kalle, auf 1201 Meter, 87509 Immenstadt, Tel. 08325/487, www.obere-kalle.de; Mai–Okt. und Weihnachten–März tgl., Nov. nur Sa, So, 15 Min. Gehzeit von der Bergstation, 75 Min. von der Talstation, direkt an der Skipiste, ÜN u. HP im Matratzenlager 35 € p.P. (bis 14 Jahre 25 €).

Ferienwohnung Biolandhof Hage, Reute 6, 87509 Immenstadt, Tel. 08320/641, www.biolandhof-hage.de; ab 55 € p. 2P.

Alpsee Campingplatz, Seestr. 25, 87509 Bühl am Alpsee, Tel. 0832/307726, Fax 2956, www.camping-allgaeu.de. Ganzjährig, etwa drei km außerhalb, Wassersportmöglichkeiten rundum: Segeln, Surfen, Rudern und Schwimmen, Saunalandschaft, Gaststätte, Minimarkt, E-Bike-Verleih, behindertengerechte Sanitäranlagen.

Gasthof Engel, Salzstraße 4, 87509 Immenstadt, Tel. 08323/7881, www.engel-immenstadt.de; Di–So ab 10 Uhr, warme Küche 11.30–14 Uhr und 17.30–21.30 Uhr. Junges Team in historischem Haus mit wechselnder Tageskarte.

Cafè Kohlhund, Klosterplatz 1, 87509 Immenstadt, Tel. 08323/6205, www.cafe-kohlhund.de; Mo–Sa 8–18 Uhr. In dem Haus neben der Kapuzinerkirche wurde bereits am 5. September 1902 eine Kaffee- und Weinschenke angemeldet.

Strandcafè Wegele, Seestr. 28, 87509 Immenstadt, Tel. 08323/969119, Fax 969120, www.strandcafe-buehl.de. Besticht mit seiner Lage am Alpsee.

Heimatmuseum Hofmühle, An der Ach 14, 87509 Immenstadt, Tel. 08323/3663, Fax 91428112, www.museum-hofmuehle.de, Mi–So 14–17 Uhr.

Allgäuer Bergbauernmuseum, Diepolz 44, 87509 Immenstadt OT Diepolz, Tel. 08320/709670, www.bergbauernmuseum.de, Mai–Okt. tgl. 10–18 Uhr.

Wassersportschule Oberallgäu, Großer Alpsee, Seepromenade 15, 87509 Immenstadt (Bühl), Tel. 08323/52200, www.wassersportschule-oberallgaeu.de. Segel-, Surf-, und Kite-Kurse, vermietet Tret- und Ruder-Boote sowie Surfausrüstung.

Kleiner Alpsee, Liegewiese mit Sprungturm und Spielplätzen sowie ein beheiztes Freibad, das bei entsprechender Witterung von Mai bis September geöffnet ist.

Hallenbad, Allgäuer Str. 15, 87509 Immenstadt, Tel. 08232/98336; Winter Mo 10–19 Uhr, Mi, Fr 7–21 Uhr, Do 15–17 Uhr, Sa 10–21 Uhr, So, Fei 10–18 Uhr und im Sommer bei schlechtem Wetter.

E-Bike-Verleih, Landhaus Sinz über'm See, Lindauer Straße 41, 87509 Immenstadt, Tel. 08323/3151, www.landhaus-sinz.de.

Allgäu Bikers, Bahnhofstraße 19, 87509 Immenstadt, Tel. 08323/968013, www.allgaeu-bikers.de. Geführte Fahrrad-, Mountainbike, Wander- und Schneeschuhwanderungen, Mountainbike-Techniktraining, im Rahmen der Kurse auch Mountainbike- und Schneeschuhverleih.

Fahrradverleih, in Sonthofen (→ S. 227).

Seilbahn Mittagbahn, Mittagstr. 30, 87509 Immenstadt, Tel. 08323/6149, Fax 6161, www.mittagbahn.de; Sommer 8–17 Uhr, Winter 8–16 Uhr. Im Winter geführte Schneeschuhwanderungen (Ausleihe möglich), zahlreiche Wanderwege ab Bergstation.

Alpsee Bergwelt, Ratholz 24, 87509 Immenstadt, Tel. 08325/252, www.alpsee-bergwelt.de; im Sommer tgl. 9–18 Uhr, im Winter 9–16.30. Kletterwald, Ganzjahres-Rodelbahn, Kinderspielplätze, Berglifte und Hütten.

Die Alp und der Viehscheid

Eine Wanderung ohne Brotzeit ist wie das Allgäu ohne Kühe – und idealerweise verbindet man beides, und zwar mit einer Bergkäse-Jause beim Senner auf der Alp. Direktvermarktung nennt man das heutzutage, wenn die Kuhhirten ihren Gästen eine Brotzeit servieren. Brot und Butter, Milch und Käse stammen meist aus eigener Herstellung, der Speck wird oft von regionalen Produzenten zugekauft. Die Bergkräuter geben der Milch glücklicher Bergkühe einen ganz besonderen Geschmack, die frische Luft der Berge und der Hunger vom Wandern tun das ihre dazu, damit es auf der Bank vor der Alphütte ganz besonders gut schmeckt.

Der berühmte Ötzi war zwar kein Hirte, die Geschichtsschreiber vermuten aber dennoch, dass schon in prähistorischer Zeit Bergweiden bewirtschaftet wurden. Und Käse war bereits zur Zeit der Römer das wichtigste Tauschmittel der Alpen. In den Allgäuer Alpen ist die Almwirtschaft bereits zur Zeit der Kelten nachgewiesen. Der Begriff Alp wird in der Schweiz und im Allgäu verwendet. In Oberbayern spricht man von der Alm. Die Bezeichnungen leiten sich vom keltischen Stammwort für ›Gebirge‹, ›Berg‹ oder ›hoch‹ ab.

Am Südhang des Hochgrat befindet sich die wohl älteste Allgäuer Alp, und zwar die auf 1595 Metern gelegene Gelchenwang im Gunzesrieder Tal. Sie wurde bereits im 12. Jahrhundert als ›Gerichinwang‹ urkundlich erwähnt. Angeblich hat die Alp jedoch bereits um 820 Käse an den fränkischen Hof in Kempten geliefert.

Der Alpsommer beginnt zumeist im Juni und endet im September. Genaue Angaben über Bewirtschaftungszeiten sind jedoch nicht möglich, da die Bergsaison der Kühe von der Witterung abhängig ist. Zahlreiche Allgäuer Gemeinden, so beispielsweise Bad Hindelang, Nesselwang, Oberstdorf, Pfronten, Seeg und Immenstadt, geben jedoch inzwischen feste Termine für den Viehscheid bekannt, der zu Recht zu einer touristischen Attraktion geworden ist. Bunt geschmückt wandern die Kühe mit den Hirten ins Tal. Die großen Prunkglocken, die an breiten bunten Bändern an den Hälsen des Viehs baumeln sollen nach altem keltischen Brauch die bösen Geister vertreiben.

Mit dem Viehscheid ist die arbeitsreiche, einsame und bisweilen auch gefährliche Zeit in den Bergen ist vorbei. Das Vieh wird den Eigentümern zurückgegeben und der Lohn für die mühevolle Arbeit kassiert – ein guter Grund für die Hirten, kräftig zu feiern. Und sie haben meist nichts dagegen, wenn ein paar mehr bei der Gaudi dabei sind.

Infos über Viehscheid-Termine gibt es bei den Tourismusämtern und unter www.allgaeu-viehscheid.de

Die geschmückte Kranzkuh führt die Herde an

Oberstaufen

Oberstaufen liegt im westlichen Zipfel des Oberallgäus. Der Kurort hat sich dem Gesundheits-, Kur- und Aktiv-Urlaub verschrieben. 1949 führte der Kurarzt Hermann Brosik die Schrothsche Heilkur ein. Zehn Jahre später durfte sich der Ort Schrothkurort nennen. Seit 1991 ist Oberstaufen das einzige offiziell anerkannte Schroth-Heilbad.

Die Schrothkur wurde Anfang des 19. Jahrhunderts von dem schlesischen Fuhrmann Johann Schroth (1798–1856) entwickelt. Er kombinierte nasse Wickel mit einer Diät. Schroth wurde zu seiner Zeit sowohl als Wunderdoktor als auch als Kurpfuscher bezeichnet. Und bis heute scheiden sich die Geister über die Anwendung, die freilich über die Jahre modifiziert wurde und heute im Trend ganzheitlicher Heilverfahren liegt.

Aber auch ohne Kur laden die Berge rund um Oberstaufen zum erholsamen Aktiv-Urlaub ein. **Drei Seilbahnen** bringen die Besucher das ganze Jahr über in luftige Höhen: Die Hündle-Doppelsesselbahn auf rund 1100 Meter, die Imberg-Gondelbahn auf 1225 Meter und die Hochgrad-Kabinenbahn auf 1706 Meter. Wanderwege, Berghütten und eine grandiose Aussicht erwarten die Gäste dort. Ein Pendelbus fährt sechsmal täglich zu den Talstationen.

Unten im Tal befindet sich das bereits 868 urkundlich als ›Stoufende pago Albekewe‹ erwähnte Oberstaufen. Markanter Orientierungspunkt ist die **Pfarrkirche St. Peter und Paul**, ein gewaltiger Bau der Neugotik mit einem 65 Meter hohen Turm. Die Kreuzigungsgruppe im Chor ist rund 300 Jahre älter als die Kirche selbst, sie wird auf 1500 datiert. Beim ›Strumpfar‹, im Bauernhaus eines Strumpfwirkers aus dem Jahr 1788, befindet sich das **Heimatmuseum**. Volksfrömmigkeit und Fastnachtsbrauch aber auch Handwerk und Haushalt, Landwirtschaft und Alpwirtschaft sowie Spielzeug und Musik sind Themen des Museums. Im Oberstaufener Ortsteil **Knechthofen** ist das **Bauernhofmuseum s'Huimatle** in einem Blockbau aus dem 17. Jahrhundert untergebracht und gibt Einblicke in das bäuerliche Leben des 19. Jahrhunderts. Für Miniaturfreunde wurde in Wengen eine **Modellbahn** aufgebaut. Auf 300 Quadratmetern sind 2400 Meter Gleis und 400 Weichen verlegt und dazu die Landschaft zwischen Rhein und Mosel im Maßstab 1:87 aufgebaut.

Besonderes Schmankerl in Oberstaufen ist das Rundum-Sorglos-Paket der **Allgäu-Walser-Card**, die inzwischen auch in weiten Teilen des Ost- und Oberallgäus verteilt wird. Über 300 Gastgeber verteilen die Karte an ihre Gäste. Diese können damit gratis die Bergbahnen, die Sommerrodelbahn, das Erlebnisbad und die vier Skigebiete nutzen, kostenlos parken, Bus fahren und bei 15 GolfPLUS Partnern ohne Greenfee Golfen.

.

■ Staufener Fasnatziestag

Der Staufener Fasnatziestag ist nicht nur ein Fasnachtsbrauch. Der Tag soll auch an das Pestjahr 1635 erinnern. Die kaiserlichen Truppen hatten den Schwarzen Tod

Einkehr unterwegs

Karte S. 209

während des Dreißigjährigen Krieges nach Staufen gebracht. Mehr als ein Drittel der Bevölkerung ging daran zugrunde, und der ganze Ort verarmte. Graf Hugo von Königsegg war damals Herr über die Gegend und soll alle Söhne der verbliebenen Familien auf sein Schloss eingeladen und bewirtet haben. Am Ende gab er einem von ihnen eine Fahne und befahl, diese als Zeichen des Neuanfangs jedes Jahr am Faschingsdienstag durch den Ort zu tragen. Und so geschieht es bis heute. An dem Tag tragen die Staufener keine Faschingskostüme, sondern Volkstracht, und gedenken der vielen Todesopfer. Über den Tag verteilt finden Umzüge, ein traditionelles Fahnenschwingen und ein traditioneller Tanz statt, fortwährend reinigt ein bunt verkleideter ›Butz‹ die Menschen, Straßen und Häuser von der Pest. Am Nachmittag treffen sich die unverheirateten Frauen mit den verheirateten Männern und die unverheirateten Männer mit den verheirateten Frauen, um Jung und Alt zusammen zu bringen. Zum Gebetläuten am Abend finden alle wieder zusammen, wenn der Butz wie tot umfällt und damit an die vielen Toten während der Pestepedemie erinnert. Anschließend findet der Tag mit Musik und Tanz ein fröhliches Ende (www.fasnatziestag.de).

■ **Aktivitäten**

Die Wandertipps rund um Oberstaufen reichen beispielsweise vom **Eibele-Wasserfall** und den **Buchenegger Wasserfällen** bis zum **Naturpark Nagelfluhkette**. Detaillierte Infos hat die Touristeninformation. **Hochgrat-Kabinenbahn**, **Imberg-Sesselbahn** und **Hündlebahn** sind ganzjährig in Betrieb.

Entspannen kann man im **Erlebnisbad Aquaria** mit 25-Meter-Sportbecken, 100-Meter-Wasserrutsche, 3- und 5-Meter-Sprungturm, Wildwasserkreisel, Gym-nastikstange, Kinderbecken, Luftsprudler, Geysiren und Massagedüsen, Sauna und Wellnessangebot.

Oberstaufen gilt als sehr schneesicher. **Hauptskigebiete** sind der Hündlekopf (1112 m), der Imbergkamm (1325 m) und das Hochgrat (1833 m). Für alpine Skifahrer gibt es im Winter insgesamt 37 Aufstiegshilfen in den umliegenden Skigebieten. Außerdem sind zahlreiche Loipen gespurt und Winterwanderwege geräumt, sowohl im Tal als auch auf den Bergen.

Seine ganz besonderen Reize entfaltet die Urlaubsregion Oberstaufen in ihrem Umland. Zahlreiche Weiler und Einöden vermitteln dörfliche Eindrücke, und ihre Bewohner laden die Gäste ein, die landschaftlichen Schönheiten in den Ausläufern der Allgäuer Alpen gemeinsam zu erleben. Die **Salzstraße**, die einst von Hall in Tirol durch das Thannheimer Tal und das Oberallgäu bis zum Bodensee führte, wurde nicht nur von Händlern genutzt, sondern auch von Pilgern bewandert. Entlang der Straße entstanden daher nicht nur Herbergen und Städte, sondern auch **Wallfahrtskirchen und -kapellen**. Viele davon verbergen ihre innere Pracht und Herrlichkeit durch ein unscheinbares Äußeres. Oftmals lohnt es sich, die Klinke des einen oder anderen Gotteshauses zu drücken und das Innere zu erforschen; etwa **St. Stephan in Genhofen** oder **St. Barholomäus in Zell** und die **Kapelle St. Johannes der Täufer in Hochwies**.

Das **Paradies** für alle Gläubigen und Nichtgläubigen liegt gerade einmal vier Kilometer westlich von Oberstaufen: Die B 308 schlängelt sich in engen Kehren in das sogenannte Paradies hinauf und ist eine beliebte Motorradstrecke. Dann verlässt sie das Oberallgäu und führt im Westallgäu über Lindenberg nach Sigmarszell.

Oberallgäu

Oberstaufen

Kurverwaltung im Haus des Gastes, v.-Königsegg-Str. 8, 87534 Oberstaufen, Tel. 08386/93000, Fax 930020, www.oberstaufen.de; Mo–Fr 8.30–17.30 Uhr, Sa 10–16 Uhr.
Außenstelle Steibis, Im Dorf 22, 87534 Oberstaufen-Steibis, Tel. 08386/8103; Mo–Sa 9–12 Uhr sowie Mo, Fr 14–17 Uhr.
Außenstelle Thalkirchdorf, Im Weidach 1, 87534 Oberstaufen-Steibis, Tel. 08325/9760; Mo, Di, Do Fr 9–12.30 Uhr.

Hotel Allgäu Sonne, Stießberg 1, 87534 Oberstaufen, Tel. 08386/7020, www.allgaeu-sonne.de; ab 88 € p.P. Fünf Sterne, am Ortsrand.
Hotel Bayerischer Hof, Hochgratstraße 2, 87534 Oberstaufen, Tel. 08386/4950, www.bayer-hof.de; ab 58 € p.P. Erstes Schrothkur-Hotel in Oberstaufen, zentral im Ort.
Ferienwohnungen am Schädler-Biolandhof, Buflings 5, 87534 Oberstaufen, Tel. 08386/1202, www.schaedlerhof. Bewirtschafteter Bauernhof, 3 bis 5 Sterne.
Berggasthof Vordere Fluh, 87534 Oberstaufen-Steibis, Tel. 08386/8466, www.vordere-fluh.de; ÜN mit HP 37 € p.P. Sommer Mi–So, Winter tgl. geöffnet, im Sommer 15 Min. Gehzeit von der Imbergbahn Bergstation, im Winter direkt an der Skipiste.
Berggasthof Hochbühl, 87534 Oberstaufen-Steibis, Tel. 08386/8138, www.berggasthof-hochbuehl.de; ab 26 € p.P.; Mi Ruhetag. Anfahrt für Hausgäste über die Mautstraße 5 €, stündlicher Linienbus im Sommer von der Bergstation Imbergbahn nach Hormoos. Zu Fuß von Steibis 60 Min. Aufstieg, von der Bergstation Imbergbahn 15 Min. Abstieg, im Winter Zufahrt mit Ski über die Skiarena Steibis möglich.

Alpe Hohenegg, Am Imberg, 87534 Steibis, Tel. 08386/969693, www.alpe-hohenegg.de, ab 63 € p.P., 15 Min. Abstieg von der Bergstation Imbergbahn, wenige Minuten vom Klettergarten Sport Hauber (s.u.). Komfortable, hotelähnliche Alpe mit Doppel- und Mehrbettzimmern mit Du/WC.
Alpengasthof Hörmoos, Tel. 08386/8129, www.hoermoos.de; 43 € p.P., 54 € inkl. HP, ab 33 € im Mehrbettzimmer, ab 29 € im Matratzenlager; geöffnet Weihnachten–Ostern, Juni–Nov., Di Ruhetag im Restaurant. Hausgäste können mit dem Auto über eine Mautstraße anreisen (im Sommer Linienbusverkehr), sonst von der Imbergbahn-Bergstation 60 Min. Gehzeit oder vom Liftrestaurant Hochhäderich (Alpenarena Hochhäderich im Bregenzer Wald, Vorarlberg) aus 30 Min., nebenan liegt Michels Kräuteralp, die höchstgelegene Schnapsbrennerei des Allgäus (s.u.).

Campingplatz Oberstaufen, Aach 1, 87534 Oberstaufen, Tel. 08386/363, Fax 962878, www.camping-aach.de; ganzjährig. Nahe der österreichischen Grenze, mit Wohnwagenverleih, Sauna, Imbiss und Einkaufsmöglichkeiten.

Blaues Haus, Freibadweg 2, 87534 Oberstaufen, Tel. 08386/4476, www.blaues haus-oberstaufen.de; tgl. 10–18 Uhr. Nicht nur typisch Allgäuer Speisen, aber auch bei Einheimischen beliebt, Kaffee und Kuchen sowie wechselnde Tagesgerichte.
Altstaufener Einkehr, Bahnhofstraße 4, 87534 Oberstaufen, Tel. 08366/7193, www.altstaufnereinkehr.de; Di–So 17–24 Uhr. Traditionelle, regionale Zutaten für eine gehobene Küche, urige Gaststube und im Sommer Biergarten.
Gaststätte Café Sonne, Lindauer Straße 2, 87534 Oberstaufen, Tel. 0386/4466, www.sonne-oberstaufen.de; Mo–Do 9–19 Uhr, Fr 9–23 Uhr. Kaffee und Kuchen sowie warme Speisen in rustikaler Atmosphäre eines alten Hauses.

Lesecafé books, Hugo-von-Königsegg-Straße 12, 87534 Oberstaufen, Tel. 08386/2469, www.bookscafe.de; Mo–Fr 9–19 Uhr, Sa 9–18 Uhr, So u. Fei 10–18 Uhr. Kaffee und Kuchen sowie wechselnde vegetarische Gerichte, dazu jede Menge Lesestoff vom Buch über die Zeitschrift bis zur Zeitung und dazu noch Spiele, CDs und DVDs.

Dorfhaus Thalkirchdorf, Kirchdorferstraße 7, 87534 Oberstaufen-Thalkirchdorf, Tel. 08325/9580, www.dorfhaus.de; 11–22 Uhr. Gutbürgerliche Küche in gepflegter Atmosphäre, mit eigener Sennerei.

Restaurant Café Auwinkel, In der Au 6, 87534 Oberstaufen-Steibis, Tel. 08386/8303, www.auwinkel.de; Fr–Mi 11.30–20 Uhr. Uriger Gasthof bei der Talstation der Imbergbahn.

Sennalpe Obere Hündle, fünf Gehminuten von der Bergstation Hündlebahn (s.u.), 45 Min. vom Tal, Tel. 08386/962402; von Mai–Okt. bewirtschaftet.

Heimatmuseum, Jugetweg 10, 87534 Oberstaufen, Tel. 08386/1300; Mi, Fr 15–17 Uhr, So 10–12 Uhr.

Bauernhofmuseum s'Huimatle, Knechtenhofen 7, 87534 Oberstaufen, Tel. 08325/9510; Mi 16–19 Uhr, So 10–12 Uhr.

Miniwelt Oberstaufen, Wengen 15, 87534 Oberstaufen, Tel. 08386/960711, www.miniwelt-oberstaufen.de; Apr.–Okt. tgl. 10–17.30 Uhr, Jan.–März Sa u. So 10–17.30 Uhr. Etwa 100 Meter von der Hündle-Busstation entfernt.

Sport Hauber, In der Au, 87534 Oberstaufen-Steibis, Tel. 08386/991078, Fax 8561, www.sport-hauber.de; E-Bike-Verleih 30 € pro Tag. Im Winter Skiverleih. Im Sommer betreibt die Firma einen **Hochseilgarten** 15 Min. von der Bergstation der Imbergbahn entfernt (11–17 Uhr, 17 €, Kinder 12,50 €).

Ollis Bikeshop, Rainwaldstr. 1, 87534 Oberstaufen, Tel. 08386/961064, mobil 0175/5956676, www.olis-bikeshop.de; Fahrradverleih ab 9,80 € pro Tag, E-Bike ab 20 €. Im Winter Skiverleih; veranstaltet den Winter-Triathlon mit Crosslauf, Mountainbiken und Skilanglauf.

Erlebnisbad Aquaria, Alpenstraße 5, 87534 Oberstaufen, Tel. 08386/9313, www.aquaria.de; tgl. 9–22 Uhr; Erw. ab 8 €, Ki ab 3,50 €.

Hochgrat Kabinenbahn, Lanzenbach 5, 87534 Oberstaufen-Steibis, Tel. 08386/8222, www.hochgrat.de; Juli–Sept. 8.30–17 Uhr, Okt., Nov., Feb.–Juni 9–16.30 Uhr, Dez.–Jan. 9–16 Uhr. Regelmäßige Busverbindung vom Bahnhof Oberstaufen, Sonnenauf- und Sonnenuntergangs- sowie Vollmondfahrten im Sommer.

Imbergbahn u. Skiarena Steibis, In der Au 19, 87534 Oberstaufen/OT Steibis, Tel. 08386/8112, www.imbergbahn.de; tgl. 9–16.30 Uhr. **Waldhochseilgarten bei der Alpe Hohenegg** (Sommer tgl. 11–17 Uhr), Skikinderland und Funpark (Winter), 1 Gondelbahn, 1 Sessellift, 10 Schlepplifte.

Hündlebahn, An der B 308, 87534 Oberstaufen, Tel. 08386/2720, www.huendle.de; 9–16.30 Uhr (außer Revisionszeiten im Nov.). 850 Meter lange Sommerrodelbahn, drei Stunden Erlebniswanderweg mit 22 Stationen.

Michels Kräuteralp, auf der Hörmoos-Alpe, Tel. 08386/980551, www.kraeuteralp.de. Destille-Besichtigung Jun–Sept. Mo 13.30 Uhr, Verkauf Sa, So, Mo 14.30–16.30 Uhr oder im Alpengasthof Hörmoos (s.o.).

Oberallgäu

Sonthofen

Wer Urlaub im Süden machen will, der ist in Sonthofen in jedem Fall richtig, denn das ist die südlichste Stadt Deutschlands. Und wohl auch eine der jüngeren, denn Sonthofen bekam das Stadtrecht erst 1963. Heute ist Sonthofen Kreisstadt des Oberallgäus.

Eine alemannische Siedlung begründete die Entstehung des Ortes. Ab 1120 wurde dort jedes Jahr ein Frongericht abgehalten. Im 15. Jahrhundert gewährte Kaiser Sigismund den Sonthofenern Jahr- und Wochemärkte und eine eigene Gerichtsbarkeit. Am 14. Februar 1525 tagten die aufständischen Bauern des Allgäus in Sonthofen. Der sogenannte ›Sonthofer Tag‹ gilt als Auftakt der Bauernkriege (→ S. 40).

Vom 16. bis in das 19. Jahrhundert hinein wurde am Grünten Erz abgebaut

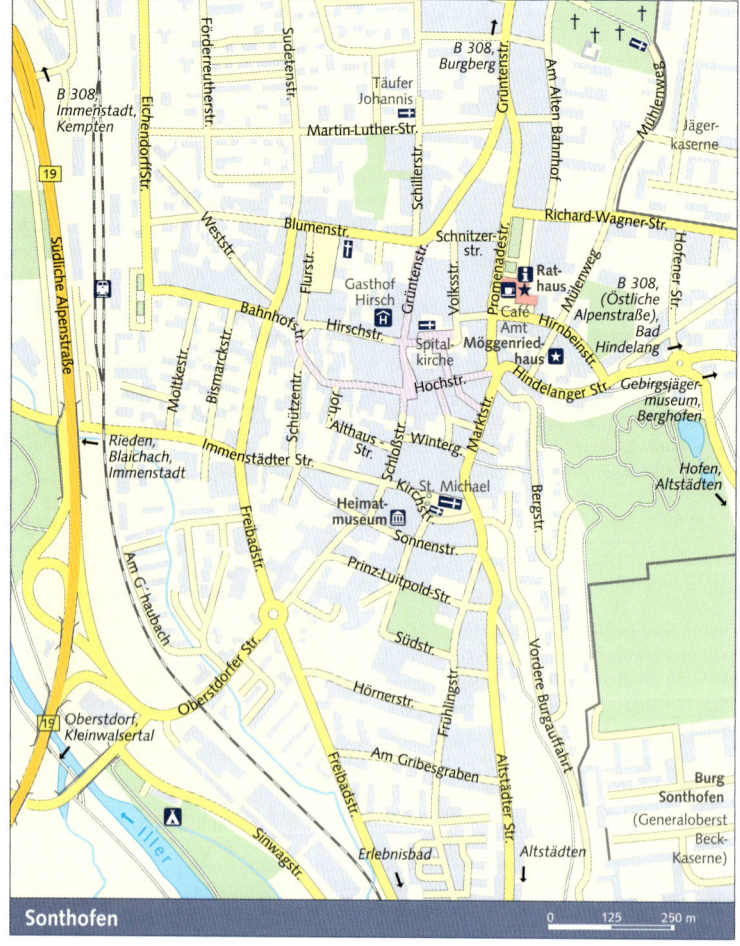

und im Hüttenwerk Sonthofen zu Eisen verarbeitet. Die Leinweberei hat als weiterer, wichtiger Wirtschaftszweig sogar ihre Anerkennung im Stadtwappen gefunden: Zum Leidwesen mancher nicht mit dem fünfarmigen Hanfblatt, sondern als blaublühende Flachspflanze. Mitte des 19. Jahrhunderts erlangte die Milchwirtschaft eine wichtige Stellung.

Im Ersten Weltkrieg und ab 1935 war Sonthofen Garnisonstadt und die Armee wurde zum wichtigen Arbeitgeber und Wirtschaftsfaktor – neben Tourismus, Handel und Industrie. Die Nationalsozialisten errichteten von 1934 bis 1935 die sogenannte **Ordensburg** als NSDAP-Ausbildungszentrum. Der große Gebäudekomplex auf einer Anhöhe überragt von weitem sichtbar die Stadt und wird heute als Generaloberst-Beck-Kaserne von der Bundeswehr genutzt.

Feste und Brauchtum

Das berühmte **Eggaspiel** geht auf einen heidnischen Brauch zurück. Junge Sonthofener stellen alle drei Jahre (2015, 2018 usw.) am Sonntag nach dem Fasching mit hölzernen Masken die Menschen und Tiere eines Bauernhofs dar. Dämonische Kräfte in Gestalt einer Hexe bringen alles durcheinander, und der Name Eggaspiel läßt sich darauf zurück führen, dass die Hexe überall an›eckt‹ und nichts mehr rund läuft. Deshalb wird sie gejagt und gefangen, dann eingesperrt und zuletzt im Funkenfeuer verbrannt. Und je heller und höher das Feuer brennt, desto besser wird das folgende Jahr. Vor dem Rathaus steht ein Eggaspiel-Brunnen, dessen Figuren den Teilnehmern am Eggaspiel nachempfunden sind.

Im Herbst erfolgt der **Alpabtrieb** – nicht in Sonthofen selbst, aber in den umliegenden Gemeinden Hindelang, Immenstadt, Gunzesried und Schöllang. Die Termine kennt die Touristeninformation. Der Namenstag der heiligen Barbara, der 4. Dezember, war früher im Allgäu der Gabentag. Er wurde später auf den Nikolaustag verschoben. Das sogenannte **Bärbeletreiben**, das sich ansonsten nur in Oberstdorf erhalten hatte, wurde in Sonthofen 1985 wiederbelebt. Frauen und Mädchen verkleiden sich mit Röcken und Kopftüchern sowie einem Schellen-Gürtel mit Kuhglocken und tragen Besen aus Birkenreisig oder Weidenruten. Damit ziehen sie durch die Orte und zum Teil auch in die Häuser. Sie reinigen alles vom Schmutzigen und Unanständigen. Kommt ihnen jemand zu nahe, erhält er einen Besen-Streich; der soll fruchtbarkeitsfördernd und glücksbringend sein, ist also durchaus erwünscht. Kinder und Mütter beschenken die Bärbele mit Äpfeln, Nüssen und Naschwerk.

Am Abend des 5. und 6. Dezembers ziehen dann die **Klausen** durch die Straßen. Das sind Männer, die als wilde Gestalten mit dicken Pelzen, Hörnern und riesigen Kuhschellen verkleidet sind. Viele tragen Holz-, Leder- oder Fellmasken. Auch sie schlagen mit Ruten um sich und gehen dabei bisweilen wenig zimperlich vor. Ob es sich dabei um einen keltischen Brauch handelt, ist umstritten. Er könnte auch im Mittelalter entstanden sind, als der Nikolaus noch von mehreren Teufelsgestalten begleitet wurde. Damit entsprächen die Klausen dem aus dem österreichischen Raum stammenden Krampuss.

Am zweiten Dezembersonntag geht in Sonthofen der **Nikolaus** in die Luft: Nachdem er an die umstehenden Kindern Geschenke verteilt hat, entschwebt er unter lautem ›Rumpelklausen‹ per Heißluftballon in den Himmel. Ein beeindruckendes Spektakel, nicht nur für die Kleinen.

Oberallgäu

Der Grünten ist der Hausberg von Sonthofen und Wächter des Allgäus

Sehenswürdigkeiten

An das einstige Bergdorf Sonthofen erinnert bis heute die **Stadtpfarrkirche Sankt Michael**, deren Vorgängerbau wohl schon im 9. Jahrhundert existierte. Im Zweiten Weltkrieg wurde sie jedoch schwer beschädigt und bekam 1988 bis 1991 neue Deckenmalereien. Die **Frauenkapelle** auf der Südseite der Kirche wird hingegen noch von einem Deckenfresko aus dem 18. Jahrhundert und einem Hochaltar aus den Jahren von 1704 bis 1705 sowie einem Schnitzrelief der Mutter Gottes von Jörg Lederer aus der Zeit um 1515 geschmückt.

Rund um die Kirche findet man den ältesten Stadtkern von Sonthofen. Dazu gehört auch das **Heimatmuseum.** Es ist in einem denkmalgeschützten Bauernhaus aus dem 18. Jahrhundert untergebracht. Darin wird auch auf das Leben von Sonthofern eingegangen, die an Lepra erkrankten. Sie hatten beispielsweise in der Kirche Sankt Michael einen eigenen Koben, in dem sie am Gottesdienst teilnehmen konnten. Die ganzjährig ge-

zeigte Altmummener Krippe breitet sich auf 17 Quadratmetern aus. Sie wurde von dem gehörlosen Sattlermeister Johann Georg Schmideler (1881–1961) erbaut und zeigt nicht nur die Geburt Jesu, sondern auch viele andere biblische Geschichten.

Der **Johann-Althaus-Platz** ist nach dem Schweizer benannt, der aus dem Emmental den Käse ins Allgäu brachte und damit den Grundstein für den Allgäuer Emmentaler legte. Sein Haus steht nicht mehr. Aber die von ihm gepflanzten Lärchen gibt es noch.

Zwei geschichtsträchtige Kirchen sind die **Täufer-Johannis-Kirche** aus den Jahren 1911 bis 1912, deren evangelisch-lutherische Glaubensgemeinschaft bereits 1923 eine selbstständige Pfarrei gründete, sowie die **Spitalkirche** der Ende des 15. Jahrhunderts gegründeten Spitalstiftung. Sie wurde 1499 erbaut und 1945 ebenso wie das Altenheim der Stiftung durch Bombenangriffe zerstört. Nach dem Krieg wurde die Kirche jedoch im Originalzustand wieder aufgebaut,

Karte S. 220

und über der Türe findet man auch die originale Stiftertafel von 1497. Sie gilt als älteste Renaissanceschrift in Bayern. In der **Kapelle Sankt Leonhard** in Berghofen steht ein Flügelaltar aus der Werkstatt von Hans Strigel dem Älteren aus Memmingen. Außerdem befinden sich dort einige volkstümliche Votivtafeln. Von der Stadt aus kann man einem Kreuzweg auf den **Kalvarienberg** hinaufgehen. Dort steht eine Gedenkstätte für die Gefallenen des Ersten Weltkrieges, die 1924 errichtet wurde, und zwar auf den Fundamenten einer Kirche aus dem Jahr 1650.

Am oberen Ende der Fußgängerzone, am Oberen Markt, steht ein bunt bemaltes Giebelhaus, dessen Fassade das Stadtwappen von Sonthofen sowie eine Szene vom Sonthofener Tag und der Stadterhebung zeigt. Das Haus selbst stammt aus dem Jahr 1544 und wird **Alte Schule** genannt, weil es in den Jahren 1821 bis 1919 tatsächlich eine Lehranstalt war. Nachdem dort anschließend einige Zeit die Ratsherren der Stadt residierten, beherbergt es heute die städtische Musikschule und die Stadtbücherei.

Das **Leprosenhaus** von 1584 steht im nördlichen Teil der Stadt an der Grüntenstraße. Es war zunächst für zehn Aussätzige gebaut worden. Später diente es als Armenhaus, bis es an einen Privatmann verkauft wurde und heute als Wohnhaus genutzt wird.

Nur zwei Jahre jünger ist das **Möggenried-Haus** im Mühlenweg 1–3. Seine ältere Geschichte ist noch unbekannt, aber im 17. oder 18. Jahrhundert wurden barocke Kasettendecken und Fensterstöcke eingebaut. Und in der neueren Geschichte beherbergte das Haus zunächst eine Nagelschmiede, dann eine Schreinerei und zuletzt eine Schweinezucht. Inzwischen wird das Gebäude erforscht und saniert.

In der **Grüntenkaserne** befindet sich das einzige **Gebirgsjägermuseum** in Deutschland mit Exponaten aus der Zeit von 1915 bis heute. Besucher müssen für den Eintritt in die Kaserne einen Lichtbildausweis mitbringen.

100 Jahre Verkehrsgeschichte zu Wasser, Land und Luft zeigt das **Verkehrsmuseum Mini-Mobil**, und zwar in Modellgröße. Und in dem Mittelweg zwischen altem und neuem Friedhof befindet sich ein kleines **Grabdenkmalmuseum**.

Schaukäsereien gibt es beispielsweise in Gunzesried und Hüttenberg. Und im benachbarten Altstädten lockt die 1000 Quadratmeter große Ausstellung der **Allgäu Keramik**.

■ Burgberg im Allgäu

Die Gemeinde **Burgberg** am Fuß des Grünten ist einer der Pioniere des Allgäu-Tourismus: Bereits 1851 wurde das **Grüntenhaus** auf dem gleichnamigen Berg errichtet, als erste Unterkunft für Gäste in den Allgäuer Alpen. Der 1738 Meter hohe Hausberg des Ortes wird auch für die Wettervorhersage genutzt: ›Trägt der Grünten einen Hut, wird das Wetter gut; trägt er einen Degen, gibt es Regen‹, heißt es. Darüber hinaus kann man dort wandern und wountainbiken und im Winter Ski fahren. Dabei eignet sich der Grünten ganz besonders für Familien und als Einstiegsberg. Ein besonderes Erlebnis ist auch die Besichtigung von drei alten **Erzgruben**. Ausgangspunkt der geführten Touren ist ein **Museumsdorf**, in dem eine Geologiehütte, eine Bergbauhütte, eine Schmiedehütte und eine Schauschmiede sowie das Modell eines Kohlemcilers und ein Hochofen zu besichtigen sind. Zu erreichen ist das Museumsdorf zu Fuß auf mehreren Wanderwegen oder aber mit dem ›Erzgrubenbähnle‹, das zahlreiche Haltestellen im Ort anfährt.

Oberallgäu

Aktivitäten

Das Gästeamt Sonthofen hat Touren-vorschläge und Kartenmaterial für Wanderer, Nordic Walker, Mountainbiker, Genuss- oder Rennradler. Außerdem vermietet es Elektro-Fahrräder.

Herrliche Ausblicke erlebt der Wanderer auf dem **Hörner-Panorama-Weg** südlich von Sonthofen. Von Bolsterlang nach Ofterschwang geht es vom 1616 Meter hohen Rangiswanger Horn über das 1527 Meter hohe Sigiswanger Horn bis zum 1406 Meter hohen Ofterwschwanger Horn. Die Tour dauert insgesamt rund sechs Stunden, kann aber mit der **Hörner-Bergbahn** am Anfang und der **Ofterschwanger-Bergbahn** am Ende auf etwa drei Stunden abgekürzt werden. Wer auch noch die einzelnen Gipfel weglässt, braucht nur noch 90 Minuten und hat dennoch (beinahe) das komplette Aussichtsvergügen. Unterwegs gibt es zahlreiche **Einkehrmöglichkeiten**, beispielsweise an der Bergstation der Hörnerbahn und der Bergstation der Ofterschwanger-Bergbahn. Im Sommer eingeschränkt bewirtschaftet sind die Rangiswanger-Alpe und die Fahnengehren-Alpe, bei beiden geht die Arbeit mit dem Vieh vor!

Im Winter macht der Skiweltcup der Damen halt am Ofterschwanger Horn. Slalom und Riesenslalom finden auf der Weltcup-Strecke statt, die ansonsten den Wintersportlern als schwarze Piste zur Verfügung steht. Außerdem können die Hörner-Bahn und die Lifte von Gunzesried und Ofterschwang kombiniert werden, es gibt einen Bus-Shuttle.

Ein weiteres Highlight im Sonthofener Umland ist die **Starzlachklamm**. In 1070 Metern Höhe entspringt die Starzlach zwischen Grünten und Wertacher Horn

und sprudelt von dort aus zur Freude von Auge und Ohr über zahlreiche Wasserfälle. Sie zwängt sich zwischen steilaufragenden Felswänden durch kesselförmige Wassermühlen hinunter ins Tal, wo sie in die Iller mündet. Stadschiefer, Erzkalke und 15 verschiedene Arten von gesteinsbildenden Nummuliten machen die Wanderung beinahe zum Lehrpfad. Allerdings nur im Sommer, im Winter ist der Weg gesperrt. Damit der Gaumen nicht zu kurz kommt, serviert der Klammwirt am Eingang schmackhafte Brotzeiten.

Der **Hinanger Wasserfall** oberhalb des gleichnamigen Ortsteils ist auch im Winter geöffnet. Dabei sind nicht nur die Eiszapfen in der kalten Jahreszeit sehenswert. Im Sommer lockt der Tobel mit erfrischend-feuchter Kühle, die auch der Eschenwald sowie viele Hochgebirgspflanzen zu schätzen wissen, die über den Bach aus alpinen Regionen angeschwemmt werden. Eine Besonderheit ist auch der Quelltuff, der sich wie in einer Tropfsteinhöhle aus Kalk bildet. Am Hinanger Wasserfall sind die ständig befeuchteten Felswände darüber hinaus noch mit Moos überwachsen. Daraus ergibt sich eine ganz eigene, lebendige Stimmung.

Beinahe 300 Jahre lang wurde Sonthofen von der **Burg Fluhenstein** aus regiert, die aus dem Jahr 1361 stammt. 1769 zog der letzte Amtmann von der Burg aus in das neue Stadtschloss von Sonthofen. Damals hatte die Burg ganze 31 Zimmer, die sich über vier Stockwerke verteilten. 1808 verkaufte der bayerische Staat die Anlage, die sich heute in Privatbesitz befindet. Ein Wanderweg führt vom Sonthofner Ortsteil Staig zur Burgruine hinauf.

Karte S. 209 ▲

In der Starzlachklamm

Sonthofen

Gästeamt Sonthofen, Rathausplatz 1, 87527 Sonthofen, Tel. 08321/615291, www.sonthofen.de

Burgberg Gästeservice, Rettenberger Str. 2, 87545 Burgberg Tel. 08321/787897, www.burgberg.de; Mo–Sa 9–12 Uhr, Mo–Fr 14–17 Uhr.

Sonthofen liegt an der Bahnlinie Kempten–Oberstdorf und ist gut an den Fernverkehr angebunden. Direktverbindungen u.a. mit München, Augsburg und Ulm.

Brauerei-Gasthof Hirsch, Hirschstraße 2, 87527 Sonthofen, Tel. 08321/67280, www.brauereigasthof-hirsch.de; ab 38 € p.P. Am Ortsrand und dennoch zentral gelegen, mit langer Tradition.

Gästehaus Hotel Schmideler, Grüntenstr. 29b, 87527 Sonthofen, Tel. 08321/66600, www.schmideler.de; ab 37 € p.P. Am Ortsrand gelegen, ruhig, gutbürgerliche Küche, Konditorei.

Berghotel Sonnenklause, Hinang 48, 87527 Sonthofen-Hinang, Tel. 08321/ 3614, www.sonnenklause.de; ab 55 € p.P. Familiär geführt, schöne Terrasse.

Gasthof zum Schiff, Illerstraße 26, 87544 Bihlerdorf-Blaichach, Tel. 08321/674480, www.zumschiff.com; 26 € p.P. Man sieht dem Haus von außen an, dass es innen etwas Besonderes ist, einfache, aber originelle Zimmer. Übernachtungsgäste sollten Handtücher selbst mitbringen. Wechselnde internationale Küche, Di–Fr 16–1 Uhr, Sa 14–1 Uhr, So 11–24 Uhr

Café Amt, Rathausplatz 1, 87527 Sonthofen, Tel. 08321/787111, www.cafeamt.de; Di–So 9–1 Uhr. Wechselnder Mittagstisch, gutbürgerliche Küche und Sonnenterrasse.

Grüntenhütte, Kameregger Weg, 87549 Rettenberg, OT Kranzegg, Tel. 08327/7474, www.gruenten-huette.de;

6-Bett-Zimmer u. Matratzenlager 19,90 € p.P (29,50 € inkl. HP) 6–12 Jahre 20 % erm., bis 5 Jahre kostenlos. An der Mitteltation der Grünten-Lifte, im Sommer zu Fuß über die Alpe Kammeregg (ca. 90 Min Gehzeit), im Winter mit dem Lift oder Tourenski.

Alpe Kammeregg, Kammeregger Weg, 87549 Rettenberg, OT Kranzegg, Tel. 08327/1049, www.alpe-kammeregg.de; Sommer Mo ab 17 Uhr geschl., Winter Mo, Di Ruhetag, Matratzenlager ab 13 € p.P. (23 € inkl. HP). Im Sommer 10 Min. und im Winter 30 Min. Gehzeit vom Parkplatz.

Illercamping, Sinwagstr. 2, 87527 Sonthofen, Tel. 08321/2350, www.illercamping.de; ganzjährig. Behindertengerechtes WC, Spielplatz, Grillplatz.

Heimathaus, Sonnenstr. 1, 87527 Sonthofen, Tel. 08321/3300; Di, Mi, Do, Sa, So 15–18 Uhr, außer Nov. und Fei.

Gebirgsjägermuseum, Grüntenkaserne, Salzweg 24, 87527 Sonthofen, Tel. 08321/615291; So 10–12 Uhr. Für den Zutritt zur Kaserne wird ein Lichtbildausweis benötigt.

Mini-Mobil Verkehrsmuseum, Oberstdorfer Str. 10, 87527 Sonthofen, Tel. 08321/87717, Fax 4464, www.minimobil-museum.de; Mi–Fr 15–18 Uhr, Sa, So Fei 10–12 und 14–18 Uhr, außer 10. u. 11. sowie 48.–50. KW.

Sennerei Gunzesried, Talstraße 32, 87544 Blaichach/OT Gunzesried, Tel. 08321/84109, www.gunzesrieder-bergkaese.de; Mo–So 9–12 Uhr und 15–18 Uhr, Sennereiführung Do 10.15 Uhr. Seit 1892 wird die Milch aus dem Gunzesrieder Tal in der Sennerei verarbeitet, in der Gaststube kann man die Erzeugnisse auch gleich probieren.

Bergbauernsennerei Hüttenberg, Hüttenberg 9, 87527 Ofterschwang, Tel. 08321/65454, www.bergbauern-senne

rei.de; Mo–Sa 7–12 Uhr und 16–19 Uhr, So u. Fei 17–19 Uhr, Sennereiführung Do 10.15 Uhr.

Allgäu Keramik, Töpferweg 16, 87527 Altstädten, Tel. 08321/3454, Fax 2471, www.allgaeuer-keramik.de; Mo–Fr 10–18 Uhr, Sa 9.30–13 Uhr.

Erzgruben Erlebniswelt am Grünten, Tel. 08321/7884646, www.erzgruben.de; Erw. 7 €, Kinder 4 €, Familien 17 €. Mai–Okt. tgl. 10–18 Uhr, erreichbar über das Erzgrubenbähnle (einfache Fahrt 4 €, Kinder 2,50 €) oder auf Wanderwegen (ab Burgberg ca 1,5 Std., ab Parkplatz Winkel über Starzachklamm ca. 2 Std.).

Radcenter Hermann, Eichendorffstraße 1, 87527 Sonthofen, Tel. 08321/86958, www.radcenter-hermann.de. Fahrrad- und E-Bike-Verleih beim Bahnhof, ab 12 €/Tag, E-Bike ab 18 €/Tag.

Radsport Schaich, Bogenstraße 2, 87527 Sonthofen, Tel. 08321/787443, www.radsport-schaich.de. Fahrrad- und E-Bike-Verleih in der Fußgängerzone.

Freizeitbad Wonnemar, Stadionweg 5, 87527 Sonthofen, Tel. 08321/780970, Fax 7809729, www.wonnemar.de; Erw. ab 8,50 €, Kinder ab 6,50 €; tgl. 10–22 Uhr, Saunawelt 10–22 Uhr, Spa 14–20 Uhr.

Hörnerbahn, Hörnerstraße 12, 87535 Bolsterlang, Tel. 08326/9093, www.hoer nerbahn.de; Juli–Aug. 8.30–17 Uhr, Sept.–Nov. und Ostern–Juni 8.30–16.30 Uhr, Dez.–Ostern 8.30–16 Uhr. Sport-bogenparcours mit 3D-Tieren, spezielle Gleitschirmflieger-, Bogenschützen-, Kaffeefahrt- und Familien- bzw. Kinder-Tarife, Verbundkarte Hörnertour.

Ofterschwanger Bergbahn, Panoramaweg 7, 87527 Ofterschwang, Tel. 08321/670333, www.go-ofterschwang. de; Juli–Aug. 9–17 Uhr, Juni u. Sept.–Okt. 9–16.30 Uhr, Dez.–März 8.30–16 Uhr u.

Nachtrodeln Sa 17.30–21 Uhr. Downhill-Roller-Vermietung, Disc-Golf-Anlage (Mai–Okt. Do u. Fr 13–18 Uhr und Sa u. So 10–18 Uhr), Familien-, Damen-, Herren-, Senioren- und Fahrrad-Tarife, im Winter Liftbetrieb auch von Gunzesried aus.

Grünten-Lifte, Liftweg 11, 87549 Rettenberg/OT Kranzegg, Tel. 08327/231, www.gruentenlifte.de; im Winter (nach Witterung) 8.30–16 Uhr.

Bergschule Oberallgäu, Edelweißstraße 5, 87545 Burgberg, Tel. 08321/4953, www. alpinschule.de. Geführte Wanderungen in den Allgäuer und Lechtaler Alpen, Klettersteig-Touren, geführte Schneeschuhwanderungen und Skitouren sowie Ski- und Snowboardkurse und Lawinen-Sicherheitstraining.

Spirits of Nature, Moosweg 2, 87545 Burgberg, Tel. 08321/619465, www. spirits-of-nature.de. Canyoning-Touren für Kinder, Familien, Erwachsene; Canadier-Touren auf Lech und Iller, Familien-Rafting auf der Iller, Bootsverleih.

Flugschule Rohrmeier, Salzweg 37, 87527 Sonthofen, Tel. 08321/9328, www.flug schule-rohrmeier.de. Tandemflüge, Ausbildung Gleitschrim u. Drachen, Verkauf.

Flugschule Mergenthaler, Hindelanger Straße 35, 87527 Sonthofen, Tel. 08321/9970, www.flugschule-mergentha ler.de. Gleitschirm-Tandemflüge, Ausbildung, Verleih und Verkauf von Ausrüstung.

Bogensportanlage am Grünten, Sonthofener Straße 29a, 87549 Rettenberg/OT Kranzegg, Tel. 08327/7586, www. gruentenbogen.de; Parcours Erw. 17 €, Kinder 13 €, Mai–Nov. (nach Wetterlage) Mo–Fr ab 16 Uhr, Sa, So u. Fei ab 11 Uhr, Bogenverleih auch für den Bogenparcours an der Bergstation der Hörnerbahn in Bolsterlang.

Starzlachklamm, ca. Mai–Okt., www. starzlachklamm.de, Wanderweg von Sonthofen und Burgberg aus beschildert, Parklätze in Winkel und Burgberg, Eintritt wird beim Klammwirt bezahlt.

Oberallgäu

Bad Hindelang

Bad Hindelang ist die erste allergiker-freundliche Gemeinde in den Alpen. Der Titel wurde 2011 von der Europäischen Stifung für Allergieforschung verliehen. Außerdem befindet sich dort Deutschlands höchstgelegene **Schwefelquelle**. Sie ist seit 1862 in Privatbesitz und wird bereits seit 1864 als kommerzielles Bad genutzt. Seit 1865 können die heilungsuchenden Badegäste dort auch übernachten. Prinzregent Luitpold (1821–1912) persönlich erteilte 1888 die Genehmigung, die Heilbadeanstalt nach ihm zu benennen. Er hatte im Ostrachtal ein großes Jagdrevier und war selbst mehrere Male in dem Schwefelmineralbad zu Gast. Seit 1923 ist das Haus in Familienbesitz und wird inzwischen in der vierten Generation geführt. Erst 2002 wurde Hindelang zum Bad Hindelang.

Bad Hindelang

■ Feste und Brauchtum

Eine Seltenheit im Brauchtum ist die **Palm-Prozession** geworden. Die Bad Hindelanger haben sie seit 1963 wiederbelebt. Den Palmbuschen basteln meist die Väter, aus Palmkätzchen-, Tannenreisig-, Eiben-, Stechholder- und Wacholderzweigen, die rund um einen Halselnussstecken gebunden werden. Diese kommen später in den Herrgottswinkel der guten Stube. Zunächst aber werden sie in der Kirche in Bad Oberdorf geweiht. Anschließend zieht die Gemeinde zur Pfarrkirche nach Bad Hindelang, angeführt vom hölzernen Palmesel aus dem 15. Jahrhundert, der das Jahr über in der Bad Oberdorfer Kirche steht. In Bad Hindelang wird dann ein Gottesdienst abgehalten, bei dem es gegen Ende etwas unruhig wird. Denn der Bursche, der als letzter die Kirche verlässt, wird von den anderen das Jahr über Palmesel genannt. Beim Hindelanger **Klausentreiben** dürfen sich nur unverheiratete Hindelanger Bur-

schen verkleiden und durch die Straßen ziehen. Die Mädchen haben ihren eigenen Tag mit ihrem eigenen Brauch: den Barbaratag mit dem **Bärbeletreiben**. Dabei sind die jungen Frauen als alte Weiber verkleidet und treiben es mit ihren Schellen und Ruten genauso wild wie zwei Tage später die Klausen-Burschen. Nach dem Fasching werden am ersten Sonntag in der Fastenzeit in allen Bad Hindelanger Ortsteilen **Funkenfeuer** entzündet, auf denen die Funkenhexe verbrannt wird.

■ Sehenswürdigkeiten

Das Rathaus von Hindelang befindet sich in einem ehemaligen **fürstbischöflichen Jagdschloss** in der Marktstraße. Der Walmdachbau wurde in den Jahren 1652 bis 1660 errichtet. Dabei legten die Fürstbischöfe sogar in der Hauskapelle Wert auf Gemütlichkeit: Sie hat einen grün glasierten Rokoko-Kachelofen. Das **Hindelanger Heimatmuseum** ist im Sägewerk einer über 550 Jahre alten Mühle untergebracht. In dem großen Anwesen gibt es außerdem eine Schaukäserei, ein Restaurant und ein Wellnesshotel.

Karte S. 209

Zu Bad Hindelang gehörten die Ortsteile Vorderhindelang, Bad Oberdorf und Hinterstein im Ostrachtal sowie Oberjoch und Unterjoch im Hochtal auf über 1000 Metern.

Die katholische **Kirche Unserer lieben Frau im Ostrachtal und Sankt Jodokus** im Ortsteil Bad Oberdorf ist nicht besonders alt, sie wurde erst in den 1930er Jahren errichtet. Aber der schlichte Bau beherbergt einige historische Kostbarkeiten aus der Zeit der Spätgotik. Darunter eine Madonna mit Kind, die 1493 von Hans Holbein dem Älteren (um 1465–1524) gemalt wurde und ein von Jörg Lederer (um 1470–1550) geschnitzer Altar sowie ein lebensgroßer Christus auf einem Palmesel, der bei der jährlichen Palmprozession (s.o.) eine Hauptrolle spielt.

Überbleibsel aus der Bergbauvergangenheit der Region sind die drei **Hammerschmieden** im Ortsteil Bad Oberdorf. Im 15. und 16. Jahrhundert befand sich eines der wichtigsten Zentren der deutschen Waffenherstellung in Hindelang und Oberstdorf.

Umstritten, im Dorf und bei den Besuchern, ist das **Kutschenmuseum** in Hinterstein. Der Erbauer und Besitzer, Martin Weber, nennt es selbst ein Wagnis zwischen Kitsch und Kunst. Die Kutschen sind in aufwendig aufgebaute Szenen integriert, und auch wenn diese Darstellungsform Geschmacksache ist, sehenswert ist es allemal.

In Unterjoch geht es um mehrere Pferdestärken, dort gibt es ein **Traktorenmuseum** mit bäuerlichen Arbeitsgeräten von Deutz über Porsche bis Lanz. Die Ausstellungsstücke dienen auch manchmal für einen Ausflug mit Gästen auf einer geführten Tour. Vorher oder nachher bietet die Traktor-Alm eine Brotzeit als Grundlage für Fachgespräche. Und echte Traktorenfans können im Landhaus Gutser auch übernachten.

In über 240 Beherbergungsbetrieben erhalten die Gäste eine **Hindelang PLUS Karte**, mit der sämtliche Busse, Bergbahnen, Parkplätze und vieles mehr kostenfrei sind.

■ Aktivitäten

Die Hausberge Iseler (1876 m), Spieser (1649 m) und Imberger Horn (1656 m) umgeben das Gemeindegebiet im Ostrachtal, das zu 80 Prozent Landschafts- und Naturschutzgebiet ist. Seit Jahren wird in Hindelang sanfter Tourismus praktiziert, und dieser zieht viele Wander- und Naturfreunde an. Wanderkarten hat die Touristinformation.

Die **Hornbahn Hindelang** ist im Sommer ein beliebtes Ausflugsziel für Wanderer. Von der Bergstation aus erreicht man in rund 20 Minuten den Aussichtspunkt Bergschrofen. Außerdem kann man vom Tal aus zur Bergstation hinauf laufen und dann mit der Gondel wieder gemütlich und knieschonend nach unten fahren. Auf halber Strecke lädt das Café ›Horn‹ zum Einkehren ein. Beide Wege sind auch für Kinderwagen geeignet und im Winter ebenfalls begehbar. Weitere Wandervorschläge hat die Touristeninformation.

Oberallgäu

Im Kutschenmuseum in Hinterstein

Die echte Allgäuerin erkennt man am weißen Kranz um die Schnauze herum

Der **Bikepark** der Hornbahn ist ein lohnendes Ziel für Downhill-Biker. Drei verschiedene Kurse mit Streckenlängen zwischen 3,5 und 6 Kilometern und jeweils einem Höhenunterschied von 526 Metern lassen keine Wünsche offen. Bei der Talstation gibt es dazu einen Kinderparcours und einen Dirtpark mit 3 Kickern, 2 Sprüngen und spannenden Anliegerkurven.

Am **Iseler** laden nicht nur Wanderwege ein, die Bergwelt zu entdecken. Es gibt auch den **Salewa-Klettersteig**, einen mittelschweren, klassischen Klettersteig, für den sowohl Steinschlaghelm als auch Klettersteigset unbedingt nötig sind. Der Zustieg erfolgt über die Iseler-Bergbahn und zweigt dann vom Wanderweg zum Iselergipfel links ab. Der Abstieg kann über den Iselergipfel zur Bergstation (30 Min.) oder über die Wiedhagalpe nach Oberjoch (2–3 Std.) erfolgen. Das Hindelanger Bergführerbüro bietet geführte Touren an.

Im Winter lockt der Hindelanger Hausberg mit drei verschiedenen **Rodelbahnen**, die man über die **Hornbahn** erreichen kann. Schlitten können an der Talstation ausgeliehen werden.

In Oberjoch stehen der Sechser-Sessel **Iselerbahn** sowie die zwei Wiedhag-Schlepplifte mit der Freestyle- und Bu-ckelpiste, die zwei Grenzwies-Schlepplifte, der Idealhang-Schlepplift, der Zubringer-Schlepplift und der Schwanden-Schlepplift mit Funpark zur Verfügung. Einkehren kann man an allen Talstationen sowie an der Wiedhaghütte, der Iselerplatzhütte und neben der Piste an der Gundalpe und dem Mattihaus. Außerdem gibt es noch eine Skitourenroute, die an der Ochsenalpe vorbei führt. Der **Spieser** bietet in Unterjoch ein typisches **Familienskigebiet** mit zwei Schleppliften sowie zwei roten und drei blauen Abfahrten.

Über die **Oberjoch-Passstraße** erreicht man das **Tannheimer Tal** in Tirol. Mit 107 Kurven gilt die Straße, die auf den 1178 Meter hohen Pass hinaufführt, als die kurvenreichste in Deutschland. Sie gehörte zu der Route, auf der das Salz von Tirol an den Bodensee transportiert wurde. Im Oktober findet dort das berühmte, gleichnamige **Oldtimer-Rennen** statt (www.jochpassrennen.de). Dabei haben nicht nur die rund 100 teilnehmenden Fahrzeuge eine lange Geschichte hinter sich, sondern auch die Rennstrecke selbst: Bereits 1923 bestritten 80 Motorradfahrer das erste Rennen auf der zu dieser Zeit noch ungeteerten Straße. Am schnellsten war damals eine Frau: Ada Otto.

Karte S. 209

Bad Hindelang

Gästeinformation Bad Hindelang, Marktstr. 9, 87541 Hindelang, Tel. 08324/8920, Fax 8055, www.bad-hindelang.info; Mo–Fr 9.30–12.30 Uhr u. 14–17 Uhr, in der Hauptsaison durchgehend sowie auch Sa geöffnet.

Gästeinformation Tannheimer Tal, Oberhöfen 110, A 6675 Tannheim, Tel. +43/5675/62200, www.tannheimertal.com; Mo–Fr 8–17 Uhr, Sa, So u. Fei 9–12 Uhr (in der Hauptsaison).

Bad Hindelang hat keinen Bahnanschluss, aber vom Bahnhof in Sonthofen fährt ein Linienbus: Mo–Fr alle 30 Min. Sa, So alle 60 Min.

Hotel Prinz-Luitpold-Bad, Andreas-Gross-Str. 7, 87541 Bad Hindelang, Tel. 08324/8900, Fax 890379, www.luitpoldbad.de; ab 65 € p.P. Familiengeführtes 4-Sterne Hotel mit Schwefel-Mineralwasser-Quelle, modernem Wellnessbereich, historischem Ambiente und inspirierter Küche aus regionalen Zutaten.

Hotel zur Oberen Mühle, Ostrachstr. 36, 87541 Bad Oberdorf, Tel. 08324/2857, www.obere-muehle.de; ab 62 € p.P.; Restaurant Mai–Okt. 16–24 Uhr, Nov.–April 17–24 Uhr. Das Mühlrad ist noch erhalten, in der ehemaligen Säge befindet sich das Heimatmuseum, im ehemaligen Stadel ein Antiquitätenhandel; gehobene gutbürgerliche Küche, hauseigene Käserei.

Gasthof am Buchl,87541 Hindelang/OT Unterjoch, Tel. 08324/982000, ab 41 € p.P. Schön gelegener Berggasthof in Sichtweite des Spieser-Skigebietes.

Landhaus Gutser, Steinebergweg 24, 87541 Hindelang/OT Unterjoch, Tel. 08324/7727, www.landhaus-gutser.de; ab 30 € p.P. Hausgäste dürfen auf den Ponys reiten, es gibt ein Traktorenmuseum sowie ein Tagescafé (Fr–Mi 11–17 Uhr).

Wohnmobilstellplatz Wiesengrund, Ostrachstraße 23, 87541 Bad Hindelang, Tel. 08324/2219, www.wohnmobil-stellplatz-hindelang.de; ab 10,50 € p.N. Schöne Lage, die Leistungen des **Hotels Wiesengrund** können genutzt werden (www.wiesengrund.com).

Campingplatz Bergheimat, Passstraße 60, 87541 Oberjoch, Tel. 08324/7108, www.camping-bergheimat.de; ganzjährig. Zelte, Wohnmobile, Matratzenlager und Doppelzimmer, Gaststätte.

Schlosskeller, Marktstraße 9, 87541 Bad Hindelang, Tel. 08324/9738481, www.schlosskeller-hindelang.de; Di–Fr ab 14 Uhr, Sa ab 11.30 Uhr, So ab 9.30 Uhr Frühstücksbuffet. Im Rathaus, gutbürgerliche Küche, der ›Keller‹ ist ebenerdig und hat große Fenster.

Leporello, Marktstraße 4-6, 87541 Bad Hindelang, Tel. 08324/93350010, www.leporello-hindelang.de; Do–Di 11–24 Uhr. Modernes Design mit traditionellen Materialien, saisonale gutbürgerliche Küche, Sonnenterrasse, Design-Deko-Laden und Kunstausstellung im selben Haus.

Gasthof Schimmel, Marktstraße 17, 87541 Bad Hindelang, Tel. 08324/973329; 11–14 Uhr und 17–23 Uhr, in der Nebensaison Fr Ruhetag. Regionale Küche im Zentrum von Bad Hindelang.

Hoftreff, Am Bauernmarkt 3, 87541 Bad Hindelang, Tel. 08324/9539112, www.gamsblick.com; Mo–Sa 10.30–18 Uhr, warme Küche 11.30–15 Uhr. Kleine Abwechslung zum rustikalen Ambiente.

Café Sonja, Sebastian-Kneipp-Straße 4, 87541 Bad Hindelang, Tel. 08324/642, www.cafe-pension-sonja.de; Do–Di 13–20 Uhr, ÜN ab 33 € p.P. Eigene Konditorei, am Ortsrand von Bad Hindelang.

Café Horn, Hornweg 50, 87541 Bad Oberdorf, Tel. 08324/8249, www.cafe-horn.de; Fr–Mi 10–18 Uhr. Nettes Ausflugslokal mit Biergarten, Kinderspielplatz. Vom Park-

Oberallgäu

platz Gruebplätzle zwischen Bad Oberdorf und Hinterstein sind es 30 Min. Gehzeit.
Moorhütte, Passstr. 51, 87541 Oberjoch, Tel. 08324/7249, www.moor-huette.de; Mo–Mi 10–18 Uhr, Do–So 10–22 Uhr (wetterabhängig). Regionale Küche mit internationalen Akzenten aus lokalen Zutaten, abends gehobene gutbürgerliche Küche.
Café Mali, Am Sohler 11, 87541 Vorderhindelang, Tel. 08324/2428, www.cafe-mali-vorderhindelang.de; So–Fr 13.30–19 Uhr. Kaffee und Kuchen, Brotzeiten, rustikal.

Heimatmuseum Bad Hindelang, Ostrachstr. 40, 87541 Bad Hindelang, Tel. 08324/2857; Mi–Mo 10–18 Uhr.
Kutschenmuseum Hinterstein, 87541 Hinterstein, Tel. 08324/8920; tgl. 8–20 Uhr.
Obere Hammerschmiede von Albert Scholl, Hornweg 3, 87541 Bad Oberdorf, Tel. 08324/581, www.hammerschmiede-scholl.de.
Hammerschmiede von Konrad Nessler, Hintersteinerstr. 23, 87541 Bad Oberdorf, Tel. 08324/1478, mobil 0170/4361381.
Hammerschmiede von Franz Scholl, Schmittenweg 17, 87541 Bad Oberdorf, Tel. 08324/1230.
Traktormuseum, Steinebergweg 24, 87541 Unterjoch, Tel. 08324/7727, www.traktor-museum.de; Mi–Mo 11–17 Uhr.

Naturbad Prinze Gump‹, 87541 Hinterstein. Mitten im Dorf, nördlich der Hauptstraße liegt dieser liebevoll gepflegte Ba-

deteich mit Café. Eintritt frei, Spenden erwünscht.

Fahrrad- und Skiverleih, Intersport Waibel, Unterer Buigenweg 1, 87541 Bad Hindelang, Tel. 08324/2528, www.sport-waibel.de; Mo–Fr 8.30–12.30 Uhr und 14–18 Uhr, Sa 8.30–12.30 Uhr. Bike- und Ski-Service, Skischule.

Hornbahn Hindelang, Ostrachstraße 20, 87541 Bad Hindelang, Tel. 08324/2404, www.hornbahn-hindelang.de; tgl. 9–17 Uhr.
Skigebiet Iseler-Oberjoch, Paßstraße 44, 87541 Oberjoch, Tel. 08324/973614, www.bergbahnen-hindelang-oberjoch.de; im Winter (nach Witterung) 9–16 Uhr, im Sommer nur Iselerbahn 9–16 Uhr, 1 Sessellift, 9 Schlepplifte, Funpark, Freestyle und Buckelpiste.
Spieserlifte, Im Wäldle 1, 87541 Unterjoch, Tel. 08324/973764, www.spieserlifte.de; im Winter (nach Witterung) 9–16 Uhr. An der B 310 zwischen Oberjoch und Unterjoch.

Hindelanger Bergführerbüro, Hauptstraße 28, 87541 Vorderhindelang, Tel. 08324/953650; www.bergschulen.de; Mo–Fr 8–12 Uhr und 13–17 Uhr. Geführte Wander- und Klettersteigtouren, Kurse im Bergsteigen, Klettern, Eisklettern, Tiefschneefahren, Tourengehen, Lawinenkunde, geführte Skitouren und Schneeschuhwanderungen.

Jungholz

Die Enklave **Jungholz** gehört zwar zu Österreich, aber die einzige Zufahrtsstraße zweigt zwischen Bad Hindelang und Wertach von der B 310 ab, weshalb sie hier nicht unerwähnt bleiben soll. Am 24. Juni 1342 verkaufte der Wert-

acher Hermann Häselin das sieben Quadratkilometer große, 1100 Meter hoch gelegene Jungholz an den Tiroler Heinz Lochpühler. Seither ist das Gebiet aus deutscher Sicht Ausland. Eine alte Grenztafel an der nördlichen Zufahrtsstraße trägt daher unter dem österreichischen

Karte S. 209

Kräutergärtnerin

Oberallgäu

Doppeladler die Inschrift ›Kaisertum Österreich, Gefürstete Grafschaft Tirol, Bezirkshauptmannschaft Reutte, Gerichtsbarkeit Reutte‹. In ihr Heimatland kommen die Jungholzer jedoch nur über den 1636 Meter hohen Sorgschrofen: ganz oben am Gipfelkreuz ist die Enklave über einige Meter mit dem Mutterland verbunden.

Dennoch unterlag die Region über Generationen hinweg der Tiroler Steuerpflicht und wurde erst 1868 deutsches Zollanschlussgebiet. Durch EU und Euro hat diese Tatsache freilich für die Wirtschaft an Bedeutung verloren. Das österreichische Bankengeheimnis hält Jungholz jedoch für viele Anleger noch attraktiv, weshalb sich gleich drei österreichische Bankfilialen in dem 300-Seelen-Dorf befinden. Jungholz hat auch zwei Postleitzahlen, eine deutsche und eine österreichische. In jedem Fall aber gelten die österreichischen Tarife. Für Sammler interessant: Im Postamt gibt es Sonderbriefmarken aus Österreich. Die deutsche Telefonvorwahl wurde abgeschaltet, obwohl die Bevölkerung nur etwa zur Hälfte die österreichische Staatsbürgerschaft hat, die andere Hälfte sind Deutsche.

Das landschaftlich reizvolle und abgelegene Jungholz bietet sich für Familienurlaube an. Es gibt zahlreiche Wanderwege und beschilderte Radtouren sowie ein kleines Skigebiet. Darüber hinaus haben sich mehrere Frauen zusammengetan und pflegen einen großen Kräutergarten bei der Kirche. Dazu gibt es Kräuter-Zimmervermieterinnen und den Kräuterwirt. Sie alle haben sich diesem Thema verschrieben, mit Kräuterkochkursen und Kräutergerichten, Kräuterwanderungen und Kräuterkosmetikherstellung.

ℹ️ **Jungholz**

Infobüro Jungholz, Im Gemeindehaus 55, A 6691 Jungholz, Tel +49/5676/8120, www.jungholz.com; Mo–Fr 8.30–12 Uhr.

Oberstdorf und Umgebung

Gemeinsam mit dem Kleinwalsertal ist Oberstdorf das größte Berg- und Skisportgebiet am Nordrand der Alpen. Dieses sportliche Ambiente prägt den ganzen Ort. Oberstdorf ist wohl weltbekannt als einer der Austragungsorte der **Vierschanzentournee** (www.vierschanzentournee.com) und zahlreicher anderer nationaler und internationaler Wintersportwettbewerbe. Einer der touristischen Höhepunkte in Oberstdorf ist denn auch sicherlich die **Heini-Klopfer-Schanze** im Stillachtal, eine der drei größten Ski-Schanzen der Welt. Insgesamt befinden sich in der Erdinger-Arena gleich fünf Schanzen, und im Sommer kann man den Sportlern beim Training auf der Matten-Schanze zusehen. Darüber hinaus ist auch das **Bundesleistungszentrum für Eiskunstlauf** hier zuhause, das örtliche Eisstadion verfügt über immerhin drei Eishallen.

Außerdem gehören etwa 230 Quadratkilometer, das ist rund zwei Drittel des Gemeindegebietes, zum **Naturschutzgebiet Allgäuer Hochalpen**. Der Ort selbst liegt in einem Talkessel, in dem sich die Flüsse Breitach, Stillach und Trettach zur Iller verbinden. Die Täler der Quellflüsse graben sich tief in die Allgäuer Alpen hinein und laden ein, die Natur zu entdecken: Rohrmooser Tal, Breitachtal, Stillachtal, Rappenalptal, Trettachtal, Traufbachtal, Dietersbachertal, Oytal – rund 200 Kilometer Wanderwege sind rund um Oberstdorf erschlossen, und über die Hälfte davon wird auch im Winter geräumt.

Die Berge rund um Oberstdorf gehören zum Hauptkamm der Allgäuer Alpen: Die 2595 Meter hohe **Trettach** ist der berühmteste Kletterberg des Gebietes und gleichzeitig der höchste Gipfel, der ganz auf deutschen Boden steht. In Richtung Süden schließen sich die 2645 Meter hohe **Mädelegabel** sowie die 2649 Meter hohe **Hochfrottspitze**, der höchste der drei Gipfel, an. Der 2259 Meter hohe **Höfats** mit seinen extrem steilen Grasflanken ist auch als Edelweißberg bekannt. Bergbahnen erschließen im Sommer und im Winter das **Fellhorn** (2038 m), das **Nebelhorn** (224 m) und das **Söllereck** (1706 m).

Urkundlich erwähnt wird Oberstdorf erstmals im Jahr 1141, aber Funde aus der Jungstein- und Bronzezeit belegen frühere erste Besiedelungen der südlichsten Gemeinde Deutschlands. Flächenmäßig ist sie nach München und Lenggries die größte Gemeinde Bayerns. Und der Fremdenverkehr floriert dort bereits seit 1888, als die Bahnlinie von Sonthofen nach Oberstdorf gebaut wurde.

Karte S. 235

▲ *Am Eingang zu den Allgäuer Hochalpen: Oberstdorf*

Feste und Brauchtum

Die Feste reihen sich in Oberstdorf wie Perlen einer Kette aneinander: Fasnacht, Funkensonntag und alle vier Jahre Skiflugwoche auf der Heini-Klopfer-Schanze. Ende Juli lockt das Waldfest der freiwilligen Feuerwehr, anschließend findet bis Mitte August der Musiksommer mit klassischen Konzerten statt. An dessen Ende wird das Dorffest im Zentrum von Oberstdorf veranstaltet und Ende August die Nebelhorntrophy, ein Eiskunstlaufwettbewerb mit internationalen Nachwuchsläufern. Mitte September ist der Viehscheid die Attraktion, im Oktober der Gallus-Krämermarkt in der Fußgängerzone, am 6. Dezember das Klausentreiben und in der letzten Dezemberwoche das Auftaktspringen der Internationalen-Sport-Springertournee auf der Schattenbergschanze.

Der **Wilde Männle Tanz** findet nur alle fünf Jahre statt (2015, 2020, 2025 usw). Und nur Männer der Gemeinde dürfen daran teilnehmen, obwohl es in der Sagenwelt sehr wohl auch Wil-

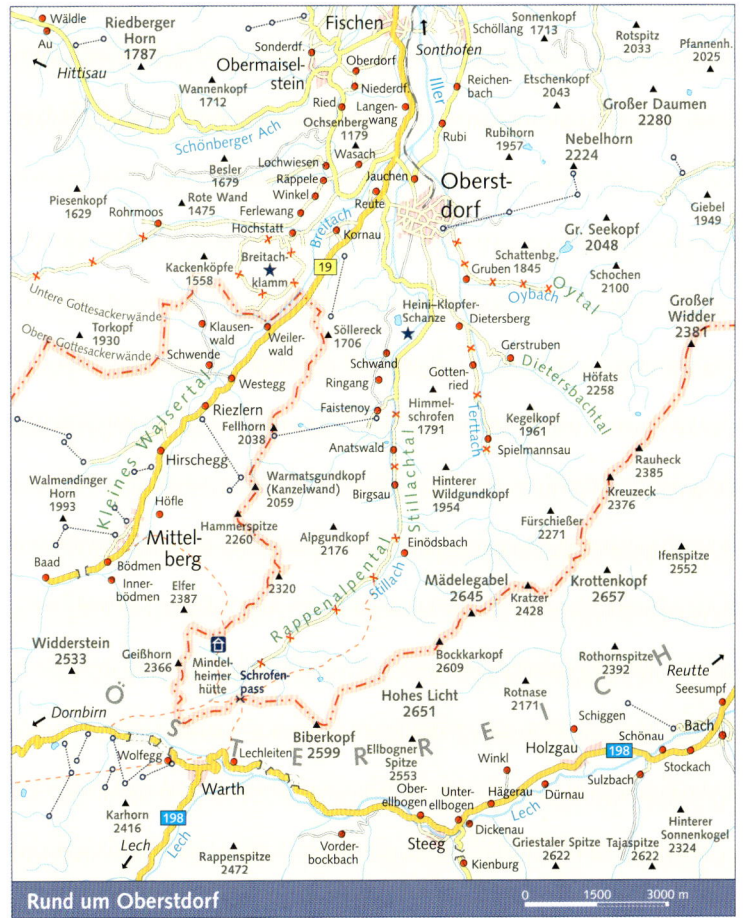

Rund um Oberstdorf

0   1500   3000 m

de Fräulein gibt, die beispielsweise am Sturmannsloch leben. Die Männer kleiden sich von Kopf bis Fuß in Tannenbart, eine Moosflechte, die in höheren Gebirgslagen gedeiht. Der Gürtel wird aus geflochtenen Tannenzweigen und die Krone aus Stechholderblättern gefertigt. Der Tanz besteht aus 17 meist gesprungenen Figuren und Gruppierungen. Er geht zurück auf Sagengestalten des Alpenraums, die meist freundlich und hilfsbereit und sehr erfahren in der Natur sind. Tatsächlich gehen die Sagengestalten wohl auf Rätoromanen zurück, die als Viehzüchter in den Alpen lebten, als die Ackerbau betreibenden Alemannen in das Gebiet der Berge vorstießen. Dabei kam es wohl zu eigentümlichen Begegnungen, die sich in den Erzählungen über die Jahrhunderte hinweg in Sagen und Legenden gewandelt haben.

Die Oberstdorfer Kirche im Winter

Sehenswürdigkeiten

Wahrzeichen des Ortes ist die **Pfarrkirche St. Johann Baptist** mit ihrem markanten, spitzen Kirchturm. An dieser Stelle stand bereits im 10. Jahrhundert eine Kirche, nach einem Stadtbrand wurde das heutige Gotteshaus im Jahre 1866

Karte S. 235

▲ *Die Heini-Klopfer-Schanze*

errichtet. Der Turm allerdings hatte den Brand überlebt und wurde in den Neubau integriert. In der Kirche sind zahlreiche wertvolle Bilder und Statuen sowie vier Altäre zu sehen. Unter den Kunstwerken sind vor allem sieben barocke Passionsbilder mit lebensgroßen Darstellungen vom Fischener Maler Johann Baptist Herz zu erwähnen (an der Nordwand) sowie eine Muttergottesdarstellung aus dem 15. Jahrhundert: die ›Schöne Oberstdorferin‹ (über dem Weihnachtsaltar). Am Marktplatz stehen das Neue und das Alte **Rathaus** direkt nebeneinander. Ein Blickfang ist außerdem die **Seelenkapelle**, die 1524 erstmals urkundlich erwähnt wurde und damit die zweitälteste der Oberstdorfer Kapellen ist. Die Nordseite ist mit Renaissance–Fresken bemalt. Dort befand sich früher auch das Eingangstor, das inzwischen zugemauert ist. An der Straße nach Birgsau, am Südrand von Oberstdorf, stehen die Sankt-Loretto-Kapellen: die Appachkapelle aus dem Jahr 1493, die Kapelle

Sankt Maria Loretto aus dem Jahr 1657 und die 14 Jahre jüngere Josefskapelle. Ein Kreuzweg führt von der Pfarrkirche aus mit elf Stationen zur Kapelle Sankt Maria Loretto.

Im Fuggerpark steht ein weiteres auffälliges Gebäude, dessen Architektur sich vom üblichen Ortsbild abhebt, der Erbauer ließ sich nämlich von den Holzhäusern rund um Bozen inspirieren. Die **Villa Jauss** im Fuggerpark wurde 1885 vom Braumeister Melchior Jauss als Wohnhaus errichtet und bis 1965 von seinen Nachfahren bewohnt. Inzwischen wird die Villa für Ausstellungen und kulturelle Veranstaltungen genutzt.

Das **Heimatmuseum** ist in einem Bauernhaus aus dem 17. Jahrhundert untergebracht. Das wohl skurrilste Ausstellungsstück darin ist der im Jahr 1950 von Josef Schratt geschusterte Lederskischuh in Größe 480. Der Großvater, Franz Schratt, hatte zu seiner Zeit den berühmten Haferlschuh erfunden, jedoch ohne ihn patentieren zu lassen. Die Schumacherwerkstatt selbst gibt es leider nicht mehr.

Im **Schnapsmuseum** kann man eine historische Brennereieinrichtung besichtigen und im angeschlossenen Museumsladen allerlei Hochprozentiges probieren und kaufen.

Ein kleines **Alpinmuseum** mit Fühl- und Riechstationen wurde im Gasthaus ›Oytalhaus‹ eingerichtet. Ein besonderer Gag sind die Tretroller, die man im Oytalhaus ausleihen kann, um sich den Rückweg zu erleichtern.

Aktivitäten

Der **Ortsbus** fährt vom Busbahnhof über den Marktplatz zum Heimatmuseum, wendet an der Nebelhornbahn und fährt über die Nebelhornstraße wieder zurück zum Busbahnhof. Die Oberstdorfer Gäste-Karte oder ein gültiger Parkschein gelten als Fahrkarten und laden dazu ein, das eigene Fahrzeug zugunsten der Umwelt im Urlaub stehen zu lassen. Die Ortsteile und Nachbarorte werden mit öffentlichen Nahverkehrsmitteln im 30- oder 60-Minuten-Takt angefahren. Im Winter ist der Linienbus gleichzeitig Skibus und für Sportler mit Ausrüstung kostenlos. Mit dieser und weiteren Maßnahmen konnte Oberstdort seine Luftqualität auf Güteklasse 1 erhöhen und darf sich Luftkurort nennen.

Oberallgäu

Auf dem Hindelanger Klettersteig

Im Hintersteinertal kann man Adler beobachten

Die drei Bergbahnen auf das **Nebelhorn**, das **Fellhorn** sowie das **Söllereck** sind ganzjährig in Betrieb. Zahlreiche Wanderweg und Skipisten in verschiedenen Schwierigkeitsgraden lassen sich von den jeweiligen Bahnstationen aus erreichen. Vor allem das Söllereck bietet sich für Familien an: der dortige Waldseilgarten verfügt über besonders für Kinder geeignete Routen, außerdem gibt es eine Sommerrodelbahn.

Von der Station Seealpe der **Nebelhornbahn** führt der Wanderweg ›Uff d'r Alp‹ in etwa 30 Minuten zur hinteren **Seealpe**. Und von der Station Höfatsblick aus sind es rund 60 Minuten bis zur Seealpe. Wer gut zu Fuß ist, sollte unbedingt noch den **Seealpsee** besuchen. Das 42 Meter tiefe Gewässer zählt zu den schönsten Bergseen in den Allgäuer Alpen. Der Rundweg dauert noch einmal rund 60 Minuten.

Am **Fellhorn** befindet sich die 1760 Meter hoch gelegene **Alpe Schlappold**, sie ist damit die höchst Sennalpe in Deutschland. Man erreicht sie von der Bergstation Fellhornbahn in 30 Minuten bequem auf einem asphaltierten Weg. Alternativ kann man beispielsweise auch über den

Grat von der Söllereckbahn herkommen und die Fellhornbahn für den Abstieg benutzen. Der Gipfel des Fellhorn ist von der Bergstation ganz einfach in 15 Minuten zu erreichen, was aber die Qualität seines Ausblicks in keiner Weise schmälert. Interessantes zu Flora und Fauna der Berge werden an der Gipfelstation auf 2037 Metern noch einmal erklärt. Und dazu gibt es einen wunderbaren Blick auf die Berge rundum.

Der **Hindelanger Klettersteig** gehört zu den berühmtesten im Allgäu. Vom Nebelhorn kommend geht es in rund vier bis fünf Stunden über den 2280 Meter hohen Großen Daumen und weitere zwei Stunden über das Plateau Koblat zur Nebelhornbahn-Station Höfatsblick. Mehrere markierte Zwischenabstiege auf das Hochplateau Koblat ermöglichen bei Schlechtwetter den vorzeitigen Abbruch der Tour (Achtung: Blitzschlaggefahr an den Drahtseilen!). Verlängern lässt sich die Wanderung auf insgesamt neun bis elf Stunden über den 2190 Meter hohen Kleinen Daumen (2190) und den **Klettersteig Hohe Gänge** von der 2033 Meter hohen Rotspitze bis zum 1887 Meter hohen Breitenberg. Von dort ist der Abstieg nach Hinterstein oder Bad Hindelang möglich.

Daneben gibt es jedoch noch den 2-Länder-Sport-Klettersteig, den Kanzelwand-Erlebnis-Klettersteig und den Mindelheimer Klettersteig sowie eine Klettertour vom Nebelhorn aus. Informationen hat die Touristinformation. Unterstützung gibt es bei den verschiedenen Bergschulen.

Eine schöne, aber technisch anspruchsvolle Wanderung (teilweise seilversichert) führt von Einödsbach in etwa drei Stunden zum **Waltenberger Haus**. Die Alpenvereinshütte liegt unterhalb der Mädelegabel auf 2085 Metern und ist ein guter Ausgangspunkt für Hochtouren.

Eine etwa sechsstündige abwechslungsreiche Tagestour führt vom Parkplatz der Nebelhornbahn **rund um die Höfats**, zunächst entlang der Trettach nach Süden, dann nach Osten das Oytal hinauf, über den Älpelesattel (1780 m) und das Tal des Dietersbach, vorbei an Gerstruben (→ S. 243) wieder hinunter nach Gottenried im Trettachtal. Unterwegs gibt es mehrere Möglichkeiten zur Einkehr in einer Alpe.

Auch wen es nicht in hochalpine Gefilde zieht, der hat mehr als genug Möglichkeiten: Insgesamt gibt es rund um Oberstdorf mehr als 200 Kilometer **markierte Wanderwege** sowie zahlreiche Themenwege und sogar einen Geocaching-Erlebnispfad am Söllereck – die moderne Version der Schnitzeljagd. Die Touristeninformation hat Wanderkarten und Informationen zu geführten Wanderungen.

Die Öffnungszeiten des **Moorfreibades** in Reichenbach richten sich nach dem Wetter. Die **Therme** in Oberstdorf ist ein Wellenbadbad mit Termalsolewasser und Saunahüttendorf, das ganzjährig geöffnet hat.

 Oberstdorf

Tourismus Oberstdorf, Prinzregentenplatz 1, 87561 Oberstdorf, Tel. 08322/7000, www.oberstdorf.de; Mo–Fr 9–17 Uhr, Sa, 9.30–12 Uhr, jeden Montag um 10.30 Gästebegrüßung. Touristinfo am Bahnhofsplatz: Mo–So 10–17 Uhr.

Oberstdorf hat sich der Elektromobilität verschrieben, und so kann man seit Sommer 2012 Elektroautos mieten: **E-Mobil-Verleih**, Freiherr-von-Brutscher-Str. 4, 87561 Oberstdorf, Tel. 08322/3110, 9–14 Uhr 35 €, ganzer Tag 49 €. E-Bike-Verleih- und Ladestationen gibt es bei zahlreichen Vermietern, eine Liste gibt es bei der Tourismusinformation.

Oberstdorf rühmt sich, einen der modernsten Bahnhöfe Deutschland zu haben. Das markante Gebäude befindet sich mitten im Ort, der über Sonthofen, Immenstadt und Kempten gut ans Bahnnetz angeschlossen ist. Es gibt regelmäßige Direktverbindungen u.a. nach München, Augsburg und Ulm.

Der öffentliche Nahverkehr ist vorbildlich ausgebaut, die teilweise für den Verkehr gesperrten Täler werden regelmäßig von Bussen angefahren: Ortsverkehr 8–18 Uhr alle 10 Min., südliches Stillachtal mit Heini-Klopfer-Skiflugschanze und Fellhornbahn: Halbstunden-Takt vom Busbahnhof bis Birgsau; 7-Tageskarte für südliches Oberallgäu und Kleinwalsertal 17 €, 14 Tage 25 €.

Das Angebot in und um Oberstdorf ist riesig; vom Luxushotel bis zum Urlaub auf dem Bauernhof oder der Alphütte ist alles möglich. Viele Gastgeber bieten im Sommer die Benutzung der Bergbahnen als Inklusivleistung an. Die Touristeninformation stellt ein Gastgeberverzeichnis sowie Buchungsmöglichkeiten im Internet zur Verfügung. Hier nur eine kleine Auswahl: **Hotel Exquisit**, Lorettostraße 20, 87561 Oberstdorf, Tel. 08322/96330, www.hotel-exquisit.de; ab 115 € p.P., eines der neuesten Top-Hotels in Oberstdorf. **Hotel Hahnenköpfle**, Finkenstraße 11, 87561 Oberstdorf, Tel. 08322/96360, www.hahnenkoepfle.de; ab 64 € p.P. inkl. HP, im Sommer inkl. Benutzung der Bergbahnen. Schöne Zimmer in verschiedenen Kategorien mit toller Aussicht. Zentral und dennoch ruhig gelegen. Sauna, Fahrradverleih.

Saschas Kachelofen, Kirchstraße 3, 87561 Oberstdorf, Tel. 08322/97750, www.saschas-kachelofen.de; ab 46 € p.P. Familiengeführtes Hotel und Restaurant im Zentrum von Oberstdorf.

Berggasthof Spielmannsau, 87561 Oberstdorf/Trettachtal, Tel. 08322/3015, www.spielmannsau.de; ab 39 € p.P. Am Ende des autofreien Trettachtals, Hausgäste erhalten Anfahrtsgenehmigungen, nebenan gibt es noch ein Landhaus mit Ferienwohnungen, ein Jugendheim und einen Bauernhof.

Berggasthof Hochleite, Hochleite 1, 87561 Oberstdorf/Stillachtal, Tel. 08322/3390, www.hochleite.de; 28 € p.P., Restaurant Mi–Mo 10–17 Uhr, Mautstraße (6 €) ab Parkplatz Skiflugschanze oder teilw. steiler Fußweg über den Freibergsee (ca. 30 Min), dann gesperrte Forststraße (Kinderwagengeeignet) oder Fußweg (ca. 35 Min) oder bergab von der Bergstation Söllereckbahn (45 Min). Urgemütlicher Gasthof mit wenigen einfachen Zimmern.

Jugendherberge Oberstdorf, Kornau 8, 87561 Oberstdorf/OT Kornau, Tel. 08322/98750, www.oberstdorf.jugendherberge.de; ab 23,30 € p.P. Südlichste Jugendherberge Deutschlands, Kletterwand, Flying Fox, Feuerstelle.

Mindelheimer Hütte, Zustieg über Kleinwalsertal, Lechtal oder Oberstdorf, Fax im Tal 08378/7238, Hüttenfax 0171/6706673, www.mindelheimer-huette.de; je nach Witterung Juni–Okt. Beliebte DAV-Hütte am Mindelheimer Klettersteig.

Camping Oberstdorf, Rubinger Straße 16, 87561 Oberstdorf, Tel. 08322/6525, www.camping-oberstdorf.de; ganzjährig, im Winter Reservierung erforderlich. Kiosk, Imbiss, Kochmöglichkeit, Aufenthaltsraum.

Dampfbierbrauerei, Bahnhofsplatz 6–8, 87561 Oberstdorf, Tel. 08322/8908, Fax 8877, www.dampfbierbrauerei.de; tgl. 11–1 Uhr, Brauereiführungen Mo 17 Uhr.

Die südlichste Brauerei Deutschlands, die Sudanlage steht mitten im Lokal.

Königliches Jagdhaus, Ludwigstr. 13, 87561 Oberstdorf, Tel. 08322/987380, www.koenigliches-jagdhaus.de; Fr–Di ab 12 Uhr, Do ab 17.30 Uhr. Gehobene gutbürgerliche Küche im ehemaligen Jagdhaus von Prinzregent Luitpold aus dem Jahr 1859, ab 18,59 °C ist der Biergarten geöffnet, mit eigener Vesperkarte.

Berggasthaus Laiter, Laiter 5, 87561 Oberstdorf/OT Laiter, Tel. 08322/4860, www.laiter.de; Di–So 8–18 Uhr, Abendessen nur nach Anmeldung. Zwischen Skiflugschanze und Fellhornbahn, eigene Forellenzucht, Mutterkuhhaltung, Zufahrt nur für Hausgäste frei, Fußweg ab Parkplatz Fellhornbahn oder Skiflugschanze jeweils ca. 30 Min, das Haus ist eine ehemalige Alpe aus dem 16. Jahrhundert.

Hintere Seealpen, auf 1328 Meter am Nebelhorn, 87561 Oberstdorf, Tel. 08321/88631; ganzjährig bewirtschaftet. Die urige Alm ist zu Fuß von der Schattenbergschanze über den Faltenbachtobel in 90 Min., von der Mittelstation der Nebelhornbahn in 10 Min. zu erreichen.

Schlappold Alpe, am Fellhorn, auf 1760 Meter, 87561 Oberstdorf, Tel. 0151/16584673, www.alpe-schlappold.de; Juni–Okt. bewirtschaftet. Auf der Alpe sind nicht nur Kühe glücklich, sondern auch Alpschweine. Von der Bergstation der Fellhornbahn 30 Min. zu Fuß auf kinderwagentauglichem Weg oder über einen der zahlreichen anderen Wanderwege.

Heimatmuseum, Oststr. 13, 87561 Oberstdorf, Tel. 08322/5470, www.heimatmuseum-oberstdorf.de; Di–Sa 10–12 und 14–17.30 Uhr, So u. Fei bei Regenwetter wie an Werktagen, Führungen Di 16 Uhr.

Schnapsmuseum, Schraudolphstraße 8, 87561 Oberstdorf, www.penninger.de; Mo–Fr 10–18 Uhr, Sa 10–13 Uhr, Eintritt frei.

Alpinmuseum, im Oytalhaus, tgl. 9–17 Uhr, Nov. geschl., Eintritt frei.

Moorschwimmbad Reichenbach, Reichenbach 70, 87561 Oberstdorf; im Sommer 9–Dunkelheit, bei Regen erst ab 11 Uhr geöffnet. Mit Liegewiese, Kinderbecken und Café.

Moorbad Oberstdorf, Am Rauhen 3, 87561 Oberstdorf. Mai–Sept. 9–19 Uhr. Liegewiese, Klettergarten, Café.

Oberstdorf Therme, Promenadenstr. 3, 87561 Oberstdorf, Tel. 08322/606960, Fax 6069617, www.oberstdorf-therme. de; Mai–Sept. Therme 10–19 Uhr, Sauna 12–21 Uhr, Winter Therme 10–19 Uhr, Sauna 10–22 Uhr; Erw. ab 9,50 € (inkl. Sauna ab 15,50 €), Kinder ab 6,60 € (inkl. Sauna ab 12,50 €). Solethermalbecken, Wellenbad und Saunalandschaft im alpenländischen Stil.

Naturbad Freibergsee, Am Nordufer des Sees; Mai–Sept. 9–19 Uhr. Mit Bergblick (inklusive Skischanze), Kahnverleih, Café und Restaurant.

Pedelec Verleihcenter, am Oberstdorf-Haus, Freiherr-von-Brutscher-Str. 4, 87561 Oberstdorf, www.e-bike-allgaeu.de; Di-So 9–13 u. 14–18 Uhr. Ab 20 € pro Tag. Auch Verleih von Elektoautos. Zahlreiche Aufladestellen in der Region. Eine weitere Verleihstation befindet sich am Bahnhof.

Zweirad Center Hasselberger, Hauptstr. 7, 87561 Oberstdorf, Tel. 08322/4467, www.zweiradcenter-oberstdorf.de; Mo-Fr 9–12 Uhr u. 14–18.30 Uhr, Sa 9–12 Uhr. Verleih von Touren- (ab 6 €/Tag) und Trekkingrädern, Mountain- und E-Bikes (20 €/Tag) sowie Service und Verkauf.

Radsport Heckmair, Nebelhornstraße 46, 87561 Oberstdorf, Tel. 08322/2210, www.heckmair.de; Mo–Fr 9–12 Uhr u. 14.30–18 Uhr, Sa 9–12 Uhr. Trek-Testräder und Fahrrad-Vermietung.

Fellhornbahn, Faistenoy 10, 87561 Oberstdorf, Tel. 08322/96000, www. das-hoechste.de; Mai–Okt. 9–16 Uhr.

Nebelhornbahn, Nebelhornstraße 67, 87561 Oberstdorf, Tel. 08322/96000, www.das-hoechste-de; Juni–Okt. 8.30–16-30 Uhr, Nov.–Mai 9–16 Uhr.

Söllereckbahn, Kornau-Wanne 8, 87561 Oberstdorf/Kornau, Tel. 08322/98756, www.familienberg-soellereck.de; 12. Mai-4. Nov. 9–17 Uhr. Zum Unternehmen gehört auch eine Sommerrrodelbahn, ein Kletterwald (s.u.) und die **Heini-Klopfer-Schanze**, deren Plattform mit einem Aufzug erreicht werden kann (5/4 €).

Aktiv am Berg, Enzenspergerweg 10, 87561 Oberstdorf, Tel. 08322/6126, www.aktiv-am-berg.de. Geführte Touren und Kurse im Sommer und Winter.

Alpinschule Oberstdorf, Im oberen Winkel 12a, 87561 Oberstdorf, Tel. 08322/940750, www.alpinschule-oberstdorf.de. Geführte Touren und Kurse im Sommer und Winter.

Amical alpin, Walserstraße 5, 87561 Oberstdorf, Tel. 08322/9874788, www. amical.de. Geführte Touren in Sommer und Winter, Vorbereitungskurs Höhenbergsteigen.

Wildwasserschule Oberstdorf, Plattenbichlerstr. 14, 87561 Oberstdorf, Tel. 08322/98262, www.wildwasserschule. com, Treffpunkt: Sonthofer Straße/P1 Süd, 87551 Oberstdorf, Kanadier- und Kajak-Kurse sowie -Tagestouren, Rafting, Canyoning, Mountainbike-Touren.

Kletterwald Söllereck, an der Bergstation der Söllereckbahn, www.familienberg-so ellereck.de; Erw. ab 20,80 €, Ki bis 7 J. 13 €, 7–15 Jahre 15,40 €. 12. Mai-4. Nov. 10–17 Uhr. Besonders für jüngere Kinder geeignet. Eltern, die selbst nicht klettern wollen, können ihr Kind in die Obhut eines fachkundigen Begleiters geben (15 € pro Stunde).

Oberallgäu

Umgebung von Oberstdorf

Auf dem 145 Kilometer langen **Iller-Radweg** fährt man vom Illerursprung bei Oberstdorf bis zur Mündung in die Donau bei Neu-Ulm. Die Strecke verläuft in großen Teilen am Fluss entlang und ist nur selten geteert. Wer von Nord nach Süd fährt, wird bei gutem Wetter mit sagenhaften Alpenpanoramen belohnt. Im beliebten Luftkur- und Wintersportort **Fischen** ist eine **Obermühle mit Säge** erhalten geblieben. Sie wurde erstmals 1508 urkundlich erwähnt und befindet sich in Privatbesitz, wird aber von der Gemeinde gepachtet.

Das **Fischinger Heimathaus und FIS Skimuseum** zeigt die Geschichte des Ortes und des Wintersportes, die ältesten Exponate sind Norwegerski aus dem Jahr 1850. Beide Museen sind in einem alten Bauernhaus aus dem 17. Jahrhundert untergebracht, dem sogenannten Gschwenderhaus.

Die **Burgkirche** in **Schöllang** ist eine halbe Stunde Fußmarsch vom Parkplatz des Ortes entfernt, belohnt den Anstieg jedoch mit einem herrlichen Blick auf die Berge rund um Oberstdorf, etwa das 2224 Meter hohe Nebelhorn und das 1957 Meter hohe Rubihorn.

Westlich der Iller erstreckt sich eine ganze Hörnerkette, vom Oberschwanger Horn im Norden bis Wannenkopf im Süden. Das Riedberger Horn ist mit 1787 Metern der höchste dieser Berge. Auf dem **Riedbergpass** (1420 m, 16 Prozent Steigung) steht 47 Höhenmeter über dem Pass die gesellige **Grasgehrenhütte**, die bei Wanderern, Radlern und Motorradlern ebenso beliebt ist wie bei Alpinen oder Nordischen Skiläufern und Autofahrern.

Auf der Ostseite des Riedberges geht es in Richtung Süden nach Lochwiesen. Das ist der Weg zur 280 Meter langen **Sturmannshöhle** (tgl. halbstündige Führungen von 9.30 bis 16 Uhr, im Winter stündlich und teilweise geschl., Tel. 08326/38309, www.sturmanns hoehle.de), die seit 1906 der Öffentlichkeit zugänglich ist. Der halbstündige Weg durch den Riss im Berg führt an 120 Millionen Jahre alten Gesteinsformationen vorbei, und die Führer wissen tolle Geschichten über Geister und Drachen sowie die wilde ›Stuzze Muzz‹, die einst in der Höhle lebten.

Eine Mautstraße folgt der Starzlach nach **Rohrmoos**. Neben den landschaftlichen Reizen ist die kleine **Holzkapelle St. Anna** einen Ausflug wert, sie gilt als älteste Holzkapelle in Süddeutschland. Volkstümliche Malereien zieren den Innenraum. Die Westwand bedeckt eine Kopie von Heemskercks Stich des Jüngsten Gerichts und die Tafelbilder stellen Holzschnitte von Albrecht Dürer dar. In Auftrag gegeben wurde das Gotteshäuschen um 1568 von Jakob von Waldburg, dem Erbauer des Schlosses Wolfegg (→ S. 291). Der **Berggasthof Rohrmoos** im Jagdgebiet des Hauses Waldburg-Wolfegg hebt das Rohrmoostal auch in gastliche Höhen.

Auf der anderen Seite des Riedbergpasses liegt **Balderschwang** auf 1044 Metern Höhe, es ist damit der höchstgelegene

Gondelbahn aufs Nebelhorn

Gerstruben im Herbst

Oberallgäu

Ferienkurort in Bayern. Gleichzeitig ist dies die kleinste und am wenigsten dicht besiedelte Gemeinde. Ein weiterer Superlativ ist die 2000-jährige und damit älteste Eibe Deutschlands auf 1150 Metern Höhe, die im Nordosten der Gemeinde steht. Zum Ort gehören auch noch sieben Sennalpen, auf denen also die Milch noch direkt verarbeitet wird. Insgesamt gibt es gleich 40 Alpen in der Region, und dementsprechend wird im Herbst der Viehscheid gefeiert, wenn die Tiere wieder von der Alp heruntergetrieben werden.

Südwestlich von Oberstdorf liegt die berühmte **Breitachklamm**, die tiefste Felsenschlucht Mitteleuropas. Die Breitach durchbricht bei der Walserschanze einen Felsstock aus Schrattenkalk und bahnt sich als wild schäumender Fluss ihren Weg durch eine rund 100 Meter tiefe Schlucht – ein grandioses Naturschauspiel. Die 30-minütige Wanderung beginnt entweder bei Tiefenbach oder bei der Walserschanze am Eingang zum Kleinen Walsertal. Von Oberstdorf aus fahren Busse zu den Eingängen Tiefenbach und Walserschanze.

Beim **Haldenwanger Eck** am oberen Ende des Stillachtals steht der deutsch-öster-

reichische Grenzstein Nummer 147. Er markiert die südlichste Stelle Deutschlands. Sie liegt auf 1883 Metern Höhe und ist nur über eine Bergtour zu erreichen. Der südlichste Ort ist der Weiler **Einödsbach**, der zwei Kilometer südlich von Birgsau liegt. Allerdings dürfen nur Anwohner mit dem Kraftfahrzeug dorthin fahren.

Das Bergdorf **Gerstruben** im Dieterbachtal wurde bereits im Mittelalter besiedelt; woher die Bewohner kamen, ist nicht ganz sicher. Sie könnten vom Lechtal herauf gekommen und Tiroler gewesen sein oder aber Walser. In jedem Fall verließen sie ihre Heimat 1892 wieder, weil dort ein Stauseeprojekt geplant war, das nie verwirklicht wurde. Inzwischen steht das komplette Dorf unter Denkmalschutz und wird seit 1953 als **Museum** erhalten. Von der ursprünglichen Bausubstanz sind vier Häuser und eine Kapelle übriggeblieben. Das Jakobehaus wurde wieder originalgetreu hergerichtet und kann besichtigt werden, ein Gasthof lädt zum Verweilen ein. Donnerstags fährt das Marktbähnle um 16.30 Uhr von Oberstdorf herauf, ansonsten kommt man nur mit dem Taxi, dem Rad oder zu Fuß hinauf.

Umgebung von Oberstdorf

Gästeservice Fischen, Am Anger 15, 87538 Fischen, Tel. 08326/36460, Fax 364656, www.fischen.de.

Balderschwang Gäste-Info, Dorf 16, 87538 Balderschwang, Tel. 08328/1056, Fax 08328/265, www.balderschwang.de.

Explorer Hotel Fischen, An der Breitach 3, 87538 Fischen, Tel. 08322/940790 Fax 08322/9407910, www.explorer-hotel.de; ab 40 € p.P. Das erste zertifizierte Niedrigenergie-Hotel Europas mit jungem Design, Vermietung von Sportausrüstung und viel Service.

Fiskina im Kurhaus, Am Anger 15, 87538 Fischen, Tel. 08326 249, www.fiskina.de.

Berggasthof Gerstruben, Gerstruben 1, 87561 Oberstdorf, Tel. 08322/959290, www.gerstruben.de; ganzjährig tgl. 9–18 Uhr. Gute Küche in idyllischer Lage oberhalb des Museumsdorfes.

Grasgehrenhütte, Riedbergpass 1, 87538 Obermaiselstein, Tel. 08326/7773, www.berghuette-grasgehren.de; ab 48 € p.P. inkl. HP; ganzjährig geöffnet. Gemütliche Hütte mit Zimmern und Matratzenlager, Etagendusche/WC. Gute Küche, schöne Terrasse.

Berggasthof, Rohrmoos 5, 87561 Oberstdorf, Tel. 08322/4417, www.rohrmoos.de; 49 € p.P.; ganzjährig. Ein Gasthof wie aus einem Heimatfilm mit viel Liebe zum

Detail eingerichtet. Einmalige Lage am Ende eines Tals westlich von Oberstdorf, idealer Ausgangspunkt für Wanderungen.

Säge-Obermühle, Mühlenstr. 22, 87538 Fischen, Tel. 8326/470; Führungen Mai–Okt. Fr 17 Uhr.

Fischinger Heimathaus und FIS Skimuseum, Hauptstr. 3, 87538 Fischen, Tel. 08326/239, www.skimuseum-fischen.de; Mi, Do 15–17 Uhr.

Museum Gerstruben, Jakobehaus, Gerstruben, www.gerstruben.de; im Sommer Sa 13–16 Uhr.

Breitachklamm, Tel. 08322/4887, www.breitachklamm.com; Eintritt 3,50/1,50 €; Sommer 9–17 Uhr, Winter 9–16 Uhr, zur Schneeschmelze gesperrt, die Anfahrt ist ab Tiefenbach ausgeschildert.

Sturmannshöhle, Tel. 08326/38309, www.sturmannshoehle.de; Eintritt 4/2,50 €, stündl. Führungen, Jan.–April Mi–So 11–16 Uhr, Mai–Okt. 9.30–16.30 Uhr. Die Führungen beginnen ab Höhleneingang (von der Kasse 10 Min. Fußweg).

Wandern mit Lamas, Klaus Eberle, Jägersberg 4, 87538 Fischen, Tel. 08322/9871477, www.lama-bewegung.de; ab 15 € p.P. (2 Std.). Verschiedene Touren sind im Angebot, auch eine Zweitageswanderung mit Hüttenübernachtung.

Kleinwalsertal

Seit dem Jahr 1814 gehört das Tal der Breitach ab der Walserschanze zu Vorarlberg. Seit 1891 ist die Region jedoch ebenso wie Jungholz deutsches Zoll- und Wirtschaftsgebiet, denn die einzige Zufahrt in das österreichische Tal führt über Oberstdorf. Die ersten Siedler, die Walliser, gaben dem Tal seinen Namen. Bestimmt wird die Landschaft von den typischen Streusiedlungen, wie man sie auch im benachbarten, aber von hier nur zu Fuß erreichbaren Großen Walsertal

findet. Die Geschichte der Walser und des Tals wird im **Walser-Museum** dargestellt. 1270 verließen fünf Walliser Familien ihre Heimat. Sie stiegen vom Tannberg über den Hochalppass in das damals noch unbewohnte Breitachtal ab und ließen sich dort nieder. Die ersten Häuser errichteten sie in der Gegend von Mittelberg. Die Jahreszahl 1302 an der Außenmauer der Mittelberger Kirche erinnert daran, dass erst die Wohnhäuser gebaut werden mussten, bevor das Gotteshaus errichtet wurde.

Karte S. 235

Eine Streit zwischen den Walsern und zwei Getreuen des Herzogs Sigismund von Tirol waren 1451 der Auslöser für eine kriegerische Auseinandersetzung, an deren Ende das Kleinwalsertal zu Östereich gehörte. 1563 wurde das Kleinwalsertal vom Gericht Tannberg getrennt. Seitdem bilden die drei Ortschaften der Gemeinde Mittelberg eine politische Einheit.

Ab Ende des 19. Jahrhunderts erleichterte der Zollanschluss nach Deutschland den Warenverkehr und förderte damit das wirtschaftliche Wachstum und den Fremdenverkehr. Die Straßenverbindung nach Riezlern wurde immer weiter ausgebaut und in den Folgejahren auch die Infrastruktur der Berge: Inzwischen erschließen 30 Schlepplifte, sechs Sessellifte und zwei Kabinenbahnen die luftigen Höhen. Und natürlich gilt auch im Walsertal das österreichische Bankengeheimnis, deswegen haben acht verschiedene österreichische Banken ihre Filialen im Kleinwalsertal.

In Hirschegg steht das **Walserhaus**, das im zweiten Stock die Geschichte des Wintersports präsentiert. Auch wenn sich die Ausstellung auf das Walsertal bezieht, ist sie doch überregional interessant, etwa die Entwicklung der Ski vom Holzbrett zum Hightech-Sportgerät.

Auf 2058 Metern Höhe, an der Bergstation der Kanzelwandbahn, kann man sich in einer **Bergschau** über Wind und Wolken sowie die Entstehung von Gewittern informieren.

In der ältesten Talsiedlung, in **Mittelberg**, steht die **Pfarrkirche St. Jodok** aus dem 14./15. Jahrhundert mit sehenswerten Wandfresken aus dem 15. Jahrhundert an der linken Langhauswand. Einer der schönsten spätgotischen Altäre im westlichen Österreich wurde vermutlich um 1516 im Pustertal geschaffen und steht in der **Kapelle Maria Hilf** in **Unterwe-**

stegg, die 1796 errichtet wurde. Insgesamt gibt es im Walsertal gleich sieben Kapellen und vier katholische Kirchen. Innerhalb des Tals galt die Breitach bis 1816 als Diözesangrenze. Riezlern gehörte zu Oberstdorf, die links gelegenen Orte Mittelberg, Hirschegg und Ortsteile von Riezlern gehörten zur Diözese Konstanz. Erst als das ganze Tal 1820/21 komplett zum Bistum Brixen kam, wurde die Teilung aufgehoben.

Übrigens: Die Walser sind traditionell katholisch, und die ersten evangelischen Gottesdienste im Tal wurden erst 1925 in Riezlern abgehalten. Seit 1953 steht die protestantische Kreuzkirche in Hirschegg.

■ Aktivitäten

Eine landschaftliche und botanische Besonderheit ist das **Gottesacker-Plateau** auf 2143 Metern Höhe am insgesamt 2230 Meter hohen Hohen Ifen, einem Kalkberg. Von der Mittelstation der Doppelsesselbahn aus kann die Wanderung über das Gottesackerplateau mit seiner pittoresken Karstlandschaft bereits auf 1586 Metern begonnen werden.

Beliebtes **Wanderziel** ist unter anderem der 2533 Meter hohe Widderstein bei

Auf dem Gottesacker-Plateau

Das Kleinwalsertal ist besonders familienfreundlich

Mittelberg mit seinem scharfkantigen Dolomitgestein. Wer den steilen Anstieg scheut, kann mit der Seilbahn vom gleichen Ort aus auf das 1990 Meter hohe Walmerdinger Horn fahren. Die 2059 Meter hohe **Kanzelwand** ist von Riezlern aus mit einer Kabinenbahn zu erreichen. Ein **Wasser-Erlebnispfad** führt von der Bergstation der Kanzelwandbahn bis zum Riezler Alpsee. Vor allem Kinder haben hier ihren Spaß mit Wasserrädern, Rinnen, Schleusen und Teichen.

Der **Walser Omgang** nimmt Bezug auf die Kulturgeschichte der Walliser, die im Jahr 1270 in das heutige Kleinwalsertal gewandert sind und dort Selbstbestimmung und Selbsterfüllung gefunden haben. Urlauber haben die Wahl zwischen acht verschiedenen Wegen, je drei aktivierenden und drei regenerierenden sowie zwei Wegen, die zu innerer Balance führen sollen. Aktivierend sind der ›Befreie-Dich‹-Weg von Hirschegg aus 800 Höhenmeter bergauf, die ›Erkenne Dich-selbst‹-Runde führt von Baad aus um den Widderstein herum, und die ›Erkenne-Deine-Grenzen‹-Tour beginnt in Riezlern und führt über den Grundsattel, den Schlappoldkopf und das Söllereck (→ S. 241) wieder zurück nach Riezlern. Regenerierend geht es von Riezlern über Zwerwald nach Hirschegg und wieder

zurück, nach dem Motto ›Finde Deinen Weg‹. Dem ›Lauf des Lebens folgend‹, geht es von der Auenhütte an der Talstation der Ifenbahn am Schwarzwasserbach entlang, bis dieser in die Breitach mündet, der er bis zur Breitachklamm folgt. Und ›Verborgenes entdecken‹ kann man auf dem Weg von Schwende durch den Fuchslochtobel und zurück in den Ort. Wegbeschreibungen und Infobroschüren hat die Touristinformation, Näheres gibt es auch unter: www.walser-omgang.com.

Manch einer hofft im **Casino Kleinwalsertal** auf den großen Gewinn, mit dem er lebenslänglich Urlaub machen kann. Andere lieben den kleinen Nervenkitzel, bevor das Blatt sich wendet, das Glücksrad steht oder die Roulette-Kugel liegenbleibt.

Ein besonderes Vergnügen für Groß und Klein sind Fahrten mit der Pferdekutsche oder – noch besser – im Winter mit dem **Pferdeschlitten**. Die Touristinformation hilft weiter.

Zahlreiche kleinere Lifte helfen Ski-Elèven vom Talboden aus zur Pistengaudi. Der Hohe Ifen, das Walmendingerhorn, der Heuberg und die Kanzelwand sind mit Seilbahnen und zahlreichen **Alpinski-Pisten** erschlossen. Zudem gibt es einen Übergang in das Fellhorn-Skigebiet von Oberstdorf.

Karte S. 235 ▲

Kleinwalsertal

Kleinwalsertal Tourismus, Im Walserhaus, D 87568/A 6992 Hirschegg, Tel. +43/5517/51140, Fax +43/5517/5514419, www.kleinwalsertal.com. Das Kleinwalsertal ist besonders familienfreundlich, es gibt ein umfangreiches Programm für Kinder mit zahlreichen preiswerten Veranstaltungen und Aktivitäten vom Klettern bis zum Goldwaschen (Burmis Familien- und Kinderprogramm).

Der Walserbus bringt Inhaber der Gästekarte zwischen ca. 7 und 18.30 Uhr auf vier Linien alle 20 bis 30 Minuten kostenlos zu allen Zielen im Tal, das Auto kann also getrost stehenbleiben. Es bestehen zudem regelmäßige Busverbindungen nach Oberstdorf (ca. alle 10 Min.). Abends fährt ein Gästeruftaxi.

Auch im Kleinwalsertal ist im Sommer bei vielen Gastgebern die Benutzung der Bergbahnen im Tal sowie in Oberstdorf im Übernachtungspreis inkludiert.

Travel Charme Ifen Hotel, Oberseitestraße 6, A 6992 Hirschegg/OT Außerhirschegg, Tel. +43/5517/6080, www.travelcharme.com/ifenhotel; 109–194 € p.P. Skilift und -Schule in der Nähe, für den gepflegten Luxusurlaub.

Hotel Birkenhöhe, Oberseitestraße 34, A 6992 Hirschegg, Tel. +43/5517/5587, www.birkenhoehe.com; ab 95 € p.P. (Winter), ab 85 € p.P. (Sommer). Familiengeführtes Wellness-Hotel, 2012 renoviert.

Genussgasthof Sonnenburg, Außerschwende 21, A 6991 Riezlern/OT Schwende, Tel. +43/5517/5251, www.genussgasthof.at; ab 54,50 € p.P. (Winter), ab 46 € p.P. (Sommer). Ruhige, aber durch den Walserbus dennoch zentrale Lage, Walser Traditionsküche mit regionalen Zutaten, kleineres Haus mit 26 Zimmern, kürzlich renoviert.

Ferienwohnungen Büchele, In den Hägen 1, A 6992 Hirschegg, Tel. +43/5517/20068, www.gaestehaus-buechele.de; DZ ab 32 € p.P. DZ und fünf verschiedene Ferienwohnungen mit Sauna, auf Wunsch mit Frühstück oder Halbpension.

Gästehaus Mathies, Höflerweg 4 und 6, A 6993 Mittelberg, Tel. +43/5517/5754, www.mathies-ludwig.at; DZ ab 31 € p.P. (Sommer), ab 32,50 p.P. (Winter). DZ und zwei Ferienwohnungen, Sessellift, Skischule und Loipeneinstieg in der Nähe, 5 Min. Fußweg zur Ortsmitte.

Hallers Genuss und Spa Hotel, Von-Klenze-Weg 5, A 6993 Mittelberg, Tel. +43/5517/5551, www.hallers.de; Do–Mo 12–14 Uhr und 18–20 Uhr (Ankunft im Restaurant). 2 Hauben und 15 Punkte von Gault Millau 2013.

Walser Stuba, Eggstr. 2, A 6991 Riezlern, Tel. +43/5517 53460, www.walserstuba.at. Familie Riezler bewirtet in Riezlern ihre Gäste mit traditionellen Gerichten aus der regionalen Küche. Die insgesamt 160 Sitzplätze verteilen sich auf fünf gemütliche Stuben, die jeweils nichts von der Größe des Lokals ahnen lassen.

Hotel Alte Krone, Walserstraße 387, A 6993 Mittelberg, Tel. +43/5517/57280, www.alte-krone.at; Di–So 10–23 Uhr, warme Küche 11.30–21.30 Uhr. Traditionelle Walser Küche mit modernen Ideen.

Eberlehof, Mahdtalweg 8, A 6991 Mittelberg, Tel. +43/5517/20073, www.eberlehof.com; Mo, Do–Sa ab 17 Uhr, So ab 11.30 Uhr. Im traditionellen Stil neu gebaut mit hauseigener Kapelle, Fleisch und Eier aus kontrolliert artgerechter Haltung; im Kleintierstall werden unter anderem Walliser Schwarznasen-Schafe gehalten, die man auch streicheln darf, Anfahrt mit dem PKW bis auf 200 Meter möglich.

Bärgunthütte, im Sommer tgl., im Bärgunttal südlich von Baad, ca. 1 Std. Gehzeit von Baad.

Oberallgäu

Bernhards Gemstel Alpe und hintere **Gemstelalpe** (deren Alpbuch im Walsermuseum in Riezlern liegt), Tel. +43/650/9245885; Sommer 10–18 Uhr, auf dem Gemstelrundweg von Hirschegg aus, ca. 1,5 Std. Gehzeit. Das schöne Gemsteltal geht zwischen Hirschegg und Baad in südliche Richtung ab.

Mittelalpe (im Sommer, Mi-Mo, www.mittelalp.at) und **Bergstüble** (Christi Himmelfahrt bis Allerheiligen und 2. Weihnachtsfeiertag bis Ostern tgl. 11–18 Uhr, www.bergstüble.de), von der Bergstation der Söllereckbahn führt der Alpweg von der Oberstdorfer Seite nach Riezlern ins Kleinwalsertal. Unterwegs hat man einen schönen Ausblick auf den Hohen Ifen; ca. 1,5 Std. Gehzeit.

Walser-Museum, Tourismusbüro Riezlern, Walserstr. 54, D 87567/A 6991 Riezlern, Tel. +43/5517/5315285; Mo–Do 14–17 Uhr, Fr 9–12 Uhr.
Skimuseum im Walserhaus, D 87568/A 6992 Hirschegg, Tel. +43/5517/51140; Mo–Sa 8.30–17.30 Uhr, So, Fei 9–15 Uhr, Eintritt frei.

Zwerwald Campingplatz, Zerwaldstr. 32, A 6991 Riezlern, Tel. +43/5517/5727, Fax +43/5517/57274, www.camping-zwerwald.de; Juni–Okt., Dez.–April, Aufenthaltszelt mit Grillplatz, Abenteuerspielplatz, Skikeller, schöne Lage in einem Wiesengrund an der Breitach.
Jochum Campingplatz, Walserstr. 10, A 6991 Riezlern, Tel. +43/5517/5792, Fax +43/5517/57924, www.camping-jochum.at; Dez.–Okt.. Wohnmobilplatz direkt an der Hauptstraße, behindertengeeignete Sanitäranlagen, Trockenraum.
Haller Capingplatz, Köpfleweg 10, A 6991 Riezlern, Tel. +43/5517/5343, Fax +43/5517/3343, www.camping-kleinwalsertal.de; Juni–Okt. und in der Ski-Saison. Im Zentrum von Riezlern mit Wohnmobilstellplätzen und Gaststätte.

Vorderboden-Campingplatz, Vorderboden 1, A 6993 Mittelberg, Tel. +43/5517/6138, Fax +43/5517/56968, www.camping-vorderboden.de; Juni–Sept. Auf 1250 Metern Höhe, zwischen Mittelberg und Baad, direkt an der Breitach, Einkaufsmöglichkeiten, W-LAN.

Fahrradverleih, Sport Kessler – PLATTFORM kleinwalsertal, Walserstraße 73 u. 75, A 6991 Riezlern, Tel. +43/5517/368540, www.die-plattform.com. Hochwertige Tourenräder ab 26 €/Tag, E-Bikes ab 38 €/Tag; Rabatt bei längerer Mietdauer.

Ifenbahn, Auenalpe 4, A 6992 Hirschegg, +43/5517 52740, www.das-hoechste.de; Juli–Sept. 8.15–16.30 Uhr, Okt.–Juni 9–16.15 Uhr.
Kanzelwandbahn, Walserstraße 77, A 6991 Riezlern, +43/5517/52740, www.das-hoechste.de; Jul–Sept. 8.30–16.45 Uhr, Okt–Jun 9–16.15 Uhr.
Walmendinger Horn, Moosstraße 4, A 6993 Mittelberg, +43/5517/52740, www.das-hoechste.de; Juli–Sept. 8.30–16.45 Uhr, Okt.–Juni 9–16.15 Uhr.

Bergschule Kleinwalsertal, Walserstraße 62, A 6992 Hirschegg, Tel. +43/5517/30245, www.bergschule.at; Nov.–April Mo–Fr 8.30–12 Uhr, Mai–Okt. Mo–Fr 8.30–12 Uhr und 16–18 Uhr, Sa u. So 18–19 Uhr. Geführte Wander-, Kletter-, Mountainbike- sowie Schneeschuh- und Ski-Touren, Kurse für Kletterer, Tiefschneefahren und Lawinensicherheit, spezielles Kinderprogramm.

Feursteins Bergbauernhof, Höfle 2, A 6993 Mittelberg-Höfle, Tel. +43/650/8224915. Geführte Ausritte unter fachkundiger Anleitung für Kinder und Erwachsene.

Die Walser

Der heutige Schweizer Kanton Wallis umfasst im wesentlichen das Rhônetal bis zum Genfer See. Der deutschsprachige Teil wurde um das Jahr 1000 von den Alemannen aus dem Norden besiedelt. Rund 250 Jahre später brachen einige von ihnen wiederum auf und zogen weiter gen Süden und in den Osten. Der Grund für diese inneralpine Wanderung ist nicht bekannt. Auf alle Fälle erhielten die neuen Siedler das Walserrecht, also das Recht, sich niederzulassen, eigene Gerichtsgemeinden zu bilden und ihren Grund und Boden an ihre Nachkommen zu vererben. Als Gegenleistung musten sie Zinsen zahlen und Kriegsdienst leisten. Typisch für die Walser sind Streusiedlungen, bei denen die einzelnen zu einer Gemeinde gehörenden Höfe oft weit auseinander liegen.

Man zählt heute im gesamten Alpenraum 150 Siedlungen mit rund 40 000 Menschen, die zwischen dem südwalserischen Gressoney und dem ostwalserischen Mittelberg leben. Während sich Sitten und Gebräuche ebenso wie die Trachten im Lauf der Zeit verschieden entwickelt haben, verbindet den verstreut lebenden Volkstamm bis heute die Sprache, ein alemannischer Dialekt. In den letzten Jahrzehnten ist allerdings auch sie vom Aussterben bedroht. Noch aber kann man sie hören – wenn auch nicht immer verstehen. Beispielsweise bei einer Wanderung auf dem Großen Walserweg. Dieser hält sich zwar nicht immer an die Migrations-Wege der Walser, aber er verbindet verschiedene Stätten der Walserkultur und führt von Mittelberg nach Zermatt. Für die gesamte Route würde man etwa 30 bis 35 Tagestouren benötigen. Einige Wanderveranstalter bieten Teilstücke, einer sogar die ganze Tour an (www.wanderotto.ch).

Informationen im Internet: www.walserweg.ch, www.walserweg.com

Literatur:
Irene Schuler, Walserweg Graubünden. In 19 Etappen vom Hinterrhein in den Rätikon, Rotpunktverlag, 2010.
Bernhard Irlinger, Der große Walserweg. Auf alten Saumpfaden von Zermatt nach Mittelberg, Bruckmann Verlag, 2010.
Hans Hönl, Schweiz: Walserweg. Der Weg ist das Ziel, Conrad Stein Verlag 2011.

Typische Streusiedlung im Großen Walsertal

Manche Dinge sehen wir nur, wenn wir das Meer überqueren und nehmen sie nicht zur Kenntnis, wenn wir sie stets vor Augen haben.

Lateinische Lebensweisheit

Das bayerische und das württembergische Allgäu

Viele Bayern sind bekannt für ihre Leibesfülle um die Mitte herum, die sogenannte ›Wampe‹. Das Allgäu reckt seine ›Wampe‹ im Westen gar bis nach Baden-Württemberg hinein. Nicht die Geographie des Landes, sondern die Streitbarkeit seiner Herren war verantwortlich für die Ziehung der Landesgrenzen zwischen Baden-Württemberg, Bayern und Österreich im 19. Jahrhundert. Aus der Not machen die Bewohner eine Tugend und kombinieren nach Gutdünken das Bayerische mit dem Schwäbischen. Die Sprache ist sowieso Allgäuerisch – und die Menschen ebenfalls. Daher nennt sich der Norden des Westallgäus ›Würtembergisches Allgäu‹, während im Süden der Landkreis Lindau und damit auch Wasserburg, Lindenberg und Scheideck zum ›Bayerischen Allgäu‹ gehören.

Landschaftlich ist das Westallgäu mindestens ebenso vielfältig wie politisch: blühende Streuobstwiesen, kühle dunkelgrüne Waldflecken, glitzernde Seen und geheimnisvolle Moorlandschaften, die Obere und die Untere Argen, sanfte Hügel und das Schwäbische Meer – der Bodensee. Das alles in Sichtweite der Schweizer und Allgäuer Berge, Naturfreund, was willst Du mehr? Kunst und Kultur? Zahlreiche Museen dokumentieren das Leben der Menschen gestern und heute; sie zeigen die künstlerische Vielfalt der Einheimischen sowie vieler ›Zuazogener‹ - Zugezogenen, die oftmals durch die grandiose Landschaft inspiriert wurden. Schlösser, Kirchen und Klöster sowie gelebte Traditionen und die Europa-Akademie der musischen und bildenden Künste stillen auch den kreativ-künstlerischen Hunger der Seele. Und die Allgäuer Küche sorgt für das leibliche Wohl und kombiniert bayerische Herzhaftigkeit mit schwäbischer Finesse,

Allgäuer Milchprodukte mit Bodenseer Obst und Gemüse. Man serviert Wein und Bier, und schenkt nach dem Essen einen Obstler ein. Der räumt den Magen auf und macht Platz für die ›Pfosa‹ – die sogenannte Ausgezogene, ein Schmalzgebäck, zum Kaffee.

Der Bodensee

Das 538 Quadratkilometer große ›Schwäbische Meer‹ bleibt selbst dann Deutschlands größter See, wenn man die österreichischen und Schweizer Teile abzieht. Der Bodensee misst an seiner tiefsten Stelle 252 Meter und dient als Trinkwasserreservoir für die umliegenden Städte und Gemeinden. 236 Bäche und Flüsse speisen den See. Größter Wasserlieferant ist jedoch der Rhein. Dessen Wasser benötigt zwei Monate, um den Bodensee bis zu seinem Abfluss beim Ort Stein am Rhein zu durchqueren. Föhnwinde und Sturmböen bei Sommergewittern machen den Bodensee für Wassersportler zu einem anspruchsvollen Binnengewässer. Alle drei Anrainerstaaten haben daher ein gemeinsames Sturmwarnsystem, das man beachten sollte. Der Name Bodensee ergab sich über die Jahrhunderte aus dem ursprünglichen Ortsnamen von Bodman, einem Ort am Westende des Überlinger Sees. Dieser war unter dem Namen Potamico eine fränkische Königspfalz mit überregionaler Bedeutung. Der im romanischen Sprachraum verbreitete Namen Lake Constance, Lac de Constance, Lago die Constanza entstand auf einem Konzil im 15. Jahrhundert (1414–1418) und bezieht sich auf den Ort des Konzils, nämlich Konstanz, das früher Constantia genannt wurde, nach dem Römischen Kaiser Constantius Chlorus, der um 300 lebte.

Karte S. 253

▲

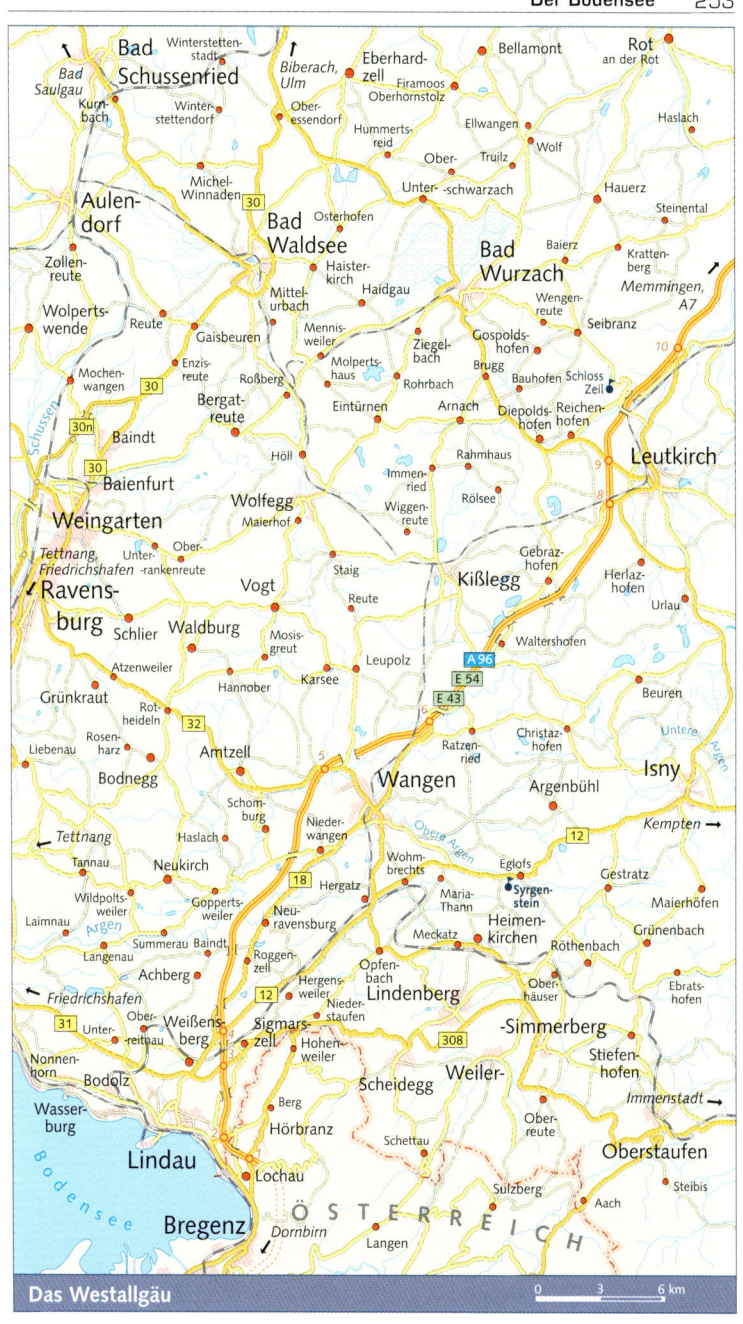

Westallgäu

Das Westallgäu

0   3   6 km

Die Bezeichnung ›Schwäbisches Meer‹ geht ebenfalls auf die Römer zurück, ist jedoch ein Missverständnis der Neuzeit. Die Römer meinten damals nämlich tatsächlich die Ostsee, wenn sie vom Mare Suebicum sprachen. Weil sich aber damals das Herzogtum Schwaben rund um den See ausbreitete, passte der poetische Name wohl einfach gut und hat sich seither gehalten. Auch wenn heute Bayern, Baden-Württemberg, das österreichische Vorarlberg sowie die Schweizer Kantone Thurgau, St. Gallen und Schaffhausen Anrainer der Sees sind.

Tatsächlich umfasst der Bodensee zwei verschiedene Seen, den Oberen und den Unteren See, die durch den ›See-Rhein‹ miteinander verbunden sind. Der sogenannte Überlinger See ist tatsächlich nur ein Arm des Oberen Sees.

Die größte Insel des Sees ist die Insel Reichenau im Überlinger See, mit dem Kloster Reichenau und dem üppigen Gemüseanbau. Die bekannteste Insel ist wohl die Insel Mainau. Sie gehört der Familie Bernadotte, die mit dem schwedischen Königshaus verwandt ist und die Insel zu einem Blumenparadies und beliebten Tourismusziel ausgebaut hat. Die Inseln Lindau und das kleine Hoy werden als Stadtgebiet genutzt. Darüber hinaus ist der Bodensee so groß, dass man vom Ostufer aus das Westufer nicht sehen kann, weil sich auf seiner Länge von rund 65 Kilometern die Erdoberfläche so stark krümmt. Von Bregenz aus kann man beispielsweise das knapp 50 Kilometer entfernte Konstanz nicht sehen, weil die Erdkrümmung bereits über 40 Meter beträgt.

Karte S. 253

▲ *Badeanstalt bei Lindau am Bodensee*

Lindau

Lindau liegt nicht am, sondern im Bodensee – zumindest die Altstadt mit dem Hafen sowie der Bahnhof. Denn Graf Adalbert von Rätien gründete im 9. Jahrhundert hier ein Kanonissenstift. Diesem schloss sich eine Bürgersiedlung an, die bereits im Jahr 822 Lindoua, also ›Insel, auf der Linden wachsen‹, genannt wurde. Der 950 gegründete Markt, aus dem später die Stadt hervorgegangen ist, lag dann zwar ursprünglich auf dem Festland, wurde aber 1079 aus Sicherheitsgründen ebenfalls auf die Insel verlegt. Im 13. Jahrhundert wurde Lindau Reichsstadt und erlebte im 15. und 16. Jahrhundert eine Blütezeit durch den Handel mit Salz und Korn, die in die Schweiz geliefert wurden.

Sowohl kaiserliche Truppen als auch Schweden belagerten die Insel während des Dreißigjährigen Krieges, und zwei Stadtbrände zu Beginn des 18. Jahrhundert zerstörten einen großen Teil der Bebauung. 1805 kam Lindau dann zu Bayern und erlebte einen erneuten wirtschaftlichen Aufschwung durch den Tourismus. 1837 begann die Dampfschifffahrt und 1853 wurde die Insel durch den Bahndamm mit dem Festland verbunden. Alle anderen Verkehrsteilnehmer benutzen heutzutage eine Brücke. Die Lindauer Spielbank wurde nach dem Zweiten Weltkrieg unter der Bedingung genehmigt, dass 70 Prozent der Spielerträge für wohltätige Zwecke gespendet werden müssen. Das moderne Gebäude steht direkt bei der Seebrücke.

Bereits seit 1951 findet jeden Sommer eine Tagung der Nobelpreisträger (www.lindau-nobel.org) in Lindau statt. Graf Lennart Bernadotte (1909–2004), der die Insel Mainau im Bodensee in einen großen Garten verwandelt hat, wirkte als ›Ehrendoktor‹ bei der Veranstaltung mit. Er entstammte dem schwedischen Königshaus und beförderte die gute Verbindung zum Nobelpreis-Komitee in Stockholm. Ziel der Veranstaltung war die Isolation der deutschen Wissenschaft nach dem Zweiten Weltkrieg zu überwinden. Inzwischen geht es eher um den wissenschaftlichen Austausch von Nobelpreisträgern und Nachwuchswissenschaftlern aus aller Welt.

Die Altstadt von Lindau ist für sich bereits sehenswert. Ihre Lage auf der Insel im Bodensee verleiht dem Ort zudem einen besonderen Charme, der mediterrane Genüsse und luftige Höhen vereint. Das Schwäbische Meer und die Allgäuer Alpen treffen sich an einer Stelle, der man ansieht, dass sie auch vor Jahrhunderten schon von ihrer exponierten Lage profitiert hat.

Sehenswürdigkeiten

Vom Seeparkplatz Nr. 5 sind es nur wenige Schritte zu Fuß zum Hafen aus dem Jahr 1856. Der Bayerische Löwe bewacht die Hafeneinfahrt. Und der **Alte Leuchtturm**, auch Mangturm genannt, ist ein eindrucksvoller Zeuge der ehemaligen Stadtbefestigung. Seinen Namen erhielt er durch die ehemals angebauten Tuchhallen, in denen gefärbt und gemangt wurde. An der Seepromenade reihen sich Hotels und Cafés aneinander und werben um die Gunst der Gäste. Wer hingegen die 139 Stufen des **Neuen Leuchtturms** erklimmt, wird mit einem herrlichen Ausblick über die rund 800 Jahre alte Stadt und den See belohnt.

Die **St. Peterskirche** am Unteren Schrannenplatz ist der älteste Sakralbau der Stadt. Sie wurde um das Jahr 1000 errichtet. Der Turm scheint im Verhältnis zum Kirchenschiff recht groß geraten. Das war Absicht, denn er diente auch zu

Das alte Rathaus von Lindau

Verteidigungszwecken. Hinter der Kirche steht ein weiterer Turm: der Diebsturm war einst Bestandteil der Stadtmauer.

Die **Maximilianstraße** ist nicht nur die breiteste und zentrale Straße Lindaus, sondern auch eine der ältesten. Bereits im 12. Jahrhundert wurde sie zum Stift hin gebaut. Das Haus Nr. 1, das **Gasthaus zum Sünfzen**, geht im Kern auf das 14. Jahrhundert zurück. Dort trafen sich die Patrizier, die sich 1345 gegen die Zünfte wehrten. Das Haus wurde 1358 erbaut und steht heute allen Besuchern offen. Der siebenzackige Stern im Wirtshausschild war das Zunftzeichen der Brauer.

Das **Haus zur Brotlaube** (Nr. 26) war gemeinsam mit der Nr. 24 einst das Zunfthaus der Bäcker und geht auf das 14. Jahrhundert zurück. Dort wurde auch das Brot verkauft.

In der Mitte der Maximilianstraße befindet sich der **Bismarckplatz**. Dort steht das **Alte Rathaus**, ein spätgotischer Bau aus dem 15. Jahrhundert mit farbenfroher Fassadenmalerei auf seinem Treppengiebeln im Renaissance-Stil, die wiederum aus dem 16. Jahrhundert stammen.

Im Rathaus werden heute das Stadtarchiv und Teile der ehemalige Reichsstädtischen Bibliothek aufbewahrt. Das **Neue Rathaus** steht am selben Platz, gleich nebenan. Es ist ein dreigeschossiger Barockbau, dem 2003 ein Glockenspiel spendiert wurde. Die 24 Bronzeglocken spielen jeden Tag um 11.45 Uhr. Das heutige Rathaus befindet sich allerdings auf dem Festland, im Stadtteil Reutin.

Über die Cramergasse kommt man zum **Marktplatz**. In dessen Mitte steht der Neptunbrunnen, er wurde 1840 nach dem Augsburger Vorbild errichtet. Außerdem befindet sich dort eines der schönsten Häuser des gesamten Bodenseeraumes: das **Haus zum Cavazen**. Michael von Seutter ließ es 1729 errichten. Die prächtige Fassadenmalerei unter dem Walmdach des dreistöckigen, neunachsigen Hauses ist wirklich beeindruckend. Seit 1929 ist das **Städtische Museum** in dem Gebäude untergebracht. Ausgesprochen stilvoll sind dort also verschiedene Sammlungen zur Wohnkultur der Patrizier, zum Handwerk und zur Volkskunst untergebracht.

Im Osten des Marktplatzes liegt der ehemalige **Stiftsbereich**. Das Benediktiner-

Fresken in der St. Peterskirche

Westallgäu

kloster aus dem 9. Jahrhundert musste allerdings dem Barock weichen: die **Stiftskirche Mariä Himmelfahrt** stammt aus dem 18. Jahrhundert. Das Gotteshaus hat jedoch bereits mehrere Brände und einen Deckeneinsturz im Jahr 1987 hinter sich. Zuletzt wurde es 1993 erneut geweiht. Aber im Süden sind noch die beiden Flügel des ehemaligen Stiftsgebäudes erhalten.

Neben der Stiftskirche steht die evangelische **Pfarrkirche St. Stephan**, ein ziemlich schlichter Bau, dessen Grundstein um 1180 gelegt wurde. Die eher düstere Hülle umgibt einen lichten, mit verspielten Stuckornamenten verzierten Innenraum aus dem Rokoko.

Vom Parkplatz hinter dem Stiftsgebäude aus führt ein Fußweg zum **Barfüßerplatz**.

Dort steht eine **ehemalige Klosterkirche** der Franziskaner aus dem Jahr 1250. Das Kloster wurde 1528 aufgehoben und das dazugehörige Gotteshaus, die ehemalige Barfüßerkirche, 130 Jahre später zur evangelischen Dreifaltigkeitskirche umbenannt. 1798 wurde der Sakralbau dann profanisiert und als Kaserne, Militär- und Feuerwehrmagazin sowie als Turnhalle und sogar als Gefängnis genutzt. Heute ist das **Stadttheater** dort zuhause.

Aktivitäten

Rund um die Stadt Lindau führt ein **Uferweg** an Resten alter Bastionen vorbei: der Gerberschanze im Südosten, der Sternschanze im Norden und im Nordwesten der Pulverschanze. Daneben liegt der Pulverturm, ein Wehrbau aus dem Jahr 1508.

Direkt neben dem Hafen wurde bereits 1839 das **Seebad an der Römerschanze** eröffnet – schon damals, und das war beinahe revolutionär, für beide Geschlechter. Auch heute dürfen dort Männlein und Weiblein gemeinsam baden. Aber nur, wenn sie Mitglieder im Förderverein sind. Praktischerweise kann man die Mitgliedsanträge täglich zwischen 9 und 12 Uhr abgeben und dann gleich baden. Das **Limare Spaß- und Vitalbad** steht jedem offen, befindet sich jedoch auf dem Festland und wurde erst in diesem Jahrtausend eröffnet.

Schiffstouren mit der Bayerischen Schifffahrtsgesellschaft gehören eigentlich zum Pflichtprogramm eines jeden Bodenseebesuchers. Beliebt sind Rundfahrten in der Bregenzer Bucht, Frühschoppenfahrten und die Drei-Länder-Panoramafahrt. Eine Besonderheit ist freilich die Fahrt mit dem Schaufelraddampfer ›SD Hohentwiel‹ der Bodensee-Schiffsbetriebe. Wer selbst gerne Kapitän ist, dem stehen allein in Lindau vier **Bootsvermietungen** zur Verfügung.

▲ *Das ehemalige Hauptzollamt in Lindau*

Wassersport bietet sich in Lindau an: Segeln, Tauchen, Wasserski und Windsurfen – all das kann man im Bodensee, und der liegt praktischerweise vor der Tür. Darüber hinaus gibt es die Möglichkeit, Tauchfahrten und Lehrgänge im Tauchen und Segeln zu absolvieren. Angelerlaubnisscheine für den Bodensee gibt es bei den Verkehrsämtern von Nonnenhorn und Wasserburg.

Der **Bodensee–Königssee-Radweg** startet in Lindau und endet nach 399 Kilometern am Königssee in Berchtesga-

den. Im hügeligen Allgäuer Alpenvorland heißen die Erfrischungs-Stationen im Sommer: Alpsee, Rottach-Stausee und Hopfensee. Der Weg führt südlich an Wangen vorbei, durch Oberstaufen, Immenstadt und Nesselwang nach Füssen. Dort verlässt er das Allgäu und schlängelt sich weiter durch das oberbayerische Land.

Der beliebte **Radwanderweg Bodensee** geht von Lindau über Wasserburg nach Nonnenhorn, wo er das Allgäu verlässt, aber weiter rund um den Bodensee führt.

 Lindau

Touristinformation, Alfred-Nobel-Platz 1, 88131 Lindau, Tel. 08382/260030, www.lindau-tourismus.de; gegenüber dem Hauptbahnhof. Apr.–Sept. Mo–Sa 10–18 Uhr, So 10–13 Uhr, Jan.–März, Okt.–Dez. Mo–Fr 10–12 und 14–17 Uhr.

Der Lindauer Hauptbahnhof befindet sich (noch) auf der Insel. Auch Gäste aus den Fernverkehrszügen steigen direkt am Bodenseeufer aus. Lindau ist über Friedrichshafen in Richtung Westen, Memmingen in Richtung Norden und Osten sowie Bregenz in Richtung Süden gut in das Fernverkehrsnetz eingebunden, erschließt aber auch nahegelegene Erholungsziele mit der Bahn.

Bodensee-Schiffsbetriebe GmbH, Schützingerweg 2, 88131 Lindau/Bodensee, Tel. 08382/275840, Fax 2758411, www. bsb-online.com.

Hotel Helvetia, Seepromenade 3, 88131 Lindau, Tel. 08382/9130, www.hotel. helvetia.com; 105–200 € p.P. Exklusive Themenzimmer, außergewöhnliche Themenangebote

Hotel Schreier, Färbergasse 2, 8811 Lindau, Tel. 08382/944484, www.hotel-

schreier.de; ab 85 € p.P. Kleines, exklusives Hotel an der Seepromenade, zum Teil Zimmer mit Seeblick.

Hotel Anker, Bindergasse 15, 88131 Lindau, Tel. 08382/2609844, Fax 2609846; DZ ab 78 €. Familiär, zentral in der Fußgängerzone, eigene Parkplätze. Die Zimmer sind schlicht, aber sehr angenehm und gemütlich, teilweise mit Holzböden.

Hotel Ratsstuben, Ludwigstraße 7, 88131 Lindau, 08382/6626, www.ratsstuben. li; 40–65 € p.P. Historisches Haus, moderne Zimmer, kein Aufzug, aber schöner Innenhof

Hotel Max, Giebelbachstr. 1, 88131 Lindau, Tel. 08382/6066, Fax 5679, wwww.max-hotel.de; DZ ab 85 €. Auf dem Festland, aber nur 200 Meter vom Ufer des Bodensees entfernt. Einige Zimmer sind barrierefrei, modernes, kreatives Ambiente, Kunstworkshops im Atelier der Gastgeberin.

Jugendherberge, Herbergsweg 11, 88131 Lindau/Bodensee, Tel. 08382/96710, Fax 967150, www.lindau.jugendherberge.de. Direkt neben dem Limare Spaß- und Vitalbad (s.u.).

Park-Camping Lindau am See, Frauenhoferstr. 20, 88131 Lindau, Tel. 08382/72236, Fax 976106, www.park-camping.de; März–Nov. Parkähnliches Ge-

Westallgäu

lände mit altem Baumbestand für schattige Plätzchen am Ufer des Bodensees.
Gitzenweiler Hof Campingplatz, Gitzenweiler 88, 88131 Lindau, Tel. 08382/94940, Fax 949415, www.gitzenweiler-hof.de; ganzjährig. Freibad, zwei Restaurants und ein Einkaufsmarkt.
Campingplatz Eschbach, Höhenstr. 16, 88142 Wasserburg, Tel. 08382/887715, www.camping-eschbach.de. Mai–Sept. Hunde nicht erlaubt.

Weinstube Frey, Maximilianstraße 15, 88131 Lindau, Tel. 08382/9479676, www.weinstube-frey.de; Di–So 11.30–14 Uhr und 17–23 Uhr. Weil die Lindauer keine Keller hatten, diente das Erdgeschoss als Lagerraum, daher befindet sich die Gaststube in dem historischen Haus aus dem 15. Jahrhundert im ersten Stock; anspruchsvolle gutbürgerliche Küche.
Wissinger's im Schlechterbräu, In der Grub 28, 88131 Lindau, Tel. 08382/5042742; Mi–Mo 11.30–14 Uhr und 17.30–24 Uhr. Modernes Interieur im historischen Wirtshaus, gutbürgerliche saisonale Küche mit regionalen Zutaten.
Valentin im Schlechterbräu, In der Grub 28, 88131 Lindau, Tel. 08382/5043740; Di–Sa 12–14 Uhr und 18–24 Uhr. Gutbürgerliche Küche mit mediterranem Flair im Kellergewölbe des alten Schlechter-Brauhauses.
Zum Raichlebeck, Linggstr. 14, 88131 Lindau, Tel. 08382/28759; Di–So 12–14.30 und ab 18 Uhr. Urig schwäbisch und frisch zubereitet, daher kann es gelegentlich zu Wartezeiten kommen.
Gasthaus zum Sünfzen, Maximilianstr. 1, 88131 Lindau/Bodensee, Tel. 08382/5865, Fax 4951, www.suenfzen.de; tgl. 10–23 Uhr. In der einstigen Trinkstube der Lindauer Patrizier werden heute regionale Speisen (z.B. auch Bodenseefelchen) serviert.

Stadtmuseum, Marktplatz 6, 88131

Lindau/Bodensee, Tel. 08382/27756514; Apr.–Okt. Di–Fr 11–17 Uhr, Sa 14–17 Uhr.

Fahrradverleih Radgeber, Wackerstraße 11, 88191 Lindau, Tel. 08382/9893400, www.radgeber-lindau.de; Sommer Mo–Fr 9–18.30 Uhr, Sa 9–13 Uhr. So 10–12 Uhr, Winter Mo–Fr 9–12.30 Uhr und 14–18 Uhr, Sa 9–13 Uhr. E-Bikes (20 €/Tag), Touren- (10 €/Tag) sowie Kinderräder (7 €/Tag).

Bootsvermietung Daniel Sandau, An der Seebrücke, 88212 Lindau, Tel. 08382/5514, mobil 0172/8582747, www.bootsvermietung-lindau.de.
Bootsverleih Hodrius, Am kleinen See, 88131 Lindau, Tel. 297771, mobil 0177/3237993, www.bootsverleih-lindau.de.
Bootsvermietung Franz, beim Hotel Bad Schachen, 88131 Lindau, Tel. 22641.
Yachtcharter Sporer, Brettermarkt 7, 88131 Lindau, Tel. 08382/2757558, Fax 2757559, www.sporer-yachting.com.
Bodensee-Yachtschule Lindau, Schiffswerfte 2, 88131 Lindau, Tel. 08382/944588, Fax 944589, www.bodensee-yacht-schule.de.

Laguna Lindau Tauchsport, Bregenzer Str. 13, 88131 Lindau, Tel. 08382/944690, Fax 944692, www.laguna-lindau.de.

Seebad an der Römerschanze, im Sommer Mo–So 9.30–20 Uhr, östliche Hafenpromenade, 88131 Lindau/Bodensee, Tel. 08382/28431, nur für Mitglieder im Förderverein, 40 €/Jahr p.P., 90 €/Jahr für Familien, www.roemus.de.
Limare Spaß- und Vitalbad, Bregenzerstr. 37, 88131 Lindau, Tel. 08382/704130, Fax 704140. Di–So 14–18 Uhr, Sauna bis 21 Uhr.

Umgebung von Lindau

Mehrere Stadtteile auf dem Festland gehören zu Lindau: Aeschach, Hoyren, Bad Schachen und Reutin.

In **Aeschach** konnte eine Römersiedlung nachgewiesen werden, später gehörte das Fischerdorf zum Kloster auf der Insel. Die Familie von Oswald Krell stiftete die Kapelle im Alten Friedhof. Sie enthält einige Grabmäler von angesehenen Lindauer Bürgern. Oswald Krell selbst war Bürgermeister in Lindau; sein von Albrecht Dürer gemaltes Portrait hängt in der Alten Pinakothek in München.

Am Ufer des Bodensees entstanden im 19. und frühen 20. Jahrhundert viele prunkvolle Villen – Landhäuser des bayerischen Hofes und reicher Lindauer Bürger. Ein besonderes Exemplar ist die **Villa Lindenhof** im Lindenhofweg 17–25 in Bad Schachen: ein spätklassizistischer Bau den der Lindauer Kaufmann Friedrich Gruber 1842–1845 errichten ließ. Der umliegende Park ist nach englischem Vorbild gestaltet. Er wurde Mitte des 19. Jahrhundert angelegt und ist öffentlich zugänglich. Das Gebäude gehört heute der Stadt und wird für kulturelle Veranstaltungen genutzt. Im Ostflügel sind außerdem die ›Friedensräume‹ untergebracht, ein interaktives Museum, das sich dem Frieden widmet.

Die ›Perle am bayerischen Bodensee‹ ist das auf einer Halbinsel gelegene **Wasserburg**. Die Geschichte des ehemaligen Weinbau- und Fischerdorfes reicht über 1200 Jahre zurück und wird im **Museum im Malhaus** dokumentiert. Dort gibt es auch eine Dauerausstellung über Marin Walser, der in Wasserburg geboren und aufgewachsen ist, und über Horst Wolfram Geißler (1893–1983), den Autor des Romans ›Lieber Augustin‹. Im Malhaus fanden in der Mitte des 17. Jahrhunderts auch die Hexenbefragungen statt und führten zum Tod von mindestens 26 zumeist männlichen Personen. Besonders sehenswert ist die Wasserburger **Pfarrkirche Sankt Georg** aus dem Jahr 1656. Sie wurde im Stil des Elias Holl erbaut. Steintafeln erinnern an die Winter, in denen der Bodensee komplett zufror, nämlich 1573, 1830 und 1963. Und am Esch-

St. Georg in Wasserburg am Bodensee

bach erinnert das Denkmal ›Lieber Augustin‹ an den Autor des gleichnamigen Romans. Im ehemaligen Fuggerschloss aus dem 15. Jahrhundert können heutzutage auch nichtadelige Gäste direkt am See nächtigen.

Insgesamt 15 Weinpressen gab es einmal in **Nonnenhorn**. Die älteste und größte steht an der Conrad-Forster-Straße. Der sogenannte ›Torgel‹ stammt aus dem Jahr 1591 und presste in seiner aktiven Zeit mit rund 400 Zentnern Gewicht den Saft aus den Trauben. Im Sommer, von Mai bis September, wird die Funktionsweise des Torgels jeden Mittwoch um 14 Uhr an Ort und Stelle erklärt.

 Umgebung Lindau

Verkehrsamt Wasserburg, Lindenplatz 1, 88142 Wasserburg, Tel. 08382/887474, Fax 89042, www.wasserburg-bodensee.de; Mai–Sept. Mo–Fr 8–12 und 14–16.30 Uhr, Okt.–Apr. 8–12 Uhr.

Verkehrsamt Nonnenhorn, Im Haus Stedi, Seehalde 2, 88149 Nonnenhorn, Tel. 08382/8250, Fax 89076, www.nonnenhorn.eu; Mo–Fr 9–12 Uhr.

Hotel Bad Schachen, Bad Schachen 1, 88131 Lindau, Tel. 08382/2980, www.badschachen.de; 101–182 € p.P. Traditionshotel am Seeufer, seit 1752 in Familienbesitz.

Landhotel Montfort, Streitelsfinger Straße 38, 88131 Lindau, Tel. 08382/72811, www.montfort-schloessle.de; ab 46 € p.P. Restaurant Apr.–Okt. Mi–Fr 17–23 Uhr, Sa 15–23 Uhr, So, Fei 12–23 Uhr, Winterferien Nov.–März. Renovierter, denkmalgeschützter Gutshof zwischen Obstplantagen etwa 4 km von Lindau entfernt, gemütlicher Gastgarten mit tollem Seeblick.

Schloss-Hotel Wasserburg, Halbinselstraße 78, 88142 Wasserburg, Tel. 08382/2733300, Fax 27333048, www.schlosshotel-wasserburg.de; ab 60 € p.P. Historisches Haus mit guter Küche und großzügigen Zimmern direkt am Bodensee, Seeterrasse, eigener Badestrand; wer mit dem Boot über den See anreist, wird mit einem kleinen Schlauchboot abgeholt, weil das Hotel keinen eigenen Anlegesteg hat.

Hotel Lipprandt, Halbinselstraße 65, 88142 Wasserburg, Tel. 08382/98760, www.hotel-lipprandt; ab 59 € p.P. Das EnergieTeam Wasserburg hat dem Hotel drei Ökosterne für vorbildliches Verhalten bei der Nutzung erneuerbarer Energien und energieeffizienter Geräte sowie schonenden Umgang mit Ressourcen verliehen.

Haus Eschbach,Bachweg 1a, 88142 Wasserburg, Tel. 08382/887026, www.haus-eschbach.de; ab 34 € p.P. Familiär, kinderfreundlich und umweltfreundlich, vom Energieteam Wasserburg mit zwei Ökosternen ausgezeichnet.

Hotel-Restaurant Seewirt, Seestraße 15, 88149 Nonnenhorn, Tel. 08382/988500, www.hotel-seewirt.de; ab 45 € p.P. Klimaneutrales Hotel mit gepflegter Gaststätte direkt am See, Kaminzimmer und schattiger Garten, hausgemachte Kuchen, Garagen für Fahrrad und Motorrad.

Gästehaus Hornstein, Uferstraße 14/12a, 88149 Nonnenhorn, Tel. 08382/8483, www.gaestehaus-hornstein.de; ab 29 € p.P. Privater See-Naturbadestrand, kostenloser Fahrradverleih und freier Eintritt zum Strand-/Freibad, eigener Wein- und Obstanbau, jeden Montag ab 15 Uhr gemütliches ›Rädle‹ mit Weinen aus eigener Kelterei und kleinen Gerichten.

Museum im Malhaus, Halbinselstr. 77, 88140 Wasserburg, www.museum-malhaus-wasserburg-bodensee.de; Apr.–Okt. Di–So 10.30–12.30 Uhr, Mi, Sa, So 14.30–17 Uhr.

Friedensmuseum, Lindenhofweg 25, 88131 Lindau, Ortsteil Bad Schachen, Tel. 08382/24594; Mai–Sept Di–Sa 10–14 und 14–17 Uhr, So, Fei 14–17 Uhr.

Die Bregenzer Festspiele

Die Vorarlberger Landeshauptstadt Bregenz hat nicht nur dem Bregenzerwald seinen Namen gegeben, sondern auch den Bregenzer Festspielen. Bereits ein Jahr
nach Ende des Zweiten Weltkrieges fand die erste Bregenzer Festwoche statt.
Da Bregenz damals nicht einmal ein Theater hatte, nutzte man zwei Kieskähne
auf dem Bodensee als Bühne und Orchesterraum. Und diese Notlösung wurde
zum Programm: 1950 gab es bereits eine Bühneninsel auf Holzpfählen, 1955 wurde das Kornmarkttheater eröffnet, und ab 1962 kam das Renaissanceschloss in
Hohenems als Vorstellungsort hinzu. Zehn Jahre später wurde der Martinsplatz in
der Bregenzer Altstadt zu einem weiteren Aufführungsort. 1979 wurde eine neue
Seebühne und 1980 das Festspiel- und Kongresshaus eröffnet.

Seit 1985 werden die Spiele auf dem See jeweils zwei Sommer lang gespielt.
Das erlaubt größere Investitionen in die Bühnenaufbauten. Doch die Bregenzer
Festspiele wachsen immer noch weiter. Seit 1998 finden auch auf der Werkstatt-
bühne Aufführungen statt. 2006 wurde erstmals im neu sanierten Festspielhaus
gespielt. Weitere zwei Jahre später schwappte die Fussballwelle ›La Ola‹ der Euro-
pameisterschaften beim Public Viewing über die Seebühne. Und auch im Film
spielte die Bühne schon eine Rolle: Im Film ›Ein Quantum Trost‹ aus dem Jahre
2008 entdeckte James Bond seine Widersacher während der Tosca-Vorstellung
auf der Seebühne.

Informationen

Während einer 50-minütigen Führung lernt man die größte Seebühne der Welt kennen (Juni–13. Juli Fr 16 Uhr, 18. Juli–18. Aug. tgl. 11.30, 14.30 und 15.30 Uhr).

Am Tag der Aufführung gibt es jeweils um 19 und um 19.30 Uhr einen Einfüh-
rungsvortrag im Festspielhaus (6 € p.P.).

Weitere Informationen: Bregenzer Festspiele GmbH, Platz der Wiener Sympho-
niker 1, A 6900 Bregenz, Tel. +43/5574/4076, Fax 407400, www.bregenzer
festspiele.com).

Das Festspielhaus in Bregenz

Lindenberg

Die Besitzung ›Lintiberc‹ ging 857 an das Kloster Sankt Gallen. Im Jahr 1570 wurde der Ort dann österreichisch und gehört seit dem Pressburger Frieden (1805) zu Bayern. Das Stadtrecht erhielt Lindenberg erst 1914, also vor knapp hundert Jahren.

Berühmtheit erlangte der Höhenluftkurort auf knapp 800 Metern bereits im 18. Jahrhundert, als im Jahr 1755 die Herstellung und der Vertrieb von Strohhüten begann. Um 1815 wurden bereits 56 000 Hüte pro Jahr produziert, und im Laufe der Zeit entwickelte sich eine florierende Hutindustrie. Ihren Höhepunkt erreichte sie im Jahr 1913, als rund acht Millionen Hüte gefertigt wurden. Zeitweise nannte man Lindenberg auch das ›Kleine Paris der Hutmode‹. Heute existiert allerdings nur noch eine einzige namhafte Hutmacherfabrik, und zwar die Mayser GmbH & Co.KG. Sie produziert ihre Hüte jedoch nicht mehr in Lindenberg. Im Gebäude der ehemaligen Strohhutfabrik ›Mercedes‹ zeigt das **Hutmuseum** aber die Geschichte und die Techniken der Hut-Herstellung in Lindenberg und Umgebung.

Dass in Bayern die Kirche mitten im Dorf steht, stimmt auch in Lindenberg: Die **Pfarrkirche Sankt Peter und Paul** mit ihren Doppeltürmen und der mächtigen Kuppel dominiert das Stadtbild. Sie wurde in den Jahren von 1912 bis 1914 erbaut, als die Bevölkerung von etwa 1600 im Jahr 1870 auf rund 4500 Einwohner angewachsen war. Bereits 1885 begann man für den Bau einer neuen Kirche zu sparen. Und so entstand ein knapp 70 Meter langes Kirchenschiff mit 1200 Sitz- und 1800 Stehplätzen, einer 38 Meter hohen Kuppel und zwei 55 Meter hohen Türmen. Imposant ist auch die Orgel. Seit 1959 umfasst sie etwa 4100 Pfeifen und 57 Register. Aufgrund ihrer enormen Ausmaße erhielt die Lindauer Pfarrkirche den Beinamen ›Westallgäuer Dom‹.

Kunsthistorisch interessanter ist die alte **Pfarrkirche Sankt Aurelius**. Der ursprüngliche Bau aus dem Mittelalter wurde 1636 von den Schweden in Brand gesteckt. Nur der gotische Turm blieb erhalten. Chor und östliches Langhaus stammen aus dem 17. Jahrhundert. 1764 stürzte der hintere Teil der Kirche ein, und im Zuge des Wiederaufbaus wurde sie etwas verlängert und im Geist des Rokoko ausgestattet. 1767 kamen die Aureliusreliquien in das Gotteshaus. Dafür wurde die südliche Seitenkapelle angebaut. Der nördliche Seitenaltar entstand aufgrund einer weiteren Reliquie im Jahr 1792. Sowohl am Bau als auch an den Erweiterungen war der Lindenberger Baumeister Johann Georg Specht (1721–1803) beteiligt. 1795 wurden die von ihm in Auftrag gegebenen Fresken

Karte S. 253

▲ *Die katholische Pfarrkirche St. Aurelius*

Das Hutmuseum

jedoch übermalt. Dennoch präsentiert sich die Kirche in ihrer Innenausstattung heute in etwa so, wie sie Ende des 18. Jahrhunderts ausgesehen hat, mit Fresken von Johann Jakob Spielger, ebenfalls einem gebürtigen Lindenberger.

Am Stadtplatz steht das neugotische **Rathaus** aus dem Jahr 1907. Auch dieses beeindruckt mit seinen Ausmaßen. Seine Größe war einst damit begründet, dass darin neben der Gemeindeverwaltung auch Wohnungen für Lehrer und Gemeindediener sowie Feuerwehrgeräte, der Leichenwagen und eine Arrestzelle untergebracht werden sollten. Inzwischen ist die Bürokratie jedoch so groß, dass das Rathaus allein mit seinen Verwaltungen aus allen Nähten platzt. Auf dem Platz vor dem Gebäude stehen ein Brunnen von Hermann Gierer mit Relieftafeln zur Stadtgeschichte und samstags von 7 bis 12 Uhr die Stände des Wochenmarkts. Die Hauptstraße ist

die südöstliche Begrenzung des Platzes und die zentrale Einkaufsstraße der Stadt. Am dritten Sonntag nach Pfingsten findet jedes Jahr der **Lindenberger Huttag** statt, mit zahlreichen Veranstaltungen rund um den Hut. Seit 2002 wird an diesem Tag auch alle zwei Jahre (2014, 2016, ...) eine Hutkönigin gewählt.

Rohmilch-Produzenten aus ganz Europa treffen sich jedes Jahr am letzten Samstag im August mit regionalen Anbietern zum **jährlichen Käse- und Gourmetfest**. Das ganz Jahr über führt die **Westallgäuer Käsestraße** (→ S. 268) zu Käsereien und Sennereien in Lindenberg, Weiler, Stiefenhofen, Grünenbach und Gestratz. Ebenfalls Station in Lindenberg macht die Deutsche Alpenstraße (→ S. 25).

Der **Waldsee** westlich von Lindenberg ist der höchstgelegene Moorsee in Deutschland. Er liegt auf 765 Metern, dennoch lockt das Naturfreibad im Sommer mit einer gemäßigten Wassertemperatur. Ein **Moorlehrpfad** informiert über ökologische und ökonomische Fakten rund um das Moor und den Torfabbau. Eine

Im Winter warten zahlreiche Loipen

winterliche Alternative zum Baden bietet sich an der Zufahrt zum Waldsee mit dem **Westallgäuer Kunst-Eisstadion**. Der **Nordic-Fitness-Sports Park Westallgäu** umfasst ein Wegenetz von 22 ausgeschilderten Routen mit insgesamt 150 Kilometer Länge. Einen Plan hat die Touristeninformation Lindenberg.

Die Gemeinde hat außerdem ein Herz für **Skilangläufer**: Rund um Lindenberg sind im Winter rund 25 Kilometer Doppel- und Vierspur-Loipen sowie rund 120 Kilometer Anschlussloipen gespurt. Die Touristeninformation hat außerdem eine Karte der 50 Kilometer langen Loipe vom Alpsee zum Waldsee. Zentraler Startpunkt für die Langläufer ist das Hallenbad, in dem während der Öffnungszeiten auch geduscht werden kann.

 Lindenberg

Touristeninformation, Stadtplatz 1, 88161 Lindenberg im Allgäu, Tel. 08381/80328, Fax 80388, www.lindenberg.de; Mo–Fr 9–12.30 Uhr, Jan.–Okt. Sa 10–12 Uhr.
Stadtführungen: Mai–Sept. Mo 10.30 Uhr, Treffpunkt ist der Brunnen am Stadtplatz.

Hotel Waldsee, Austraße 41, 88161 Lindenberg, Tel. 08381/92610, www.hotel-waldsee.de; ab 45 € p.P. Restaurant Di–Fr 11.30–14 Uhr und ab 18 Uhr, Sa, So ab 11.30 Uhr. Idyllische Lage am Ufer des Waldsees, gehobene Küche mit vielen Fischgerichten und regionalen Spezialitäten.
Bayerischer Hof, Hauptstraße 82, 88161 Lindenberg, Tel. 08381/92550, www.bayerischer-hof.info; ab 39 € p.P. Restaurant Do–Di 7.30–27 Uhr, warme Küche 11.30–14 Uhr und 17.30–21 Uhr. Zentral gelegen, gutbürgerliche Küche.
Gasthaus zum Löwen, Marktstr. 8, 88161 Lindenberg, Tel. 08381/81849, www.loewe-lindenberg.de; Sommer Di–So 9.30 24 Uhr, Winter 9.30–14 Uhr 17–24 Uhr. Das Geburtshaus von Kirchenbaumeister Johann Georg Specht ist eines der ältesten Häuser der Stadt, der jüngste Wirt Lindenbergs serviert dort gehobene regionale Küche in einer urigen Bauernstube.

Campingplatz Alpenblick, Scheckenmanklitz 18, 88171 Simmerberg, Tel. 08381/3447, Fax 942195, www.camping-alpenblick.de; ganzjährig. Fußbodenheizung im Sanitärgebäude, Streichelzoo, eigene Gaststätte.
Wohnmobilstellplatz am Parkplatz Austraße, gebührenfrei.

Hutmuseum, Im Brennerwinkel 4, 88161 Lindenberg, Tel. 08381/80328; Feb.–Okt. Mi 15–17.30 Uhr, So 10–12 Uhr.

Naturfreibad Waldsee, Austraße 43, 88161 Lindenberg, Tel. 08381/940772; Mai–Sept. ab 5 Uhr (!).

Westallgäuer Kunst-Eisstadion, Austr. 40, 88161 Lindenberg, Tel. 08381/83476, www.eisplatz-lindenberg.de; Nov.–Apr.,Mo–Sa 14–16.30 Uhr, Sa 14–16 Uhr.

Umgebung von Lindenberg

In **Weiler** wurde der erste Allgäuer Emmentaler hergestellt. Dort kann man das Westallgäuer Heimatmuseum und die Postbrauerei besichtigen. Vor allem aber zeigt die Käsereigenossenschaft Bremenried, wie der Allgäuer Emmentaler gemacht wird.

Die **Wallfahrtskirche Maria Thann** in der Gemeinde Hergatz gilt als eine der ältesten Pfarrkirchen im Allgäu. Sie wurde nachweislich 1465 geweiht, geht aber vermutlich auf ein viel älteres Gebäude zurück. Das erste Wallfahrtsprotokoll stammt immerhin aus dem Jahr 1581. Echtes Hochgebirgsklima auf 800 bis 1000 Metern Höhe im Dreiländereck Deutschland, Österreich und Schweiz hat **Scheidegg** zu bieten. Und der Scheidegger Baumwipfelpfad **Skywalk Allgäu** eröffnet auf bis zu 40 Metern Höhe einen weiteren fantastischen Rundumblick, auf die Alpen, das Allgäu und den Bodensee — und all das auch für Kinderwagen- und

Rollstuhlfahrer, denn der Weg ist sicher und barrierefrei. Außerdem gibt es einen Barfußpfad, ein Bohlenlabyrinth, einen Naturerlebnispfad und einen Abenteuerspielplatz.

Ein schönes Ziel für wasserbegeisterte Wanderer sind die drei **Rickenbachfälle** bei Scheidegg mit bis zu 20 Metern Höhe. Der Weg startet bei Gretenmühle, an der B 308. Dort gibt es auch einen **Reptilienzoo**. Darüber hinaus liegt der Bregenzer Wald direkt vor der Haustüre.

ℹ️ Umgebung von Lindenberg

Gästeamt Weiler, Hauptstraße 14, 88171 Weiler im Allgäu, Tel. 08387/39150, www.weiler-im-allgaeu.de; Sommer Mo–Fr 9–12 und 13.30–17.30 Uhr, Winter Mo–Fr 9–12 Uhr und 13.30–16.30 Uhr. **Gemeinde Hergatz**, Salzstraße 18, 88145 Hergatz, Tel. 08385/92133, www.hergatz.de; Mo–Fr 8–12 Uhr, Mo, Di, Fr 14–16 Uhr.
Kurverwaltung Scheidegg, Rathausplatz 8, 88175 Scheidegg, Tel. 08381/89555, www.scheidegg.de; Mo–Fr 9–17 Uhr, Sa, So, Fei gegenüber in Christians Dorfkiosk 8.30–14 Uhr. Wirte und Beherbergungsbetriebe mit glutenfreier Kost sind extra gekennzeichnet.

🛏️ 🍴

Bräustüble und Hotel der Postbrauerei Weiler, Fridolin-Holzer-Straße 4, 88171 Weiler, Tel. 08387/1070, www.postinweiler.de; ab 40 € p.P. Restaurant im Sommer 11–14.30 Uhr und ab 17 Uhr, warme Küche 12–14 Uhr und 17.30–21.30 Uhr, im Winter Mo–Sa ab 17 Uhr, So ab 11 Uhr. Auf der Südseite gibt es eine Bierglocke, mit der besonders Durstige sich mit Hilfe des Glockenzugs ein schnelles Bier bestellen können.
Führungen durch die Brauerei: Mai–Sept. Di 9.45 Uhr, Käsgasse 17, 88171 Weiler, Tel. 08387/39150, www.post-brauerei.de.
Landgasthof Rössle, Hauptstraße 14, 88167 Stiefenhofen, Tel. 08383/92090,

www.roessle.net; ab 33 € p.P. Restaurant Do–Di. Eigener Kräutergarten; kinder-, rad- und motorradfreundlich.
Landhotel Gasthaus Ellerhof, Hagspiel 3, 88175 Scheidegg/OT Hagspiel, Tel. 08387/99160, www.landhotel-ellerhof.de; ab 47 € p.P. Restaurant Mi–So 11.30–23 Uhr, warme Küche 11.30–14 Uhr und 17.30–21 Uhr. Allgäuer Spezialitäten sowie eine Extra-Karte mit glutenfreien Speisen.
Restaurant Rohrachblick, Gretenmühle 14, 88175 Scheidegg, Tel. 08381/6602, www.restaurant-rohrachblick.com; tgl. ab 9, Fr ab 18 Uhr, Nov.–Mai Fr. Ruhetag.

Scheidegger Baumwipfelpfad ›Skywalk Allgäu‹, Oberschwenden 25, 88175 Scheidegg, Tel. 08381/8961800, www.skywalk-allgaeu.de; Eintritt 6,50/4 €. Apr.–Sept. 10–18 Uhr, Nov.–Dez. 10–16 Uhr.
Reptilienzoo, Gretenmühle 9, 88175 Scheidegg, Tel. 08381/8917538, www.reptilienzoo-scheidegg.com; Apr.–Sept. Sa–Do 9–18 Uhr, Okt., Nov., Feb., März Sa–Do 9–17 Uhr.

Käsereigenossenschaft Bremenried, Bregenzer Str. 96, 88171 Weiler im Allgäu, Tel. 08387/2658, www.kaese-bestellung.de; Laden Mo–Sa 7–12 und 16–19 Uhr, So, Fei 7–11.30 und 17.30–19 Uhr.

Westallgäu

ESSAY

Die Westallgäuer Käsestraße

Braune Kühe gehören in das Bild vom grünen Allgäu wie die Butter auf das Brot – während der Käse zur Not auch ohne Brot gegessen wird. Die herrlich runden Laibe des Emmentalers mit ihrer hellbrauner Rinde und den großen Löchern gehören zu den Sinnbildern der Allgäuer Käsekultur, allerdings noch nicht allzu lang. Knapp 200 Jahre ist es her, dass die Schweizer Sennen ihre Kunst der Emmentaler-Herstellung im Allgäu verbreiteten. Anno 1821 erblickte der erste Allgäuer Emmentaler in einer Käserei in Weiler das Licht der Welt. Sechs Jahre später wurde auf der Gunzesrieder Alpe der erste Zentnerlaib nach Emmentaler Art gekäst. Als wirtschaftlicher Ausgleich zum Niedergang des Leinwandhandels wurde mit der Erfindung der Rund- und Fettkäserei der Grundstein für einen neuen Wohlstand der Region gelegt. Sage und schreibe 75 Kilogramm wiegt ein Laib Allgäuer Emmentaler. Rund 70 Kühe müssen dafür einen Tag lang Gras in Milch verwandeln. Aber der Emmentaler ist nicht die einzige Allgäuer Spezialität. Über 400 verschiedene Käsesorten in mindestens 1000 Geschmacksrichtungen werden im Allgäu produziert, und insgesamt kommen rund 60 bis 70 Prozent der deutschen Käseproduktion aus dem Allgäu

Die Westallgäuer Käsestraße ist ein knapp 50 Kilometer langes Radwegenetz, auf dem in verschiedenen Tourvarianten mehr als zehn Sennereien angefahren werden. Dort können sich die Besucher über die Herstellung von Emmentaler-, Berg- und Bauernkäse sowie Butter und Quark informieren und diese auch gleich probieren. Fünf kürzere Wanderungen umrunden die Sennereien in Hopfen, Rutzhofen und Lindenberg und verbinden Börserscheidegg und Bremenried sowie Grünenbach und Gestratz.

In allen Orten an der Strecke laden Gasthäuser und Cafés zur Jause ein. Mögliche Start- und Zielorte sind u.a. Isny (→ S. 176), Wangen (→ S. 269), Lindenberg (→ S. 264) oder Eglofs (→ S. 281). Eine Karte bekommt man in den Touristeninformationen vor Ort oder im Internet.

Informationen: ARGE Westallgäuer Käsestraße, c/o Gemeindeverwaltung Oberreute, Hauptstr. 33, 88179 Oberreute, Tel. 08387/99099, Fax 99098, www. westallgaeuer-kaesestrasse.de.

Allgäuer Emmentaler

Wangen im Allgäu

Die ersten Siedler des Gebietes waren wohl Alemannen oder Franken im 5. Jahrhundert. Erstmals schriftlich erwähnt wird der Ort im Jahr 815, als er in den Besitz des Klosters Sankt Gallen überging. Im 13. Jahrhundert war Wangen befestigt und in königlicher Hand – ein Zeichen dafür, dass der Ort damals bereits Stadtrechte hatte. Im Jahr 1286 wurde Wangen dann sogar Freie Reichsstadt, unterstand also direkt dem Kaiser.

1542 zerstörte ein Feuer große Teile der Stadt. Ebenfalls verheerend war der Dreißigjährige Krieg, vorübergehend flüchtete ein Großteil der Stadtbevölkerung bis nach Bregenz. Von 1802 bis 1810 gehörte Wangen zu Bayern, gelangte dann aber in den Besitz des Königreiches Württemberg und gehört seitdem zum Württembergischen Allgäu.

Der gesamte Altstadtkern von Wangen steht unter Ensembleschutz, und tatsächlich fühlt man sich bei einem Spaziergang durch die mittelalterliche Stadt mit den reizvollen Fassaden wie auf einem Rundgang durch eine andere Welt.

Sehenswürdigkeiten

Das Frauentor, neuzeitlich auch **Ravensburger Tor** genannt, ist ein Wahrzeichen der Stadt. Der bunt bemalte Renaissanceturm mit den kleinen Ecktürmchen und der geduckten Kupferhaube geht auf das Jahr 1608 zurück. Das Tor an sich wurde jedoch bereits 1472 erstmals schriftlich erwähnt. Innen kann es nur im Rahmen von Ausstellungen besichtigt werden.

Vom Frauentor aus führt die **Herrenstraße** zum Marktplatz. Der Straßenzug wird von gotischen Treppengiebeln und Wirtshausschildern des 18. Jahrhunderts geschmückt. Der Name der Straße leitet sich vermutlich von all den Herren ab,

die dort wohnten, also dem Bürgermeister, den Räten und anderen hochgestellten Persönlichkeiten. Auf der Wand von Haus Nummer 23 wird die Belagerung Wangens durch den Truchsess von Waldburg dargestellt. Ein Schmied hatte damals einen entscheidenden Anteil an der Verteidigung der Stadt, weil er dem Truchsess ein Bein abschlug und damit die Kämpfe beendete.

Die **Schmiedstraße** zweigt nach links von der Herrenstraße ab. Im 16. Jahrhundert trugen die Sensenschmiede einen beträchtlichen Anteil zum Einkommen der Stadt bei. Heute ist nur noch eine Schmiede in der Altstadt in Betrieb, und zwar die Stadtschmiede in der Braugasse. In der Schmiedgasse erinnert ein Bild am grünen Haus Nummer 21 an den Besuch der Gattin Napoleons, Kaiserin Marie-Louise. Sie blieb zwei Wochen in der Stadt und musste mit ihren 80 Gefolgsleuten nicht nur verpflegt, sondern auch für die weitere Reise mit Proviant und Pferden ausgestattet werden. Allerdings täuscht das Bild, denn die Dame war auf dem Weg von Paris nach Wien, nicht anders herum, wie die Zeichnung andeutet.

Wiederum links biegt man von der Schmiedstraße in die **Zunfthausgasse** ab. Haus Nummer 11 war das **Zunfthaus der Weber**. Die hintere Hälfte des Hauses stammt noch aus dem 14. Jahrhundert und hat eine Bohlenbalkendecke aus dem Jahr 1342. Die vordere Hälfte wurde im 15. Jahrhundert errichtet. Der Zunftsaal wird inzwischen für Konzerte genutzt. Eine reiche Renaissance-Bemalung aus dem 16. Jahrhundert und ein rekonstruierter Turmkachelofen schmücken ihn. Er kann jedoch nur im Rahmen einer Führung oder eines Konzertes besichtigt werden.

Am südlichen Ende der Herrenstraße steht das **Rathaus**. Das barocke Treppenhaus ist während der Dienstzeiten der Behörde öffentlich zugänglich. Der **Ratsaal** kann nur im Rahmen einer Stadtführung besichtigt werden. Er ist ein buntes Potpourri aus Romantik, Gotik und Barock und beschreibt damit die lange Geschichte des Gebäudes, das bereits in der Stauferzeit errichtet wurde. Im 15. Jahrhundert folgten Umbau- und Erweiterungsmaßnahmen. Die barocke Fassade an der Giebelseite kam erst 1721 zu dem Haus dazu.

Die Giebelseite des Rathauses, die zur Unterstadt hin weist, wurde spätgotisch belassen. Auf dieser Seite schließt sich der **Postplatz** an. Dort steht seit 1990 die Skulptur des Wahrheitssuchers am Eingang zum **Kornhaus**. Dieser sechs-

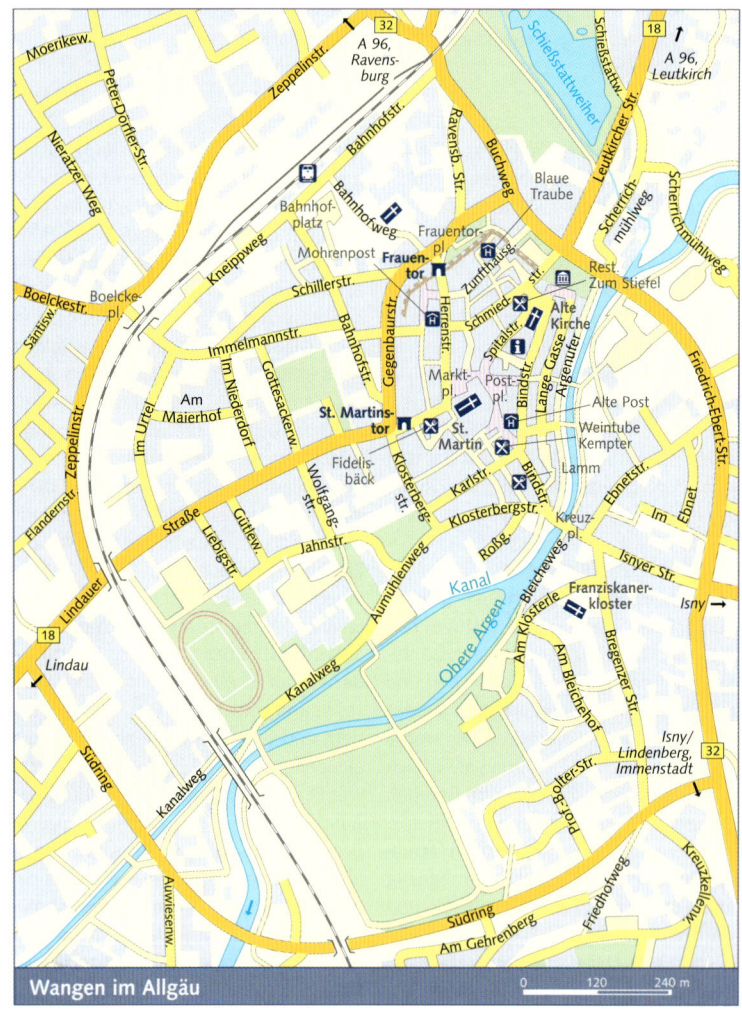

Das Rathaus von Wangen

stöckige Bau entstand in den Jahren 1600 bis 1602 und beherbergt heute die Bibliothek der Stadt. Der Postplatz grenzt sich zum Marktplatz und damit auch von der Oberstadt mit einer Häuserreihe aus Waaghaus, Rathaus, Ratloch und Messnerhaus ab. Deren Front zeigt die originale Farbigkeit des Mittelalters. Der **Pfaffenturm** ist im Norden an das Rathaus angebaut. Er war im 14. Jahrhundert noch das Stadttor im Osten. Auf der anderen Seite steht ein karger, geradezu streng wirkender Bau neben der verspielten Barockfassade des Rathauses: die **Pfarrkirche Sankt Martin**. Sie wurde erstmals im 13. Jahrhundert erwähnt. Der Legende nach geht der Bau auf eine Kirche des heiligen Gallus zurück, den irischen Missionar, der im 7. Jahrhundert im Bodenseeraum wirkte und als Gründer des Klosters im Schweizer Stankt Gallen gilt.

Das **Patrizierhaus der Familie Hinderofen** aus dem Jahr 1542 ist ein monumentales Gebäude, es setzt einen gewichtigen Akzent und rundet damit das Bild des Marktplatzes ab. Im ersten und zweiten Stock des Hinderofenhauses werden Exponate des in Schlesien geborenen und in Wangen verstorbenen expressiven Realisten Professor Wolfgang von Websky (1895–1992) gezeigt.

Vom Marktplatz aus in Richtung Westen führt die Paradiesstraße zum Sankt-Martins oder **Lindauer Tor**. Dieses wurde wie das Ravensburger Tor im Jahr 1608 errichtet. Im Durchgang finden sich sogar noch Reste einer gotischen Bemalung. In den Turmstuben haben örtliche Vereine ein Zuhause gefunden, daher kann der Turm nicht bestiegen werden.

In der **Paradiesstraße** zeigt ein Fresko die Geschichte von Jonas und dem Walfisch. Seltsamerweise wird Jonas barfuß verschluckt, aber mit Stiefeln wieder ausgespuckt. Durch das Martinstor hindurch, in der Lindauerstraße rechts, steht am alten Friedhof die **Sankt Rochuskapelle** aus dem 16. Jahrhundert. Das originelle Gotteshaus ist volkstümlich farbenfroh ausgestattet und deshalb für sich allein bereits eine Besichtigung wert, aber nur im Rahmen der Führungen ›Auf den Spu-

Westallgäu

Das Ravensburger Tor (Frauentor)

ren ins Paradies‹ zugänglich. Der ehemalige Friedhof um die Kapelle herum ist heute ein Stadtpark, der im Stil der Renaissance gestaltet wurde.

Die Bindstraße zurück in Richtung Norden bringt den Besucher zur Fachwerkfassade der **Eselmühle**, die mit der Stadtmauer und dem Pulverturm eine Einheit bildet. Im Inneren reihen sich mehrere Museen aneinander: Das **Heimatmuseum**, ein **Käsereimuseum** und eine **Ausstellung von mechanischen Musikinstrumenten** sind dort zuhause. Der Wehrgang der Stadtmauer führt an der Oberen Argen entlang weiter ins **Deutsche Eichendorff-Museum** mit dem literarischen Archiv von Joseph Freiherr von Eichendorf (1788–1857) und zur **Gustav-Freytag Ausstellung**. Daran schließt eine gut erhaltene **historische Badestube** aus dem Jahr 1589 an, die damals an der Stelle einer nochmals 180 Jahre älteren Badestube errichtet wurde. In deren Obergeschoss zeigt die Städtische Galerie wechselnde Ausstellungen.

In der St. Marienkirche

Am Eselberg steht auch die **Spitalkirche zum Heiligen Geist** mit dem Gnadenbild des Gefangenen Jesus. Dessen Wundertätigkeit lockte im 18. Jahrhundert ganze Pilgerströme in die Stadt. Für die Besucherströme wurde sogar ein weiterer Zugang in der Spitalstraße geschaffen. Dieser bleibt heutzutage geschlossen. Der Eingang zur Kirche befindet sich im daran anschließenden **Heiliggeistspital**. Dieses Gebäude aus dem Jahr 1440 beherbergt heute das städtische Altenheim. Der Eingang befindet sich im Innenhof. Von dort aus gelangt man auch zur Touristeninformation, die sich im selben Gebäudekomplex befindet.

Eine Besonderheit Wangens sind die vielen **Brunnen** der Stadt. Der kleine Führer ›Rundgang durch die Altstadt‹ (beim Gästeamt) erklärt das ›Denkmal für die verdruckten Allgäuer‹ ebenso wie den ›Amtsschimmel-Brunnen‹ mit seinen beweglichen Figuren und den ›Eselbrunnen‹ sowie die anderen über 20 Fontänen und Skulpturen der Stadt.

Südlich der Altstadt liegt das **Klösterle**, ein ehemaliger Bauernhof, der den Fran-

Der Wahrheitssucher vor dem Kornhaus

Karte S. 270

ziskanern vermacht wurde. Seit 1930 leben dort Mönche und laden Gäste ein, mit ihnen zu Leben, das Gebet und die Arbeit, aber auch die Ruhe und die Erholungszeit zu teilen. Kurzzeitbesucher können aber auch einfach im Klostergarten tief Luft holen und einen Moment Ruhe genießen.

Aktivitäten

Der **Narrensprung** am Rosenmontag gehört zur echt alemannischen Fasnacht. Kulinarische Genießer sind beim **Schlemmerfestival** im August auf dem Wangener Marktplatz am richtigen Ort. Im September begeistert die **Radtourenfahrt Oberschwäbische Barockstraße** Aktive und Zuschauer. Im gleichen Monat wird beim ältesten **Radkriterium** Deutschlands, also einem Rennen auf einem mehrmals zu befahrenden Rundkurs, das ›Goldene Rad‹ vergeben.

Wangen ist Knotenpunkt der Haupt- und Ostroute des **Radfernwanderweges Donau–Bodensee**. Weitere fünf Radwege mit 22 bis 30 Kilometern Länge sind ausgeschildert. Zum Thema Obst geht es beispielsweise kräftig bergauf und bergab. Etwas gemäßigter verläuft die **Wasser-Radtour** an der Argen entlang. Das Gästeamt hat eine topographische Karte, in der außerdem 18 Wanderwege verzeichnet sind. Und im Winter stehen – abhängig von der Schneehöhe – zahlreiche gespurte **Loipen** zur Bewegung in freier Natur zur Verfügung. Sowohl Untere Argen wie Obere Argen eignen sich zum Wandern, und im Gästeamt bekommen **Angler** Erlaubnisscheine für die Untere Argen, den Schissstattweiher und den Schwarzensee. Die **Stefanshöhe** lädt im Sommer ins Freibad ein und im Winter auf die Eislaufbahn.

 Wangen im Allgäu

Gästeamt, Bindstraße 10, 88239 Wangen im Allgäu, Tel. 07522/74211, www.wangen.de/ mai–Sept. Mo–Fr 9–18 Uhr, Sa 10–12.30 Uhr, Okt.–Apr. Mo–Fr 9–17 Uhr. Das Gästeamt bietet auch Stadtführungen an, Anmeldung erforderlich, z.B. die Führung **Historische Altstadt** (Do 15.30 Uhr, Treffpunkt Gästeamt) oder die Führung **Auf den Spuren ins Paradies** (Mai–Okt. Sa 10.30 Uhr, Treffpunkt Gästeamt). Auch eine **Kinderführung** ist in den Sommermonaten ca. zweimal im Monat im Programm.
Franziskanerkloster Klösterle, Am Klösterle 1, 88239 Wangen im Allgäu, Tel. 07522/913600, Fax 913601, www.franziskaner-wangen.de.

Hotel Alte Post, Postplatz 2, 88239 Wangen, Tel. 07522/97560, www.hotel-alte-post-wangen.de; ab 70 € p.P. Im historischen Marstall aus dem Jahr 1409, zentral gelegen, mit Garage.

Hotel Mohren-Post, Herrenstr. 27, 88239 Wangen im Allgäu, Tel. 07522/21076, Fax 4872, www.hotel-mohren-post.de; ab 79 € p.P. Moderne Einrichtung, zentral gelegen, eigene Parkplätze.
Blaue Traube, Zunfthausgasse 10, 88239 Wangen, Tel. 07522/6627, www.blaue traube.com; ab 44 € p.P. Restaurant Mo, Mi–So 11–14 Uhr, Mo, Mi–Sa 18–22 Uhr. Zentral gelegenes Familienhotel mit Gassenlaube.

Wohnmobilstellplatz am P 17, Parkscheinautomaten, Strom, Wasser, Entsorgung.

Gasthaus Lamm, Bindstraße 60, 88239 Wangen, Tel. 07522/6675, www.lamm-wangen.de; Di–So 10–14 Uhr und 17–22 Uhr. Alteingesessenes Wirtshaus mit wechselnden Mittagsgerichten und gutbürgerlicher Küche.
Gasthaus zum Stiefel, Eselsberg 6, 88239 Wangen, Tel. 07522/3802; geöffnet

Westallgäu

Di–Sa. Große Portionen im urig-rustikalen Wirtshaus.

Jugendstil-Weinstube Kempter, Bindstr. 54, 88239 Wangen im Allgäu, Tel. 07522/9733824; Mo–Sa 17 Uhr bis zum Schluss. Seit 1872 wird dort Wein serviert, die zweitälteste Weinstube in Wangen, älter ist nur noch der Kornhausmeister, der seit 1860 in Familienbesitz war, aber seit 2011 geschlossen ist.

Fidelisbäck, Paradiesstr. 3, 88239 Wangen im Allgäu, Tel. 07522/795931, www.fidelisbaeck.de; Bäckerei Mo–Fr 6–18.30 Uhr, Sa 6–14 Uhr, So 8–11 Uhr; Gastwirtschaft Mo–Fr 8–22 Uhr, Sa 8–14 Uhr, So Ruhetag. Die Bäckerei ist seit vier Generationen in Familienbesitz und verwöhnt die Gäste mit legendärem Leberkäs, Laugenhörnle und Wangener Seelen.

Saumarkt Café-Bar, Saumarkt 3, 88239 Wangen, Tel. 07522/976757; Mo–Sa 10–24 Uhr. Tagsüber Café und abends gemütliche Bar.

Museums-Café, Lange Gasse 1, 88239 Wangen, Tel. 07522/5152. Hausgemachte Kuchen und heiße Seelen.

Heimatmuseum, Eselberg 1, 88239 Wangen im Allgäu; Apr.–Okt. Di–So, Fei 14–17 Uhr. Im selben Gebäude und mit denselben Öffnungszeiten befinden sich **weitere Museen**: Käsereimuseum, Mechanische Musikinstrumente, Literarische Museen von Joseph Freiherr von Eichendorff und Gustav Freytag, Badstuben-Museum, Städtische Galerie.

Freibad Stefanshöhe, Burgelitz 15, 88239 Wangen im Allgäu, Tel. 07522/1225, www.stefanshoehe.de; im Sommer Mo–Fr 7–20.30, Sa, So, Fei 8.30–20.30 Uhr.

Eislaufbahn Stefanshöhe, Burgelitz 15, 88239 Wangen im Allgäu, Tel. 07522/1225, www.eisstadion-wangen.de; Nov.–Feb. Do, Fr, Sa, So 14–18 Uhr, Do Schlägerlauf 17–19 Uhr, Fr Walzerlauf 10–12 Uhr, Eisdisco 19–21.45 Uhr, So Anfänger und Kleinkinder 10–12 Uhr.

Umgebung von Wangen

Das **Deutschordens-Schloss Achberg** war seit Mitte des 19. Jahrhunderts der südlichste Teil Preußens, und zwar genau so lange, wie es dem Haus Hohenzollern gehörte. Vorher stand hier eine mittelalterliche Wehrburg, die 1335 erstmals urkundlich erwähnt wurde. Im 16. Jahrhundert wurde das Schloss errichtet und 1691 vom Deutschen Orden erworben. Der Orden ließ das Schloss herrschaftlich ausbauen, nutzte es allerdings nicht sehr häufig.

Im Jahre 1806 ging die Herrschaft Achberg dann an das Fürstentum Hohenzollern-Sigmaringen. Seit 1988 ist das barocke Schloss im Besitz des Landkreises Ravensburg und seit einer Mustersanierung des Landesdenkmalamtes der Öffentlichkeit zugänglich.

Im Sommer beleben heute wechselnde Ausstellungen die ehrwürdigen Gemäuer, und in der alten Schlossküche werden an Wochenenden und Feiertagen regionale Spezialitäten aus dem Allgäu serviert.

Für Bierfreunde lohnt ein Besuch in **Meckatz**, wo das im ganzen Allgäu bekannte und beliebte Meckatzer gebraut wird. Die Brauerei ist zu besichtigen, und die dazugehörige Gaststätte lohnt in jedem Fall eine Einkehr.

Zu Wangen gehören zahlreiche kleine Dörfer, die mit bodenständiger Gastronomie locken und zum großen Teil nur wenige Kilometer entfernt sind.

Karte S. 253 ▲

Das Tor zum Schloss Achberg

Westallgäu

 Umgebung von Wangen

Deutschordens-Schloss Achberg, bei Duznau an der A96 zwischen Wangen und Lindau, Tel. 0751/859520, Fax 859505 www.schloss-achberg.de; kurzer Fußweg vom Parkplatz; Mai–Sept. Fr 14–18 Uhr, Sa, So, Fei 10–18 Uhr. Führungen: Schloss So, Fei 14.30 Uhr, Ausstellung Sa 14.30 Uhr. Alte Schlossküche: Sa, So, Fei 11–18 Uhr.

Gasthaus Hirsch, Am Dorfplatz 5, 88239 Wangen/OT Leupolz, Tel. 07506/276, www.hirsch-leupolz.de; ab 30 € p.P. Restaurant Mo–Sa 9–14 Uhr Mo–Fr 17–24 Uhr. Preiswerte, unkomplizierte regionale Küche, Gastgarten, Liegewiese. Etwa 7 km nördlich von Wangen.

Gasthaus Adler, Vogter Straße 1, 88239 Wangen/OT Karsee, Tel. 07506/426, www.gasthaus-adler.net; ab 26 € p.P. Restaurant Mo, Mi–Fr 13.30–1 Uhr, Sa, So 9.30–1 Uhr. Es gibt klimaneutral hergestelltes Härle Bier und regionale Zutaten für die Hausmannskost. Etwa 7 km nordwestlich von Wangen.

Leonhardt's Stall-Besen, Humbrechts 1, 88239 Wangen/OT Humbrechts, Tel. 07522/9155360, www.stall-besen.de; Di–So ab 17 Uhr. Bodenständig traditionelle Küche und regionaler Most, 3 km westlich von Wangen.

Weinstadl Rimmele, Hiltensweiler 25, 88239 Wangen/OT Hiltensweiler, Tel. 07528/97030, www.weinstadl-rimmele.de; Di–Sa ab 17 Uhr, So ab 11.30 Uhr. Gutbürgerliche Küche im ehemaligen Kuhstall, 6 km südwestlich von Wangen.

Privatbrauerei Meckatzer Löwenbräu, Meckatz 10, 88178 Heimenkirch, Tel. 08381/50412, Fax 50443, www.meckatzer.de; Brauereiführungen Ostern–Sept. Mi 10 Uhr, rund 10 km südlich von Wangen, an der B32.

Meckatzer Bräustüble, Meckatz 8, 88178 Heimenkirch, Tel. 08381/1573, www.meckatzer-braeustueble.de; Mo, Di 10–15 Uhr, Mi–So ab 10 Uhr.

Isny im Allgäu

Östlich von Isny überschreiten der Schwarze Grat und die Schwedenschanze bereits die 1100 Meter über Normalnull. Im Süden lockt der Eistobel mit hohen Felswänden und Wasserfällen. Im Norden startet der Rundgang ›Spurensuche im Moor‹ (Info beim Stadtamt) durch das Naturschutzgebiete ›Bodenmöser‹ und das ›Taufach-Fetzach-Moos‹. Und das Tüpfelchen auf dem i ist in dieser landschaftlich reizvollen Gegend die attraktive Altstadt von Isny.

Isny blickt auf eine besonders wechselhafte **Stadtgeschichte** zurück. Bereits die Römer bauten ein Kastell an der Grenzstraße von Bregenz (Brigantium) nach Kempten (Cambodium); es lag etwa zwei Kilometer östlich des heutigen Stadtkerns. Im Jahre 1042 wurde die Kirche St. Georg und Jakobus erbaut, die am Ende des 11. Jahrhunderts in den Besitz der Hirsauer Benediktinermönche überging und zur Keimzelle eine Klosters wurde. 1096 wird die um das Kloster entstandene Marktgemeinde erstmals als ›Villa Ysinensis‹ erwähnt, 1171 erhielt Isny das Marktrecht. Knapp 200 Jahre später (1365) erlangte die Stadt Reichsunmittelbarkeit. Im Jahr 1500 erhielt sie sogar das Münzrecht. Mit der Reformation wurde Isny selbst protestantisch, während das Umland katholisch blieb. Bis heute stehen die katholische Kirche St. Jakobus und Georg sowie die evangelische Nikolaikirche direkt nebeneinander. Im 17. Jahrhundert setzten der Dreißigjährige Krieg und ein verheerender Stadtbrand der durch den Leinwandhandel reich gewordenen Stadt heftig zu. Von den knapp 380 Bürgerhäusern wurden durch den Brand 315 zerstört. In der Folge war die Stadt verschuldet, konnte sich jedoch im 18. Jahrhundert wirtschaftlich erholen. Auch diesmal waren Textilverarbeitung und -handel die Grundlage.

Im Jahre 1806 wurde Isny gegen den Willen seiner Bürger dem Königreich Württemberg zugeschlagen, wodurch es von seinen traditionellen Verbindungen nach Bayern und Österreich abgeschnitten war und der Salzhandel als Einnahmequelle verloren ging. Erst Mitte des 19. Jahrhunderts besserte sich die Lage, als ein bayerisch-württembergischer Zollverein gegründet wurde. Zu dieser Zeit begann sich auch der Tourismus als Wirtschaftszweig zu etablieren. Heute präsentiert sich Isny als lebendige und moderne Kleinstadt mit einem gut erhaltenen historischen Kern.

Auch in Isny finden im Jahresverlauf zahlreiche **Veranstaltungen** statt. Bereits 1620 wurde das bis heute jedes Jahr am zweiten Juliwochenende stattfindende Kinderfest erstmalig erwähnt (www.isny-kinderfest.de). Ebenfalls Mitte Juli findet noch nicht ganz so lange das Festival Isny-Oper statt (www.isny-oper.de). Anschließend belebt das Theaterfestival den Kultursommer (www.theaterfestival-isny.de). Im Frühjahr kommen bei den Isnyer Literaturtagen die Freunde des geschriebenen Wortes auf ihre Kosten. Die Weihnachtszeit läuten die Isnyer Anfang Dezember mit dem Adventsmarkt beim Schloss ein.

Sehenswürdigkeiten

Die **Stadtbefestigung** von Isny ist in großen Teilen noch intakt. Sie umschließt das Oval der Altstadt, das durch zwei sich kreuzende Straßen in vier Teile gegliedert ist. In der Wassertorstraße und der Espantorstraße laden zahlreiche Straßencafés zum Verweilen ein.

Am Kreuzungspunkt von Wassertor-, Espantor-, Obertor- und Bergtorstraße

▲ Karte S. 277

befindet sich der **Marktplatz**. An dessen Nordende steht das **Rathaus**, ein Ensemble aus mehreren Patrizierhäusern, auf dessen Dach seit dem Jahr 2000 ein Storchenpaar nistet. Über eine Storchen-Kamera kann man es bereits aus der Ferne kennenlernen (www.isny.tv).

Schräg gegenüber steht der **Blaserturm**. Die Wache hielt von dort Ausschau nach Feuer und Feind. Bei Gefahr wurde ein Signalhorn geblasen, und das gab dem Turm seinen Namen. An den Turm schließt das **Tuchhaus** an. Dessen Größe bezeugt die einstige Bedeutung der Flachsbearbeitung und des Leinwandhandels für die Stadt. Heute be-

findet sich darin die Stadtbücherei. Auf der südlichen Seite des Rathauses steht ein charakteristisches Allgäuer Patrizier-Doppelhaus aus dem 16. Jahrhundert. Es beherbergt bereits seit 1762 die **Stadtapotheke**. Daneben stehen die Reste des ehemaligen **Spitals zum Heiligen Geist**, nicht als Ruine, sondern als evangelisches Gemeindezentrum.

Das im Osten stehesnde **Espantor** aus dem Jahr 1467 erreicht man über die gleichnamige Straße. In dem Tor, das einst zu den allgemeinen Weideplätzen hinausführte, finden von Mai bis September Wechselausstellungen der Städtischen Galerie statt.

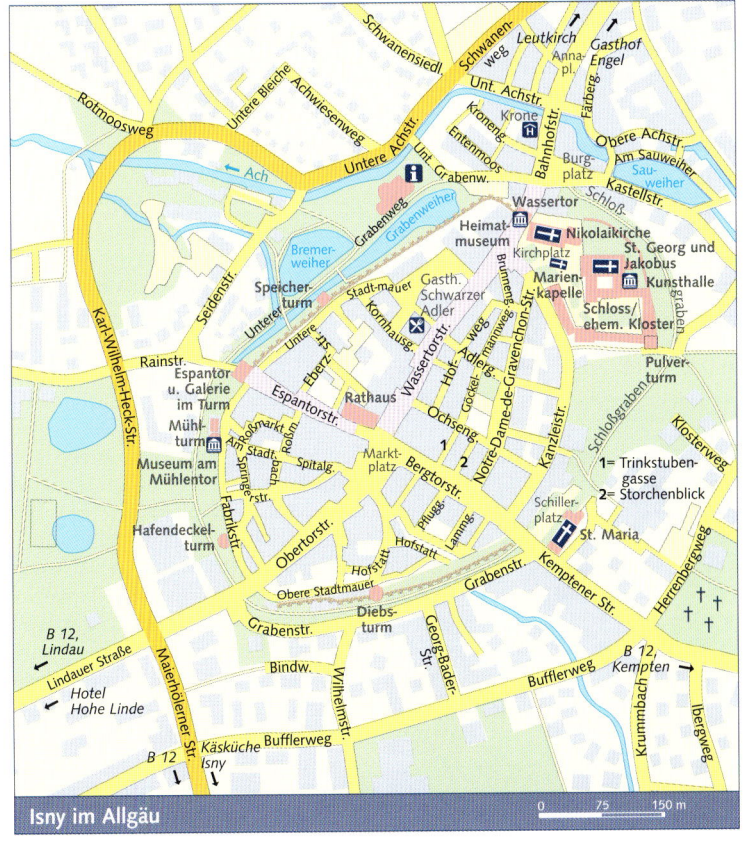

Westallgäu

Ein Spaziergang außen an der Unteren Stadtmauer mit dem Speicherturm entlang in Richtung Norden führt am Bremenweiher und Grabenweiher entlang zum mehrmals umgebauten **Wassertor** aus dem 15. Jahrhundert. Darin hat die Stadt das **Heimatmuseum** eingerichtet. Über 500 Jahre alte Graffiti schmachtender Gefängnisinsassen, Exponate zur Feuerwehrgeschichte und zum Schusterhandwerk sowie Informationen über die Anfänge des Wintersports in Isny sind dort zu sehen. Und ganz oben wird man für seinen Bildungshunger belohnt, und zwar mit einem wunderbaren Ausblick von der Wohnung des Turmwärters aus über die ganze Stadt.

Das Espantor im Westen der Altstadt

In der Nähe des Wassertors stehen auf einer Anhöhe nahe beieinander die evangelische Nikolaikirche und die katholische Pfarrkirche St. Georg und Jakobus. Die **Nikolaikirche** wurde ursprünglich im frühen 13. Jahrhundert als Marktkirche für die Bevölkerung der Stadt errichtet. Von der nach einem ersten Brand im Jahre 1288 wiedererrichteten Kirche sind bis heute die Mauern des Langhauses sowie die Arkadenbögen im Inneren erhalten. Der spätgotische Chor stammt aus dem 15. Jahrhundert. Nach dem Stadtbrand von 1631 wurde die inzwischen protestantisch gewordene Kirche im Barockstil um- bzw. wieder aufgebaut. Die **Bibliothek** über der Sakristei ist eine ganz besondere Sehenswürdigkeit. Sie wurde über mehrere Jahrhunderte hinweg zusammengetragen. Die Sammlung umfasst Schriften von Martin Luther, Philipp Melanchthon und Ulrich Zwingli. Eine besondere Rarität sind die 70 Handschriften einer mittelalterlichen Predigerbibliothek. Mittwochs findet um 10.30 Uhr eine Führung statt.

Nach einem Stadtbrand im Jahr 1284 wurde der ursprünglich romanische Bau von **St. Georg und Jakobus** zerstört. Auch der zweite Bau fiel den Flammen zum Opfer, und zwar im Jahr 1631. Der heute noch bestehende barocke Neubau der katholischen Klosterkirche wurde 1661 bis 1666 errichtet, der Turm etwa 50 Jahre später. Ihre Ausstattung stammt aus dem 18. Jahrhundert: freundliches Rokoko. Von der Kirche aus kommt man in die **Marienkapelle** mit den Portraits von 48 Isnyer Klosteräbten.

Das sich anschließende Klostergebäude war nach der Säkularisation fürstliche Residenz und wird daher heute **Schloss**

Karte S. 277

In der Innenstadt von Isny

genannt. Darin befindet sich die Kunsthalle und die Städtische Galerie. Im Refektorium werden Konzerte veranstaltet (Informationen bei der Gästeinformation Isny).

Über den Weg durch den Schlossgraben oder die Kanzleistraße erreicht man die Obere Stadtmauer mit dem oberen Grabenweiher, dem Diebsturm und dem Hafendeckelturm. Im **Mühlenturm** zeigt das Stadtmuseum die Geschichte von Isny, die von der Leinwandweberei geprägt wurde; es gibt Exponate zum Thema Trachten und Schmuck sowie 200 Jahre Münzrecht.

Durch den Niedergang der Leinwandweberei wandelte sich das ›Blaue Allgäu‹ zum ›Grünen Allgäu‹. Die Milchproduktion kurbelte das Geschäft mit dem Käse an, der heute beinahe schon zu den Wahrzeichen des Allgäus gehört. Die **Käsküche Isny** erklärt mit einer Führung durch das Haus die Entstehung von echtem Allgäuer Bio-Käse. Im Laden gibt es noch mehr Bio-Lebensmittel, die bei gutem Wetter hervorragende Zutaten für eine leckere Brotzeit auf der Terrasse vor der Tür ergeben.

Aktivitäten

Mobilitätseingeschränkte bekommen bei der Gästeinformation einen speziellen Stadtplan; darin sind auch **Rollstuhlwanderwege** beschrieben.

Historische Postkutschenfahrten (Information und Buchung in der Gästeinformation) über Leutkirch und Bad Wurzach nach Ochsenhausen geben Einblicke in die landschaftliche Schönheit des Allgäus und die Art des Reisens in alter Zeit. Wer lieber etwas weiter oben unterwegs ist, kann mit dem Ballonsportclub Voralpenland in einem **Ballon** über das Allgäu schweben.

In Isny startet der **Allgäu-Radweg** durch Kempten, Marktoberdorf und Kaufbeuren nach Schongau. Über den Radweg an der Romantischen Straße gelangt man nach Füssen und kann dann auf dem Bodensee-Königsee-Radweg wieder nach Isny zurückkehren. In der Radkarte der Gästeinformation werden insgesamt zehn Touren mit Angaben zu den Schwierigkeitsgraden und Sehenswürdigkeiten vorgestellt. In Sommer und Herbst treffen sich die Dienstagsradler am alten Bahnhof zu **geführten Radwanderungen**. Am Bleicheweiher lädt ein **barrierefreier Naturerlebnispfad** nicht nur Menschen mit Mobilitätseinschränkung dazu ein, die für das Allgäu typische Moor-, Wald- und Wiesenlandschaft zu erkunden. Rund um Isny sind außerdem 30 Kilometer zertifizierte **Nordic-Walking-Wege** sowie zahlreiche andere **Wanderwege** ausgeschildert. Beschreibungen und Karten gibt es bei der Gästeinformation.

Isny ist natürlich auch ein Wintersportort mit rund 120 Kilometer **Langlaufloipen** und zahlreichen **Winterwanderwegen**. Auf der Skisprung-Schanzenanlage in Großholzleute kann man die Athleten im Sommer und im Winter beim Training beobachten. Und der Wintersportverein Isny hat sich auch mit den Mitgliedern seiner Behindertensport-Abteilung auf internationaler Ebene einen großen Namen gemacht. Beispielsweise mit Frank Höfle, dem mit 13 Goldmedaillen bei Paralympischen Spielen und zwölf Weltmeistertiteln erfolgreichsten deutschen Behindertensportler im nordischen Skisport, .

Westallgäu

ℹ️ **Isny im Allgäu**

Gästeinformation Isny, Kurhaus am Park, 88316 Isny im Allgäu, Tel. 07562/975630, www.isny.de; Apr.–Okt. Mo–Fr 9–17 Uhr, Do bis 18 Uhr Sa 10–13 Uhr, Nov.–März Mo–Fr 9–12.30 Uhr, 14–17 Uhr, Do bis 18 Uhr, Sa 10–12 Uhr; Stadtführung Sa 9.45 Uhr.

Brauereigasthof Engel, Bahnhofstraße 56, 88316 Isny im Allgäu, Tel. 07562/971510, www.engel-isny.de; ab 38 € p.P. Restaurant Fr–Di 11–14 Uhr und 17.30–23 Uhr. Familienbetrieb, den die Urenkelin des Brauereigründers betreibt, am 1. Montag im Monat gemeinsames Singen im Gasthaus, Brauereiführung auf Anfrage.

Hotel Hohe Linde, Lindauerstr. 75, 88316 Isny im Allgäu, Tel. 07562/97597, www.hohe-linde.de; ab 54 € p.P. Restaurant Mo–Sa ab 17 Uhr. Küchenchef Karl-Heinz Rimmele gehört zu den europäischen Spitzenköchen ›Eurotoques‹, Tochter Susanne Rimmele bietet Kochkurse an.

Hotel Krone, Bahnhofstr. 13, 88316 Isny im Allgäu, Tel. 07562/2442, www.kroneisny.de; ab 35 € p.P. Mit original Allgäuer Küche, zentral am Rand der historischen Altstadt, günstiger Mittagstisch (Do Ruhetag).

Schloss Neutrauchburg, Schlossstr. 11, 88316 Isny/OT Neutrauchburg, Tel. 07562/9756460, www.schloss-neutrauchburg.de; ab 75 € p.P. Restaurant tgl. 7–22 Uhr, warme Küche 12–14 Uhr und 18–21.30 Uhr. Fürstlich speisen und residieren im ehemaligen Wittwensitz des Fürstenhauses Waldburg-Zeil-Trauchburg

Schloss-Gasthof Sonne, Schlossstr. 7, 88316 Isny/OT Neutrauchburg, Tel. 07562/9756458, www.sonne-neutrauchburg.de; Mi–Sa 11.30–23 Uhr, Sa 11.30–17 Uhr, Di 18–23 Uhr, warme Küche 11.30–14 Uhr und 18–21.30 Uhr. Hier geht es etwas bodenständiger zu.

Gasthaus Zum Schwarzen Adler, Wassertorstr. 22, 88316 Isny im Allgäu, Tel. 07562/912545, www.schwarzer-adler-isny.de; tgl ab 10 Uhr. Das Wirtshausschild stammt aus der 1. Hälfte des 18. Jahrhunderts – die Speisen werden jedoch frisch zubereitet

Berggasthaus Haldenhof, Halden 25, 88316 Isny/OT Neutrauchburg, www.haldenhof-allgaeu.de; Mo, Di, Fr ab 14 Uhr, Do ab 17 Uhr, Sa, So, Fei ab 12 Uhr.

Urige Atmosphäre, regionale Produkte und Live-Musik am Di-Abend.

Waldbad Camping Isny, Lohbauerstr. 59–69, 88316 Isny im Allgäu, Tel. 07562/2389, Fax 2004, www.isny-camping.de; ganzjährig. Eigener Badesee, Gaststätte, keine Dauercamper, nur 1,5 Kilometer von der Altstadt entfernt.

Campingplatz am Badsee, Almisried 1, 88316 Isny-Beuren, Tel. 07567/1026, Fax 1092, www.campingbadsee.de; Mai–Sept. Zwischen Isny und Leutkirch.

Campingplatz Sonnenbuckel, Riedholz 16, 88167 Maierhöfen, Tel. 08383/383, Fax 9533, www.sonnenbuckl.de; ganzjährig. Schwimmbad, Gaststätte, in der Nähe des Naturschutzgebietes Eistobel (s. u.).

Heimatmuseum im Wassertor, Mai–Okt., nur mit Führung: Sa 14 Uhr.

Stadtmuseum im Mühlenturm, Sa, So 14–17 Uhr, Führungen jeden 2. So im Monat.

Fürstliche Residenz (Schloss), Kanzleistr., 88316 Isny im Allgäu, Tel. 07562/914100; Di–So 11–17 Uhr.

Kunsthalle und Städtische Galerie im Schloss, Schloss 1, 88316 Isny im Allgäu, Tel. 07562/914100, www.kunsthalle-schloss-isny.de; Mi–Fr 14–18 Uhr, Sa, So, Fei 11–18 Uhr.

Ballonsportclub Voralpenland, Strickers Höhe 24, 88260 Argenbühl-Eglofs, Tel. 07566/941773, Helmut Scheuerle, www.bsc-voralpenland.de.

Käsküche Isny, Maierhöfener Str. 78, 88319 Isny im Allgäu, Tel. 07562/912700, Fax 912700, www.kaeskueche-isny.de; Führung Fr 10.30 Uhr, Laden Mo–Fr 9–12.30 und 14–18.30 Uhr, Sa 9–13 Uhr, So 14–18 Uhr. Bio-Käserei, die auf Initiative der umliegenden Landwirte 1998 gegründet wurde.

Karte S. 277

Umgebung von Isny

Im Winter verzaubert der Frost das Wasser der Argen im **Eistobel** in vergänglichen Skulpturen. Die drei Kilometer lange Wanderung durch das Naturschutzgebiet der Schlucht ist aber auch zu allen anderen Jahreszeiten ein faszinierendes Erlebnis. Im Sommer lassen sich beispielsweise auch der Taubensteinbrech und der Kiessteinbrech bewundern, zwei Pflanzen, die nur im Eistobel wachsen. Der Zugang zum Tobel liegt zwischen Grünenbach und Maierhöfen an der Argentobelbrücke, sieben Kilometer südlich von Isny. Der höchst Gipfel im baden-württembergischen Allgäu ist der 1118 Meter hohe **Schwarze Grat**. Sieben ausgeschilderte Wanderwege führen auf den Berg mit dem herrlichen Rundumblick. Von Bolsternang aus findet jährlich ein Berglauf statt (www.isny-berglauf.de). Auf dem Gipfel steht seit 40 Jahren ein 28 Meter hoher Aussichtsturm aus Holz, den der Schwäbische Alpenverein errichtet hat.

■ Argenbühl

Die weitläufige Gemeinde Argenbühl mit ihrem sechs Teilorten Eglofs, Eisenharz, Ratzenried, Christazhofen, Göttlishofen und Siggen wurde erst 1972 im Zuge der Gebietsreform gegründet. Sie liegt in einem hügeligen Wanderparadies. Einen Überblick verschafft man sich am Besten auf dem **Aussichtsplatz Siggener Höhe** in Ratzenried. Dort hilft eine informative Alpenpanorama-Tafel bei der Orientierung. Sehenswert ist außerdem die überdachte **Holzbrücke** über die Argen in Neumühle aus dem Jahr 1789. Die von Bürgern in ehrenamtlicher Tätigkeit restaurierte **Burgruine Altratzenried** im Weiler Sechshöf geht auf eine erste Burg im 12. Jahrhundert zurück, die im 15. Jahrhundert erweitert wurde. Sie ist jederzeit frei zugänglich, während das **Schloss in Ratzenried** in Privatbesitz

und für die Öffentlichkeit nicht zugänglich ist. Aber der Heimatverein hat im ersten Stock der Ratzenrieder Schule ein **Heimatmuseum** eingerichtet, in dem die einstige fast vollständige wirtschaftliche Autarkie eines Dorfes wie Ratzenried mit seiner Landwirtschaft und seinen verschiedenen Handwerkern gezeigt wird. In **Gottrazhofen** kann nach telefonischer Voranmeldung die alte Hammerschmiede besichtigt werden, und der Marktplatz von **Eglofs** zählt zu den idyllischsten der Region. Im Dorfstadel von Eglofs sind Sammlungen zur geologischen Landschaftsgeschichte, zur Musik sowie von Ofenkacheln ausgestellt. Und Renate Tschöll hat einen Kräuterschaugarten mit Barfußerlebnispfad angelegt.

Schloss Syrgenstein bei Eglofs am linken Ufer der Oberen Argen, also in Bayern, wurde im 15. Jahrhundert erbaut. Das Schloss ist hübsch anzusehen, aber leider nicht öffentlich zugänglich, da es sich in Privatbesitz befindet und bewohnt wird.

Westallgäu

Auf dem Marktplatz von Eglofs

Winter im Eistobel

 Umgebung Isny

Gästeamt Argenbühl, Kirchstr. 9, 88260 Argenbühl, Tel. 07566/940210, Fax 940299, www.argenbuehl.de

Landhotel zur Grenze, Schanz 2, 88167 Maierhöfen, Tel. 07562/975510, www.landhotel-zur-grenze.de; ab 50 € p.P. Restaurant Di–So ab 7 Uhr, warme Küche 11–14 Uhr und ab 18 Uhr. Kleines, aber feines Hotel mit exzellenter Küche.

Landgasthof Zum Schwarzen Grat, Talstrasse 1, 88316 Isny /OT Bolsternang, Tel. 07562/8470, www.landgasthof-schwarzer-grat.de; ab 55 € p.P. Restaurant Mo–Fr ab 14 Uhr Sa, So, Fei ab 9 Uhr. Gemütliches Ambiente und Ferienwohnungen.

Badwirtschaft Malleichen, Malleichen 41, 88167 Gestratz, Tel. 08383/7439; Sommer tgl. ab 11 Uhr, Winter Di Ruhetag. Die rustikale Gastwirtschaft im Argental war von 1883 bis 1983 in den Händen der Familie Natterer und gehört seit dem Tod der legendären Wirtin Babett Natterer zur Meckatzer Brauerei; historische Kegelbahn und Biergarten.

Gastwirtschaft zum Löwen, Dorfplatz 10, 88260 Argenbühl-Eglofs, Tel. 07566/1578, www.hofwirtschaft-ellgass.de; Fr–Mo ab 11 Uhr. Schönes Wirtshaus mit Terrasse direkt am idyllischen Dorfplatz von Eglofs. Die Spezialität ist Rindfleisch vom Allgäuer Weiderind aus eigener Zucht.

Gasthof zur Rose, Dorfplatz 7, 88260 Argenbühl-Eglofs, Tel. 07566/336, Fax 1678, www.hotel-zur-rose.eu; ab 30 € p.P. Restaurant Mo Ruhetag. Gemütlicher und komfortabler Landgasthof direkt gegenüber dem ›Löwen‹, gute Küche.

Burgruine Altratzenried, Weiler Sechshöf, südlich von Ratzenried an der Straße nach Eglofs, beschildert, jederzeit frei zugänglich, Führungen nach Vereinbarung, Tel. 07522/5282 oder 3902.

Heimatmuseum Ratzenried, Alte Ratzenrieder Schule, Dorfplatz, 88260 Ratzenried, Tel. 07522/3902, www.ratzenried.de/heimatmuseum.php; Mai–Okt. jeder 1. So im Monat 10–12 Uhr, Führung nach Vereinbarung.

Hammerschmiede Gottrazhofen, Gottrazhofen 4, 88260 Argenbühl/OT Gottrazhofen, Tel. 07566/443; Besichtigung nach telefonischer Voranmeldung.

Kräuterschaugarten mit Barfußerlebnispfad, Zellers 1, 88260 Argenbühl-Eglofs, Tel. 07522/20951, www.kraeutergarten-zellers.de; Mai–Sept. tgl. 10–20 Uhr, Führung auf Anfrage.

Karte S. 253

Leutkirch im Allgäu

Rund 200 Dörfer, Weiler und Einödhöfe gehören zu der malerischen Kleinstadt mit den vielen Fachwerkhäusern. Leutkirch war einst Kirch- und Gerichtsort des Nibelgaus und wurde bereits 766 erstmals erwähnt.

Im Jahr 1293 erhielt Leutkirch das Stadtrecht und war im 14. Jahrhundert über 500 Jahre lang Freie Reichsstadt. Leinwandweberei und der Handel an der belebten Straße von Memmingen zum Bodensee bescherten der Stadt und ihren Bürgern ein gutes Einkommen.

1546 setze sich in Leutkirch die Reformation durch. Fortan durften nur noch 25 Katholiken in der Stadt leben. Doch im Dreißigjährigen Krieg fiel die Stadt großen Plünderungen zum Opfer und die Gesamtzahl ihrer Bürger sank auf 184. Rund um Leutkirch lebten in den Jahren 800 bis 1800 ›freie Bauern‹, die nur dem Kaiser untertan waren. Man nannte sie die ›Freien auf der Leutkircher Heide‹ (→ S. 38). Rund 200 Jahre später erinnert an der Wurzacher Straße bei der Abzweigung des Radwegs von Leutkirch nach Reichenhofen noch ein Denkmal an sie. Die Gedenksteine wurden 2007 in der symbolischen Form eines Gerichtsplatzes aufgestellt.

Im 19. Jahrhundert setzte etwas zögerlich die Industrialisierung ein. Erst seit den 1960er Jahren entwickelte sich Leutkirch mit Nachdruck zur Industriestadt, vor allem in den Bereichen Maschinenbau und Textilherstellung. 1966 wurde außerdem das Allgäuer Emmentalerwerk, die heutige Käserei ›Allgäuland‹, errichtet. Dadurch entstanden zahlreiche Arbeitsplätze, gleichzeitig aber verschwanden viele kleine Käsereien, in denen ebenfalls Menschen gearbeitet hatten.

Zwei **Veranstaltungen** in Leutkirch sind besonders erwähnenswert: Im Fasching stürmen auch die Narren des Nibelgaus am ›Gumpigen Donnerstag‹ das Rathaus. Zum Ende des zünftigen Treibens werden in vielen Gemeinden die traditionellen Funkenfeuer entzündet. Dazu gibt es dann auch die leckeren Funkenküchle. Im Juli ziehen rund 2000 Schüler mit Musikkapellen, Festwagen, Fanfarenzügen und Pferdegespannen durch den Ort. Dieser Umzug ist der Höhepunkt des Leutkircher Kinderfestes.

Sehenswürdigkeiten

Zwei Kirchtürme prägen das Bild der Kleinstadt. Der eine gehört zur **Dreifaltigkeitskirche**, die in den Jahren 1613 bis 1615 errichtet wurde. Sie war das erste protestantische Gotteshaus zwischen Bodensee und Donau. Und der zweite, der mit dem Zwiebelturm, gehört zur katholischen Stadtpfarrkirche **St. Martin** aus dem Jahr 1519. Dieser ›Leutekirche‹ verdankt die Stadt ihren Namen.

Historisch besonders wertvoll ist das **Gotische Haus** in der Marktstraße, das zwischen 1377 und 1379 erbaut wurde und zu den ältesten Gebäuden in ganz Oberschwaben zählt. Beinahe jung ist dagegen das **Rathaus** aus den Jahren 1740/41. Aber es zählt zu den schönsten barocken Profanbauten in Oberschwaben.

Am Rathaus sorgt der **Gänselieselbrunnen** für Aufmerksamkeit und sorgloses Geplätscher. In der evangelischen Kirchgasse steht der **Kinderfestbrunnen**, und am Viehmarktplatz verführt der **Wasserschöpfer** dazu, ihm einen Klaps auf den Allerwertesten zu geben.

Die Geschichte der Stadt, des Handwerks und der Kunst, insbesondere der Schnitzkunst aus Gotik und Barock, zeigt das **Museum im Bock**. Dabei veranschaulichen Puppenstuben die Lebensgewohn-

Westallgäu

heiten des Bürgertums und eine Sonderausstellung ›Glas‹ zeigt Erzeugnisse und Gerätschaften des Glasmacherdorfes Schmidsfelden (→ S. 287). Über einen Wehrgang erreicht man die ehemalige Folterkammer. Dort steht heute eine komplette Seilerwerkstatt, in der sich die Besucher ihren Strick selbst drehen können — ganz ohne Verhör.

Im privaten **Elektrotechnischen Museum** von Manfred Stör lässt sich anhand von Waschmaschinen, Kühlschränken und Plattenspielern die rasante Entwicklung der Elektrotechnik in den letzten 90 Jahren nachvollziehen.

Aktivitäten

Das **Freibad Stadtweiher** liegt sehr zentral, während das schön gelegene **Moorbad am Hinterweiher** rund sechs Kilometer von Leutkirch entfernt ist.

Die acht einzelnen Ortschaften des Stadtgebietes Leutkirch sind durch **Radtouren** mit dem Viehmarkt im Stadtzentrum der Kleinstadt sowie durch zwei Rundtouren von etwa 25 bzw. 75 Kilometern Länge untereinander verbunden. Etwa 100 Kilometer lang ist der Rundweg über Altusried, Kempten, Buchberg, Isny und zurück. Insgesamt kommen über 220 Kilometer Radwege zusammen. Das Gästeamt hat weitere Informationen, eine topographische Radwandersowie eine Wanderkarte. Damit kommen auch Fußgänger voll auf ihre Kosten: 13 **Rundwandertouren** mit insgesamt 150 Kilometern Länge, die Leutkirch auch mit den umliegenden Städten verbinden, warten auf sie. Außerdem gibt es noch einen **Naturlehrpfad** am Stadtweiher sowie mehrere **Nordic-Walking-Parcours** mit verschiedenen Schwierigkeitsgraden.

Im Winter werden 26 **Loipen** mit rund 200 Kilometern für Diagonalläufer und Skater gespurt und beschildert; die Loipe an der Wilhelmshöhe ist für Nachtschwärmer sogar flutlichtbeschienen. Die Loipenkarte gibt es im Gästeamt.

 Leutkirch im Allgäu

Gästeamt, Gänsbühl 6, 88299 Leutkirch im Allgäu, Tel. 07561/87154, www.leutkirch.de; Mo–Fr 9–12.30 Uhr und 14–17 Uhr, Juni–Aug. auch Sa 9.30–11.30 Uhr.

Tagungshaus Regina Pacis, Bischoff-Sproll-Straße 9, 88299 Leutkirch im Allgäu, Tel. 07561/8210, www.haus-regina-pacis.de; ab 36 € p.P. Das ehemalige Knabenseminar wurde zu einem modernen, barrierefreien Hotel umgebaut, ruhige, zentraleLage und gute Bergsicht.

Brauerei-Gasthof Mohren, Wangener Straße 1, 88299 Leutkirch im Allgäu, Tel. 07561/98570, www.brauereigasthofmohren.de; 38 € p.P. Restaurant Mi–Mo 9–14

Uhr und 17.30–24 Uhr. Das Bier kommt direkt von der dahinter liegenden Brauerei Clemens Härle, dazu gibt es gute Allgäuer Küche; Brauerei und Gaststätte arbeiten klimaneutral.

Gasthaus Goldene Krone, Kornhausstraße 6, 88299 Leutkirch im Allgäu, Tel. 07561/914648, www.goldene-krone-leutkirch.de; Mo, Di, Do, Fr 11.30–14 Uhr und 18–23 Uhr, Sa 18–23 Uhr, So 11.30–23 Uhr. Am Marktplatz, Allgäuer Küche mit Pfiff

Gasthaus Barfüßer im Bürgerbahnhof, Bahnhof 1, 88299 Leutkirch, Tel. 07561/8489801, www.barfuesser-leutkirch.de; Mo–Do 11–24 Uhr, Fr, Sa 11–1 Uhr, So, Fei 11–24 Uhr. Hausbrauerei, in der man gemütlich zusammensitzen kann.

Obstbaumblüte bei Leutkirch

Westallgäu

Campingplatz Elleratzhofer Weiher, Campingweg 13, 88299 Leutkirch im Allgäu, Ortsteil Ellerazhofen, Tel. 07563/7018, Fax 8048, www.robacamping.de; Ostern–Okt. 150 Dauerstellplätze, 25 freie Stellplätze.

Campingplatz Moorbad, Moorbad 2, 88299 Leutkirch im Allgäu, Ortsteil Herlazhofen, Tel. 07561/3345, Fax 906895, www.campingmoorbad.de; 15. Apr.–15. Okt. 150 Dauerstellplätze, 25 freie Stellplätze.

Campingplatz Moorfreibad, Moorfreibad 7, 88299 Leutkirch im Allgäu, Ortsteil Herlazhofen, Tel. 07561/5513, www.moorfreibad-herlatzhofen.de; Apr.–15. Okt. 200 Dauerstellplätze, 25 freie Stellplätze.

Wohnmobilstellplatz, Kemptener Straße, 88299 Leutkirch im Allgäu; ohne zeitliche Begrenzung. Beim Freibad Stadtweiher, 10 Gehminuten von der Altstadt entfernt, Strom- und Wasserversorgung, Abwasser- und Müllentsorgung, Hundetoilette.

Museum im Bock, Am Gänsbühl 9, 88299 Leutkirch im Allgäu, Tel. 07561/87154; So, Fei 10–12 und 14–17 Uhr, Mi 14–17 Uhr.

Elektrotechnisches Museum von Manfred Stör, Eichenstraße 1, 88299 Leutkirch im Allgäu, Tel. 07561/912047; Öffnungszeiten tel. erfragen.

Freibad Stadtweiher, Kemptener Straße, 88299 Leutkirch im Allgäu, Tel. 07561/3204; im Sommer tgl. von 8.30–20.30 Uhr.

Moorbad am Hinterweiher, In der Viehweide, 88299 Herlazhofen, Tel. 07561/5513.

Umgebung von Leutkirch

Im Norden von Leutkirch grüßt **Schloss Zeil** von einer Anhöhe bei Reichenhofen in alle Himmelsrichtungen das Allgäu. In der großen, vierflügeligen Anlage aus der Mitte des 16. Jahrhunderts können nur die Kirche und die Außenanlagen mit Rosengarten und Wildgehege besichtigt werden. In dem Gebäude wohnt Fürst zu Waldburg-Zeil mit seiner Familie.

■ Kißlegg

Der Luftkurort Kißlegg ist über die B18/A96 nur etwa 16 Kilometer von Leutkirch entfernt und liegt an der Oberschwäbischen Barockstraße. Sehenswert ist zum einen die barocke **Pfarrkirche St. Gallus und Ulrich**. Das ursprünglich gotische Bauwerk aus dem 16. Jahrhundert wurde von dem Füssener Baumeister Johann Georg Fischer in den Jahren 1734 bis 1738 barockisiert. Eine Besonderheit der Kirche ist der 21-teilige Augsburger Silberschatz, der aus dem 18. Jahrhundert stammt. Er kann allerdings nur im Rahmen von Führungen besichtigt werden. Der berühmte Füssener Baumeister hat außerdem in Kißlegg in den Jahren 1721 bis 1727 ein Haus für den Grafen Johann Ernst von Waldburg zu Trauchburg erbaut, das **Neues Schloss** genannt wird. Heute gehört das Barockschloss der Gemeinde Kißlegg. Seit 2005 werden dort Werke des Münchner Holzbildhauers Rudolf Wachter ausgestellt. Außerdem werden in den Räumen der ›Heimatstube‹ zahlreiche Sammlerstücke aus der Region gezeigt. Der große Schlossgarten ist für jedermann zugänglich.

In Privatbesitz der Familie zu Waldburg-Wolfegg ist das **Alte Schloss**, das im 16. Jahrhundert im Renaisannce-Stil erbaut, dann aber von Johann Georg Fischer barock umgestaltet worden ist. Da es von seinen Besitzern bewohnt wird, kann man es nicht besichtigen. Aber die Fassade des Hauses ist zum Wahrzeichen von Kißlegg geworden.

Karte S. 253

■ **Schmidsfelden**

In dem kleinen Weiler Schmidsfelden wurde die **historische Glashütte** aus dem Jahr 1825 wiedereröffnet. Bis 1898 produzierte man dort Glas; dann musste die Hütte schließen, weil die Konkurrenz der rheinischen und sächsischen Glashütten zu groß wurde. Letztere hatten Kohle-Bergwerke und chemische Industrie in ihrer Nachbarschaft und konnten daher preiswerter arbeiten. Die alten Gebäude der Glashütte Schmidsfelden sind liebevoll renoviert, und zahlreiche Dokumente

und Gerätschaften stehen inzwischen im angegliederten Museum. In der Werkstatt wird wieder echte Glasveredelungstechnik praktiziert und vorgeführt. Stefan Michaelis arbeitet an diesem historischen Platz als Glasbläser in alter Tradition und mit modernen Ideen.

Drei verschiedene **Wanderwege** führen rund um den historischen Ort und veranschaulichen, wie sich eine Landschaft durch die menschliche Nutzung verändert. Den kostenlosen Führer dazu hat das Gästeamt Leutkirch.

 Umgebung von Leutkirch

Gäste- und Kulturamt Kißlegg, Neues Schloß, Schlossstraße 5, 88353 Kißlegg, Tel. 07563/936142, www.kisslegg.de.

Schlossgasthof Grüner Baum, Schloss Zeil 30, 88299 Leutkirch, Tel. 07561/6007. Restaurant Do–Di 11–21 Uhr. Vier Doppelzimmer, leckere Wildgerichte aus der fürstlichen Jagd, an der Straße von Unterzeil nach Seibranz.

Hotel Gasthof Ochsen, Herrenstraße 21, 88353 Kißlegg, Tel. 07563/91090, www.ochsen-kisslegg.de; ab 37–50 € p.P. Modernes Interieur im Zentrum von Kißlegg.

Landhotel Neubau, Leutkircher Strasse 31, 88353 Kißlegg/OT Waltershofen, Tel. 07563 912881, www.zumneubau.de; ab 28 € p.P. Restaurant Di–Sa geöffnet, So nur bis 14 Uhr. Bodenständiger und preiswerter Familienbetrieb, wechselnde regionale Tellergerichte, Biergarten.

Gasthaus zur Linde, Dr. Franz-Reich Straße 1, 88353 Kißlegg, Tel. 07563/9134981; Mo–Sa 11–14 Uhr und 17–1.30 Uhr, Sa ab 9 Uhr Weißwurstfrühstück. Urig, eingewachsen und direkt neben dem Neuen Schloss.

Wagnerstub, Wangenerstraße 6, 88353 Kißlegg, Tel. 07563/534; Mo–Fr ab 17 Uhr. Biergarten und hausgemachte Kässpatzen.

Remise, Schmidsfelden 12, 88299 Leut-

kirch/OT Schmidsfelden, Tel. 07567/182244, www.remise-schmidsfelden.de; Do–Sa ab 17 Uhr, Sa ab 14 Uhr, So 10–17 Uhr, im Winter Sa geschlossen. Nettes Restaurant, in dem jeden Tag ein leckeres Menü (und nur dieses) serviert wird.

Wohnmobilstellplätze (max. zwei Nächte): Am Strandbad Obersee, Strandbadweg, 88353 Kißlegg, Tel. 07563/936142. Am Familienfreizeitgelände, Le-Pouliguen-Straße, 88353 Kißlegg, Tel. 07563/936142. Am Hotel Sonnenstrahl, Sebastian-Kneipp-Straße 1, 88353 Kißlegg, Tel. 07563/1890.

Pfarrkirche St. Gallus und Ulrich, Führungen Apr.–Okt. Mi 15 Uhr und auf Anfrage im Gästeamt.

Neues Schloss Kißlegg, Führungen Apr.–Okt. So 15 Uhr, Schlossstraße 5, 88353 Kißlegg.

Rudolf-Wachter-Ausstellung im Neuen Schloss, Apr.–Okt. Di, Do, Fr 14–17 Uhr, So, Fei 13–17 Uhr.

Heimatstube Kißleg im Neuen Schloss, Apr.–Okt. So 14–17 Uhr.

Glashütte Schmidsfelden, 88299 Leutkirch im Allgäu, Tel. 07561/182193, www.schmidsfelden.net; Ostern–Okt. Di–Fr 10–12.30 Uhr und 14–17 Uhr, Sa 14–17 Uhr, So, Fei 10–17 Uhr.

Westallgäu

Bad Wurzach

Die Schwäbische Bäderstraße (→ S. 104) und die Oberschwäbische Barockstraße (→ S. 46) verlaufen nicht zufällig durch das Residenzstädtchen Bad Wurzach. Vor allem das Schloss und seine Kapelle gelten als bauliche Schätze des Barock. Der Kurbetrieb wurde von den Schwestern des hier ansässigen Klosters im Jahre 1936 mit einer Moorbadeanlage aufgenommen. Diese war zunächst für kranke Mitschwestern gedacht, aber schon ein Jahr später eröffneten sie das erste öffentliche Moorbad im württembergischen Allgäu – trotz einiger anfänglicher Bedenken der Entscheidungsträger in München, ob Männer tatsächlich zugelassen werden konnten.

1948 gründete die Stadt einen eigenen Kurbetrieb, und bereits ein Jahr später durfte sich Wurzach ›Bad‹ nennen. Das Wasser hat als Kurmittel in dieser Gegend eine noch viel ältere Tradition als das Moor: In Hauerz, heute ein Stadtteil von Bad Wurzach, entstand bereits 1665 eine Badeanstalt für vornehme Herrschaften. Das Wasser der Heilquelle wurde auch für Trinkkuren verwendet. Aber das ist lange her, und eine verlässliche chemische Analyse des Wassers liegt nicht vor. Seit 1971 gibt es aber immerhin ein Freibad, in dem das Wasser der Heilquelle genutzt wird.

Typisch alemannisch ist die Fasnet zum Ende des Faschings in Bad Wurzach. Am ›Gumpigen Donnerstag‹ wird das Rathaus gestürmt und die Stadt von den Narren regiert. Am Rosenmontag ist dann die ganze Stadt ist auf den Beinen und viele Einheimische tragen urige Holzmasken, wenn der lange Fasnet-Umzug durch die Stadt zieht.

Sehenswürdigkeiten

Hauptsehenswürdigkeit ist das **Wurzacher Schloss**, das im Spätbarock, in den Jahren 1723 bis 1728, von Graf Ernst Jakob von Waldburg-Zeil-Wurzach errichtet wurde. Besonders sehenswert ist das große Treppenhaus mit den beidseitig geschwungenen Läufen. Zum Treppenaufgang passt auch das imposante Deckengemälde: Herkules Auf-

Bad Wurzach

Im Treppenhaus des Schlosses

nahme in den Olymp. Die Kapelle des Schlosses wurde bereits 1422 erstmals erwähnt und um 1708 barockisiert. In den 1920er Jahren befand sich in der Anlage ein Internat des Salvatianerordens, im Zweiten Weltkrieg diente das Gebäude unter anderem als Internierungslager für Kriegsgefangene, Lazarett und Lager für KZ-Häftlinge aus Bergen-Belsen. Heute befindet sich das Schloss im Besitz einer Stiftung und wird durch verschiedene karitative Unternehmen sowie Bildungseinrichtungen genutzt. Eine Besichtigung ist dennoch möglich. Auf der anderen Seite der Wurzacher Ach steht in der Memmingerstraße 5 die **Stadtpfarrkirche St. Verena** aus den Jahren 1775-77 auf einer kleinen Anhöhe. Der frühklassizistische Bau beherbergt ein beeindruckendes, 22 Meter langes und in warmen Farbtönen gehaltenes Deckengemälde von Andreas Brugger.

Im Norden schließt an die Kirche das **Kloster Maria Rosengarten** an. Dort orientiert sich der Stuck an der Nutzung der jeweiligen Räume und kann auch einmal profane Bezüge herstellen. Beispielsweise in der Form von Küchengeräten im Parterre oder Schreib- und Siegelgeräten in der Bibliothek. Vor allem die Hauskapelle ist ein Augenschmaus. Sie ist ein kleines Juwel des Rokoko und gilt manchen sogar als die ›schönste Hauskapelle der Welt‹. Das moderne **Vitalium Bad Wurzach** hat jedoch mit den alten Heilbadanstalten nicht mehr viel zu tun. In dem Wellness-Tempel sollen sich die Gäste wohlfühlen, um nicht nur die körperliche, sondern auch die seelische Fitness zu stärken. Trotz der Nutzung durch das Bad ist das **Wurzacher Ried** im Norden des Ortes mit über 600 nachgewiesenen Pflanzenarten vermutlich das größte noch intakte und erhaltene Hochmoor Mitteleuropas. Beim **Torfmuseum** im ehemaligen Zeiler Torfwerk in Oberried gibt es auch den 1,5 Kilometer langen Torflehrpfad ›Auf den Spuren der Torfstecher‹. Außerdem starten dort die Fahrten mit der kleinen **Torfbahn** durch das Ried.

Westallgäu

Das Schloss in Bad Wurzach

Das Naturschutzzentrum Bad Wurzach bietet Führungen durch das Naturschutzgebiet Wurzacher Ried und andere naturnahe Veranstaltungen an.

Dem Ried und seinen Bewohnern hat **Sepp Mahler** (1901–1975) mit seinen Bildern ein Denkmal gesetzt. Der Maler wurde im ehemaligen **Siechenhaus** auf dem Siechenberg geboren. Das Gebäude aus dem 13. Jahrhundert ist inzwischen restauriert worden und beherbergt ein Museum für den als ›Philosophen der Landstraße‹ bekannten Künstler.

■ Gottesberg

Auf dem Gottesberg treffen sich jedes Jahr am 2. Freitag im Juli über 1700 Reiter und rund 15 000 weitere Wallfahrer zur zweitgrößten Reiterprozession Mitteleuropas, dem **Heilig-Blut-Fest**. Aber der Aufstieg auf den Gottesberg zur **Heilig-Kreuz-Kirche** lohnt sich das

ganze Jahr über. Die sehenswerte Kirche stammt aus dem Jahr 1709, also der Zeit des Hochbarock. Ein Blickfang in dem Gotteshaus ist der Hochaltar, der den Golgathafelsen mit den drei Kreuzen, den sterbenden Jesus sowie Maria, Johannes, Magdalena, Nikodemus und Josef von Arimathäa nachbildet. Im linken Seitenaltar ist die Heilig-Blut-Reliquie aufgestellt, die 1764 mit den Paulanerbrüdern aus Rettenberg auf den Gottesberg gekommen ist.

Zusätzlich wird der Besucher mit einem herrlichen Blick über den Ort und in die Allgäuer Berge hinein belohnt. Das Panorama reicht bei gutem Wetter vom Geisshorn im Osten bis zur Mittagsspitze im Westen. An dem Fußweg zur Kirche wurde ein **Kreuzweg** mit 14 Stationen errichtet. Auf dem Gottesberg leben seit 1921 Salvatorianerpatres.

ℹ **Bad Wurzach**

Städtische Kurverwaltung Bad Wurzach, Mühltorstr. 1, 88410 Bad Wurzach, Tel. 07564/302152, www.bad-wurzach.de; Mai–Sept. Mo–Fr 9–12.30 und 13.30–17 Uhr, Sa 10–12 Uhr, Okt.–Apr. Mi vorm. geschlossen.

Stift zum Heiligen Geist, Schlossgässle 1, 88410 Bad Wurzach, Tel. 07564/9328400, Fax 9328499, www.st.annahilfe.de. Die Altenhilfe bietet auch Kurzzeitpflegeplätze an. Damit können Pflegende und ihre pflegebedürftigen Angehörigen gemeinsam in Bad Wurzach Urlaub machen.

Naturschutzzentrum Bad Wurzach, Rosengarten 1, 88410 Bad Wurzach, Tel. 07564/93120, www.naturschutzzentren-bw.de; Mo–Sa 13.30–17 Uhr, So und Fei 10–17 Uhr.

Kurhotel Am Reischberg, Karl-Wilhelm-Heck-Straße 12, 88410 Bad Wurzach, Tel.

07564/3040, www.kurhotel-am-reischberg.de; ab 62 € p.P. Modernes Kurhotel direkt am Moor. Das Gebäude wirkt von außen recht unpersönlich, bietet aber alle Annehmlichkeiten und eine gute Lage.

Gasthof Adler, Schloßstraße 8, 88410 Bad Wurzach, Tel. 07564/93030, www.hoteladler-bad-wurzach.de; ab 45 € p.P. Restaurant Di–Fr, So 12–14 Uhr und Di–So 18–22 Uhr. Gutbürgerliche Küche, zentrale Lage nahe Schlossgarten und Kurpark.

Gasthaus Adler, Mühlhaldeweg 3, 88410 Hauerz, Tel. 07568/267, www.beste-wirtschaft.de; ab 20 € p.P. Restaurant Do–Di 8–22 Uhr, Metzgerei Mo, Di, Do–Sa 8–12 Uhr und 14–18 Uhr. Das historische Wirtshaus serviert Fleisch und Wurst aus der eigenen Metzgerei. Und wenn ›dr Ranza spannt‹, kann man sich im Haus auch einquartieren.

Der Wurzelsepp, Dr. Harry-Wiegand-Str. 4, 88410 Bad Wurzach, Tel. 07564/935573, www.zumwurzelsepp.de; Apr.–Okt. Di–So 11–21 Uhr, Nov.–März 11–19 Uhr. Die

Gaststätte führt die Kantine des Zeiler Torfwerks fort, mit bodenständiger, regionaler Küche deren Zutaten überwiegend aus heimischer Erzeugung stammen.
Gasthaus Adler, Ochsenhausener Straße 44, 88410 Bad Wurzach/OT Dietmanns, Tel. 07564/91232, www.adler-dietmanns. de; Do–Mo Mai–Sept. 11.30–24 Uhr, Okt.–Apr. 17–24 Uhr, So, Fei 11.30–24 Uhr. Im Sommer Biergartenbetrieb, sonst Kleinkunstbühne, bürgerliche Küche, regional und international.

Wohnmobilstellplatz Riedhalde, ganzjährig. Anmeldung und Reservierung im Gesundheitszentrum Vitalium (s.u.), Tel. 07564/304250.

Schloss Bad Wurzach, Marktstraße 9, 88410 Bad Wurzach, www.schloss-bad-wurzach.de; tgl. 8–18 Uhr.
Kloster Maria Rosengarten, Rosengarten 3–6, 88410 Bad Wurzach, Tel. 07564/50120. Das Kloster wird derzeit grundlegend renoviert und kann nur eingeschränkt besichtigt werden.

Torfmuseum und Torfbahn, Dr. Harry-Wiegand-Straße, 88410 Bad Wurzach, Tel. 07564/3167, www.oberschwae-bisches-torfmuseum.de; die Öffnungszeiten variieren stark, Info auf der Homepage oder bei der Städtischen Kurverwaltung.
Leprosenhaus und Mahler-Museum, Ravensburger Straße 88410 Bad Wurzach, Tel. 07564/302150, www.leprosenhaus. de; Apr.–Okt. Sa, So und Fei 14–17 Uhr, Führungen am zweiten Sa des Monats oder auf Anfrage.

Gesundheitszentrum Vitalium, Karl-Wilhelm-Heck-Str. 10, 88410 Bad Wurzach, Tel. 07564/304256, www.vitalium-bad-wurzach.de; Eintritt ab 6,20/3,10 €; Mo–Fr 15–22 Uhr, Sa, So und Fei 10–22 Uhr. Das Thermalbad lockt mit 34 Grad warmem Wasser aus 800 Metern Tiefe sowie Sauna- und Fitnessangeboten. Die medizinische Abteilung bietet Kur- und Präventionsbehandlungen an.
Hallen- und Moorfreibad, Am Riedpark, 88410 Bad Wurzach, Tel. 07564/5571; Di, Mi, Fr 14–21 Uhr, Sa, So und Fei 10–17 Uhr.

Umgebung von Bad Wurzach

Ordenstrachten, Handarbeiten und Weihnachtskrippen, aber auch Volkskleidung stellt das **Museum für klösterliche Kultur** im acht Kilometer nördlich von Bad Wurzach gelegenen Eggmannsried aus. Die **Käserei Vogler** in Gospoldshofen zeigt, wie aus Rohmilch Käse wird und lädt die Besucher nach dem ›Einlaben‹ der Milch ein, sich selbst an den Erzeugnissen zu ›laben‹, sie also zu kosten und bei Gefallen auch zu kaufen. Die Milch kommt von sieben Bauern in Gospoldshofen. Im Museum werden Utensilien aus alten Käsereien gezeigt, darunter auch aus der ersten Käserei in Gospoldshofen, die in den Jahren 1880 bis 1902 im Geburtshaus der Großmutter Vogler stand.

Im Süden von Bad Wurzach reihen sich Seen und Weiher aneinander. Der fünf Kilometer entfernte **Rohrsee** ist als Vogelparadies insbesondere für seine Lachmöwen bekannt. Tausende von ihnen brüten dort jährlich.

■ Wolfegg

Im ehemaligen Stall des Schlosses Wolfegg wird die **Fahrzeugsammlung** des berühmten Automobiljournalisten und Schriftstellers Fritz B. Busch (1922–2010) gezeigt. Die liebevoll zusammengestellte Ausstellung zeigt die Geschichte der Mobilität mit Automobilen, Motorrädern und Traktoren – vom Alltagsfahrzeug bis zum Cadillac von Hans Albers.

Westallgäu

Das **Bauernhaus-Museum** in Wolfegg dokumentiert die technischen Errungenschaften für die Landwirtschaft und das Handwerk. Vor allem aber werden regionaltypische Bauernhäuser ausgestellt, in denen man viel über das Leben der Bauern, Mägde und Knechte erfährt. Dazu wurden historisch bedeutsame Gebäude, die an ihrem ursprünglichen Standort nicht mehr zu halten waren, in das weitläufige Gelände des Museums verlagert. Außerdem informieren Dauerausstellungen ebenso über das Leben der Landhandwerker und ihre Werkstätten, über die Schulausbildung der Bauern und Bäuerinnen und über die Kriegs- und Nachkriegsjahre in Oberschwaben wie über den Flachsanbau und die Leinwandproduktion und die Dorfkäserei und Milchwirtschaft im Allgäu. Im Museumsshop gibt es interessante Informationsschriften und so manches nette bäuerlich-handwerkliche Mitbringsel.

Angelfreunde bekommen in der Information Wolfegg Erlaubnisscheine für die Wolfegger Ach und den Metzisweiler Weiher.

 Umgebung von Bad Wurzach

Rathaus und Wolfegg-Information, Rötenbacher Str. 13, 88364 Wolfegg, Tel. 07527/960151, www.wolfegg.de; Mo–Fr 8–12, Di 14–18 Uhr, im Winter Mo–Fr 9–12 sowie Mo–Do 14–16 Uhr.

Gasthof zur Post, Rötenbacher Straße 5, 88364 Wolfegg, Tel. 07527/96140, www.hotel-post-wolfegg.de; ab 39 € p.P. Restaurant tgl. 7–24 Uhr. Fünf verschiedene Stuben und ein Biergarten mit Spielplatz, gutbürgerliche Küche.

Museumsgaststätte Fischerhaus, Fischergasse 29, 88364 Wolfegg, Tel. 07527/9603790, tgl. 11–22 Uhr. In historischen Räumen, idyllisch am Museumsgelände des Bauernhof-Museums (s.u.) gelegen, netter kleiner Biergarten. Die Gaststätte ist auch ohne Museumsbesuch zugänglich.

Café am Schlossplatz, Wette 2, 88364 Wolfegg, Tel. 07527/9579951, www. café-am-schlossplatz.de; Sommer tgl. 10–22 Uhr, Okt.–Apr. Mi geschlossen. Hausgemachte Kuchen, Vesperkarte und wechselnde Tagesgerichte, umfangreiches vegetarisches Angebot.

Museum für klösterliche Kultur, Pfarrhof, 88410 Eggmannsried, Tel. 07564/2753; Apr.–Okt. Sa 14–17 Uhr, So 10–12 Uhr.

Automobilmuseum im Schloss Wolfegg, Fritz-B.-Busch-Weg 1, 88364 Wolfegg, Telefon 07527/6294, www.automuseumbusch.de; März–Nov. tgl. 9.30–18 Uhr, Dez.–Feb. So 10–17 Uhr.

Bauernhaus-Museum, Weingartener Straße 11, 88364 Wolfegg, Tel. 07527/95500, www.bauernhausmuseum-wolfegg.de; Eintritt 5/2,50 €. Apr. und Okt. Di–So 10–17 Uhr, Mai–Sept. Mo–So 10–18 Uhr. Der Rundgang dauert ungefähr zwei Stunden.

Käserei Vogler, Simon-Gösser-Str. 11, 88410 Bad Wurzach, Ortsteil Gospoldshofen, Tel. 07564/3583, www.kaesereivogler.de; Käserei-Führungen: Apr.–Okt. Do 14.30 Uhr, Käse-Verkauf: Mo–Fr 8–12 und 15–18.30 Uhr, Sa und So 8–12 und 17–18.30 Uhr.

Karte S. 253

Im Naturschutzgebiet Wurzacher Ried

Reisetipps von A bis Z

Allgemeine Informationen

Tourismusverband Allgäu/Bayerisch-Schwaben

Prospektservice Allgäu
Allgäuer Straße 1
87435 Kempten
Tel. aus Deutschland 0800/2573678 (kostenfrei)
Tel. aus dem Ausland +49/8323/8025931
info@allgaeu.info
www.allgaeu.info

Anreise mit dem Auto

Die A7 führt von der dänischen Grenze bei Ellund quer durch Deutschland und das Allgäu bis zur österreichischen Grenze bei Füssen. Ein weiterer Zubringer ist aus dem Osten die A96 von München nach Lindau. Sie beschreibt gleichzeitig die Nordgrenze des Allgäus. Dazu kommen als Hauptverkehrsadern zum einen die B12, von Lindau über Kempten nach Buchloe und weiter (teilweise als A96) über München und Passau nach Philippsreut an der tschechischen Grenze. Und zum anderen die B19, die von der A4, Anschlussstelle Eisenach West nach Süden führt. Sie wird von Ulm bis Kempten durch die A7 ersetzt und verläuft von dort aus als B19 über Sonthofen und Oberstdorf bis zur österreichischen Grenze an der Walserschanze. Als B201 führt sie dann weiter durch das Kleinwalsertal und endet dort in Baad.

Für Ausflüge nach Österreich oder in die Schweiz benötigt man eine Grüne Versicherungskarte sowie eine Warnweste.

Anreise mit der Bahn

Die Bahnlinie München–Lindau führt im Norden quer durch das Allgäu. Von Memmingen aus erreicht man Kempten und Immenstadt, von Buchloe aus Kaufbeuren, Marktoberdorf und Füssen. Von Kempten fährt die Bahn über Oy-Mittelberg und Pfronten nach Österreich und bis zur Zugspitze nach Garmisch. Von Lindau aus gibt es eine Querverbindung über Hergatz, Oberstaufen, Immenstadt und Sonthofen nach Oberstdorf.

Südlich von Kempten bietet die Bahn das **Oberallgäu-Ticket** für einen (11 Euro), sieben (17 Euro) oder vierzehn Tage (25 Euro) an. Ansonsten gilt im Allgäu das **Bayernticket** (22 Euro pro Tag, bis zu 4 Mitfahrer zahlen jeweils 4 Euro). Weitere Informationen hält die Deutsche Bundesbahn im Internet unter www.bahn.de sowie an ihren Informationsschaltern bereit.

Ein Spaß für Groß und Klein: der Alpabtrieb

Anreise mit dem Flugzeug

Der Flughafen Allgäu Airport befindet sich am nordwestlichen Rand des Allgäus, aber bietet leider derzeit (Anfang 2013) keine innerdeutschen Verbindungen an (www.allgaeu-airport.de).

Alpine Not- und Verständigungssignale

Um die **Bergrettung** telefonisch zu alarmieren wählt man in Deutschland die 112 und in Österreich die 140.

Wenn dies nicht möglich ist, gilt Folgendes: Hilfesuchende sollten sechsmal hintereinander im Abstand von zehn Sekunden ein **hörbares oder sichtbares Signal** abgeben und diesen Vorgang mit jeweils einer Minute Pause wiederholen, bis sie eine Antwort erhalten.

Rettungsmannschaften antworten mit drei Signalen innerhalb einer Minute (Wiederholung nach einer Minute Pause). Sobald man gesehen wird, kann man Fragen der Retter mit **internationalen Verständigungssignalen** beantworten: Beide Arme V-förmig nach oben heißt ›Ja‹, beide Arme nach unten heißt ›Nein‹.

Einreise

Für einen Ausflug in die Schweiz benötigt man einen gültigen Personalausweis. Darüber hinaus empfiehlt sich der Abschluss einer Auslandsreise-Krankenversicherung, da die Schweiz kein EU-Mitglied ist.

Essen und Trinken

Das Allgäu, die Milch und der Käse gehören zusammen wie Bayern und das Bier. Die Allgäuer Käsestraße (→ S. 268) führt zu verschiedenen Sennereien. In zahlreichen Städten gibt es regional geprägte Bauernmärkte, und überall in der Region servieren Gasthäuser, Restaurants und bewirtete Almhütten Allgäuer Spezialitäten. Darüber hinaus hat sich die internationale Küche längst im Allgäu niedergelassen, so dass für jeden Geschmack etwas dabei ist. Die regionale Küche lockt mit Kässpatzen und ›Voressa‹ (saure Kutteln), Nonnenpfürzen und Armen Rittern (weitere Informationen und Rezepte → S. 57). Und weil im Allgäu nicht nur Milch getrunken wird, gibt es dort auch noch rund ein Dutzend Privatbrauereien, beispielsweise am Fuße des Grünten in Rettenberg (→ S. 55, 226).

Das Projekt **Landzunge** verbindet Gasthöfe mit Erzeugern aus der Region. Mindestens drei Gerichte mit regionalen Zutaten muss jeder Landzunge-Betrieb auf seiner Speisekarte haben. Damit soll die Allgäuer Landwirtschaft gefördert werden, die nicht nur Arbeitsplätze, sondern auch das Landschaftsbild erhält. Das Magazin mit aktuellen Informationen über die Partner der Treuhandstiftung Landzunge liegt in den beteiligten Unternehmen aus und kann über das Internet bestellt werden: www.landzunge.info.

Feiertage

1. Januar – Neujahr
6. Januar – Heilige Drei Könige
Karfreitag
Ostermontag
1. Mai – Tag der Arbeit
Christi Himmelfahrt
Pfingstmontag
Fronleichnam
15. August (Mariä Himmelfahrt): nur in bayerischen Gemeinden mit überwiegend katholischer Bevölkerung
3. Oktober – Tag der Deutschen Einheit
1. November – Allerheiligen
25. Dezember – Erster Weihnachtstag
26. Dezember – Zweiter Weihnachtstag

Gästekarten

Allgäu-Walser-Card: Im Oberallgäu und Kleinwalsertal erhalten Gäste diese kostenlose Gästekarte, mit der sie bei etwa 130 Partnerunternehmen Vergünsti-

gungen bekommen. Darüber hinaus kann man die Karte mit verschiedenen Paketen aufwerten, beispielsweise um einige Freizeiteinrichtungen noch günstiger zu nutzen. Manchen Regionen werten die Allgäu-Walser-Card zusätzlich auf. In Oberstaufen etwa sind Bergbahnen, Hochseilgarten und im Winter der Skipass bei über 320 Gastgebern im Übernachtungspreis inklusive. Außerdem können das Erlebnisbad, zwei Museen, der Gästebus und die Parkplätze im Ort kostenlos genutzt werden. Damit ist auch bei schlechtem Wetter für Erholung gesorgt (OberstaufenPLUS). Ein ähnliches Angebot gilt in Bad Hindelang bei rund 240 Gastgebern (Bad HindelangPLUS). **KönigsCard**: Im südöstlichen Allgäu haben sich einige Gastgeber mit Kollegen in Tirol und den Ammergauer Alpen zusammen geschlossen und verteilen die KönigsCard. Auch dort werden etwa 190 Leistungen kostenlos beziehungsweise ermäßigt angeboten, u.a. die Schiffe auf dem Forggensee.
Weitere Informationen bei den Touristenämtern oder unter: www.oberallgaeu.de, www.oberstaufen-plus.de, www.bad hindelang.de, www.koenigscard.com

Gesundheit

Unterallgäu, Oberallgäu, Westallgäu, Kempten und Memmingen gelten als Zeckenrisikogebiete, wobei in Höhenlagen über 1000 Meter keine Zecken mehr vorkommen. Besuchern dieser Regionen wird vom Robert-Koch-Institut eine Impfung gegen die von Zecken hervorgerufene Hirnhautentzündung (FSME) empfohlen. Diese schützt allerdings nicht gegen die wesentlich häufiger übertragene Borreliose. Die beste Vorbeugung besteht darin, sich selbst und seine Familienmitglieder regelmäßig abzusuchen und Zecken ggf. rasch mit Hilfe einer Spezialzange (Apotheke) zu entfernen.

Golf

Der südlichste Golfplatz Deutschlands befindet sich in Oberstdorf, einer der höchsten Golfplätze in Wiggensbach, mit einem Abschlag auf 1011 Metern. Insgesamt sind die meisten Golfplätze im Allgäu besonders schön gelegen und punkten mit wunderbaren Alpenpanoramen. Mehrere Golfplätze und Hotels haben sich zusammengeschlossen und bieten besondere Arrangements. Informationen gibt es bei den Touristenämtern, in deren Booklet ›Golf & Gourmet‹, von Deutschland aus unter der kostenlosen Tel. 0800/2573678 oder unter www.golfurlaub-allgaeu.de und www.golfparadies-allgaeu.com.

Haustiere

Maulkorbzwang oder Leinenpflicht werden in Bayern von den einzelnen Gemeinden erlassen. Beachten Sie daher bitte die örtlichen Regeln.
Bei den Unterkünften entscheiden die einzelnen Gastgeber über die Unterbringen von Haustieren, das sollte also im Vorfeld individuell abgeklärt werden. Obwohl Bayern ebenso wie der Rest Deutschlands sowie die Schweiz und Österreich inzwischen als tollwutfrei gelten, wird die Tollwutimpfung für Haustiere weiterhin empfohlen.

Öffentliche Verkehrsmittel: Bahn

Die Allgäubahn von München nach Lindau wird im Stundentakt befahren. Die Züge fahren über Kempten (siehe auch www.kbs970.de). Besonders sehenswert ist die Günzacher Steige zwischen Wertach- und Illertal sowie die Strecke zwischen Kempten und Lindau. Kult ist auch die Außerfernbahn von Kempten nach Garmisch-Partenkirchen. Dazu kommen weitere Zuglinien, etwa Augsburg–Buchloe–Füssen, Ulm–Memmingen–Kempten–Oberstdorf und Kempten–

Die Fellhornbahn

Reutte i. Tirol. Der Fernverkehr der Bahn verbindet München–Lindau–Zürich über Memmingen, Hamburg–Oberstdorf und Magdeburg–Oberstdorf direkt.

Auf der Strecke der Fuchstalbahn von Landsberg nach Schongau und zurück, also am Ostrand des Allgäus, werden regelmäßig Sonderfahrten organisiert, zum Teil sogar mit einer Dampflok. Infos unter www.fuchstalbahn.com.

Öffentliche Verkehrsmittel: Bus

Der Regionalverkehr der Busse wird in den verschiedenen Landkreisen organisiert, ein allgäuweites Konzept gibt es nicht. Lediglich die BayernCard der Bahn gilt im gesamten bayerischen Allgäu, jedoch nicht in Baden-Württemberg.

Eine Zusammenstellung von Links zu den verschiedenen Bus-Fahrplänen gibt es unter http://www.dein-allgaeu.de/verkehr/verkehr_verbindungen.html

Auskunft geben außerdem die regionalen Touristeninformationen.

Der Verkehrsverbund Mittelschwaben ist für den Landkreis **Unterallgäu** zuständig und erreichbar unter VVM-Verkehrsverbund Mittelschwaben GmbH, Hans-Lingl-Str. 1, 86381 Krumbach, Tel. +49/1802/908070, www.vvm-online.de.

Das **Ostallgäu** bietet eine Tageskarte sowie eine spezielle Familientageskarte an. Infos und Streckenpläne gibt es beim Regionalverkehr Allgäu GmbH, Betrieb Füssen, Moosangerweg 18, Tel. +49/8362/9390505, www.rva-bus.de.

Das **Oberallgäu** bietet Tageskarten für 11 Euro (erm. 9 Euro für BahnCard-, Zugfahrkarte- oder Allgäu/WalserCard-Inhaber). Allgäu/WalserCard-Inhaber erhalten außerdem 7-Tages Karten für 17 Euro und 14-Tageskarten für 25 Euro. Diese gelten auch im Kleinwalsertal. Weitere Infos zur Verkehrsgemeinschaft Oberallgäu gibt es bei der Tourismusinformation Oberallgäu, Tel. +49/8321/8004540, www.oberallgaeu.org.

Das **Westallgäu** wird durch den OPNV Baden-Württemberg mit dem Bodensee-Oberschwaben-Verkehrsverbund ›bodo‹ bedient: Kundencenter Ravensburg, Bahnhofplatz 5, 88214 Ravensburg, Tel. +49/751/2766, www.bodo.de. Darüber hinaus gibt es noch Stadtbusse in Lindau, Wangen und Isny. Infos dazu haben die jeweiligen Tourismusbüros.

Öffnungszeiten

Nur in den Städten haben die Geschäfte durchgehend geöffnet, in den kleineren Orten gibt es meist eine Mittagspause von 12 bis 14 Uhr. Große Supermärkte öffnen normalerweise vom Montag bis Samstag von 8 bis 20 Uhr. Sonntags sind die Geschäfte geschlossen, nur Museen, Freizeiteinrichtungen und Tankstellen haben geöffnet.

Radfahren

Zwischen Rennrad und Mountainbike liegen Welten, und wer sein Trekkingrad liebt, wird es gegen keines der beiden anderen tauschen. Wie gut, dass das Allgäu mit seiner landschaftlichen Vielfalt für jeden Geschmack etwas zu bieten hat, vom geteerten Fahrweg über

Reisetipps von A bis Z

Winterlandschaft am Alpsee bei Immenstadt

befestigte und unbefestigte Forstwege bis zum anspruchsvollen Singeltrail. Eines haben die meisten Strecken jedoch gemeinsam: ganz ohne Berge geht es nicht. Ein gutes Fahrrad mit Gangschaltung ist da hilfreich. In den meisten Gemeinden gibt es einen Fahrradverleih und zunehmend auch Elektro-Bikes.

Skifahren

Eine Übersicht zu den Allgäuer Skigebieten steht auf → S. 300.

Insgesamt gibt es 50 Skigebiete in und um das Allgäu, im Kleinwalsertal und Tiroler Außerfern sowie am Kaunertaler und Pitztaler Gletscher, die bequem erreichbar sind und mit dem Saison-SuperSkiPass alle befahren werden können (www.superschnee.com).

Das größte und bekannteste Skigebiet im Allgäu ist gleichzeitig das größte Skigebiet Deutschlands mit Fellhorn-, Kanzelwand- und Nebelhorn (www.das-hoechste.de).

Aufgrund seiner Schneesicherheit ein Juwel unter den kleinen Skigebieten sind die Schwärzenlifte in Eschach bei Kempten (www.schwaerzenlifte.de).

In Oberstaufen und Bad Hindelang können Gäste mit ihrer PLUS Allgäu-Walser-Card die Skilifte der Region kostenlos nutzen. Mit der KönigsCard der Ferienregion Allgäu-Tirol/Vitales Land kann man in den beteiligten Skigebieten täglich bis zu drei Stunden kostenlos fahren. Darüber hinaus werden im Allgäu in 65 Langlaufgebieten über 3000 Kilometer Loipen gespurt, davon rund ein Drittel für Skater. Aktuelle Informationen gibt es bei den Touristenämtern oder unter www.loipen-allgaeu.de.

Souvenirs

Allgäuer Spezialitäten vom Heumilchkäse bis zum Heuschnaps sind beliebte Mitbringsel. Länger haltbar sind die berühmten Glocken der Almkühe, Erzeugnisse aus dem Glasbläserdorf Schmidsfelden im Kreuzthal (www.michaeli-glas.de), regionaltypische Textilien, die vielleicht sogar noch an den Flachsanbau erinnern, sowie Hüte aus Lindenberg.

Straßennetz

Die Straßen im Allgäu sind meist in gutem Zustand, können in den ländlichen Gebieten aber schmal werden. Auf den landwirtschaftlichen Verkehr sollte man besonders achten. Außerdem sollte man besonders in den Morgen- und Abendstunden mit Viehtrieb und der entsprechenden Straßenverschmutzung rechnen. Bei der Orientierung helfen auch die kleinen Radweg-Hinweise, deren Routen allerdings auch unvermittelt von der öffentlichen Straße abzweigen können.

Telefonnummern

Internationale Vorwahl Deutschland: 0049.

Internationaler Notruf (funktioniert bei Mobiltelefonen auch ohne SIM-Karte und an öffentlichen Fernsprecher auch ohne Münzeinwurf): 112.

Polizei: 110.

Feuerwehr: 112.

Krankenwagen/Rettungsdienst: 112.
Rettungsdienst: 19222.
Gift-Notruf: 19240.
Bergwacht/Bergrettung: 112 (in Österreich 140)
Sperrung von Kredit-/EC-Karten, Mobiltelefonen: 116116.
Auto-Pannenhilfe:
0800/9909909 (kostenlose Notrufnummer des AvD), 0180/2222222 (ADAC: 0,06 Euro pro Anruf aus dem deutschen Festnetz, max. 42 Cent/Min. aus den deutschen Mobilfunknetzen) oder 222222 (ADAC: ohne Vorwahl aus allen deutschen Mobilfunk-Netzen zum Providertarif).

Wandern

Das Allgäu ist voller Wege, Pfade und Steige und lädt damit alle ein, die Region zu Fuß zu erkunden, egal ob klein oder groß, gemütlich oder sportlich orientiert. Es gibt zahlreiche kurze Spaziergänge, etwa rund um den Waldsee bei Lindenberg (→ S. 265) oder lange Mehrtagestouren, wie den Crescentia-Pilgerweg (→ S. 131). Man kann steil bergauf steigen, ein Klassiker ist der Mindelheimer Klettersteig (→ S. 239), oder mit einer Bergbahn bequem in die Höhe gleiten und von dort aus den Blick ins Tal genießen, zum Beispiel mit der Hörnerbahn in den Naturpark Nagelfluhkette (→ S. 224). Tourenvorschläge und Wanderkarten haben die Tourismusämter. Außerdem bietet der Buchhandel zahlreiche Wanderführer für die verschiedenen Interessensgruppen (siehe auch → S. 305).

Winter

Für Kenner ist der Winter im Allgäu besonders reizvoll. Das Allgäu vermummt sich in der kalten Jahreszeit mit einer dicken Schneedecke und bietet zahlreiche Möglichkeiten, in den dunklen Monaten Licht und frische Luft zu tanken.

Alpin-skifahrer finden in mehreren Skigebieten Aufstiegshilfen, aber auch reizvolle Tourengebiete. Langläufern stehen zahlreiche gespurte Loipen zur Verfügung und Winterwanderern geräumte Wege. Schneeschuhgeher erleben abseits der Wege die besondere Ruhe der verschneiten Landschaft.

Die Tourismusämter haben viele Tipps, Routenbeschreibungen und Landkarten. Und wer nicht alleine losziehen will, findet in den zahlreichen Ski- und Bergsportschulen fachmännischen Rat und Unterstützung. Vor allem im alpinen Bereich sollte man jedoch entweder genug eigene Erfahrung mitbringen oder auf geschulte Bergführer zurückgreifen, um die Lawinengefahr richtig einzuschätzen.

Zeitungen

Regionale Tageszeitungen sind die Allgäuer Zeitung und das Füssener Blatt. Sie gehören zum Verlag der Augsburger Allgemeinen, produzieren jedoch nicht nur ihre eigenen Regionalteile sondern auch den Mantel selbst. Der Tourismusverband gibt das kostenlose ›Allgäu Magazin‹ heraus, die Allgäuer Zeitung die ›allgäuer freizeit‹ und der Kreisboten Verlag das ›Allgäuer Gästepanorama‹.

Am Forggensee

Reisetipps von A bis Z

Wintersport im Allgäu

Das weiße Allgäu ist ein wunderbarer Ort, um den Winter aktiv zu genießen. Neben den geräumten **Winterwanderwegen** sind in vielen Orten **Loipen** gespurt. Die Strecken im Kleinwalsertal und rund um Oberstdorf sind besonders schön. Aber auch im Unter-, Ost- und Westallgäu finden Langläufer und Skater interessante Routen. Etwa an der Wenglinger Steige südlich von Kaufbeuren. Von dort aus kann man die gesamte Allgäuer Bergkette sehen.

Wer lieber auf eigenen Wegen die Natur erkundet, findet im Allgäu einfache, lawinensichere **Schneeschuhtouren**, etwa auf den Auerberg hinauf. Andere Ziele, beispielsweise die Auenhütte im Kleinwalsertal, setzen alpine Erfahrung und fundierte Lawinenkenntnisse sowie eine entsprechende Ausrüstung voraus. Die Touristenämter haben Informationen über das Angebot in ihrer Region sowie Adressen von Bergschulen, die entsprechende Touren führen. Das Allgäu bietet auch zahlreiche Gebiete für Skitouren. **Alpinfahrer** und **Snowboarder** finden aber auch zahlreiche präparierte Pisten und Fun-Parks sowie einige Freeride-Pisten.

Skigebiet Oberallgäu

Liftgesellschaft	Telefon	Homepage	Beschneiung	Flutlicht	Lifte*
Oberstdorf-Kleinwalsertal					
Nebelhorn (Oberstdorf)	0700/ 55533666	www.das-hoechste. de	X		3 GL, 2 SS, 1 SL, 2 BB
Fellhorn (Oberstdorf)	0700/ 55533888	www.das-hoechste. de	X		3 GL, 4 SS, 2 SL
Söllereck Bahn (mit Skiflugschanze Oberstdorf)	08322/ 5757	www.familienberg-soellereck.de	X		1 GL, 4 SL
Skilift Schöllang (SC Rubihorn)	0160/ 6518368	www.sc-rubihorn. de			1 SL
Hoher Ifen (Kleinwalsertal)	+43/5517/ 53340	www.das-hoechste. de			2 SS, 2 SL
Kanzelwand (Kleinwalsertal)	0700/ 5533888	www.das-hoechste. de	X		1 GL, 1 SS, 3 SL
Walmendinger Horn (Kleinwalsertal)	+43/5517/ 52740	www.das-hoechste. de	X		1 GL, 3 SS, 3 SL
Zaferna Lift (Kleinwalsertal)	+43/5517/ 323832	www.zafernalift.at			1 SS

GL= Gondel, SS=Sessellift, SL=Schlepplift, BL=Bügellift, BB=Beförderungsband

Liftgesell-schaft	Telefon	Homepage	Beschneiung	Flutlicht	Lifte*
Tallifte (18) Klein-walsertal	+43/5517/20184; +43/650/2447281	www.tallifte-klein walsertal.at	X	X	1 GL, 3 SS, 14 SL, 1 BB

Oberstaufen – Missen-Wilhams

Liftgesell-schaft	Telefon	Homepage	Beschneiung	Flutlicht	Lifte*
Hochgratbahn (Oberstaufen)	08386/8223	www.hochgrat.de			1 GL
Thalkirchdorf (Oberstaufen)	08325/9753	www.skilifte-thalkirchdorf.de	X	X	1 GL, 3 SS, 3 SL
Imbergbahn mit Skiarena Steibis (Oberstaufen)	08386/8112	www.imbergbahn.de			1 GL, 1 SS, 10 SL
Hündle (Oberstaufen)	08386/2720	www.huendle.de	X		1 SL, 6 BL
Skilifte Schindel-berg (Oberstaufen Steibis)	08386/969886	www.starenlift.de			1 GL, 1 SS, 9 SL
Skilifte Sinswang (Oberstaufen)	08386/1036	www.skilifte-sins wang.de			2 SL, 2 BL, 1 BB
Argentallift (Weitnau)	08375/8858	www.skilift-weit nau.de			1 SL, 1 BL
Skilift Oberwilhams (Missen-Wilhams)	08320/276; 08320/392	www.skilift-wil hams.de			1 SL, 2 BL
Sonnenlift Aigis (Missen)	08320/278	www.sonnenlift-ai-gis.de			1 SL, 1 BL
Stixner Lifte (Missen Wilhams)	08320/1005	www.stixner-ski lifte.de	X		1 SL
Skilift Thaler Höhe (Missen-Wilhams)	08320/283	www.thaler-hoehe-skilifte.de	X		2 SL, 1 BL
Skilift Wengen (Missen-Wilhams)	08320/9259925; 08375/3719812	www.skilift-wengen.de			1 SL

GL= Gondel, SS=Sessellift, SL=Schlepplift, BL=Bügellift, BB=Beförderungsband

Anhang

Liftgesell-schaft	Telefon	Homepage	Beschneiung	Flutlicht	Lifte*
Hörnerdörfer					
Hörner Bahn (Bolserlang)	08326/ 9093	www.hoerner bahn.de	X		1 GL, 1 SS, 3 SL
Gunzesried - Ofter-schwang (Hörner Gruppe)	08321/ 67030	www.go-ofter schwang.de	X		1 GL, 2 SS, 3 SL, 2 BL
Hochschelpen und Riedberger Horn (Bladerschwang)	08328/ 1001	www.skigebiet-balderschwang.de	X		2 SS, 3 SL, 5 BL
Riedberger Horn (Balderschwang)	08326/ 7774	www.grasgehren. de	X		1 SS, 1 SL
Grasgehren (Obermaiselstein)	08326/ 7773	www.grasgehren. de	X		1 SS, 4 SL
Familienskilifte Stinesser (Fischen)	08326/ 384203	www.fischen.de/ wintersportbericht-fischen	X	X	2 SL
Bad Hindelang und Jungholz					
Bergbahnen Oberjoch	08324/ 973614	www.bergbahnen-hindelang-ober joch.de	X	X	1 SS, 5 SL
Hornbahn Hinde-lang	08234/ 2404	www.hornbahn-hindelang.de	X	X	1 GL
Spieserlifte (Unterjoch)	08324/ 8081	www.spieserlifte.de	X	X	2 SL, 1 BL
Sonnenhanglift (Unterjoch)	08324/ 7223	www.sonnenhang lift.de			1 SL
Kreuthlift (Bad Oberdorf)	08324/ 2982	www.badhinde lang.de/poi/detail/ kreuthlift-bad-ober dorf.html			1 SL
Jungholz	+43/5676/ 81450	www.jungholz.de	X		2 SS, 4 SL, 1 BL
Immenstadt - Grünten					
Mittag (Immenstadt)	08325/ 252	www.mittagbahn. de	X	X	1 SS, 2 SL

GL= Gondel, SS=Sessellift, SL=Schlepplift, BL=Bügellift, BB=Beförderungsband

Liftgesell-schaft	Telefon	Homepage	Beschneiung	Flutlicht	Lifte*
Alpsee Bergwelt (Immenstadt)	08325/ 252	www.alpsee-bergwelt.de	X	X	1 SS, 2 SL, 2 BL
Grüntenlifte	08327/ 231	www.gruenten lifte.de	X	X	1 SS, 4 SL, 2 BL
Adelharzlifte und Breitensteinlifte (Kranzegg)	08327/ 200	www.lotall. bplaced.com/ Adelharzlifte/			3 SL, 1 BL
Schwärzenlifte Eschach (Buchen-berg-Eschach)	08378/ 1222	www.schwaerzen lifte.de	X		4 SL, 4 BL, 3 BB
Skilift Gohrers-berg (Buchenberg-Kreuzthal)	07569/ 930146	www.skilift-gohrersberg.de			1 Sl
Wertach – Oy-Mittelberg					
Buron Skilifte (Wertach)	08365/ 373	www.buron-skilifte.de			2 SL, 1 BL
Ellegg Skilift (Oy-Mittelberg)	08366/ 600	www.ellegglift.de			1 SL, 1 BL
Gerhalde Skilift (Oy-Mittelberg)	08366/ 1600	www.mittelberg. de/Winter/winter/ skilift/index.php			1 SL, 1 BL

Skigebiet Ostallgäu

Ronsberg					
Ronsberger Lifte	08306/ 975120 o. 7199	www.sc1919rons berg.de/skilift-rons berg/index.php	X		1 SL, 1 BL
Nesselwang					
Alspspitzbahn	08361/ 1270	www.alpspitzbahn. de	X	X	1 GL, 1 SS, 4 SL
Pfronten					
Breitenberg-Bahn	08363/ 5820	www.breitenberg bahn.de	X	X	1 SS, 2 SL, 2 BL
Skizentrum Steinach mit Eiskletterturm	08363/ 8849	www.pfronten.de/ skizentrum/	X	X	7 SL

* *GL= Gondel, SS=Sessellift, SL=Schlepplift, BL=Bügellift, BB=Beförderungsband*

Liftgesell-schaft	Telefon	Homepage	Beschneiung	Flutlicht	Lifte*
Sonnenlifte	08363/ 927907	www.sonnenlifte. de			2 SL
Schwangau					
Wintersportarena Tegelberg	08362/ 98360	www.tegelberg bahn.de	X	X	1 GL, 4 SL
Halblech/Buching					
Buchbergbahn	08368/ 91250	www.buchenberg bahn.de	X	X	1 SS, 2 SL

Skigebiet Westallgäu

Liftgesell-schaft	Telefon	Homepage	Beschneiung	Flutlicht	Lifte*
Stiefenhofen - Hopfen					
Panoramalifte mit Tubinglift	08386/ 936915	www.panorama lifte.de	X	X	2 SL, 2 BL
Meierhöfen - Riedholz					
Iberg Lifte	08383/ 7716	www.iberg.de	X		2 SL
Fluckenlift mit 200 m Rodelhang	08383/ 500	www.fluckenlift.de	X		1 SL, 1 BL
Scheidegg					
Luggi Leiner Lift	08381/ 4460	www.skilift-scheid egg.de			S SL, 1 BL
Weiler					
Schwanzenlift SV Weiler nur für Ver-einsmitglieder	08387/ 39150	www.svweiler.de/ Wintersport.htm			1 SL
Weiler - Simmerberg					
Oberberglifte	08387/ 2526	www.skilift-simmer berg.de			2 SL, 1 BL
Wangen					
Berger Höhe	07522/ 3762	www.skilift-berger-hoehe.de	X	X	1 SL
Isny					
Felderhalde Lifte	07562/ 913353	www.isny.de/serv let/PB/menu/1320 269_l1/index.html			1 SL, 1 BL

GL= Gondel, SS=Sessellift, SL=Schlepplift, BL=Bügellift, BB=Beförderungsband

Literatur

Wandern

Zwergerltouren Allgäu, Bucher Verlag, 12,95 Euro

Erlebniswandern mit Kindern, Bergverlag Rother, 14,90 Euro

Allgäu Wanderführer Band 1: Oberallgäu und Kleinwalsertal, Bergverlag Rother, 12,60 Euro

Allgäu Wanderführer Band 2: Ostallgäu und Lechtal, Bergverlag Rother, 12,60 Euro

Allgäu Wanderführer Band 3: Oberstaufen und Westallgäu, Bergverlag Rother, 12,60 Euro

Allgäu Wanderführer Band 4: Sonthofen, Füssen, Kempten, Kaufbeuren, Bergverlag Rother, 12,60 Euro

Allgäuer Alpen: Höhenwege und Klettersteige, Bergverlag Rother, 12,90

Kletterführer Alpin Allgäu, Panico Alpinverlag, 29,80 Euro

Allgäu Rock: Sportkletterführer, Gebro Verlag, 24,80 Euro

Alpines Genussklettern, Bruckmann Verlag, 19,95 Euro

Großer Wanderaltas Allgäu, Kompass Verlag, 16,95 Euro

Seilbahn-Wanderungen, Bergverlag Rother, 14,90 Euro

Winterwandern Allgäuer Alpen, Bergverlag Rother, 14,90 Euro

Die schönsten Bergtouren für Langschläfer in den Allgäuer Alpen, J. Berg Verlag, 12,95 Euro

Schneeschuhführer Allgäu, Bergverlag Rother, 14,90, erscheint 2013.

Fahrrad/Motorrad

Mountainbiketouren Allgäu und Tannheimer Tal, Bruckmann Verlag, 24,95 Euro

Rennradtouren Allgäu und Bodensee, Bruckmann Verlag, 19,95 Euro

Motorradführer Allgäu, Bruckmann Verlag, 9,95 Euro

Kulturgeschichte

Gundula Hubrich-Messow, Sagen und Märchen aus dem Allgäu, Husum Verlag, 6,95 Euro

Ingrid Kahlert: Auf den Spuren der Lechflößer, Bauer Verlag, 8,50 Euro

Michael Schneider: Naturgeschichte Allgäu, Bauer Verlag, 26,00 Euro

Herbert Sedlmair: Feste Feiern, Bräuche durch das Jahr im Ost- und Unterallgäu, Bauer Verlag, 12 Euro

Poesie und Bilder: Alpenländische Wandmalerei. Haussprüche und Geschichten aus Oberbayern und dem Allgäu, Husum Verlag, 19,95 Euro

Kochen

Mahlzeit!: Kluftingers Allgäu-Kochbuch, Christian Verlag, 19,95 Euro

Geassa wiard dahoim: Das Kochbuch Allgäuer Landfrauen, Verlag ars vivendi, 14,90 Euro

Ortwin Adam, Allgäuer Käseküche, Verlag Brack, 14,80 Euro

Krimis

Nicola Förg, Schussfahrt, Allgäu Krimi, Goldmann Verlag, 7,95 Euro

Volker Klüpfel und Michael Kobr, Milchgeld – Kommissar Kluftingers erster Fall, Piper Verlag, 9,99 Euro und die folgenden bisher sechs weiteren Bände

Peter Nowotny, Grünten-Mord, Ullstein Taschenbuch Verlag, 8,99 Euro und drei weitere Krimis

Romane

Ines Ebert, Sommergarben, Historischer Roman, Silberburg Verlag, 14,90 Euro

Franz-Josef Körner, Sophies Labyrinth, Bauer Verlag, 9,80 Euro

Dora Prinz und Sabine Eichhorst, Ein Tagwerk Leben – Erinnerungen einer Magd, Knaur Verlag, 8,99 Euro

Ramona Ziegler, Herrgottswinkel, Familiensaga, Piper Taschenbuch, 9,99 Euro

Das Allgäu im Internet

Tourismusverband, Prospektbestellung:
www.allgaeu.de
www.allgaeu-schwaben.com
www.allgaeuerurlaubsportal.de
Regionen:
www.unterallgaeu.de
www.ostallgaeu.de
www.oberallgaeu.de
www.suedliches-allgaeu.de
www.westallgaeu.de
**Seiten verschiedener Zweck-
verbände:**
www.ferienregion-allgaeu.de,
www.golfparadies-allgaeu.de,
www.golfurlaub-allgaeu.de
Wandertipps:
www.allgaeu-ausfluege.de
www.wandern-ostallgaeu.de
www.allgaeuer-alpen.net
www.wanderpfa.de
www.gipfelsuechtig.de

Klettersteige:
www.via-ferrata.de
www.klettersteige.de
www.klettersteig.com
Radfahren:
www.rad-ostallgaeu.de
www.mountainbikeurlaub.de
www.rennradtouren-im-allgaeu.de
www.movelo.de (E-Bikes)
Interaktiver Tourplaner:
www.outdooractive.com
Wintersport:
www.winter-ostallgaeu.de
www.schneewelt.de
www.loipen-allgaeu.de
Umfassende private Infoseite:
www.dein-allgaeu.de
Verschiedenes:
Allgäuer Zeitung: www.all-in.de
Vereinigung von Sennalpen: www.alp-
genuss.de

Die Autorin

Doris Wiedemann, Jahrgang 1967, ist
Diplom Ökonomin und lebt am nordöstlichen Rand des Allgäus. Sie ist seit vielen
Jahren journalistisch tätig. Auf zahlreichen ausgedehnten eigenen Reisen hat
sie die notwendigen Erfahrungen gesammelt, um ausreichend Orientierung zu
bieten und gleichzeitig Raum für eigene
Entdeckungen zu lassen.

Danksagung

Ein herzliches Vergelts's Gott möchte
ich an dieser Stelle all jenen sagen, die
mich bei meiner Arbeit an diesem Reiseführer unterstützt haben: Freunde,
Bekannte und Fremde haben mich mit
Hinweisen, Ratschlägen und Bildern
dabei unterstützt, einen bunten Reigen
an Informationen zusammenzustellen.
Namentlich bedankten möchte ich mich
bei den Mitarbeiterinnen und Mitarbeitern der Gästeinformationen und
bei meiner Lektorin Sabine Fach vom
Trescher Verlag für die vertrauensvolle
Zusammenarbeit.
Und zum Schluss noch eine Bitte an Sie,
liebe Leser: Ich freue mich über weitere Hinweise und konstruktive Kritik,
bitte nutzen Sie die Verlagsadresse für
Ihre persönlichen Erfahrungen – vielen Dank!

Register

Anhang

Bildnachweis

Alle Bilder Doris Wiedemann, außer:

S. 5m, 48u: FTM/Hubert Riegger, Füssen; S. 5u., 7o, 64, 114/115, 119, 183, 184, 185: Sabrina Schindzielorz, Nesselwang Marketing GmbH; S. 6u, 44o, 63, 97, 100o, 100u, 101, 104 Kurdirektion Bad Wörishofen; S. 7m, 7u., 25, 160, 166o, 174, 178, 234, 236u: Norbert und Silvia Dörner; S. 8m: Tourismus Oberstdorf; S. 9m, 61, 237: Andreas P., Fotolia.com; S. 10: Kautz15, Fotolia.com; S. 12, 245, 246: Kleinwalsertal Tourismus, Hans Wiesenhofer; S. 15: mica, Fotolia.com; S. 16/17, 39, 46, 60, 254, 263, 281: Martin Kapp; S. 23, 265: ARochau, Fotolia.com; S. 24: Stefan Arendt, Fotolia.com; S. 26: Detlev von Oppeln; S. 29: Michael, Fotolia.com; S. 31, 249: Sabine Fach; S. 36, 195: Kempten Tourismus Information; S. 44u: frankthoma, Fotolia.com; S. 65: Wolfgang Pfisterer, Nesselwang Marketing; S. 66: Lars Kimpel, Fotolia.com; S. 68/69: Ansebach, Fotolia.com; S. 116, 118, 150, 151, 153, 154o, 154u, 155, 163, 166u, 299: Tourismus Füssen; S. 134: Waldteufel, Fotolia.com; 164: l. weeber, Fotolia.com; S. 169, 17, 172, 175: Pfronten Tourismus E. Reiter; 188/189: mohnblume, Fotolia.com; S. 202 u: etfoto, Fotolia.com; S. 210, 211, 298o: Immenstadt Tourismus; S. 230:

Visionär, Fotolia.com; 236o, 243: Tourismus Oberstdorf; S. 242: VRD, Fotolia.com; S. 250/251: Marcel Wenk, Fotolia.com; S. 261: Wilm Ihlenfeld, Fotolia.com; S. 264, 265o: Andreas Praefke, wikimedia; S. 269: racamani, Fotolia.com; S. 271o: ErnstPieber, Fotolia.com; S. 282. MO, Fotolia.com; S. 285: bynicola, Fotolia.com; S. 294: Kleinwalsertal Tourismus, Günther Fritz, Studio Fritz; S. 297: Kleinwalsertal Tourismus, Michael Reusse

Titelbild: Schloss Neuschwanstein (Doris Wiedemann)
Umschlag-Klappe hinten: Stadtansicht Füssen (Tourismus Füssen)
Umschlag-Klappe vorne: Kuhglocken (flashpics, Fotolia.com)
S. 4 Füssen. Heiliggeist-Spitalkirche (affi, Fotolia.com)
S. 16/17: Marktplatz Egloffs (Martin Kapp)
S. 68/69: Stift Ottobeuren (Ansebach, Fotolia.com)
S. 114/115: Voralpenlandschaft (Sabrina Schindzielorz, Nesselwang Marketing GmbH)
S. 188/189: Kirche bei Pfronten (mohnblume, Fotolia.com)
S. 250/251: Hafeneinfahrt von Lindau (Marcel Wenk, Fotolia.com)

Anhang

Kartenlegende

Bahnhof		Tor	
Bar		Touristeninformation	
Berghütte		Turm	
Burg/Schloss		Wohnmobilparkplatz	
Burgruine			
Busbahnhof		★ Sehenswürdigkeit	
Café		Burg	
Campingplatz		Kirche	
Flughafen		† Friedhof	
Freibad		Zeltplatz	
Hallenbad		▲ Berggipfel	
Hafen		○—○ Seilbahn	
Hotel			
Jugendherberge		Autobahn	
Kino		Schnellstraße	
Kirche		Hauptstraße	
Kloster		sonstige Straßen	
Krankenhaus		E 65 Europastraße	
Museum		A 65 Autobahn	
Konzertsaal		243 Bundesstraße	
Parken		Eisenbahn	
Restaurant		⊖ Grenzübergang	
Sehenswürdigkeit		Staatsgrenze	
Strand		Hauptstadt	
Theater		● Stadt/Ortschaft	

Kartenregister

Übersichtskarten

Stadtpläne